Moema Viezzer

„Wenn man mir erlaubt zu sprechen . . .“

Zeugnis der Domitila, einer Frau aus den Minen Boliviens

Vorwort: Günter Wallraff
Einleitung: Eduardo Galeano

Verlag Lamuv

3. Auflage 7.—12. Tausend 1979

Originaltitel: Moema Viezzer, Si me permiten hablar... testimonio de Domitila, una mujer de las minas de Bolivia

Aus dem Spanischen von Carmen Alicia und René Böll, unter Mitarbeit von Karin Schmidt
Fotos: Michael Gregor, Suárez u. a.
Gesamtherstellung: Steidl, Göttingen
ISBN 3-921521-05-X

Inhalt

Eduardo Galeano: Einleitung

1. Bolivien ist das Land Lateinamerikas, das am meisten gelitten hat. Die Minenarbeiter sind die Einwohner Boliviens, die am meisten gelitten haben. Und schlimmer noch als Minenarbeiter zu sein, ist es, eine Frau in den bolivianischen Minen zu sein.
Dies hier ist eine außerordentliche Erzählung. Domitila, mit diesem stolzen Gesicht, diesem hartnäckig sanften Blick, erzählt ihr Leben. Sie spricht eine Sprache, die die Musik des Quetschua und die Worte Spaniens enthält und ihr Leben erzählend, erzählt sie das Leben vieler. »Weil es ein Zeugnis geben muß«, erklärt Domitila. Und weil es der Mühe wert ist, die Geschichte zu erzählen, während sie passiert, kochend heiß, bevor die professionellen Spezialisten kommen, sie zurechtschminken und in den Tiefkühler packen.
2. Domitila beklagt sich nicht, sie protestiert. Sie schämt sich ihrer Gefühle nicht, aber sie zieht es vor, ihre Tränen herunterzuschlucken. In den kahlen Hochebenen ist diese würdige und durchlittene Art zu sein, Gewohnheit geworden. Und so wird es zum Vorbild, nehmen wir als Beispiel die Erzählung der Folter im zweiten Teil des Buches, wo Domitila sechs Zähne ausgeschlagen werden und man ihren Sohn, den sie unter dem Herzen trägt, totschlägt. »Wie naß ich war!«
3. Domitila lebt zusammen mit ihrem Mann, der Minenarbeiter ist und ihren sieben Kindern in zwei Zimmern ohne Toilette und fließend Wasser. Die Wohnung im Dorf von Siglo XX gehört der Gesellschaft. Die Gesellschaft vertreibt sie, wenn die **Minenkrankheit** die Lungen der Arbeiter zerfetzt hat und sie nur noch zum Sterben zu gebrauchen sind.
Von vier Uhr morgens bis tief in die Nacht erfüllt Domitila die erschöpfenden Aufgaben, mit denen die Arbeitskraft ihres Mannes für das System ernährt und vervielfältigt wird. Der Minenarbeiter ist eine Maschine, die sich in wenigen Jahren verbraucht, und seine Söhne werden seinen Platz im Stollen einnehmen. Es ist notwendig, die Maschine zu ölen und ihr Brennstoff zu geben; und es ist notwendig, andere Maschinen vorzubereiten. Domitila kümmert sich ums

Haus: sie kauft ein, kocht wäscht, webt Kleidung für die ganze Familie. »Für all diese Arbeit«, sagt sie, »erhalten wir keinen Lohn«. Um den mageren Lohn ihres Mannes zu ergänzen, macht sie jeden Tag 100 Pasteten und verkauft sie auf der Straße.

Trotzdem raubt sie dem kurzen Schlaf noch Stunden und lernt, diskutiert, hält Versammlungen ab, organisiert und kämpft. Entführung der Seele, Enteignung des Körpers? Diese Frau findet sich nicht passiv damit ab, nur ein Mittel für den Unterhalt und die Produktion von Produktoren zu sein. Wie viele andere Frauen aus den Minenhochebenen ist Domitila sich bewußt geworden, daß auch sie dem System der Ausbeutung unterworfen ist. »Indem sie den Minenarbeiter ausbeuten, beuten sie seine Frau aus und manchmal auch noch die Kinder«. Domitila ist erfahrene Veteranin,was Gefängnisse und Verfolgungen betrifft. Das System haßt und fürchtet diese Kraft, die ihre Fessel abwirft. Gründe für den Haß und die Furcht gibt es genug. Man braucht nicht lange zu suchen: kurz nach Erscheinen dieses Buches stürzte die Banzer Diktatur, sie wurde gestürzt durch einen Massenhungerstreik, den vier hartnäckige schweigende Frauen aus den Minen ausgelöst hatten.

4. »Als meine Mutter starb, sahen die Leute uns an und sagten: »Ay, die armen Kleinen, fünf Mädchen, kein Junge — wozu sind die gut? Besser sie sterben.« Domitila, die älteste Schwester, kümmert sich ums Haus, als sie zehn Jahre alt ist. In der Schule schlagen die Lehrer sie, weil sie ihre Lektion nicht gelernt hat, zuhause schlägt sie der Vater, weil Domitila darauf besteht, zur Schule zu gehen, oder weil die kleineren Kinder weinen oder weil das Essen nicht fertig ist oder einfach weil er betrunken ist und seinen Ärger abreagieren muß. **Eine Kette von aufeinanderfolgenden Erniedrigungen: der Vater, ein militanter Arbeiter, der vom Regime verfolgt wird, verfährt mit Domitila, wie das Regime mit ihm.**

Nicht weniger hart wird Jahre später der Kampf Domitilas sein, um von ihrem eigenen Mann und den anderen Genossen anerkannt zu werden. Kampf, Gewerkschaft, politische Arbeit? Das sind keine Frauensachen ... Und trotz ihrer persönlichen Entwicklung und ihres Bewußtseinsstandes verrät die Sprache der Domitila manchmal die Ideologie der Gesellschaft, die sie hervorgebracht hat. Sie selbst spricht noch von den Rechten der »Männer und **ihren** Frauen« und eine so tapfere Frau benutzt weiterhin, um Mut zu erklären, Ausdrücke wie »Männlichkeit« und »die Hosen anhaben«.

5. Das Zeugnis der Domitila, von Moema Viezzer sehr gut zusammengestellt, ist eine kräftige Frucht der Kultur des Volkes. Das Zeugnis übermittelt eindringlich den Schrecken oder die Schönheit der Situationen, die es beschreibt, von der Kindheit ohne Sonntage, ohne Spielzeuge bis zur Geburt ihres siebten Kindes Paola, mitten in der Hetze der Polizei. Immer geschieht etwas, was das Interesse des Lesers wachhält. Manchmal kommen große Massenszenen vor: Arbeiterbewegungen, Gemetzel, aussichtslose Schlachten mit Dynamitpatronen gegen die Maschinengewehre der Militärs. Manchmal rein persönliche Sze-

nen, wie der Bericht über die Nacht der Flucht, in der ihr Vater schreiend herumlief und ihr Schläge versprach, während Domitila zusammen mit dem Mann, den sie später heiraten sollte, geduckt in einer Grube, das Morgengrauen erwartete.

6. Sehr formelhaft ist die Sprache Domitilas, wenn sie politische Überlegungen anstellt. Und sehr willkürlich scheinen mit einige ihrer Urteile zu sein, wie zum Beispiel ihre Karikierung der feministischen Bewegungen in den Industrienationen. Aber immer wieder dringen hinter den Formeln und den Willkürlichkeiten der Gemeinsinn und die stürmische Kraft des Volkes durch. Ich denke zum Beispiel an ihre elementare, aber zutreffende Erklärung des größeren Wertes des Zinns oder an diese weise Lektion für das ungeduldige Kleinbürgertum: »Bevor er laufen kann, lernt der Mensch zuerst zu kriechen, sich später auf die Füße zu stellen, später die ersten Schritte zu gehen und mehr und mehr zu laufen, bis er schließlich an Marathonrennen teilnehmen kann. Eine revolutionäre Bewegung macht man auch nicht an einem Tag.«

7. Diese Lebensgeschichte ist das Buch einer Person, aber es ist auch das Buch eines Landes und einer Klasse; ein Land Bolivien, das so viele um Entschuldigung bitten müßten, von den fernen Zeiten an, in denen Spanien sich das Silber von Potosi nahm, bis zur erbärmlichen Gegenwart des Zinns:* eine Klasse, wie die bolivianische Arbeiterklasse, die eine lange Tradition des Kampfes hat und soviel Vorstellungskraft wie Mut. Deswegen wirft das Zeugnis dieser Frau, die einfach ihr einfaches Leben erzählt, die Wirtschaft hinter ihre Statistiken zurück, sie entreißt die Geschichte den Museen, gibt sie dem täglichen Leben wieder und bringt sie wieder auf ihre wirkliche Dimension in Fleisch und Blut.

* Die USA zum Beispiel kauften während des zweiten Weltkrieges eine enorme Menge Zinn von Bolivien zu Preisen die der »Unterstützung der Demokratie« dienen sollten und die aber weit unter den Preisen des Weltmarktes lagen. »Die Unterstützung« war aber so umfangreich, daß Bolivien zwischen 1941 und 1945 über 1,6 Milliarden Dollar (zu Preisen von 1977) verlor. Ein großer Teil dieses Zinns, das die USA so billig gekauft hatten, bildete dann ihre »strategischen Reserven«. Heute machen es diese »strategischen Reserven« möglich, daß die USA — größter Verbraucher des Zinns in der Welt — jede »überhöhte« internationale Notierung des Zinns verhindern. (V. Ramiro Villaroel: **Mito y realida del desarollo en Bolívia** (Mythos und Wirklichkeit der Entwicklung in Bolivien) Cochabamba 1969 und Gonzalo Oroza, **Los acuerdos de productos básicos. El caso del estaño,** (Die Rohstoffabkommen. Der Fall des Zinns.), in »Comercio Exterior«, vol. 29, no. 2, Mexiko, Februar 1979.

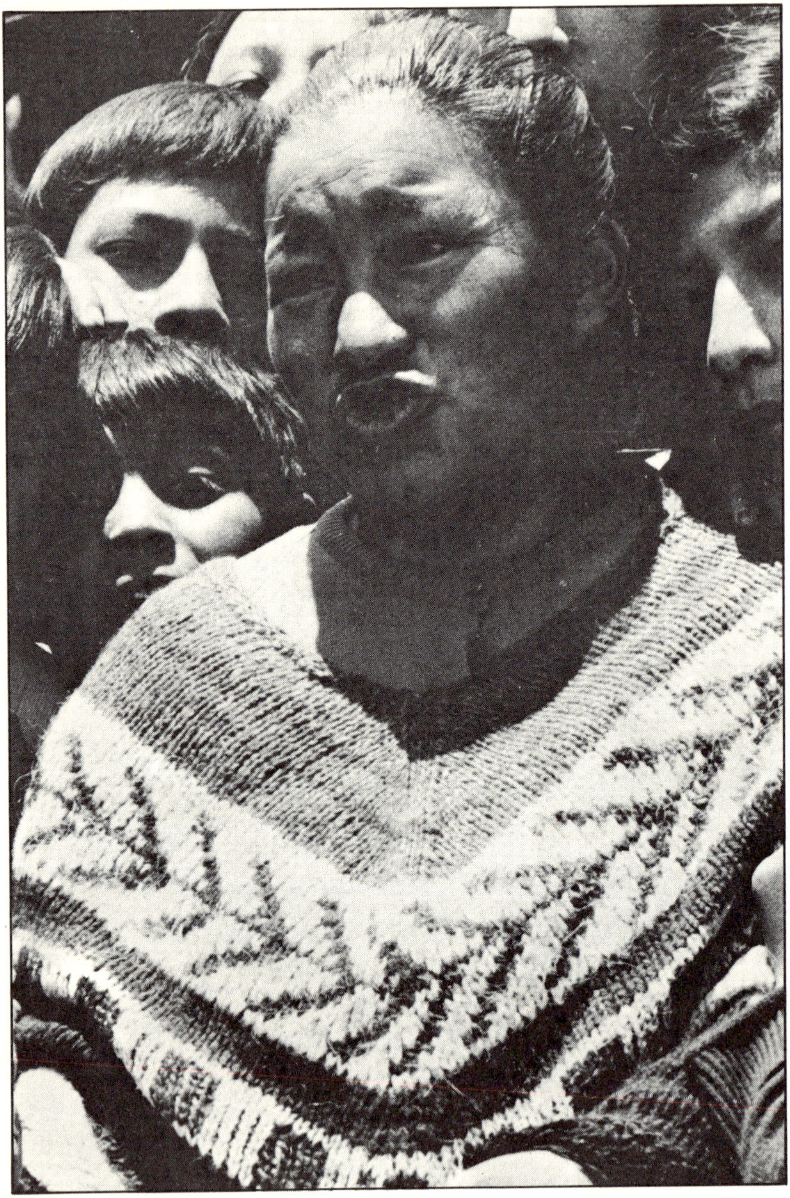

Domitila

Günter Wallraff: Vorwort

Die Leidensgeschichte, Anklageschrift und Kampfanleitung der bolivianischen Minenarbeiterfrau Domitila Barrios de Chungara hat mich so betroffen gemacht, daß ich nach mehrmaligen Schreibansätzen, so etwas wie ein Vorwort voranzustellen, aufgegeben hatte: Die Unfähigkeit, diesem durch und durch stimmigen und durchlittenem Zeugnis etwas auch nur annähernd Adäquates voranzustellen, zeigt wie weit weg diese so typische Ausbeutungsfront in der »3. Welt« doch für uns scheint.

»Zu gut 60% lebt Bolivien vom Zinn«, liest man in unseren Geographiebüchern in den Schulen. Domitila veranschaulicht, um welchen Preis für den Minenarbeiter: Er stirbt am Zinn-Abbau, denn er wird im Durchschnitt 35 Jahre alt. Während er in die von spanischen Eroberern ausgeplünderten Silberminen neue Schächte treibt, geht er an Silikose und verfaulten Lungen zugrunde, damit die Welt billiges Zinn verbrauchen kann. Das Blech enthält Zinn und das Zinn ist nichts wert. Die Minenarbeiter verdienen ein paar Mark am Tag und arbeiten wie Tiere. Ein halbes Dutzend Personen setzt den Zinn-Preis fest. Die USA kaufen den größten Teil des Zinns, der auf der Erde verarbeitet wird. Jedes zweite Kind, das in der Minenzone zur Welt kommt, stirbt, bevor es ein Jahr alt geworden ist. An Hunger, Infektionen oder auch anläßlich gelegentlicher Massaker des Militärs, die ganze Dörfer streikender Minenarbeiter bombardierten.

Ein Kind von Domitila wird kurz vor der Geburt noch im Mutterleib zertreten, als sie im Gefängnis gefoltert wird.

Domitila ist Sprecherin eines Hausfrauenkomitees. Sie beschreibt neben den unsäglichen Leiden und Niederlagen auch die durch List, Organisationstalent und Unerschrockenheit erkämpften Teilerfolge.

Gerade wieder lesen wir in den Zeitungen, daß ein unter Leitung von Bergarbeiterfrauen organisierter Massenhungerstreik in Bolivien den Diktator Banzer zu einer Generalamnestie aus den Minen gezwungen hat. Domitila war eine der »Rädelsführerinnen«. Ein holländischer Kollege, der mit Domitila noch vor drei Monaten gesprochen hat, berichtet, wie die bolivianische Regierung versucht hat, Domitila durch Korruptionsangebote auf ihre Seite zu ziehen oder wenigstens zu neutralisieren. Ihr wurde nach dem Erscheinen ihres Buches im Ausland eine komfortable Wohnung in der Hauptstadt La Paz angeboten. Domitila verzichtete. Sie lebt und kämpft weiter in den Elendshütten des Bergarbeiterzentrums »Siglo XX« (20. Jahrhundert).

Man hat gesagt, daß das Scheitern von Ché Guevara und seinen Befreiungskämpfern eine Frage des verfrühten Zeitpunkts war. Ché und 200 Guerilleros haben in der Gegend gekämpft, in der Domitila heute mit anderen Mitteln weiterkämpft. Sie selbst war mit anderen Genossen gefangengenommen, verschleppt und mißhandelt worden, weil man aus ihr die Namen von Vertrauensleuten der Befreiungskämpfer herauspressen wollte. Sie hat nicht geredet.

Jetzt redet sie: in einer Sprache, die so eindringlich, überzeugend und mitreißend ist, wie nur ganz wenige literarische Dokumente. Eine gesprochene Literatur, die mithelfen kann, Taten anzuregen und einzuleiten.

Es gibt Stellen in Domitilas Zeugnis, die von einem faschistenfreundlichen, bayrischen Gericht durchaus mithilfe des § 88a zum Verbot des Buches herhalten könnten. Nehmen wir an, auf Antrag eines Politikers wie F.-J. Strauß, der eine Terrordiktatur wie die beschriebene anläßlich seiner Chile-Bekenntnisreise ja in einen Hort der Freiheit umzumünzen versuchte. Wenn Domitila zum Beispiel beschreibt, wie sie mit dem Hausfrauenkomitee Folterspezialisten des CIA, die »Green Barrets«, diese »Meisterverbrecher« (Domitila) als Geiseln nimmt und so verhindert, daß sie dem Zorn der Männer überlassen bleiben, um durch den Austausch gefangene Minenarbeiter frei zu bekommen. Oder in einem weiteren Fall von Gegengewalt und Notwehr um Leben und Tod eine von den USA in die Minenquartiere entsandte »Künstler«-Truppe der »moralischen Aufrüstung« solange nicht zurückgelassen wird, bis die Regierung Medikamente schickt und das Krankenhaus den Minenarbeitern wieder öffnet.

Bolivien gilt als Entwicklungsland. Vom technischen Standard her gesehen ist das sicher zutreffend. (Obwohl die Abbaugeräte unter Tage oft die modernsten und effektivsten sind, blieben das Lüftungssystem und die Arbeitsbedingungen seit Jahrzehnten unverändert.)

Domitila leistet eine andere Form der Entwicklungshilfe an uns »Unterentwickelten«: In Sachen politisches Engagement und Solidarität. Sie lehrt uns, wie technischer Fortschritt um seiner selbst willen und ohne in den Dienst des Volkes gestellt zu sein, bereits Rückschritt und Unterdrückung bedeutet. Die Militärregierung läßt 5000 Fernsehapparate an die Mineros verteilen, nicht ohne ihnen zuvor die erkämpften und arbeiter-eigenen oder von linken Priestern mitgeleiteten Rundfunksender zu zerschlagen. Domitila über die neue Mickey-Mouse-Kultur:

»Wir sind nicht gegen den Fortschritt. Doch, wir wollen den Fortschritt für unser Land, aber was geschieht mit dem Fernsehen? Das Fernsehen wird vom Staat umgelenkt. Und von da aus macht uns der Staat zur Schnecke. Von den

Mineros sagt er: Die Verrückten, diese Faulpelze, diese Roten, diese was weiß ich nicht alles. Und wir haben kein Fernsehprogramm, in dem wir ihnen antworten können. Wir hatten nur unsere Radios. Um diese letzte Stimme zum Schweigen zu bringen, haben sie die Sender zu Kleinholz gemacht. Was ist mit denen geschehen, die ihr Fernsehen bekommen haben? Wobei hat ihnen das Fernsehen geholfen? Unsere Radios haben, wenn auch in einer groben Sprache, wild, wie sie sagen — über uns gesprochen. Über unsere Probleme und unsere Lage. Aber dieses Fernsehen, das sie uns geben und in dem sie zu uns sprechen und uns eine Welt zeigen, die nicht die unsrige ist, Welten die wir nie erreichen können, ... wozu ist dieses Fernsehen gut? Um uns noch unglücklicher und uns noch bedauernswerter zu machen.«

Domitilas Einschätzung der revolutionären Studenten ist von Sympathie, jedoch gleichzeitig skeptischer Erfahrung bestimmt und auch auf unsere Situation ansatzweise übertragbar: »Und immer wenn die Studenten sich erheben, beginnt die Regierung, die zu unterdrücken, die die Bewegung geleitet haben. Aber immer treiben die Studenten uns an, wenn wir unsere Beschwerden vorbringen, und sind da mit ihrer Solidarität, wenn wir streiken, Manifeste verfassen oder wenn unsere Genossen eingekerkert werden. Aber ich bin mir auch bewußt, daß viele Jugendliche, die uns unterstützen und die gute *Revolutionäre zu sein* scheinen, nicht mehr dabei sind, wenn sie ins Berufsleben eintreten.

Jetzt hört man jenen Studenten nicht mehr, der sagte: »Das Gewehr, das unsere Väter liegenlassen, werden wir, ihre Söhne, aufnehmen, weil wir, die Politik, Wirtschaft und Recht studiert haben, wissen, wie sie das Volk betrügen, wir wissen, wie die Lungen unserer Väter von der Silikose zerstört sind.« Und dieses und jenes. Die Universität verläßt ein Doktor, ein Anwalt, findet eine Stelle und schon ist der Revolutionär verschwunden. Davor müssen wir uns in acht nehmen...«

Domitila (links)

Moema Viezzer: An die Leser

Die Idee zu vorliegendem Buch kam uns beim Auftreten von Domitila Barrios de Chungara vor dem Tribunal des Internationalen Jahres der Frau, das von den Vereinten Nationen im Jahre 1975 in Mexiko organisiert wurde.
Dort lernte ich diese Frau aus den bolivianischen Anden, Ehefrau eines Minenarbeiters, Mutter von sieben Kindern, kennen. Sie war zu dem Tribunal als Repräsentantin des »Komitees der Hausfrauen von Siglo XX« gekommen, einer Organisation, die die Frauen der Arbeiter dieses Zentrums der Zinnproduktion vertritt.
Ihr jahrelanger Kampf und das Wissen um die Echtheit ihres Engagements machten sie der offiziellen Einladung durch die Vereinten Nationen, bei dieser Veranstaltung anwesend zu sein, würdig. Sie war die einzige Frau aus der Arbeiterklasse, die aktiv an dem Tribunal als Vertreterin Boliviens teilnahm, und ihr Auftreten machte auf die Anwesenden großen Eindruck. Dieser Eindruck beruhte zum großen Teil darauf, daß »Domilita das gelebt hat, worüber andere nur sprachen«, wie eine schwedische Journalistin es ausdrückte. Dieser Bericht, den Domilita als den »Höhepunkt meiner Arbeit vor dem Tribunal« ansieht, ist der Schrei eines Volkes, das leidet, weil es ausgebeutet wird. Außerdem beweist er, wie grundlegend die Befreiung der Frau mit der sozio-ökonomischen Befreiung des ganzen Volkes verbunden ist, und ihre Teilnahme an diesem Befreiungsprozeß findet unter diesem Vorzeichen statt.
Es ist kein Dialog Domitilas mit sich selbst, den ich hier präsentiere. Es ist das Ergebnis von zahllosen Interviews, die ich mit ihr in Mexiko und Bolivien geführt habe; ihre Ausführungen vor dem Tribunal sind darin verarbeitet, wie auch die Berichte, Unterhaltungen und Dialoge, die sie mit Gruppen von Arbeitern, Studenten und Universitätsangestellten, Bewohnern von Armenvierteln, Lateinamerikanern, die in Mexiko im Exil leben, und Vertretern von Presse, Radio und Fernsehen geführt hat. All dieses auf Band genommene Material, auch einige Korrespondenz, wurde geordnet und vor Erscheinen dieses Buches mit Domitila durchgesehen.

Domitila paßt sich den Umständen, denen sie sich gegenüber sieht, und dem Publikum, an das sie sich wendet, an. Ihre Art sich im persönlichen Gespräch auszudrücken, unterscheidet sich sehr von der, derer sie sich in Diskursen und vor Versammlungen oder in Dialogen mit kleinen Gruppen bedient. Das erklärt die Mannigfaltigkeit des Stils in diesem Text, über den manche Leser erstaunt sein könnten.

Die Sprache der Domitila ist die einer Frau vom Dorf, einer Frau des Volkes mit den dieser Sprache eigenen Ausdrücken, ihren Lokalismen, ihren deutlich sichtbaren grammatischen Konstruktionen, die oft durch das Quetschua bedingt sind, das sie von Kindheit an gesprochen hat. Diese Sprache, die einen wesentlichen Teil des Buches beherrscht, habe ich mit Absicht beibehalten. Sie liefert ein weiteres Beispiel für den Reichtum, der in der Sprache des Volkes enthalten ist.

Die geschriebene Dokumentation, die auf der gelebten Erfahrung der Menschen aus dem Volk beruht, zeigt einen sehr knappen Stil. Dieser Bericht kann eine Lücke ausfüllen und ein Instrument der Reflexion und der Orientierung bilden, nützlich für andere Männer und Frauen, die sich der Sache des Volkes in Bolivien und anderen Ländern, besonders in den Ländern Südamerikas, mit Leib und Seele hingeben.

Dieses Buch ist ein Arbeitsinstrument. Domitila hat ihr Zeugnis in der Absicht abgegeben, ein Scherflein dazu beizutragen, in der Hoffnung, daß es der neuen Generation dient. »Weil es« — wie sie sagt — »wichtig ist, sich Erfahrungen aus der eigenen Geschichte zunutze zu machen, wie auch aus der Erfahrung anderer Völker zu lernen«. Und deshalb müsse es »ein Zeugnis geben«, das dabei helfe »über unser Handeln nachzudenken und es zu kritisieren.«

Die Schule, in der Domitila geformt wurde, ist das Leben des Volkes. Bei der monotonen und harten täglichen Arbeit der Hausfrau im Revier erkannte sie, daß nicht nur der Arbeiter der Ausgebeutete ist, sondern auch — so ist die Wirkung des Systems — seine Frau und ihre Familie. Das motivierte sie, an dem durch die Arbeiterklasse organisierten Kampf teilzunehmen. Zusammen mit ihren Genossinnen erlebte sie am eigenen Leib die Niederlagen und Siege ihres Volkes. Und aufgrund dieser Erfahrungen interpretiert sie die Realität. Alles, was sie sagt, spiegelt wirkliches Leben wider.

Domitila erhebt keinen Anspruch darauf, uns eine Analyse der Geschichte Boliviens, ebensowenig eine Analyse der Gewerkschaftsbewegung der Bergleute oder des Hausfrauenkomitees von Siglo XX vorzulegen. Sie erzählt uns ein fach, was sie erlebt hat, wie sie es erlebt hat, und was sie daraus gelernt hat, um in dem Kampf fortfahren zu können, den die Arbeiterklasse und die Bewegung des Volkes führen muß, um Herr ihres Schicksals zu werden.

Es gibt wenige Zeugnisse von Männern und Frauen aus dem Minenrevier, aus der Fabrik, aus einem Elendsviertel oder vom Land, in dem die Hauptperson nicht nur von der Situation berichtet, in der sie lebt, sondern sich auch der Ursachen und Mechanismen bewußt ist, die diese Situation schaffen und aufrechterhalten, und die mitkämpft, um sie zu ändern. In diesem Sinne enthält das Zeugnis der Domitila die Grundlagen für eine zukunftsweisende historische Analyse, weil es eine Interpretation der Tatsachen aus der Sicht des Volkes bietet.

Um diesen Text nicht zu verderben, ist es wesentlich, daß man dieser Frau aus dem Volk erlaubt, auf ihre Weise zu sprechen. Man muß ihr zuhören und versuchen zu verstehen, wie sie lebt, fühlt und die Ereignisse interpretiert.

Nichts von dem, was hier niedergeschrieben ist, widerspricht der Realität in Bolivien, weil sich der persönliche Lebensweg Domitilas in die große Marschroute des bolivianischen Volkes einreiht. Aus diesem Grund habe ich das Buch in drei Teile unterteilt: den ersten, in dem Domitila »ihr Volk« beschreibt, die Lebens- und Arbeitsbedingungen der Männer und Frauen des Bergwerkreviers und ihre Integration in die organisierte Arbeiterbewegung; den zweiten, in dem sie »ihr Leben«, ihr persönliches Leben in Verbindung mit den historischen Ereignissen ihres Volkes beschreibt; den dritten, der den Zustand in den Bergwerken im Jahre 1976 beschreibt, besonders nach dem Streik, der von den Arbeitern im Juni—Juli durchgeführt wurde.

Ich möchte an dieser Stelle meine Bewunderung und meine Dankbarkeit für die Frauen Boliviens ausdrücken, die uns in der Person der Domitila entgegentreten. Durch sie wird es uns möglich, den Charakter der bolivianischen Arbeiter und das Wesen von Frauen wie Bertolina Sisa, Juana Azurday und Maria Barzola kennenzulernen und zu verstehen, die nicht aufhören, für die wahre Freiheit ihres Volkes zu kämpfen.

Ich will auch allen Freunden, Genossinnen und Genossen danken, die auf verschiedene Weise mitgearbeitet haben, daß dieses Zeugnis verwirklicht wurde.

Domitila soll sprechen.

30. Dezember 1976

Das Zeugnis

Ich möchte keinen Augenblick, daß man die Geschichte, die ich erzählen will, nur als meine persönliche Angelegenheit versteht. Denn ich glaube, daß mein Leben mit dem meines Volkes verbunden ist. Was mir geschehen ist, könnte Hunderten von Menschen in meinem Land geschehen sein. Das möchte ich klarstellen, denn ich bin mir klar darüber, daß es Leute gibt, die sehr viel mehr als ich für das Volk getan haben, aber gestorben oder unbekannt geblieben sind.

Deshalb sage ich, daß ich nicht einfach eine persönliche Geschichte erzählen will. Ich will ein Zeugnis hinterlassen von all den Erfahrungen, die wir durch so viele Jahre des Kampfes in Bolivien gemacht haben, und mein Scherflein dazu beitragen, daß unsere Erfahrungen auf irgendeine Weise für die neue Generation, für den neuen Menschen, nützlich werden.

Ich will auch zum Ausdruck bringen, daß ich dieses Buch als den Höhepunkt meiner Arbeit vor dem Tribunal des Internationalen Jahres der Frau betrachte. Dort hatten wir nur einige Augenblicke Zeit zu sprechen und uns zu unterhalten. So sehr wir uns auch mehr Zeit gewünscht hätten. Und ich habe die Möglichkeit, es jetzt zu tun.

Zum Schluß will ich klarmachen, daß ich möchte, daß dieser Bericht meiner persönlichen Erfahrungen und der Erfahrungen meines Volkes, das für seine Befreiung kämpft und zu dem ich gehöre, die ärmsten Leute erreicht, die Leute, die kein Geld haben, die aber doch eine Orientierung, ein Beispiel brauchen, das ihnen in der Zukunft helfen kann. Für diese Leute wünsche ich, daß das, was ich erzähle, aufgeschrieben wird. Es spielt keine Rolle, auf welchem Papier, aber ich will, daß es der Arbeiterklasse nützt und nicht nur Intellektuellen oder Personen, die nur damit handeln.

TEIL 1: IHR VOLK – Die Mine

Ich will damit anfangen festzustellen, daß sich Bolivien im südlichen Horn, im Herzen Südamerikas, befindet. Es hat nur etwa 5 Millionen Einwohner. Wir sind wenige, wir Bolivianer.
Wie fast alle Völker Südamerikas sprechen wir Spanisch. Aber unsere Vorfahren hatten ihre eigenen Sprachen. Die zwei wichtigsten waren Quetschua und Aymara. Diese beiden Sprachen werden heutzutage noch von einem großen Teil der Landbevölkerung, den Campesinos und vielen Bergleuten, den Mineros, in Bolivien gesprochen. Auch in der Stadt hat sich viel von diesen beiden Sprachen erhalten, besonders in Cochabamba und Potosi, wo man viel Quetschua spricht, und in La Paz, wo man viel Aymara spricht. Außerdem ist noch viel von diesen beiden Kulturen lebendig, wie zum Beispiel Webkunst, ihre Tänze und ihre Musik, die heutzutage sogar im Ausland viel Aufmerksamkeit erregen, nicht wahr? Ich bin stolz darauf, daß Indio-Blut in meinem Herzen fließt. Und ich bin auch stolz darauf, die Frau eines Minenarbeiters zu sein. Wie wünschte ich, daß alle Leute des Volkes stolz auf das wären, was sie sind, was sie haben, auf ihre Kultur, ihre Sprache, ihre Musik, ihre Art zu sein; daß sie sich dagegen wehrten, daß sie immer mehr überfremdet werden, daß sie aufhörten, andere Leute nachzuahmen, die letzten Endes unserer Gesellschaft wenig Gutes gebracht haben!
Unser Land ist sehr reich, besonders an Mineralien: Zinn, Silber, Gold, Wismuth, Zink, Eisen. Auch Erdöl und Gas sind wichtige Einnahmequellen. Außerdem haben wir im westlichen Amazonasgebiet große Gebiete, wo Vieh gezüchtet wird; wir haben Hölzer, Früchte und viele landwirtschaftliche Erzeugnisse.
Nur scheinbar ist das bolivianische Volk Eigentümer dieser Reichtümer. Die Minen, zum Beispiel, vor allem die großen, sind staatlich. Ihre früheren Eigentümer, die Patiño, Hochschild und Aramayo, wurden enteignet. Wir nannten sie die Zinnbarone, und sie wurden in der ganzen Welt wegen ihres ungeheuren Reichtums berühmt. Man sagt sogar, daß Patiño einer der fünf reichsten

Männer der Welt war, nicht wahr? Diese Herren waren Bolivianer, aber Bolivianer mit so schlechtem Herzen, daß sie das ganze Volk verraten haben. Sie haben unser ganzes Zinn an andere Völker verkauft und uns im Elend zurückgelassen, weil sie ihr ganzes Geld im Ausland investiert haben, in Banken, Industrien und allen möglichen Dingen. Und so, als die Minen, die ihnen gehörten, verstaatlicht wurden, gab es nur wenig Geld in Bolivien. Und trotzdem sind sie entschädigt worden. Und zu allem Unglück sind neue Reiche gekommen, und das Volk hat überhaupt keinen Nutzen von dieser Nationalisierung* gehabt. Der größte Teil der Einwohner Boliviens sind Campesinos. Etwa 70% unserer Bevölkerung lebt auf dem Land. Und sie leben in einer unwahrscheinlichen Armut, schlechter als wir Mineros, obwohl wir, die Mineros, wie Zigeuner in unserem eigenen Land leben, weil wir kein Haus haben, nur eine Hütte, die uns von der Firma so lange geliehen wird, wie der Arbeiter aktiv ist. Nur: Wenn es stimmt, daß Bolivien ein an Bodenschätzen reiches Land ist, warum leben hier so viele arme Leute? Und warum ist sein Lebensstandard im Vergleich zu anderen Ländern, einschließlich Lateinamerikas, derart niedrig? Nun, weil es eine Devisenflucht gibt. Es gibt viele, die reich geworden sind, aber all ihr Geld im Ausland investieren. Und unseren Reichtum übergeben sie der Gier der Kapitalisten, zu unendlich niedrigen Preisen, aufgrund von Verträgen, die für uns keinerlei Vorteil haben. Bolivien ist ein Land, das von der Natur sehr bevorzugt wird, und wir können ein sehr reiches Land in der Welt sein. Aber obwohl wir nur so wenige sind, erreicht uns dieser Reichtum nicht. Jemand hat gesagt, daß Bolivien ungeheuer reich ist, aber daß seine Einwohner gerade eben Bettler sind. Und es ist wirklich so, weil Bolivien sich den multinationalen Firmen ausgeliefert hat, die die Wirtschaft meines Landes kontrollieren. Und dafür geben sich sogar viele Bolivianer her, die sich für ein paar Dollar kaufen lassen und so die Politik zusammen mit den Gringos** machen und in deren Fußstapfen treten. Das einzige Problem für sie ist, wie sie mehr für sich selber herausschlagen können. Je mehr sie die Arbeiter ausbeuten können, umso glücklicher sind sie. Auch wenn der Arbeiter an Unterernährung, an Krankheit zugrunde geht; ihnen ist das egal.

Gut, vielleicht könnte ich euch einige Erfahrungen mitteilen, die wir in Bolivien gemacht haben. Da ich in einem Bergwerksrevier lebe, ist das, wovon ich am meisten verstehe, das Leben der Bergleute. Etwa 60% der Devisen, die nach Bolivien fließen, sind der Ertrag der Minen. Die anderen Devisen, die hereinkommen, sind für Erdöl oder stammen aus anderen Ausbeutungsquellen.

In den staatlichen Minen sind etwa 35000 Arbeiter beschäftigt. In den privaten Minen sind etwa noch einmal 35000 Arbeiter beschäftigt. Ich glaube, daß es also etwa 70000 Bergleute in Bolivien gibt.

Die verstaatlichten Minen werden von der Bergwerksgesellschaft von Bolivien verwaltet, die wir *Comibol* nennen. Es gibt ein Zentralbüro in La Paz und

* 1952, nach Beginn der Nationalen Revolution

** abwertend für Ausländer, besonders Nordamerikaner

Lokalbüros in jedem Minenrevier des Landes. Dort, wo ich wohne zum Beispiel, gibt es einen Direktor, der das Minenrevier Siglo XX-Catavi-Socavon-Patiño-Miraflores verwaltet. Das ist das größte Minenrevier Boliviens mit der größten revolutionären Erfahrung und wo es die meisten Massaker durch die jeweiligen Regierungen gegeben hat.
Außerhalb der Mine arbeiten die Techniker und die Angestellten der Firma in den Lägern, in der Gießerei, in der Aufbereitungsanlage, in den firmeneigenen Läden* und in der Sozialfürsorge der Firma.
Im Innern der Mine arbeiten die Mineros. Jeden Morgen müssen sie bis zu einer sehr ungesunden Stelle einfahren, wo es keine Luft gibt, sehr viel Gas und Gestank, der von der Copagira** produziert wird. Und dort müssen sie acht Stunden bleiben und das Erz herausbrechen. Früher, als die Mine noch neu war, holte man nur die guten Stücke heraus, indem man einer Ader folgte. Aber seit etwa 20 Jahren sieht die Sache anders aus. Jetzt gibt es nicht mehr so viel Erz. Also fing man mit dem System des Block-caving an. Innen legen sie reines Dynamit und lassen einen Teil des Bergs explodieren. Die Mineros holen all diese Steine heraus, schicken sie zum Mahlwerk und danach zur Aufbereitungsanlage, damit man das Erz herausholt. So holt man aus vielen Tonnen Stein nur einige Tonnen Erz. Diese Arbeit im Block ist sehr gefährlich, weil alles platzt, alles zerspringt. Und es passieren auch viele Unfälle, weil die Arbeiter manchmal den Eindruck haben, daß alles Dynamit explodiert ist, und so arbeiten sie weiter, und plötzlich wieder eine Explosion ... und die Leute bleiben da unten zerfetzt liegen, nicht wahr? Deshalb will ich nicht, daß mein Mann im Block arbeitet, obwohl die, die dort arbeiten, etwas mehr verdienen.
Es gibt noch andere Arten von Arbeitern. Zum Beispiel die »Veneristas«.*** Sie arbeiten auf eigene Rechnung und verkaufen ihr Erz an die Gesellschaft. Es gibt etwa 2000 veneristas, die in Gruppen von drei oder vier Leuten arbeiten mit einem Gruppenchef. Sie graben Schächte von einem oder anderthalb Metern Breite und bis zu 15 Metern Tiefe, bis sie auf den Felsen stoßen. Sie lassen sich dann an einem Seil hinab und graben kleine Tunnels, wo sie reinkriechen. Und fangen an, das Zinn zu suchen, das sich in den Felslöchern ablagert. Es gibt keinen Schutz, keine irgendwie geartete Ventilation. Es ist mit am schlimmsten. Dort arbeiten viele Mineros, die von der Gesellschaft entlassen worden sind, weil sie die Berufskrankheit der Mineros, die Silikose, haben. Und weil sie keinen anderen Arbeitsplatz finden, müssen sie auf irgendeine Art zu überleben suchen. Es gibt auch Landarbeiter und Kleinbauern, die nach Llallagua kommen und ihr Leben als mineros anfangen, indem sie mit den Veneristas arbeiten, aber sie leben in einem Zustand der fürchterlichsten Ausbeutung, weil

* Versorgungszentrum — auf der Grundlage eines Rationierungssystems werden Lebensmittel verkauft und vom Monatslohn des Arbeiters abgezogen — verwaltet von der Minengesellschaft.

** von »Copaquira«: mit Mineralien angereichertes Wasser, von gelblicher oder bleigrauer Farbe, das aus den Ausspülungen stammt.

*** von span. Vena — Ader

ihnen die Veneristas nur etwa zehn Pesos oder etwa einen halben Dollar zahlen täglich, nicht wahr?
Andere sind die »Locatarios«* , die auf eigene Rechnung arbeiten und das Erz an die Gesellschaft verkaufen. Aber die Gesellschaft stellt ihnen keine Schaufeln keine Hacken, kein Dynamit, nichts. Alles müssen sie sich kaufen, die Gesellschaft weist ihnen ihre Parzellen zu, die vorher ausgebeutet worden sind und wo es dann immer noch Erz gibt. Mehr oder weniger, aber immer gibt es etwas. Die Gesellschaft zahlt die Locatarios immer je nach dem hohen oder niedrigen Feingehalt des Erzes, das sie finden. Aber sie behält immer 40% für die Benutzung der Parzelle, glaube ich.
Wieder andere sind die »Lameros«** , oder die Leute, die die Auswaschungen des Erzes bearbeiten. In der Aufbereitungsanlage konzentriert die Gesellschaft das Erz, und daraus läuft Wasser, das zu einem trüben, dickflüssigen Bach wird und auf seinem Weg Reste des Minerals absetzt. Das sammeln die Lameros auf, waschen es, konzentrieren es und liefern es der Gesellschaft ab.
Aber die Lameros sind den Locatarios gegenüber benachteiligt, weil die Locatarios Stammplätze haben, während die Lameros einfach so auf gut Glück suchen.
So gibt es verschiedene Gruppen von Personen, die in den Bergwerksrevieren arbeiten.

* von span. Locatario — Mieter, Pächter
** von span. lamer — lecken, ablecken

Wo der Bergmann lebt

Siglo XX ist ein Bergarbeiterlager, und alle Hütten hier gehören der Gesellschaft. Direkt nebenan ist das Dorf Llallagua, wo auch viele Mineros leben, genauso wie in anderen nahegelegenen Orten, die nicht der Bergwerksgesellschaft gehören.

Die Hütte, die der Arbeiter im Lager bewohnt, ist immer nur geliehen. Er bekommt sie erst, wenn er schon einige Jahre Dienst vollendet hat. Die Gesellschaft leiht uns nicht sofort die Hütte, wegen des Mangels, der herrscht. Viele Mineros arbeiten bis zu fünf oder zehn Jahren, ohne eine Hütte zu haben. Und deshalb gehen sie sich Zimmer in den Orten mieten, die nicht der Gesellschaft gehören. Außerdem wird die Hütte nur solange geliehen, wie der Arbeiter bei der Gesellschaft ist. Wenn er einmal stirbt oder wegen der Berufskrankheit, der Minenkrankheit, arbeitsunfähig ist, werfen sie ihn oder seine Witwe oder seine Frau aus der Hütte, und sie hat 90 Tage Zeit, um das Zimmer zu räumen.

Unsere Hütte ist winzig, nur ein Zimmerchen von vier mal fünf oder sechs Metern. Dieses Zimmerchen muß als Wohnzimmer, Eßzimmer, Vorratskammer und Schlafzimmer dienen. In einigen Hütten gibt es zwei Zimmerchen, also dient eins als Küche, und sie haben auch einen kleinen Korridor. Daraus besteht die Hütte, die uns die Gesellschaft leiht, aber es sind nur die vier Wände, kein fließendes Wasser, keine sanitäre Installation. Und so müssen wir in einer großen Enge leben, dazu noch mit unseren Kindern. In meinem Fall haben wir drei Betten in dem Zimmer aufgestellt, das ist alles, was hineinging. Hier schlafen meine sieben Kinder, hier machen die Kleinen ihre Aufgaben, hier spielen die ganz Kleinen. In dem hinteren Zimmerchen habe ich einen Tisch und ein Bett, in dem ich mit meinem Mann schlafe. Die paar Sachen, die wir haben, gut, die müssen auf dem Dach gestapelt werden oder in dem kleinen Korridor, eins aufs andere. Und die Kinderchen, einige können auf den Betten schlafen und die anderen darunter. So.

Es ist sehr kalt auf dem Altiplano, der Hochebene. Also legen wir Strohmatratzen, die in dieser Gegend gemacht werden, in die Betten. Eine Matratze kostet 800 bis 1000 Pesos. Für uns ist es schwer, sie zu kaufen. Die meisten Mineros haben diese Strohmatratzen. In meinem Haus zum Beispiel haben wir nur eine einzige Matratze. Und die Matratze hält nicht lange, weil sie mit Jute bezogen ist. Außerdem ist sie ziemlich unbequem. Aber, was sollen wir machen? Die Matratze geht auf der einen Seite kaputt, und wir müssen sehen, wie wir sie so hinbekommen, daß sie länger hält, hier flicken und da flicken. Im Lager haben wir elektrisches Licht, das uns die Gesellschaft liefert. Einige Stunden am Tag und die ganze Nacht.

Wir haben auch Trinkwasser. Aber nicht in den Hütten. Es gibt Wasserstellen in den Vierteln. Man muß Schlange stehen, um Wasser zu bekommen.

So genießen wir nicht viele Bequemlichkeiten. Wir haben zum Beispiel kein Bad in der Hütte. Es gibt öffentliche Bäder, sicher, aber es gibt nur zehn oder zwölf Duschen für alle Leute, für soviele, für viel zu viele Leute, weil sie für das ganze Lager sind. Also werden die Duschen abwechselnd geöffnet; einen Tag für die Frauen, den anderen Tag für die Männer. Die Duschen funktionieren nur, wenn es Petroleum gibt, denn das Wasser wird nur mit Petroleum gewärmt.

Auch Toiletten, Latrinen, gibt es nur in den Häusern des technischen Personals der Gesellschaft. Es gibt keine in den Hütten der Arbeiter. Sie sind öffentlich und auch nur etwa zehn. Aber das ist für das ganze Viertel, nicht wahr? Für ein ganzes Viertel. Sie werden sehr schnell schmutzig, und es gibt kein fließendes Wasser. Am Morgen reinigen die Arbeiter der Gesellschaft sie, die dafür eingestellt sind; aber nachher, den ganzen Tag müssen sie schmutzig bleiben. Und wenn es kein Wasser gibt, mehrere Tage lang. Immer drauf, immer drauf, so müssen wir die Latrinen benutzen. So.

Es gibt viele Probleme mit dem Wasser, besonders im Dorf, das nicht zum Bergwerk gehört. Dort leiden sie mehr als wir. Sie müssen enorme Schlangen bilden. Von weit her, von weit her, müssen sie kommen, um Wasser zu holen. Und im Dorf haben sie auch kein elektrisches Licht wie wir. Ihr Leben ist sehr schwer. Aber trotz des Fehlens von Bequemlichkeiten in den Hütten ist es nicht einfach, eine Hütte zu finden, weil es zu wenige gibt. Daher macht man einen Wettbewerb. Zum Beispiel: einem Genossen, der zehn Jahre gearbeitet hat, notiert man zehn Punkte; wenn er sieben Kinder hat, dazu noch seine Frau, notiert man acht Punkte; wenn er im Innern der Mine arbeitet, notiert man weitere Punkte. Also, um eine Hütte zu finden, muß der Arbeiter eine bestimmte Zahl von Punkten gewinnen; schon lange bei der Gesellschaft sein, mehrere Kinder haben, im Innern der Mine arbeiten. Es gibt Genossen, die sehr schnell an der Minenkrankheit erkranken und noch nicht einmal die Wohltat einer geliehenen Hütte genießen.

---

* vor 1952

Klar, man beschwert sich. Man hat immer über dieses Problem in den Minen gesprochen. Aber die Gesellschaft hat immer behauptet, daß sie vor dem Konkurs steht, daß sie es sich nicht leisten kann, mehr Hütten zu bauen. Und die Hütten des Lagers sind größtenteils dieselben, die man gebaut hat, als die Firma noch privat war*. Nach der Verstaatlichung blieb fast alles beim alten und sehr wenige Hütten wurden dazugebaut. Erst jetzt werden einige gebaut. Durch soviele Beschwerden und Streiks haben wir erreicht, daß man die Hütten, die dabei waren, einzustürzen, etwas in Ordnung bringt. Man hat einige Flicken angebracht, aber in einigen Fällen haben sie sehr wenig genützt. Ein bißchen starker Regen, und sie fielen runter. So.
Wegen dieses Mangels an Wohnungen tun sich manche Leute mit denen zusammen, die ein Recht auf eine Hütte haben. Diese nennen wir »Pächter«. In meinem Fall zum Beispiel sind meine drei Schwestern gekommen, um bei mir zu leben. Also habe ich ein Bett in die Küche gestellt und sie in ein Zimmer für sie verwandelt. Und die Küche habe ich draußen unter einem Stück Wellblech aufgeschlagen. Und so haben wir viele Jahre gelebt. Die Untermieter sind nicht immer Familienmitglieder. Es können auch Freunde sein. Als ich zum Beispiel gerade nach Siglo XX gekommen war, habe ich mich auch eingemietet. Aber ich habe die Leute, bei denen wir leben sollten, noch nicht einmal gekannt. Mein Mann und der Hausherr hatten sich bei ihrer Arbeit kennengelernt. Dieser Mann war schon lange und mein Mann neu bei der Gesellschaft. Also hat er dem Kollegen erzählt, wie böse die Besitzerin des Hauses, wo wir lebten, war; sie schloß uns die Tür ab und all das. Und der andere sagte zu meinem Mann: »Komm in mein Haus«. Und wir zogen dorthin, ich und mein Mann. Und wir waren ein Jahr bei ihnen. Wir waren gerade verheiratet. Sie hatten drei Kinder, und seine Schwestern lebten auch da. Wir vertrugen uns gut, wir wechselten uns mit dem Kochen ab. Und wir kochten in einem großten Topf für alle. So leben viele Leute, für viele Jahre.
Klar, es gibt Gesetze, die sagen, daß die Gesellschaften den Arbeitern eine Hütte geben müssen. Aber diese Gesetze nützen zu nichts. Und die Minenarbeiter, die zum großen Teil die Wirtschaft des Landes tragen, haben letzten Endes noch nicht einmal ihr Häuschen.

Wie der Minero arbeitet

In der Mine gibt es zwei Arbeitsbereiche, den des technischen Personals und den des Bergmanns. Die Mine ruht nie. Sie arbeitete Tag und Nacht. Und dazu hat man die Arbeiter in drei Schichten eingeteilt. Einige wechseln monatlich ihre Schicht, andere alle 14 Tage und andere jede Woche. Mein Mann zum Beispiel hat jede Woche seine Schicht gewechselt.
Es gibt drei Schichten jeden Tag. Wenn man die Zeit berechnet, die nötig ist, um im Konvoi in die Mine einzufahren, und um den Stollen zu verlassen, beginnt die erste Schicht um sechs Uhr morgens und hört um drei Uhr nachmittags auf; die zweite fängt um zwei Uhr nachmittags an und hört um elf Uhr nachts auf; die dritte fängt um zehn Uhr abends an und hört um sechs Uhr morgens auf.
Wenn der Arbeiter die erste Schicht hat, müssen wir Frauen um vier Uhr morgens aufstehen, um für den Mann das Frühstück zu machen. Um drei Uhr nachmittags kommt er aus der Mine und hat bis dahin noch nichts gegessen, weil man kein Essen in die Mine mitnehmen kann.
Es ist nicht erlaubt. Und außerdem verdirbt es, weil man an so vielen Stellen im Schacht vorbei muß, wo es viel Staub gibt, viel Hitze, ganz zu schweigen von dem Dynamit, das explodiert. Wenn sie dann dazu kämen, etwas zu essen, würden sie etwas essen, was ihnen schlecht bekäme. Man müßte alles anders organisieren. Aber die Gesellschaft sagt, es wäre nicht möglich, das zu tun. Wenn die Gesellschaft wollte, könnte sie saubere und gesunde Korridore innen drin einrichten. Aber das interessiert sie nicht. Die Gesellschaft erteilt diese Vorzugsbehandlung den Technikern. Die Ingenieure, zum Beispiel, arbeiten kürzer. Und um 10.30 Uhr bringt man ihnen ihren Henkelmann. Darauf haben sie ein Recht. Um 11.30 Uhr essen sie schon da drinnen. Wenn die Gesellschaft wollte, daß die Arbeiter zu ihrer Zeit äßen, könnte sie ihnen das auch möglich machen. Aber nein. Mit einem Frühstück müssen die Arbeiter von fünf Uhr morgens bis drei Uhr nachmittags aushalten, bis sie wieder nach Hause kommen. Und die, die weiter weg, etwa in Uncia leben, müssen um drei Uhr mor-

gens aufstehen und bis nach Socavon Patiño, Miraflores und anderen Mineneinfahrten gehen, die sehr, sehr weit weg sind.
Wie halten sie es also in der Mine aus? Coca mit Legia kauend. Coca sind Blätter, die einen so etwas bitteren Geschmack haben, aber die einen doch den Hunger vergessen lassen. Legia ist Asche von den Stengeln von Quinua*, gemischt mit Reis und Anis, die die Leute mit Coca kauen, um ihm seinen zu bitteren Geschmack zu nehmen. Also, das kauen die Mineros, um sich bei Laune zu halten, und damit ihr Magen übersteht. Die Arbeit in der Mine ist anstrengend. Mein Mann zum Beispiel kommt nach Hause und legt sich so, in den Kleidern, schlafen. Schläft zwei oder drei Stunden und steht erst dann auf, um zu Abend zu essen. Das schlimmste, das härteste ist die Nachtschicht. Der Minero arbeitet die ganze Nacht und kommt am Tag schlafen. Aber da die Hütte winzig ist und die Hütten des Lagers so Seite an Seite stehen, gibt es keinen Platz, wohin die Kleinen spielen gehen können, sie bleiben dort drin und machen Krach. Und die Wände sind so dünn, daß es, wenn die Nachbarn reden, so scheint, als ob sie auch drinnen wären, an unserer Seite. Also kann der Arbeiter nicht schlafen und steht mißgelaunt auf. Er kann sich noch nicht einmal ausruhen. Das ist die Schicht, die mein Mann und die Arbeiter im allgemeinen am meisten hassen. Aber sie sind verpflichtet, zu dieser Schicht zu gehen. Sie müssen sich den Gesetzen der Gesellschaft unterwerfen, wenn nicht, werden sie entlassen. Mein Mann arbeitet in dieser Form seit fast 20 Jahren. Alle Mineros arbeiten acht volle Stunden in der Mine. Die Schichten sind gleich.
Knapp 35 Jahre ist die durchschnittliche Lebenserwartung des Minenarbeiters. Dann ist er also schon vollkommen krank, hat die Minenkrankheit. Dann läßt man soviel Explosionsstoff hochgehen, um das Erz herauszuholen; dann kommen diese Partikel durch die Atemwege, den Mund und die Nase, in die Lungen, und sie zerfressen und zerstückeln die Lunge. Und die Arbeiter beginnen, Blut zu spucken. Schwarz, blaurot wird ihr Mund. Und am Schluß brechen sie Stücke Lunge aus, dann sterben sie schon. Das ist die Berufskrankheit der Mine, die Silikose. Und die Mineros haben auch noch dieses Pech: wenn man bedenkt, daß sie die Wirtschaft des Landes mit ihrem Schweiß und ihrem Blut tragen, so ist es traurig, daß sie auf lange Sicht nur erreichen, daß alle sie verachten, denn man hat Angst vor uns und glaubt, unsere Krankheit sein ansteckend, obwohl das nicht stimmt. Aber das ist ein Aberglaube, der sowohl auf dem Land als auch in der Stadt herrscht. Und deshalb wollen uns viele keine Wohnungen vermieten, weil sie glauben, daß die Krankheit unserer Männer auf die Wände übergeht und die Nachbarn ansteckt. Und auch weil die Mineros Coca kauen, um sich bei der Arbeit Mut zu machen, sagt man, die Mineros wären drogenabhängig, sie wären die »Khoya Locos«**, die Verrückten der Mine. So schwer ist unser Leben.

* Quinua, Getreide des Altiplano
** Khoya Loco = verrückter Indio

Die im Minenbezirk leben sind zum größten Teil Campesinos, die ihr Land in der Hochebene verlassen haben, weil sie nicht genug zu leben hatten. Das Land der Hochebene produziert einmal im Jahre nur eine Sache: die Kartoffel. Von allem anderen produziert es sehr wenig.

Es gibt Jahre, wo das Wetter gut ist, wo es gute Kartoffeln gibt; aber es gibt auch Jahre, in denen die Campesinos noch nicht einmal so viel ernten, wie sie an Saatkartoffeln gesetzt haben. Also geht die ganze Familie in die Stadt, oder sie kommt in die Mine. Und wenn sie da ankommen, finden sie also die Situation vor, die ich beschrieben habe.

Klar, daß die Propaganda der Regierung glauben machen will, daß wir ein bequemes Leben führen. Und wenn sie von den Mineros sprechen, bringen sie es fertig zu behaupten, daß wir eine Wohnung umsonst haben, Trinkwasser umsonst, Strom umsonst, billige Läden und noch andere Sachen. Aber wer will, soll nach Siglo XX kommen und dort kann er sich selbst von der Realität überzeugen: die Wohnung ist sehr schlecht, außerdem ist sie nicht geschenkt, sondern nur geliehen; das Wasser gibt es nur an öffentlichen Zapfstellen, die Toiletten sind öffentlich; Strom haben wir in den Stunden, in denen uns die Gesellschaft ihn gibt; die Schule ist sehr teuer, weil wir Uniformen, Schulmaterial und so viele andere Sachen kaufen müssen; die Waren aus dem billigen Laden sind Teil des Lohns unserer Männer, nicht wahr?

Um uns also in diesem elenden Zustand zu halten, zahlen sie dem Arbeiter einen Hungerlohn. Meinem Mann zum Beispiel, der in einer Spezialabteilung im Innern der Mine arbeitet, zahlen sie jetzt 28 Pesos* täglich, das heißt 740 Pesos monatlich. Im letzten Jahr hat man ihm 17 Pesos gezahlt; mit anderen Worten, nicht einen Dollar täglich. Wir haben eine Familienzulage von 347 Pesos und ein paar Zerquetschte, dazu eine Quote, die der Staat aufgrund der Geldentwertung festlegt und die 135 Pesos und ein paar Zerquetschte im Monat ausmacht. Auch gibt es eine Gehaltszulage für Nachtarbeit. Wenn man all das zusammenzählt, erreicht mein Mann einen Lohn von 1500 bis 1600 Pesos monatlich. Aber bei allem, was die Gesellschaft für die Sozialversicherung, den Laden, Schulgebäude und andere Sachen abzieht, kommt dieses Geld nie in unsere Hände, nicht wahr? Manchmal holt mein Mann 700 Pesos ab, manchmal 500 Pesos, manchmal verbleiben wir mit Schulden an die Gesellschaft. Und davon muß meine Familie leben. Aber es gibt Arbeiter, die in einer noch schlechteren Lage sind. Einer unserer Leiter, ein großer Mann, den sie umgebracht haben, hat uns einmal in sehr einfacher Form das Warum dieser Situation erklärt. Und er sagte uns:

»Wir zehntausend Arbeiter von Siglo XX, Genossen, wir produzieren 300 bis 400 Tonnen Zinn jeden Monat.« Und er nahm ein Blatt Papier und fuhr fort: »Dieses ganze Blatt stellt unseren Gewinn dar. Das ist der ganze Gewinn, den wir in einem Monat erarbeitet haben. Wie wird das geteilt?« Dann teilte er das Blatt in fünf gleiche Teile. »Von diesen fünf Teilen«, sagte er, »nimmt sich vier

* 100 Peso = 9,50 DM (Stand Mai 1979)

der ausländische Kapitalist mit. Das ist sein Gewinn. Für Bolivien bleibt nur ein Teil.
Nun, dieser fünfte Teil wird auch in Übereinstimmung mit dem System verteilt, in dem wir leben, nicht wahr? Also, von diesem Teil nimmt sich die Regierung fast eine Hälfte für Transport, Zoll und die Exportlizenz für das Erz, was eine Form mehr ist, um den Kapitalisten verdienen zu lassen, nicht wahr? Denn wir müssen unsere eigenen Lastwagen einsetzen, sie dabei verschleißen und das Erz bis Guaqui, an die Grenze von Peru bringen. In Peru gibt es einen Hafen. Dann müssen die Erze von dort mit dem Schiff bis Großbritannien gebracht werden, um im Hochofen von William Harvey geschmolzen zu werden. Von dort aus müssen sie mit dem Schiff in die USA transportiert werden, damit man dort die Sachen herstellt, die nachher die anderen Länder, einschließlich Bolivien, von den USA zu so hohen Preisen kaufen. Mit all dem nimmt der Kapitalist sich fast noch einmal die Hälfte von dem Fünftel, das uns zusteht.
Später nimmt sich die Regierung noch einmal von der Hälfte, die übrigbleibt, für sich und für die Gruppe ihrer Anhänger, für die Armee, für das Gehalt ihrer Minister und wenn sie ihre Touren in fremde Länder machen. Und sie investieren dieses Geld in ausländischen Hauptstädten, damit sie, wenn sie entmachtet werden, dann in ein anderes Land gehen können, schon als neue Millionäre, mit Geld, das ihnen schon sicher ist.
Und ein anderer Teil ist für ihre Unterdrückungsorgane bestimmt, für das Heer, für die DIC*, für ihre Spitzel, all denen kommt es zugute.
Und von dem Restchen, das übrigbleibt, nimmt die Regierung für die Dienstleistungen der Sozialversicherung, für Gesundheitswesen, für die Krankenhäuser, um das elektrische Licht zu bezahlen, das das Volk verbraucht. Dann noch ein Teil für den billigen Laden, um die Mineros zufrieden und glücklich zu halten. Und sie machen uns glauben, daß wir durch die »Güte der Regierung« vier Artikel mit eingefrorenen Preisen haben: Brot, Fleisch, Reis und Zucker, und sagen, daß die Regierung uns diese wegen ihrer »Freigiebigkeit« schenke. Aber das wird von dem hier genommen, von dem, was wir produzieren, nicht wahr?
Und von dem Restchen, das übrigbleibt, nimmt sie noch einen Teil für die Arbeitsmaterialien, für die Schaufeln und Hacken für die Arbeiter.
Auch nimmt der Präsident für seine Frau und für die Frauen der Minister, damit sie am Muttertag und Weihnachten Geschenke machen können.
Und so nehmen und nehmen sie. Und seht, all das von dem Geld, das das Zinn bringt. Und nachdem sie es für so viele Sachen verschwendet haben, bleibt wenig, aber nur sehr wenig für den Lohn der 10000 Minenarbeiter übrig, die wir dieses Zinn herausgeholt haben, so daß wir fast vor dem Nichts stehen, nicht wahr?«
So hat uns dieser Leiter die Lage erklärt.

* DIC — Departamento de Investigaciones Criminales; Abteilung für Verbrechensuntersuchung (Kriminalpolizei)

Einmal hatte ich die Gelegenheit, das auf einer Konferenz, zu der ich eingeladen war, zu erklären. Ich glaube, es war 1974. Im Stadtteil El Alto in La Paz gab man einige Fortbildungskurse für einige Genossinnen, die sich in einer Vereinigung der Familienmütter zusammengetan hatten.
Da waren auch einige Leute von der Universität, die Wirtschaftler waren. Und es gab eine sehr interessante Fragestellung. Und sie nahmen eine Tafel und sprachen zu den Frauen vom Problem der Nationalökonomie, wie es eine Devisenflucht gibt, wie die Reichtümer Boliviens geteilt werden.
Aber da waren viele Frauen, die nicht lesen und schreiben konnten und die das Problem nicht verstanden. Und eine einfache Frau, mit ihrem kleinen Kind auf dem Rücken, stand auf und sagte: »Junger Mann, du hast da so viele Zahlen gemacht. Wir haben die nicht verstanden. Du hast aber nicht vom Mutun erzählt*... Was passiert mit dem Mutun? Was macht die Regierung mit dem Mutun? Mein Sohn ist aus dem Militärdienst zurückgekommen und hat mir gesagt, daß es doch Eisen im Mutun gibt und daß man aus dem Eisen Lastwagen macht. Warum baut die Regierung also, statt den Mutun den Ausländern zu schenken, hier keine Fabriken, und vielleicht könnten unsere Söhne dort Arbeit finden?
Nun gut, mit dem bißchen Ausbildung das ich habe, konnte ich verstehen, was diese Genossen von der Universität gesagt hatten. Ich wollte das einfach darstellen, was ich von dem Haufen Zahlen verstanden hatte, die uns dieser Herr auf die Tafel geschrieben hatte.
Es gab großen Ärger unter den Frauen. Und sie sagten, das wüßten ihre Männer nicht, aber daß sie sie darauf aufmerksam machen würden, wie die Wirtschaft von Bolivien gehandhabt würde. Und sie fragten: »Warum machen sie das?« Dann sagte ich ihnen: »Also, das müßt ihr die Regierung fragen: warum macht ihr das?«
Heute, glaube ich, wenn wir dieses System zu leben ändern würden, wenn das Volk an die Macht käme, würde dies bei den Maßnahmen, die wir ergreifen würden, nicht geschehen. Sogar unser Leben würde sich verlängern. Denn das erste, was wir tun würden, wäre, daß man zum Beispiel neue Maschinen kaufen würde, damit die Arbeit leichter würde. Daß die Art der Ernährung besser mit dem physischen Verschleiß übereinstimmen würde, den unsere Genossen ertragen müssen. Ich glaube sogar, daß unsere Genossen nicht so einfach im Revier sterben sollten. Dort fängt jemand an, arbeitet, bis daß er keine Schaufel, keine Hacke mehr hochheben kann, und dann erst hat er das Recht, sich zur Ruhe zu setzen, und seine kleine Abfindung zu erhalten. Vorher kriegt er keinen Pfennig.
Wenn der Staat im Gegensatz dazu das menschliche Kapital wertschätzen würde, — und wenn wir eines Tages an der Macht sind, glaube ich, daß das zu tun ist — wäre das erste, was er täte, ein Dekret zu erlassen, daß kein Minero län-

* unausgebeuteter Fundort von Eisenerz, im Departament Santa Cruz, an der Grenze zu Brasilien.

ger als fünf Jahre im Innern der Mine arbeiten dürfe. Und in der Zeit, in der er da arbeitet, müßte ihn die gleiche Gesellschaft einen Beruf erlernen lassen, damit er, wenn er nach fünf Jahren die Mine verläßt, seinen Abschied nehmen kann und sich einem anderen Beruf, zum Beispiel als guter Schreiner, als guter Schuster, zuwenden kann.

Daß er auf irgendeine Art seinen Lebensunterhalt verdienen kann und sich nicht bis zum Letzten in der Mine verbrauchen muß.

Denn, letzten Endes, wenn wir so wie jetzt weitermachen ... wann werden wir zu einer gesunden Gesellschaft kommen?

Und wenn wir den Menschen weiter nur als Kraft, die produziert und produziert und dann stirbt, behandeln; und wenn er stirbt, tauschen wir ihn gegen eine andere Kraft, die ein anderer Mensch ist, aus, um diesen auch zu ruinieren ... gut, so werfen wir das menschliche Kapital, das für die Gesellschaft das Wichtigste ist, weg, nicht wahr?

Ein Tag der Bergarbeiterfrau

Mein Tagewerk beginnt um vier Uhr morgens, besonders, wenn mein Mann in der ersten Schicht arbeitet. Dann mache ich ihm das Frühstück. Dann müssen die Salteñas* gemacht werden, denn ich mache einige 100 Salteñas jeden Tag und verkaufe sie auf der Straße. Ich mache diese Arbeit, um das zu ergänzen, was am Gehalt meines Mannes fehlt, um den Haushalt zu unterhalten. Am Vorabend bereiten wir schon den Teig vor, und von vier Uhr morgens an mache ich die Salteñas, während ich den Kleinen zu essen gebe. Die Kleinen helfen mir, sie schälen Kartoffeln, Möhren, und machen den Teig.
Dann muß ich die Kinder fertigmachen, die morgens zur Schule gehen, dann die Wäsche waschen, die ich am Vorabend eingeweicht habe.
Um acht Uhr gehe ich aus dem Haus verkaufen. Die Kleinen, die nachmittags in die Schule gehen, helfen mir. Man muß in den Laden gehen, um die wichtigsten Dinge zu kaufen. Und dort vor dem Laden stehen unheimliche Schlangen, und man braucht bis um 11, um sich zu versorgen. Man muß Schlange stehen für Fleisch, für Gemüse, für Öl. So ist alles Schlangestehen. Weil jede Sache an einer anderen Stelle verkauft wird, muß es so sein. Also verkaufe ich meine Salteñas und stehe gleichzeitig Schlange, um uns zu versorgen. Ich laufe an den Ladenschalter, um die Waren zu suchen, und die Kleinen verkaufen. Dann stehen die Kleinen Schlange und ich verkaufe. So.
An den hundert Salteñas die ich mache, verdiene ich im Schnitt 20 Pesos täglich. Wenn ich alle verkaufe, verdiene ich 50 Pesos, aber wenn ich morgens nur 30 Salteñas verkaufe, dann verliere ich. Deswegen sage ich, daß mein Durchschnittsverdienst 20 Pesos pro Tag ist. Und ich habe Glück, weil die Leute mich kennen und von mir kaufen. Aber einige meiner Genossinnen kommen gerade auf fünf oder zehn Pesos täglich.
Von dem, was wir verdienen, mein Mann und ich, essen wir und kleiden uns. Das Essen ist sehr teuer: 28 Pesos das Kilo Fleisch, 4 Pesos die Möhren, 6 Pesos

* Salteñas, bolivianische Spezialität, eine mit Fleisch und Gemüse gefüllte Pastete

die Zwiebeln. Wenn wir überlegen, daß mein Mann 28 Pesos am Tag verdient, kommen wir gerade hin, nicht wahr?
Die Kleider kosten noch mehr. Also versuche ich alles, was ich kann, selber zu machen. Kleidung, um uns zu wärmen, kaufen wir nicht fertig. Wir kaufen Wolle und weben. Außerdem gebe ich am Anfang jeden Jahres 2000 Pesos aus, um Stoff und ein Paar Schuhe für jeden zu kaufen. Und das zieht die Gesellschaft monatlich vom Lohn meines Mannes ab. Das nennen wir »Paket« auf dem Lohnstreifen. Es kommt vor, daß, bevor wir das Paket ganz bezahlt haben, die Schuhe schon verschlissen sind. Nun, so ist es.
Gut, von acht bis elf Uhr morgens verkaufe ich also die Salteñas, kaufe im Laden ein und mache auch meine Arbeit im Hausfrauenkomitee, indem ich mit den Genossinnen spreche, die sich auch anstellen kommen. Mittags muß das Essen fertig sein, weil dann andere Kinder in die Schule gehen müssen.
Nachmittags muß die Wäsche gewaschen werden. Es gibt keine Waschstellen. Wir benutzen Waschtröge, und man muß zur Wasserstelle gehen und Wasser holen.
Auch müssen die Hausaufgaben der Kleinen nachgesehen werden und alles Notwendige vorbereitet werden, um die Salteñas für den kommenden Tag zu machen.
Es kommt vor, daß dringende Ereignisse es erfordern, nachmittags noch einmal zum Komitee zu gehen. Also muß man aufhören zu waschen, um dahin zu gehen. Jeden Tag wird im Komitee gearbeitet. Man muß ihm ungefähr zwei Stunden jeden Tag widmen. Es ist eine vollkommen freiwillige Arbeit.
Die anderen Dinge muß man abends erledigen. Die Kinder bringen viele Hausaufgaben aus der Schule mit. Und sie machen sie abends auf einem kleinen Tisch, einem Stuhl oder einer Schublade. Und manchmal haben alle Hausaufgaben auf; dann stelle ich einen Trog auf das Bett, und dort arbeitet auch einer.
Wenn mein Mann morgens arbeiten geht, schläft er um zehn Uhr abends, und die Kinder auch. Wenn er nachmittags arbeitet, ist er den größten Teil der Nacht draußen, nicht wahr? Und wenn er Nachtschicht hat, kommt er erst am nächsten Tag wieder. So muß ich mich also diesen Stundenplänen anpassen.
Im allgemeinen können wir nicht mit der Hilfe einer anderen Person im Haus rechnen. Das, was der Mann verdient, ist ausgesprochen wenig, und wir müssen vielmehr dazuverdienen, wie ich, indem ich Salteñas mache. Andere Genossinnen helfen sich mit Stricken, andere mit Nähen, andere, indem sie Tischdecken machen, andere verkaufen auf der Straße, wieder andere können nichts dazuverdienen, und dann ist die Situation wirklich schwierig. Es gibt eben keine Arbeitsstellen. Nicht nur für die Frauen, sondern auch für die jungen Männer, wenn sie vom Militärdienst zurückkommen. Und die Arbeitslosigkeit macht unsere Kinder verantwortungslos, weil sie sich daran gewöhnen, von ihren Eltern und ihrer Familie abhängig zu sein. Oft heiraten sie, ohne eine Arbeit gefunden zu haben, und auch ihre Frau kommt noch in das Haus, um da zu leben.

Also, so leben wir. So ist unser Tageslauf. Im allgemeinen lege ich mich um 12 Uhr nachts schlafen. Ich schlafe also vier oder fünf Stunden. Wir sind schon daran gewöhnt.
Gut, ich glaube, all das zeigt sehr gut, wie man den Minero doppelt ausbeutet, nicht wahr? Weil die Frau zu Hause viel mehr arbeiten muß, da er so wenig Geld bekommt. Letzten Endes ist es eine Gratisarbeit, die wir für den Eigentümer machen, nicht wahr?
Und indem man den Minero ausbeutet, beutet man nicht nur auch die Ehefrau aus, manchmal auch die Kinder. Weil es soviel Hausarbeit gibt, zum Beispiel Fleisch holen, Wasser holen, lassen wir sogar die Kleinen arbeiten. Und manchmal müssen sie in langen Schlangen stehen, sich rumstoßen und schlecht behandeln lassen. Wenn es im Revier Mangel an Fleisch gibt, bilden sich so lange Schlangen, daß sogar Kinder totgedrückt werden, die anstehen um Fleisch zu kriegen. Es ist eine furchtbare Trostlosigkeit.
Ich habe Kinder gekannt, die gestorben sind, ihre kleinen Rippchen gebrochen, und warum? Weil wir Mütter soviel im Haushalt zu tun haben, daß wir unsere Kinder Schlange stehen schicken. Und manchmal gibt es ein so entsetzliches Gedränge, daß folgendes passiert: man erdrückt die Kinder. In diesen letzten Jahren haben wir mehrere solcher Fälle gesehen. Und noch eine andere Sache muß man in Betracht ziehen, und zwar den Schaden, den man den Kindern antut, wenn man sie anstehen schickt und nicht in die Schule. Wenn man zwei, drei Tage lang auf das Fleisch wartet, und es kommt nicht, steht man den ganzen Tag lang Schlange. Und die Kleinen: zwei, drei Tage fehlen sie in der Schule.
Wenn man so will: man versucht, dem Arbeiter keinerlei Bequemlichkeit zu geben. Soll er sehen, wie er fertig wird. Und Schluß. In meinem Fall, zum Beispiel, mein Mann arbeitet, ich arbeite, ich lasse meine Kinder arbeiten, so daß wir mehrere sind, um den Lebensunterhalt zu verdienen. Und die Herren werden reicher und reicher, und die Lage der Arbeiter wird weiterhin schlechter und schlechter. Aber trotz allem, was wir tun, existiert immer noch die Vorstellung, daß die Frauen überhaupt keine Arbeit leisten, weil sie nicht ökonomisch zum Lebensunterhalt beitragen, die Vorstellung, daß nur der Mann arbeitet, denn er, ja er erhält einen Lohn. Wir haben uns sehr an dieser falschen Meinung gestoßen.
Eines Tages ist mir die Idee gekommen, es anschaulich zu machen. Wir haben den Preis für das Waschen von einem Dutzend Stück Wäsche aufgeschrieben und haben untersucht, wieviele Dutzend Wäschestücke wir im Monat waschen. Dann den Lohn einer Köchin, eines Kindermädchens, einer Kellnerin. All das, was wir, die Frauen der Arbeiter, jeden Tag machen, haben wir ermittelt. Kurz und gut, der Lohn, der nötig gewesen wäre, um all das, was wir im Haushalt machen, zu bezahlen, wenn man den Lohn einer Köchin, einer Waschfrau, eines Kindermädchens und einer Kellnerin rechnet, war wesentlich höher als das, was der Mann in der Mine in einem Monat verdient. Also machten wir auf

dem, was wir sparen. So daß, obwohl der Staat die Arbeit, die wir im Haushalt machen, nicht anerkennt, diese doch dem Staat zugute kommt und es doch den Regierungen zugute kommt, daß wir für diese Arbeit keinen Lohn bekommen. Und solange wir in dem gegenwärtigen System verbleiben, wird die Sache immer so bleiben. Deshalb erscheint es mir wichtig, daß wir Revolutionäre die erste Schlacht bei uns zu Hause gewinnen. Und die erste Schlacht, die zu gewinnen ist, ist die, die Genossin, den Genossen, die Kinder am Kampf der Arbeiterklasse teilhaben zu lassen, damit dieses Haus sich in einen für den Feind unüberwindlichen Schützengraben verwandelt. Wenn man nämlich den Feind im eigenen Hause hat, ist das eine Waffe mehr, die unser aller Feind zu einem gefährlichen Ende benutzen kann. Deshalb ist es sehr wichtig, daß wir klare Ideen haben, wie die ganze Situation ist, und für immer die bürgerliche Idee ablegen, die Frau hätte im Haus zu bleiben und sich nicht in andere Sachen, zum Beispiel gewerkschaftliche und politische Angelegenheiten zu mischen. Weil sie auf jeden Fall, auch wenn es nur im Haus ist, mitten im System der Ausbeutung steht, in dem ihr Mann lebt, der in der Mine oder Fabrik oder wo immer man will arbeitet, nicht wahr?

Haus der Gewerkschaft in Siglo XX

Organisation der Arbeiter

Die Tradition des Kampfes des bolivianischen Volkes verdanken wir in der Hauptsache der Arbeiterklasse, die nicht zugelassen hat, daß die Gewerkschaften der Regierung in die Hände fallen. Die Gewerkschaft muß immer eine unabhängige Organisation bleiben und muß den Richtlinien der Arbeiterklasse folgen. Das soll nicht heißen, daß sie apolitisch ist. Aber unter keinem Vorwand darf die Gewerkschaft der Regierung dienen, denn wenn wir in Rechnung stellen, daß unsere Regierungen kapitalistischer Machart die Herren repräsentieren, darf die Gewerkschaft nie zu ihren Diensten sein.

Die Arbeiter der Bergwerke sind in Gewerkschaften organisiert. Zum Beispiel hier, wo ich lebe, gibt es fünf Gewerkschaften: die der mineros von Siglo XX, von »Catavi«, vom »20. Oktober« — die der »Locatarios« — die der »Veneristas« und die der »Lameros«.

Die Gewerkschaften ihrerseits sind auf nationaler Ebene in der Vereinigung der Gewerkschaften der Minenarbeiter Boliviens (Federacion Sindical de Trabajadores Mineros de Bolivia: FSTMB) gesammelt. Aber es gibt auch die Gewerkschaften der Bauarbeiter, Fabrikarbeiter, Transportarbeiter, Bauern, Eisenbahner usw. Und jede Gruppe von diesen Gewerkschaften hat ihre Vereinigung. Alle Vereinigungen sind im Gewerkschaftsdachverband Boliviens (Central Obrera Boliviana, COB) gesammelt. Aufgrund von Dokumenten und Kongressen haben sich alle Gewerkschaftsgruppen so in einer allgemeinen Form organisiert. Und wenn zum Beispiel die Bergleute ein bestimmtes Problem haben, die Arbeiter einer Fabrik ein anderes, notiert man all das auf ein Blatt Papier, und auf dem Kongreß sagt man: »für die Mineros werden wir das machen, für die Fabrikarbeiter das«, und wir alle werden uns Seite an Seite diesem Problem widmen.

So arbeitet der Gewerkschaftsdachverband Boliviens. Wenn die Fabrikarbeiter zum Beispiel hart angegriffen werden, wenn sie liquidiert werden, ruft die Zentrale der Arbeiter Boliviens zu einer Demonstration auf, und dann unterstützen Campesinos, Mineros, alle, diese Fabriken. Und wenn die Mineros geschlagen

werden, dann ruft die Zentrale der Arbeiter Boliviens die anderen Gewerkschaften, und alle arbeiten mit uns.
Ich glaube, daß die Gewerkschaft, die Zentrale der bolivianischen Arbeiter, unsere Repräsentanten, unsere Stimme sind, und deswegen müssen wir sie wie unseren Augapfel hüten.
Ich glaube auch, daß man bei dieser Arbeit, uns zu organisieren, der Schulung der Führer eine wesentliche Bedeutung beimessen muß. In der Vergangenheit haben sich viele Funktionäre wegen unserer schlechten Vorbereitung, wegen unseres Mangels an revolutionärer Wachsamkeit, wegen unseres Mangels an Solidarität, der Regierung verkauft. Manchmal weil wir sie schlecht ausgewählt hatten. Wir begingen zum Beispiel den großen Fehler, uns auf einen Typ zu fixieren, der schön sprach und sagten: »Verdammt noch mal! Wie gut dieser Typ spricht. Er müßte ein guter Leiter sein.« Und oft war es nicht so. Nicht alle, die schön sprechen können, wissen gut zu handeln, nicht wahr? Andere Male machten wir einen wirklich festen, ehrenhaften Typ ausfindig, der zu Diensten der Arbeiterklasse sein wollte. Wir wählten ihn aus und vergaßen ihn, wir ließen ihn sich alleine mit der Regierung, mit der Gesellschaft konfrontieren. Und diese machten ihm viele Schwierigkeiten. Und zum Schluß, was passierte? Daß einige sich der Regierung verkauft haben, andere waren tot, oder man ließ sie verschwinden. Und so hatten wir nie einen guten Leiter. Warum? Zum großen Teil war es unsere eigene Schuld.
Aber mit den Jahren lernten wir und verstanden mehr und mehr den Wert der Solidarität. Und es erschienen auch revolutionäre Leiter, die sehr mit der Arbeiterklasse zusammenarbeiteten und das Volk gut orientierten. Dann haben die Regierungen das Militär eingesetzt, um uns zu beugen. Und das Ergebnis waren die Massaker von 42, von 49, später zwei 65 und 67. Sehr häßliche Massaker, in denen Hunderte und Aberhundere Menschen ihr Leben verloren.
Aber, anstatt daß die Massaker dazu gedient hätten, ein Exempel zu statuieren, und dem Volk Angst einzujagen, haben sie dazu gedient, es zu stärken und immer stärker werden zu lassen. Und weil wir die Fehler der Vergangenheit korrigiert haben, haben wir in den letzten 20 Jahren einige gute Lehrer gehabt, und wir lernten die Wichtigkeit kennen, die Funktionäre gut auszusuchen und mit ihnen eine große Solidarität zu haben, sie zu kontrollieren, anzustoßen und zu kritisieren, wenn sie so handeln, wie sie nicht sollten.
Hier in den Minen kontrolliern uns die Genossen sehr viel, und wenn ihnen nicht gut erscheint, wie wir handeln, macht uns auch der einfachste Arbeiter darauf aufmerksam und kritisiert uns. Mich zum Beispiel hat man oft zum Weinen gebracht. Ich ließ, weil ich von einer Sache so bewegt war, die Kleinen zu Hause und warf auf einer Versammlung oder im Radio ein Problem auf. Bei meiner Rückkehr kommt ein Arbeiter und sagt zu mir: »Verdammt noch mal, warum seid ihr zum Radio gegangen, um zu sprechen. Was für eine Scheiße!« So. Und das tut einem weh, nicht? Aber dann denkt er noch einmal darüber nach und sagt: »Ja, ich hab wohl ins Fettnäpfchen getreten, ich hätte

besser nachdenken sollen, ich hätte es besser durchdenken müssen.« Und so lernt man.
Und wenn ein Leiter im Gefängnis ist, ist es sehr wichtig, daß er unsere Solidarität fühlt, nicht nur mit seiner Person, sondern auch mit seiner Familie. Gut, jeder Genosse, der ins Gefängnis kommt, muß mit dieser unserer Aktivität rechnen können, nicht wahr? Man vergißt die persönlichen Leiden, die man im Gefängnis durchmachen mußte, die Schläge, die man einem verabreicht hat, daß das Gesicht verunstaltet worden ist, wenn man nach Hause kommt und die Kinder einem sagen: »Papa, Mama, die Gewerkschaft, die Genossen, haben uns Brot gegeben.« Ja also, wenn jemand anständig und ehrlich ist, dann gibt er sich für immer seinem Volk, das ihm diese Solidarität gezeigt hat, und es gibt keine Kraft, die ihn davon trennen könnte. Wir haben diese Erfahrung gemacht. Wir haben Genossen gehabt, die es vorgezogen haben zu sterben, statt uns zu verraten. Viele Funktionäre sind deportiert, gefoltert und ermordet worden. Um nur einige zu nennen, möchte ich Frederico Escobar Zapata, Rosendo Garcia Maisman, Cesar Lora und Isaac Camacho nennen. Unter verschiedenen Umständen hat man sie verschwinden lassen. Maisman starb, die Gewerkschaft verteidigend, im Massaker der Johannisnacht im Jahre 1967. Cesar Lora sind sie aufs Land gefolgt und haben ihn dort getötet. Isaac Camacho haben sie ins Gefängnis geworfen, und die Agenten der DIC haben ihn verschwinden lassen. Frederico Escobar haben sie getötet, zuerst, indem sie einen Chauffeur bezahlt haben, damit er ihn überfährt. Frederico wurde verwundet, und sie brachten ihn ins Krankenhaus in La Paz, um ihn zu operieren, und bei Beginn der Operation starb er, und bis heute hat man uns die Umstände seines Todes nicht erklärt. Und wir glauben weiterhin, daß man ihn getötet hat. Diese Leiter haben die Zeit, die sie in der Führung waren, dazu benutzt, der Arbeiterklasse zu zeigen, daß sie sich gut organisiert hat und sich nicht betrügen läßt. Und heutzutage, wenn sie auch einige fünfzig töten, einige hundert in Gefängnisse werfen und einige fünfhundert entlassen, wird die Regierung doch nicht die Arbeiterklasse unterwerfen können.
Was hat man nicht alles versucht, um die Macht der Gewerkschaften, um die Einheit mit dem Volk zu zerbrechen. Zuerst haben sie uns unterdrückt, oft brutal, um uns dann bei verschiedenen Gelegenheiten zu massakrieren. Dann schickten sie Leute von der ORIT*, um Kurse in den Minen zu geben. Die ORIT ist eine internationale, von den USA aus gelenkte Organisation, die einige »unabhängige Gewerkschaften« geschaffen hat oder an diese Organisation angeschlossen hat, aber anstatt den Arbeiter zu verteidigen, verteidigt diese Organisation die Bergwerksgesellschaft, den Patron, nicht wahr?
In Bolivien haben wir sie als gelbe Gewerkschaften bezeichnet. Aber die ORIT hat diese Gewerkschaften nicht in den Minen installieren können, und neuerdings ist der Staat dazu übergegangen, unsere Gewerkschafts-Organisationen

---

* Organización Regional Interamericana del Trabajo

überhaupt nicht mehr anzuerkennen und »Koordinatoren der Basis« einzusetzen, die er auswählt und dirigiert. Aber wie die Arbeiterklasse nun einmal ist, hat sie das nicht akzeptiert. Sei es offen oder versteckt, die Arbeiter wissen, was sie wollen und suchen ihre eigenen Repräsentanten aus, um dem Ausbeuter wie »ein Mann« die Stirn bieten zu können.

Klar, daß es Irrtümer gab und gibt, die die Leute begehen. Jemand hat mir klargemacht, wie die Arbeiter das eine oder andere Mal von den Leitern ein bißchen manipuliert wurden. Ja tatsächlich, das hat es auch gegeben. Es gibt einige Leiter, die ein bißchen übermütig werden und nicht weiter nach vorne sehen und glauben, die Arbeiterklasse müsse ihren Interessen und denen ihrer Partei dienen. Aber ich meine, ein Leiter müßte den allergrößten Respekt vor den Leuten haben. Und wenn man uns zu Funktionären gewählt hat, müssen wir der Arbeiterklasse dienen und nicht umgekehrt.

Es ist möglich, daß es Fehler gegeben hat, daß man ohne Motiv und fundamentale Ursache den Arbeitern geschadet hat, wie einige sagen. Ich glaube, daß man das zum großen Teil aus Mangel an Erfahrung getan hat. Weil jemand, der nicht gelebt hat, der nichts gewußt hat und einen neuen Weg beschreiten will, muß dabei hinfallen und immer wieder aufstehen. Deswegen müssen wir Erfahrungen sammeln, sei es aus unserer eigenen Geschichte, aus den Kämpfen, die es früher in Bolivien gegeben hat, oder sei es aus der Erfahrung anderer Völker.

Und es muß ein Zeugnis geben. Das war das Schlechte, daß wir nicht notiert haben, was passiert. Sehr wenig hat man niedergeschrieben. Und das, was wir selber im Gewerkschaftshaus hatten, in den Radiostationen der Bergleute, wie zum Beispiel bespielte Bänder, wurde von der Armee mitgenommen und zerstört. Und all das wäre für uns so nützlich gewesen, auch um über unser Handeln nachzudenken und es zu kritisieren, nicht wahr?

Also, das ist es, was ich sage, daß man, um die Organisation der Arbeiterklasse voranzubringen, sehr vorsichtig sein muß und gute Leiter auswählen muß. Auch ist es Pflicht der Basis, der Masse, diejenigen Führer, die sich profilieren, zu kontrollieren. Das ist sehr wichtig, um uns auf die Machtübernahme vorzubereiten. Klar, bis jetzt wissen wir nicht, wer unser Präsident sein wird, wenn wir an der Macht sind. Aber wir haben ein so großes Vertrauen in die Arbeiterklasse, daß wir ihn finden werden. Unser Kampf ist so groß, so lange und so wichtig. Es gibt tausend Köpfe ... nicht nur unter den Männern, sondern auch unter den Frauen und jungen Leuten gibt es Menschen von großem Wert. Hier und dort sehen wir Personen auftauchen, die uns durch ihre Weisheit überraschen. Das Volk ist eine unerschöpfliche Quelle an Weisheit, an Kraft, und wir dürfen das Volk nie unterschätzen.

In der Arbeit, die die Arbeiter tun, unterstützen wir, ihre Genossinnen, sie. Wir, die Frauen, sind seit der Wiege mit der Vorstellung aufgezogen worden, daß die Frau nur für die Küche und um auf die Kinder aufzupassen gemacht sei, daß sie unfähig sei, wichtige Aufgaben zu übernehmen und daß man ihr

nicht erlauben dürfe, sich in die Politik zu mischen. Aber die Notwendigkeit ließ uns unser Leben ändern. Vor 15 Jahren, in einer Epoche mit sehr vielen Schwierigkeiten für die Arbeiterklasse, organisierte sich eine Gruppe von 60 Frauen, um Freiheit für ihre Männer, die Leiter waren, zu erlangen, und die ins Gefängnis geworfen worden waren, weil sie bessere Lohnbedingungen gefordert hatten. Die Frauen erreichten alles, was sie gefordert hatten, nachdem sie zehn Tage im Hungerstreik gewesen waren. Und danach entschlossen sie sich, sich in einer Front zu organisieren, und nannten sie »Komitee der Hausfrauen von Siglo XX«.
Von da an war das Komitee immer Seite an Seite mit den Gewerkschaften und anderen Organisationen der Arbeiterklasse und kämpfte mit den gleichen Zielen. Und aus diesem Grunde hat man auch uns Frauen angegriffen. Einige von uns sind verhaftet worden, verhört worden, ins Gefängnis geworfen worden, und wir haben sogar unsere Kinder verloren, um in Kampf bei unseren Männern zu sein. Aber das Komitee ist nicht gestorben. Und in diesen letzten Jahren sind auf Aufforderung ihrer Leiterinnen vier- bis fünftausend Frauen zu einer Demonstration auf die Straße gegangen.
Das Komitee ist genauso wie die Gewerkschaft organisiert und arbeitet neben ihr. Wir haben auch Teil an der Vereinigung der Minenarbeiter und haben unseren Platz im Gewerkschaftsdachverband. Wir erheben immer unsere Stimme und sind immer bereit, die Aufgaben zu übernehmen, die die Arbeiterklasse uns vorschlägt.

Weil unsere Position nicht die Position der Feministen ist. Wir berücksichtigen immer, daß unsere Befreiung vor allem darin besteht, dahin zu gelangen, daß unser Land für immer vom Joch des Imperialismus befreit wird, und daß ein Arbeiter wie wir an der Macht ist, und daß die Gesetze, die Erziehung, alles von ihm kontrolliert wird. Dann, ja dann werden wir bessere Bedingungen haben, um zu einer vollkommenen Befreiung zu gelangen, auch in unserer Existenz als Frau.

Das Wichtige für uns ist die Teilnahme des Mannes und der Frau gemeinsam. Nur so können wir eine bessere Zeit erreichen, bessere Menschen werden und ein größeres Glück für alle erreichen. Wenn die Frau sich weiterhin nur um den Haushalt kümmert und von den anderen Realitäten nichts weiß, werden wir niemals Bürger haben, um unser Vaterland zu führen. Weil die Erziehung schon in der Wiege beginnt. Und wenn wir an die ursprüngliche Rolle denken, die die Frau als Mutter spielt, die die zukünftigen Bürger erziehen muß, dann wird sie, wenn sie unfähig ist, nur mittelmäßige Bürger erziehen, die leicht vom Kapitalisten, vom Herrn, manipuliert werden können. Aber wenn sie schon politisiert ist, wenn sie schon eine Ausbildung hat, formt sie ihre Kinder von der Wiege an durch andere Ideen, und die Kinder werden andere Menschen sein. So arbeiten wir in großen Zügen. Und mit ihren Handlungen haben viele meiner Genossinnen bewiesen, daß sie fähig sind, an der Seite der Arbeiter eine

wichtige Rolle zu übernehmen. Und unser Komitee hat bewiesen, daß es ein wichtiger Verbündeter der Arbeiter sein kann.
Jemand hat gesagt, daß »man die Vorstellungen und Hoffnungen eines Volkes nicht mit einer Kugel tötet«. Ich glaube, das ist eine große Wahrheit. Viele sind schon gefallen, und viele werden noch fallen, aber wir wissen, daß unsere Befreiung eines Tages kommen wird und wir an der Macht sein werden.
Natürlich wird uns das nicht geschenkt werden. Es wird viel Blut, viel Kampf kosten, wie es bei anderen Völkern geschehen ist. Deswegen ist es so wichtig, daß wir Kontakt mit den Völkern haben, die schon im Sozialismus leben, Kenntnis haben von den Errungenschaften der Völker, die sich schon vom Imperialismus befreit haben. Nicht um ihre Erfahrungen nachzumachen, sondern um sie mit der Wirklichkeit, in der wir leben, zu vergleichen und zu sehen, was uns die Erfahrungen geben können, die sie gemacht haben und die sie an die Macht gebracht haben, nicht wahr? In Bolivien haben wir das betrieben, und die sozialistischen Ideen sind in solcher Weise ins Volk eingedrungen, daß auf dem letzten Kongreß des Gewerkschaftsdachverbandes im Jahre 1970 die Resolution gefaßt wurde, daß »Bolivien nur frei sein werde, wenn es ein sozialistisches Land würde«.
Wir wissen, daß unser Kampf lange dauern wird, bis wir das realisieren können, aber wir sind dabei. Und wir sind nicht allein. Wieviele Völker stehen im gleichen Kampf! Und warum es nicht sagen? Jedes Volk braucht die Solidarität der anderen, denn unser Kampf ist sehr groß. Dann müssen wir denselben proletarischen Internationalismus praktizieren, den so viele Menschen, so viele Völker besingen. Weil viele Völker, genauso wie Bolivien, unter Verfolgungen, Gewalttätigkeiten, Morden und Massakern leiden. Und wie wunderbar ist zu fühlen, daß wir in anderen Völkern unsere Brüder sehen können, die uns unterstützen, die sich mit uns solidarisieren, die uns verstehen machen, daß unsere Kämpfe nicht vereinzelt sind. Diese Solidarität bedeutet viel. In Bolivien wollten wir sie immer durch Aktionen sichtbar machen.
In den letzten Jahren haben wir uns zum Beispiel besonders mit Chile und Vietnam, mit Laos und Kambodscha, solidarisiert. Wir haben uns sehr über den Triumph von Vietnam gefreut, dem es gelungen ist, dem Imperialismus erneut einen Schlag zu versetzen. Und auf verschiedene Weise ließen wir sie wissen, daß, wenn wir auch nicht mit ihnen zusammen kämpften, wir doch auf der Seite der Vietnamesen seien.
Als Allende gestürzt wurde, haben wir protestiert dagegen, was das chilenische Volk leiden mußte. Und bedenken Sie, daß wir das Problem haben, daß die Chilenen uns unseren Zugang zum Meer abgenommen haben*. Aber wir haben nicht diesen Groll gegen das chilenische Volk, wie ihn die Herrscher uns einzureden versuchen. Weil das auch ein Ergebnis des Systems der Unterdrückung

* Im Krieg von 1879 verlor Bolivien seinen Zugang zum Pazifik. Das bolivianische Volk sah diese Tat immer als Besetzung an und wollte seine Meeresküste wiedergewinnen.

war, in dem wir alle stecken. Die Herrschenden haben all das getan, sie haben alles geplant. Und jetzt wollen sie es als Vorwand gebrauchen, die Leute aufzuhetzen, wenn es ihnen genehm ist. Als zum Beispiel Salvador Allende an der Macht war, defilierte man mit modernen Waffen durch La Paz und erklärte: »Mit diesen Waffen werden wir den Chilenen unseren Zugang zum Meer entreißen.« Aber als das Regime von Pinochet, der der loyalste Freund unserer gegenwärtigen Regierung ist, nach oben kam, änderte sich sofort ihre Sprechweise, und sofort schlossen sie mit Pinochet den Vertrag da in Charaña**.

Das sind Waffen, die der Feind mit Erfolg anwendet, um uns gegeneinander aufzuhetzen, damit wir uns nicht vereinen und eine gemeinsame Front bilden können, nicht wahr? Sie wollen uns in einem Zustand halten, wo wir uns immer gegenseitig beleidigen und uneins sind.

Und das kommt nicht nur in der Regierung, sondern auch in den Organisationen vor. Jenen Organisationen, die beginnen schon mehr Gewicht und Einigkeit zu erlangen, nähert der Feind sich sehr geschickt...er merkt ganz genau, wen er zur Marionette machen und benutzen kann, um Feindseligkeiten und Unstimmigkeiten zu schaffen. Und die Organisation geht unter, und den Vorteil davon hat immer der Feind. Also müssen wir sehr gut auf all das vorbereitet sein, um uns nicht einfach übertölpeln zu lassen. So können wir unserer Organisation ihre Geltung erhalten.

Endlich glaube ich, daß es von fundamentaler Bedeutung ist zu wissen, daß wir alle wichtig sind im revolutionären Kampf, nicht wahr? Wir sind eine so große Maschine, und jeder ist ein Rädchen in ihr. Und wegen des Fehlens eines Rädchens kann die Maschine zu funktionieren aufhören. Also jedem muß man seine Rolle zuweisen, man muß jeden einzelnen wertschätzen. Einige sind gut, um schön zu sprechen. Andere zum Schreiben, gut. Wir anderen dienen zumindest dazu, Masse zu bilden, um dabeizusein und einer mehr in der Schlange zu sein. Einige von uns müssen leiden, müssen die Rolle von Märtyrern spielen, andere müssen die Geschichte darüber schreiben. So müssen wir alle mitarbeiten. Und wie uns einmal ein Leiter sagte: »Niemand, niemand ist unnütz, wir alle müssen unserer Rolle in der Geschichte spielen. Man wird sogar einen Mann gebrauchen, der gut Schuhe beschlagen kann, denn sogar wegen schlechter Schuhe kann man eine Schlacht, eine Revolution verlieren.«

Also darf sich niemand zu nichts nütze glauben. In dieser oder jener Form können wir zusammenarbeiten. Wir alle sind unabkömmlich für die Revolution. Wir alle werden auf unsere Art teilhaben. Das Wichtige ist, daß wir wirklich auf dem Weg in den Kampf der Arbeiterklasse sind und daß jeder das tut, was seinen Fähigkeiten entspricht.

** Bolivianische Ortschaft, an der Grenze zu Chile, in der Banzer und Pinochet die diplomatischen Beziehungen, die 1963 abgebrochen waren, wiederaufnahmen.

TEIL 2: IHR LEBEN – Pulacayo

Ich bin in Siglo XX am 7. Mai 1937 geboren. Mit drei Jahren etwa kam ich nach Pulacayo und lebte dort, bis ich zwanzig war. Deshalb scheint es mir nicht richtig, von meiner persönlichen Geschichte zu sprechen, ohne von diesem Dorf zu berichten, dem ich so viel verdanke. Ich sehe es als einen Teil meines Lebens an. Pulacayo nimmt zusammen mit Siglo XX den ersten Platz in meinem Leben ein. Pulacayo, weil es mir seit meiner Kindheit Unterschlupf gewährt hat. Dort habe ich die glücklichsten Jahre verbracht. Weil man sich in der Kindheit glücklich fühlt, wenn man ein Stück Brot hat, um sich den Bauch zu füllen, einen Fetzen, um sich vor der Kälte zu schützen. Man wird sich sehr wenig der Realität bewußt, in der man lebt.

Pulacayo befindet sich im Departement Potosi in der Provinz von Quijarro, in einer Höhe von 4000 Metern. Es ist ein kampflustiges und kriegserfahrenes Bergwerksrevier. Es hat aktiv an der nationalen Revolution vom 9. April 1952 teilgenommen, indem es das Regiment LOA aus Uyuni entwaffnete. Dieser revolutionäre Aufstand, den die Arbeiterklasse gemacht hatte, war der Hauptgrund, warum die Mine geschlossen wurde. Ohne Zweifel ist dieses Dorf nur durch den Willen seiner Söhne nicht gestorben. Sie haben es in ein industrialisiertes Dorf verwandelt. Dort gibt es Webereien, Nagel- und Bolzen-Fabriken und die Gießerei, die sehr wichtig ist, obwohl sie im Moment nur einige vierhundert Arbeiter beschäftigt. Früher waren es 2000.

Meine Mutter war eine Frau aus der Stadt Oruro. Mein Vater ist Indio. Ich weiß nicht, ob Quetschua oder Aymara, weil er sehr gut diese beiden Sprachen spricht, perfekt. Aber ich weiß doch, wo er geboren ist: auf dem Land, in Toledo.

Meine Eltern haben sich sehr geliebt. Aber mein Vater steckte mitten in der Politik; außerdem war er Gewerkschaftsfunktionär, und deswegen hatte er viel zu leiden — und wir mit ihm.

Seit seiner Junggesellenzeit hat mein Vater politisch gearbeitet. Und schon bevor er geheiratet hatte, war er im Gefängnis gewesen. Seine Erziehung bekam er

zuerst auf dem Land und später in der Mine. Und auch im Krieg hat er viel gelernt. Im Krieg vom Chaco*. In diesem Krieg kämpfte er mit, und es wurde ihm klar, daß es notwendig ist, in Bolivien eine linke Partei zu haben. Und als die MNR** aufkam, gab er dieser Partei sein Vertrauen und kämpfte viel in ihren Reihen.
Weil er politisch aktiv und Gewerkschaftsfunktionär war, hat man meinen Vater zuerst auf die Insel von Coati, die im Titicacasee liegt, deportiert. Danach nach Curahuara de Carangas. Schließlich kehrte er nach Siglo XX zurück, und er kam erneut ins Gefängnis. Man feuerte ihn von seiner Arbeit und deportierte ihn nach Pulacayo.
»Soll er doch vor Kälte sterben« sagten sie. Weil Pulacayo ein eisiger Ort ist. Als er dorthin kam, konnte mein Vater bei niemandem Arbeit finden, weder im Bergwerk noch irgendwo anders, weil sein Name auf der »schwarzen Liste« stand. Das war im Jahre 1940. Und so lebten wir, mein Vater, meine Mutter, ich, die ich zwei Jahre alt war, und mein Schwesterchen, das gerade geboren war.
Zum Glück konnte mein Vater schneidern, und er fing an zu arbeiten, aber er hatte sehr wenig Einkünfte, und deswegen fehlte es ihm an Material, um eine gute Schneiderwerkstatt einzurichten.
Einmal flickte er zu Hause die Kleider für einen Militär, und dieser Herr ließ ihn in die Minenpolizei eintreten. Man gab ihm eine Uniform, setzte ihn auf die Lohnliste, aber trotzdem benutzten sie ihn vor allem als Schneider. Und manchmal gaben sie ihm einen Anzug in Auftrag, den er in drei Tagen abliefern mußte, und dann mußte mein Vater Tag und Nacht arbeiten, um es zu schaffen, in dieser Zeit fertig zu werden. Aber dafür gaben sie ihm keinerlei Zuschlag, nur sein Gehalt als Polizist, das sehr klein war. Und so litten wir große Not. Und so half meine Mutter auch meinem Vater, nähte einige Kleidchen, strickte einige Sachen und arbeitete immer mit ihm zusammen. Ich erinnere mich, wie wir uns sehr liebten und ich glücklich lebte.
Aber ich weiß nicht, ob mein Vater sich weiterhin politisch betätigte, nachdem wir in Pulacayo waren. Das Problem ist, daß er, als eines von meinen Schwesterchen geboren wurde, verschwand. Das war 1946, als man den Präsidenten Villaroel tötete. Wir erfuhren es an einem Sonntag, ich werde mich immer daran erinnern. Meine Mutter lag noch zu Bett, weil sie geboren hatte. Und nachts betraten Soldaten unser Haus und untersuchten alles. Und sie ließen sogar meine Mutter aufstehen. Und alles, was wir hatten, ein bißchen Reis, ein paar Bohnen, alles warfen sie durcheinander auf den Boden. Und mir boten sie

---

* Zwischen Bolivien und Paraguay (1932—1935). Das Fehlen genau festgelegter endgültiger Landesgrenzen war der Anlaß für eine Auseinandersetzung um die Erdölvorkommen in dem Gebiet zwischen den beiden Ländern. Dahinter verbargen sich die nordamerikanischen (Standard Oil Co.) und die britisch-niederländischen (Royal Dutch Co.) Interessen.

** Movimento Nacionalista Revolutionario (Nationalistische Revolutionäre Bewegung)

an, mit Süßigkeiten und Schokolade zu geben, damit ich ihnen sagte, ob ich Waffen im Haus gesehen hätte, nicht wahr?
Ich war damals ungefähr zehn Jahre alt, und ich war immer noch nicht zur Schule gegangen, weil wir nicht genügend Geld hatten.
Mein Vater blieb für lange Zeit verschollen, und meine Mutter ging ihn überall suchen, bis mein Vater nach mehreren Monaten zurückkam. Es scheint, daß ihn einige Genossen an einen anderen Ort gebracht hatten.
Danach normalisierte sich alles, mein Vater fing wieder an zu arbeiten, und jetzt erst konnte ich die Schule besuchen. Aber es traf uns ein großes Unglück. Meine Mutter erkrankte wegen all dieser Sachen, die uns geschehen waren. Und zur gleichen Zeit gebar sie noch ein Kleines. Und meine Mutter starb und ließ uns fünf Halbwaisen zurück, ich davon die älteste.
Also mußte ich mich um meine Schwesterchen kümmern. Ich mußte von der Schule abgehen, und mein Leben wurde sehr schwer. Erstens gab sich mein Vater wegen des Todes meiner Mutter sehr dem Trinken hin. Er konnte Klavier und Gitarre spielen, also luden ihn die Leute zu jedem Fest ein, um zu spielen. Auf diese Weise fing er an, viel zu trinken. Und wenn er betrunken nach Hause kam, verprügelte er uns sehr.
Wir lebten allein, wir hatten fast nichts. Wir hatten keine Freunde, wir hatten kein Spielzeug. Einmal fand ich im Abfall ein Bärchen, ohne Füßchen, sehr schmutzig und sehr alt. Ich nahm es mit nach Hause, wusch es und machte es zurecht. Das war das einzige Spielzeug, das wir hatten. Wir alle spielten mit ihm, ich erinnere mich sehr gut daran. Es war ein scheußliches Spielzeug, aber unser ganzes Glück, unser einziges Spiel.
In den Weihnachtstagen ließen wir unsere Schuhe vor dem Fenster stehen und erwarteten irgendein Geschenk. Aber niemals, nichts. Dann gingen wir auf die Straße und sahen, wie alle Mädchen mit schönen Puppen spielten. Wir wollten sie wenigstens berühren, aber die Mädchen sagten uns: »Mit diesen Imillas* darf man nicht spielen.« Und sie gingen von uns fort. Ob es wegen unserer Art zu sein war? Oder weil wir unsere Mutter nicht mehr hatten? Ich selber konnte es mir nicht erklären, aber es gab doch dieses Vorurteil von seiten der anderen Kinder. Von da an lebten wir in einer abgesonderten Welt. Wir und niemand anders, in der Küche spielten wir, wir erzählten uns Geschichten, wir sangen.
Meine Mutter ließ in der Nacht, in der sie im Sterben lag, meinen Papa rufen und ließ ihn versprechen, sich nicht mehr mit Politik abzugeben, weil sie ja starb und mein Vater sich um uns kümmern mußte. »Wir haben Töchter, nur Frauen«, sagte sie ihm. »Und wenn mir etwas passiert, wer wird sich um sie kümmern? Von jetzt an gib dich mit nichts mehr ab. Wir haben schon so viel gelitten.« Und sie ließ meinen Vater schwören, daß er sich mit nichts mehr abgeben werde.

* imilla, aus dem Quetschua, Indiomädchen, wird oft in abwertendem oder verächtlichen Sinn benutzt

Von da an hörte mein Vater auf, sich so viel mit Politik zu beschäftigen wie vorher. Aber er hatte doch Sehnsucht nach all dem. Zum Beispiel, als die Revolution von 52 triumphierte, fühlte er sich glücklich. Und es tat ihm sehr weh, nicht bei denen zu sein, die zu einer Besprechung mit Präsident Paz Estenssoro eingeladen waren. Ich wurde mir klar, daß wir für ihn ein Hindernis in seiner Aktivität darstellten. Klar, er hörte nicht auf mitzumachen, die Leute weiterhin zu orientieren. Er versammelte Gruppen im Haus, er hielt Zirkel ab, er arbeitete wirksam aktiv mit, aber nicht mehr so hingegeben, wie er es von früher gewohnt war.
Die Revolution von 52 war ein großes Ereignis in der Geschichte Boliviens. Es war wirklich ein Sieg des Volkes. Aber, was geschah? Daß das Volk, die Arbeiterklasse, die Bauern, die Macht ergreifen sollten, darauf waren wir nicht vorbereitet. Und dann, da wir nichts von Gesetzen wußten, da wir nichts davon wußten, wie man ein Land regiert, mußten wir die Macht an die Leute aus dem Kleinbürgertum übergeben, die sagten, sie wären unsere Freunde und stimmten mit unseren Ideen überein. Wir mußten die Regierung unseres Landes einem Doktor übergeben, das war der Doktor Paz Estenssoro, und an andere Typen. Aber diese bildeten sofort ein neues Bürgertum und ließen neue Leute sich bereichern. Und diese Leute begannen, die Revolution rückgängig zu machen. Und wir, die Arbeiter und Bauern, lebten unter schlechteren Bedingungen als vorher.
Das passierte, weil wir immer mit der Idee erzogen wurden, daß nur eine Person, die studiert hat, die wohlhabend ist und die Universität besucht hat, ein Land regieren kann. Und wegen des Problems, daß man uns vom Volk nicht erzieht und uns verachtet, waren wir nicht darauf vorbereitet, selbst die Macht zu übernehmen, obwohl die Revolution — ja — die haben wir gemacht.
Und diese Leute aus dem Kleinbürgertum, die wir an die Macht brachten und denen wir vertrauten, haben alles verraten, was wir machen wollten.
Man hatte zum Beispiel beschlossen, daß die Minen dem Volk und das Land den Bauern gehören sollte. Man machte eine Landreform, das stimmt, man nationalisierte die Minen, auch das stimmt. Aber in Wirklichkeit sind bis heute weder wir die Eigentümer der Minen noch die Bauern Eigentümer des Landes. Alles ist verraten worden, weil wir die Macht in die Hände von habgierigen Leuten gelegt haben.
Das hat uns zu der Einsicht gebracht, daß es notwendig ist, uns vorzubereiten, damit wir die Macht übernehmen können, wir vom Volk. Warum sollen wir zulassen, daß einige wenige den Vorteil von allen Reichtümern haben, die es in Bolivien gibt. Warum sollen wir ewig wie Tiere arbeiten, ohne größere Wünsche und ohne bessere Zukunft für unsere Kinder erwarten zu können? Wie sollen wir nicht nach Besserem trachten, wenn das, was unser Land reich macht, doch ein Produkt unserer Mühen ist?
Aber das glaube ich: wenn wir in Zukunft eine Revolution machen, müßte die Regierung ein Extrakt von uns sein, sie müßte eine Arbeiter- und Bauernregie-

rung sein. Nur so werden wir die Garantie haben, daß wir wirklich an der Macht sind. Denn nur die, die wie wir erfahren haben, was es heißt, einen Felsen zu durchbohren, nur die, die wie wir erfahren haben, was es heißt, im Schweiße ihres Angesichtes das tägliche Brot zu verdienen, werden Gesetze machen können, die das Glück dieser ganzen großen Mehrheit, die wir heute die Augebeuteten sind, lenken und bewahren.

Macht sind. Denn nur die, die erfahren haben, was es heißt, einen Felsen zu durchbohren, nur die, die erfahren haben, was es heißt, im Schweiße ihres Angesichtes das tägliche Brot zu verdienen, werden Gesetze machen können, die das Glück dieser ganzen großen Mehrheit, die wir heute die Ausgebeuteten sind, lenken und bewahren.

Mit der Erfahrung und dem Wissen, das ich erlangt habe, verstehe ich heute, daß die MNR nicht das war, was mein Vater sich immer erwünscht hat. Ich erinnere mich zum Beispiel daran, daß er glücklich war, als sie die Minen nationalisierten. Aber er sagte, daß man die »Zinnbarone« nicht hätte entschädigen dürfen. Er protestierte energisch und bestand darauf vor den Leuten, die uns in unserer Hütte besuchten: »Warum sollen wir sie entschädigen?« Und er sagte, das dürfe man nicht tun. Mein Vater dachte, wir schliefen, während er mit den Genossen diskutierte, aber ich blieb oft wach und hörte, was sie sprachen, aber ich verstand nicht, worum es sich handelte. Dann fragte ich ihn eines Tages: »Papa, was ist das — entschädigen? Und warum bist du nicht einverstanden damit zu entschädigen?« Dann versuchte mein Vater, da ich noch ein Kind war und nichts von Politik verstand, mir die Sache mithilfe einer Geschichte zu erklären.

»Nehmen wir an« — sagte er mir — »daß ich dir eine wunderbare Puppe oder eine von diesen Marionetten kaufen würde, die sprechen und gehen können. Mit dieser Puppe könntest du Reklame machen, deinen Lebensunterhalt verdienen und dies und das. Aber, nehmen wir weiter an, daß du die Puppe einem Herrn geliehen hast, der sie mit auf Reisen genommen und viel hat arbeiten lassen. Du hast ihn schon gebeten, dir die Puppe zurückzugeben, weil sie dir gehört, hast dich mit ihm gestritten, aber nichts. Vielmehr hat dieser Herr dich geschlagen und dich besiegt, weil er groß und stark ist. Aber eines Tages, nach vielen Kämpfen, packst du ihn und schlägst ihn fest und nimmst ihm deine Puppe ab. Und deine Puppe ist wieder dein. Aber, nach so vielen Jahren des Gebrauchs, ist sie schon völlig kaputt und alt. Jetzt nützt sie nicht mehr so viel wie eine neue. Dann, nachdem du dem Herrn deine Puppe abgenommen hast, wirst du ihn bezahlen, weil er sie alt gemacht hat? Verstehst du, das nicht! Gut jetzt: die »Zinnbarone« haben sich an unserer Mine bereichert. Die Mine wird dem Volk zurückgegeben. Aber, was geschieht? Daß sie sie bezahlen wollen, daß sie diese Herren entschädigen wollen für die Schäden und Nachteile, die sie uns hinterlassen haben. Und das ist, was ich nicht will.«

Diesmal verstand ich mehr oder weniger, was mein Vater sagen wollte. Mit der

Erfahrung, die ich heute habe, verstehe ich, warum es ihm so leid tat, als das Dekret über die Entschädigung 1953 erlassen wurde.
Die Nationalisierung der Bergwerke hat letzten Endes nur dazu gedient, daß sie in andere Hände übergingen und andere Leute sich bereicherten. Oder wenn man so will, daß sich nichts geändert hat. 1942 und 1949 ließ die Regierung die Bewohner von Siglo XX massakrieren und kam so den Zinnbaronen zu Hilfe, die die Eigentümer der Mine waren. Nachdem die Revolution von 1952 das Volk so viel gekostet hatte, ging die Regierung genauso oder sogar noch grausamer mit zwei Massakern gegen Siglo XX vor, 1965 und 1967. Außerdem waren, als sie die Minen nationalisierten, die Maschinen schon so alt, daß wir vom Regen in die Traufe kamen, und immer ist der Minero derjenige, der die Zeche bezahlt. Warum wurde die Nationalisierung so gemacht? Na, die in der Regierung und im Direktorium der Gesellschaft sitzen, sind nicht dumm. Nein, es sind studierte Leute, die die Gesetze kennen und alles. Vielleicht wissen sie nicht, wie sie für den Fortschritt des Volkes sorgen sollen?
Vielleicht wissen sie nicht, wie sie die Probleme lösen sollen, ohne das Volk anzugreifen und zu massakrieren? Doch, sie können es wissen. Aber die Sache ist die, daß man ihnen von draußen Geld gibt. Na, und so hat man sie korrumpiert, hat man sie gekauft.
Nun gut, 1954 wurde es für mich schwierig, nach den Ferien wieder in die Schule zurückzukehren, weil wir eine Hütte hatten, die aus einem winzigen Zimmer bestand. Wir hatten keinen Hof und niemanden, bei dem wir die Kleinen lassen konnten. Deshalb fragten wir den Direktor der Schule um Rat, und er gab mir die Erlaubnis, meine Schwesterchen mitzubringen. Man lernte morgens und nachmittags. Und ich mußte alles verbinden: Haus und Schule.
Ich trug also die Kleinste auf dem Rücken, hatte die andere an der Hand, und Marina trug die Flaschen und die Wickeltücher, und mein viertes Schwesterchen trug die Schulhefte. Und so gingen wir alle in die Schule. In einer Ecke hatten wir einen Karton, in den wir die Allerkleinste legten, während wir anderen lernten. Wenn sie weinte, gaben wir ihr die Flasche. Und meine anderen Schwestern gingen dort von Bank zu Bank. Wenn ich aus der Schule kam, mußte ich die Kleinste tragen, wir gingen nach Hause, und ich mußte kochen, waschen, bügeln und die Kinder versorgen. All dies erschien mir sehr schwer. Ich wollte so gerne spielen! Und ich wollte so gerne so viele Dinge tun wie jedes andere Kind.

Zwei Jahre später ließ mit die Lehrerin meine Schwesterchen nicht mehr mitbringen, weil sie Krach machten. Mein Vater konnte kein Dienstmädchen bezahlen, weil sein Lohn noch nicht mal ausreichte, um das Essen und unsere Kleidung zu bezahlen. Zu Hause zum Beispiel ging ich immer barfuß; ich benutzte die Schuhe nur, um zur Schule zu gehen. Und ich mußte soviele Sachen machen, und es war so kalt in Pulacayo, daß meine Hände aufplatzten und mir viel Blut von meinen Händen und Füßen floß. Genauso der Mund; mir platzten

die Lippen auf. Auch von meinem Gesicht floß Blut, weil wir nicht genug anzuziehen hatten.
Nun gut, da die Lehrerin mir diesen Befehl gegeben hatte, ging ich danach alleine in die Schule. Ich schloß das Haus ab, und die Kleinen mußten auf der Straße bleiben, weil die Hütte dunkel war, keine Fenster hatte, und sie hatten große Angst, wenn man sie einschloß. Die Hütte war wie ein Gefängnis, nur mit einer Tür. Und es gab kein Haus, wo die Kinder bleiben konnten, weil wir damals in einem Junggesellenviertel lebten, wo keine Familien lebten; nur Männer wohnten da. Dann sagte mein Vater mir, ich solle von der Schule abgehen, weil ich lesen konnte und jetzt lesend andere Sachen lernen. Aber ich wollte nicht und blieb stark und ging weiterhin zur Schule.
Eines Tages aß die Kleine Karbidasche, die im Mülleimer war. Dieses Karbid, das man benutzt, um die Lampen anzuzünden. Auf diese Asche hatte man Essen geworfen, und meine Schwester begann — ich glaube aus Hunger — davon zu essen. Sie bekam eine schreckliche Darmentzündung; und später starb sie. Sie war drei Jahre.
Ich fühlte mich schuldig am Tod meines Schwesterchens und war tief-tief traurig. Und auch mein Vater sagte, das wäre passiert, weil ich nicht zu Hause bleiben wollte bei den Kleinen. Weil ich mein Schwesterchen aufgezogen hatte, seit sie geboren war, litt ich sehr darunter.
Und seitdem begann ich, mich sehr viel mehr um meine Schwesterchen zu kümmern. Sehr viel mehr. Wenn es sehr kalt war und wir nichts anzuziehen hatten, nahm ich die alten Lappen meines Vaters und packte ihnen ihre Füße und ihren Bauch ein. Ich trug sie, versuchte, sie zu zerstreuen. Ich gab mich ganz den Kindern hin.
Mein Vater versuchte, von der Bergwerksgesellschaft von Pulacayo eine Hütte mit einem kleinen Hof zu bekommen, weil es sehr schwierig zu leben dort war, wo wir wohnten. Und der Chef, dem mein Vater seine Uniform reparierte, befahl, daß man ihm eine größere Hütte gab, wo es ein Zimmer, eine Küche und einen kleinen Korridor gab, wo man die Mädchen lassen könnte. Und wir begannen, in einem Viertel zu leben, das ein Arbeiterlager war, wo die Mehrzahl der Familienväter Arbeiter aus den Minen waren.
Wir hatten manchmal Hunger und kamen nicht mit den Lebensmitteln aus, denn es war sehr wenig, was mein Vater kaufen konnte. Es war schwer, als kleine Kinder mit Sehnsüchten und allen Arten von Schwierigkeiten zu leben. Aber dies entwickelte etwas in uns: eine große Sensibilität, einen starken Wunsch, allen Leuten zu helfen. Unsere Kinderspiele hatten immer etwas mit dem zu tun, wie wir lebten und mit dem, wie wir leben wollten.
Außerdem hatten wir im Verlauf unserer Kindheit folgendes gesehen: Meine Mutter und mein Vater halfen immer einigen Familien von Pulacayo, obwohl sie selbst so wenig hatten. Wenn wir also Arme auf der Straße betteln sahen, begannen ich und meine Schwestern zu träumen. Und wir träumten, daß wir eines Tages groß wären, daß wir Land hätten, daß wir säen und daß wir diesen

Armen zu essen geben würden. Und wenn uns einmal ein bißchen Zucker oder Kaffee oder irgendetwas anderes übrigblieb, und wir ein Geräusch hörten, sagten wir: »Plötzlich kommt hier ein Armer vorbei. Sieh, hier hast du ein bißchen Reis und ein bißchen Zucker.« Und wir packten Reis und Zucker in einen Lappen und ... Zack! warfen wir es auf die Straße, damit irgendein Armer es aufhob.

Einmal passierte es, daß wir den Kaffee meines Vaters rauswarfen, als er von der Arbeit zurückkam. Und als er das Haus betrat, knurrte er uns sehr an und sagte: »Wie könnt ihr das bißchen, was wir haben, rauswerfen? Wie könnt ihr das so wenig achten, was es mich kostet, für euch Geld zu verdienen?« Und er schlug uns sehr. Aber das waren Sachen, die uns einfielen, weil wir dachten, so könnten wir jemandem helfen, nicht wahr? Nun gut, so war unser Leben. Ich war damals 13 Jahre alt. Mein Vater bestand immer wieder darauf, daß ich nicht länger zur Schule gehen dürfe. Aber ich bat und bat ihn und durfte weiter gehen. Klar, es fehlten mir immer Lernmittel. Das verstanden einige Magister, andere nicht. Und deshalb schlugen sie mich, schlugen mich fürchterlich, weil ich keine gute Schülerin war.

Das Problem war, daß wir, mein Vater und ich, einen Vertrag geschlossen hatten. Er hatte mir erklärt, daß er kein Geld habe, daß er mir keine Hefte und Bücher kaufen und daß er mir nichts für die Schule geben könnte. Und ich versprach ihm, daß ich ihn um nichts für die Schule bitten würde. Und danach versuchte ich, es so zu regeln, wie ich konnte. Und deswegen hatte ich Schwierigkeiten.

Im sechsten Schuljahr hatte ich einen großartigen Lehrer, der mich zu verstehen wußte. Es war ein sehr strenger Lehrer, und an den ersten Tagen, an denen meine Schulsachen nicht vollständig waren, bestrafte er mich sehr hart. Eines Tages zerrte er mich an den Haaren, gab mir Schläge, und zum Schluß warf er mich aus der Klasse. Ich mußte weinend nach Hause gehen. Aber am nächsten Tag kam ich wieder. Und durch das Fenster sah ich zu, was die Kinder drinnen taten.

In einem dieser Augenblicke rief mich der Lehrer:

»Sicher hast du deine Schulsachen nicht mitgebracht«, sagte er. Und ich konnte nicht antworten und fing an zu weinen.

»Komm rein. Komm und setz dich auf deinen Platz. Und am Ende der Stunde mußt du hierbleiben.«

Da hatte eins der Mädchen ihm schon gesagt, daß ich keine Mutter hatte, daß ich für meine Schwesterchen kochte und all das. Am Schluß blieb ich also da und er sagte mir:

»Sieh, ich möchte dein Freund sein, aber du mußt mir sagen, was mit dir los ist. Stimmt es, daß du keine Mutter hast?«

»Ja, Herr Lehrer.«

»Wann ist sie gestorben?«

»Als ich noch im ersten Schuljahr war.«

»Und dein Vater, wo arbeitet er?«
»Bei der Minenpolizei, er ist Schneider.«
»Gut, was ist los? Sieh, ich will dir helfen, aber du mußt ehrlich sein. Was ist los?«
Ich wollte nicht sprechen, weil ich dachte, er würde meinen Vater rufen, wie es einige Lehrer gemacht hatten, als sie böse waren. Und ich wollte nicht, daß er ihn rief, weil ich doch so meinen Vertrag mit ihm geschlossen hatte: ihn nicht zu belästigen und um nichts zu bitten. Aber der Lehrer stellte mir noch mehr Fragen, und so erzählte ich ihm alles. Ich sagte ihm auch, ich könnte meine Aufgaben machen, aber ich hätte keine Hefte, weil wir sehr arm wären und keine kaufen könnten und daß mein Vater mich schon vor Jahren von der Schule hätte nehmen wollen, weil er diese Ausgabe nicht mehr machen konnte. Und daß ich unter großen Opfern und Anstrengungen bis zur sechsten Klasse gekommen wäre. Aber nicht, weil mein Vater es nicht wollte, sondern weil er es nicht konnte. Daß mein Vater sogar der Ansicht, die in Pulacayo herrschte, daß die Frau nicht lesen dürfe, immer gewollt habe, daß wir zumindest das lernen.
Ja, mein Vater kümmerte sich um unsere Bildung. Als meine Mutter starb, sahen die Leute uns an und sagten: »Ay, die armen Würstchen, fünf Mädchen, kein Junge — wozu sind die gut? Besser sie sterben.« Aber mein Vater sagte voller Stolz: »Nein, laßt mir meine Töchter, sie werden leben.« Und wenn die Leute uns einschüchtern wollten, weil wir Frauen seien und zu nichts besonderem nütze, sagte er uns, daß alle Frauen die gleichen Rechte wie die Männer hätten. Und er sagte, daß wir die gleichen Heldentaten vollbringen könnten wie die Männer. Er erzog uns immer in diesen Vorstellungen. Ja, es war ein sehr spezieller Unterricht. Und all das war sehr positiv für unsere Zukunft. Und von da an hielten wir uns nie für unnütze Frauen.
Der Lehrer verstand alles, was ich ihm erzählte. Und wir schlossen den Vertrag, daß ich ihn um alles Material, das ich benötigte, bäte. Und von da an verstanden wir uns wunderbar. Und der Lehrer gab uns alles Material, das wir brauchten, mir und dazu auch noch meinen Schwestern. Und so konnte ich mein letztes Schuljahr 1952 abschließen.
In der Schule lernte ich Lesen und Schreiben und mich verteidigen. Aber ich kann nicht sagen, daß die Schule mir geholfen hätte, das Leben zu verstehen. Ich glaube, daß sich die Erziehung in Bolivien trotz der Reformen, die es gegeben hat, weiterhin dem kapitalistischen System anpaßt, in dem wir leben. Sie geben weiterhin eine lebensfremde Erziehung. Sie lassen uns zum Beispiel das Vaterland als eine wunderschöne Sach sehen, die in der Nationalhymne, in den Farben der Fahne und all diesen Sachen sich zeigt, die den Sinn verlieren, wenn das Vaterland nicht gut ist. Das Vaterland ist für mich in alles Ecken, es ist auch in den Mineros, in den Campesinos, in der Armut, in der Nacktheit, in der Unterernährung, in den Leiden und Freuden unseres Volkes. Das ist das Vaterland, nicht wahr? Aber in der Schule bringen sie uns bei, die Nationalhymne zu

singen, Paraden abzuhalten, und sagen, wenn wir uns weigerten zu marschieren, wären wir keine Patrioten. Aber bestimmt zeigen sie uns in der Schule nie das Warum unserer Armut, das Warum unseres Elends, das Warum der Situation unserer Väter, die sich so aufopfern und schlecht bezahlt werden, nicht, warum einige Kinder alles haben und die anderen vielen nichts haben. Das hat man mir in der Schule nie erklärt.

Darum sehe ich die Verpflichtung, die wir alle haben, zu sorgen, daß unsere Kinder zu Hause lernern, die Wirklichkeit zu sehen. Wenn nicht, bereiten wir ihr Scheitern im Leben vor.

Und wenn sie etwas größer sind, fangen sie an, widerspenstig zu werden, mit dem Ergebnis, daß sie sich fehl am Platze fühlen und noch nicht einmal ihre Eltern grüßen wollen. Aber ich glaube, daß wir selbst Schuld daran haben, weil wir unsere Kinder in einer unwirklichen Welt leben lassen. Es gibt Zeiten, da die Eltern keinen Bissen haben, um ihn zu Munde zu führen, aber für die Kinder finden sie immer etwas. Und sie lassen sie nicht die Schwere des Lebens sehen, das wir führe, und so werden sie sich der Wirklichkeit nicht bewußt. Und wenn sie auf die Universität gehen, wollen sie nicht sagen, daß sie Kinder von Bergleuten oder Kinder von Landarbeitern sind, und in unserer Ausdrucksweise und in unserer Sprache können sie nicht mehr sprechen. Ich will damit sagen, daß sie alles in einer so komplizierten Form erklären, so daß es uns nicht gelingt, sie zu verstehen.

Und das ist ein großer Fehler, weil die, die auf die Universität gehen, so viele Sachen lernen, und wir alle davon profitieren müßten, nicht wahr? Ich glaube, daß sie in einer wissenschaftlichen Weise sprechen und schreiben können müssen — ja, aber verständlich auch für uns und nicht immer in einer Sprache, die nur sie verstehen, mit Zeichnungen und Zahlen, nicht wahr? Weil auch die Militärs sich auf Zahlen verstehen. Und wenn sie nach Siglo XX kommen, um mit uns über ein Problem zu diskutiern, ist das erste, was sie tun, sich eine Tafel von riesigen Ausmaßen zu holen und uns zusammenzurufen. Dann erscheint ein Typ, der anfängt, Zahlen aufzuschreiben und mit uns zu diskutieren und von Devisen zu sprechen, so. Und die Arbeiter hören ihnen schon nicht mehr zu, pfeifen sie aus und sagen, sie sollten mit ihren Zahlen hier abhauen. Und ja, sie pfeifen sie aus.

Deshalb glaube ich, daß die Personen, die die Möglichkeit gehabt haben, auf die Universität zu gehen, sich auf das Niveau unserer Sprache begeben müssen, weil wir nicht auf der Universität gewesen sind, und von Zahlen verstehen wir nicht viel; aber wir sind doch imstande, unsere nationale Wirklichkeit zu verstehen. Aber ich sage, daß die, die studiert haben, lernen müssen, wenn du so willst, ein wenig in unserer Sprache zu sprechen, wenn sie wirklich wollen, daß das Volk glücklich wird, mit dem Wissen, das sie haben, damit auch wir viele Sachen verstehen können, die sie lernen. Das wäre, wenn man so will, sehr wichtig, und es wäre, sagen wir, eine Form, bei dem Kampf um bessere Lebensbedingungen für unser Land mitzuwirken.

Es stimmt, daß sich die Studenten dank all dieses Bewußtseins der Arbeiterklasse in Bolivien in diesen letzten Jahren sehr geändert haben. Ich sehe, daß die Studentenbewegung in Bolivien sehr stark ist, nicht nur an den Universitäten, sondern auch an den Oberschulen. Ein Beweis dafür ist, daß die Regierung sich um den Abschluß des Schuljahres kümmert. Weil das die beste Methode ist, um die Schüler zum Schweigen zu bringen. Denn weder mit Panzern noch mit Flugzeugen, die sie eingesetzt haben, um die Universität niederzuschießen, haben sie die zum Schweigen gebracht. Und immer, wenn die Studenten sich erheben, beginnt die Regierung, die zu unterdrücken, die die Bewegungen geleitet haben. Aber immer treiben die Studenten uns an, wenn wir unsere Beschwerden vorbringen, und sind da mit ihrer Solidarität, wenn wir streiken, Manifeste verfassen oder wenn unsere Genossen eingekerkert werden.
Aber ich bin mir auch bewußt, daß viele Jugendliche, die uns unterstützen und die gute Revolutionäre zu sein scheinen, nicht mehr dabei sind, wenn sie ins Berufsleben eintreten.
Jetzt hört man jenen Studenten nicht mehr, der sagte: »Das Gewehr, das unsere Väter liegenlassen, werden wir, ihre Söhne, weil wir, die Politik, Wirtschaft und Recht studiert haben, wissen, wie sie das Volk betrügen, wir wissen, wie die Lungen unserer Väter von der Silikose zerstört sind.« Und dieses und jenes. Die Universität verläßt ein Doktor, ein Anwalt, findet eine Stelle, und schon ist der Revolutionär verschwunden. Davor müssen wir uns in acht nehmen, daß das nicht passiert. Wir müssen zu unserer Klasse halten, wir müssen stark sein, nicht wahr?
Als ich mit der Schule fertig war, gab man mir eine Arbeit im Laden von Pulacayo. Das war 1953. Im folgenden Jahr schloß auch meine zweite Schwester die Volksschule ab, und es gelang ihr, eine Arbeit in einer Konditorei zu bekommen.

Dann geschah es, daß mein Vater die Notwendigkeit verspürte, sich wieder zu verheiraten. Aber mit der zweiten Frau wurde unser Leben noch unerträglicher. Ich versuchte, ihre Sympathie zu gewinnen, weil ich eine Mutter brauchte. So früh hatte ich die meine verloren...
Ich brauchte jemanden, der mich versteht, mir Mut gibt, mich liebkost und mich an der Hand nimmt. Und mein Vater war, obwohl er uns sehr liebte, sehr kalt zu uns. Als also diese Frau ins Haus kam — sie hatte zwei Kinder — schien es mir das Schönste zu sein, jemanden zu haben, der uns das Essen machte, jemanden zu haben, der da sein müßte, um zu verhindern, daß mein Vater mich schlug. Und das schien mir gut zu sein. Ich hatte mich in all diesen Jahren daran gewöhnt, früh auzustehen, also half ich morgens, ich setzte Wasser auf, ich schälte ihr Kartoffeln, die sie kochte, all das, bevor ich zur Arbeit ging. Und samstags und sonntags wusch ich ihr ihre »Polleras«*.

---

* Polleras — Röcke, die sonntags mehrfach übereinander getragen werden

Aber, ich weiß nicht warum, die Stiefmutter fühlte keine Zuneigung zu uns. Besonders nicht zu meinen Schwestern. Eines Tages erwischte ich sie, wie sie meine Schwesterchen schlug, und wir begannen zu diskutieren. Und von da an begann sie, uns unser Essen zu entziehen. Sie kochte in einem kleinen Topf und bediente daraus den Vater, sich und ihre Kinder. Und das, was übrigblieb, warf sie uns vor. Sonst gab es nichts. Mein Vater wurde sich nicht klar über diese Situation, weil er arbeiten ging und wir ihm nichts sagten, um zwischen den beiden keine Probleme zu schaffen.
Eines Tages erwischte ich sie wieder dabei, wie sie die Kleine schlug, weil sie nicht die Essensreste mit Mais essen wollte. Da gab ich ihr eine Ohrfeige und fragte sie:
»Warum schlägst du meine Schwester?«
Sie stellte sich auch hin, und gut, wir fingen an zu kämpfen. Und dann kam mein Vater von der Arbeit und schlug mich auch. Aber ich ließ und ließ sie nicht los.
»Es wird immer schlimmer, Vater«, sagte ich zu ihm. »Wenn du mich weiter schlägst, schlage ich weiter deine Frau. Ich werde sie nicht loslassen. Je mehr du mich schlägst, desto mehr muß deine Frau leiden. Besser lass mich alles erklären, Papa. Sie hat mich und meine Schwester geschlagen...«
Am Schluß mußte ich zur Polizei gehen, weil ich es nicht länger ertragen konnte. Und dort, vor der Polizei sagte ich zu meinem Vater:
»Papa, entscheide dich, entweder deine Frau oder wir. Ich gehe mit meinen Schwestern. Ich arbeite, ich werde meine Schwestern ernähren können. Es ist besser, in einem anderen Haus zu leben. Mach dir keine Sorgen um uns. Bleib nur ruhig bei deiner Frau. Wir gehen. So können wir nicht weitermachen.«
Na, mein Vater mußte, weil er so an uns hing, sich von seiner Frau trennen und bei seinen Töchtern bleiben. Aber nach diesem Tag begann eine andere Qual. Ich war es nicht mehr wert, von irgend jemanden gegrüßt zu werden. Meine Stiefmutter sagte zu meinem Vater, ich sorge für Skandale im Dorf, und ich sei meinem Vater keine würdige Tochter. Und er glaubte ihr. Und er wurde viel härter gegen uns, viel härter. Er fing an zu trinken und schlug uns viel. Bis ich ihm sagen mußte, daß er wieder mit seiner Frau leben solle. Und sie lebte wieder mit uns. Aber die Lage war sehr schlimm. Eines Nachts schlugen sie mich sehr, mein Vater und sie. Die beiden waren betrunken nach Hause gekommen. Also verteidigten mich meine Schwestern, halfen mir abzuhauen und sagten:
»Flieh, Domi!«
Ich floh und blieb auf der Straße.
Mein Mann war damals Zivilpolizist, so was von der Art, einer von denen, die nachts durch die Straßen gehen, Pärchen aufgreifen, Leute ins Gefängnis bringen, und die Eltern auf das Treiben ihrer Kinder aufmerksam machen. Ich kannte ihn nicht. Als er mich auf der Straße sah, leuchtete er mich mit seiner Taschenlampe an und fragte mich:

»Was machen sie hier?«
Und wollte mich verhaften.
»Sind sie nicht die Tochter von Don Ezequiel?«
»Ja«, sagte ich zu ihm.
»Und was ist passiert?«
»Mein Vater hat sich betrunken und hat mich geschlagen. Jetzt warte ich,bis sie schlafen und gehe dann wieder rein.«
»Aber wie können sie in der Nacht draußen sein? Sie müssen mit mir zurück nach Hause gehen. Kommen sie mit mir,« sagte er mir. Also ging ich mit ihm nach Hause. Als wir eintraten, sagte René zu meinem Vater:
»Don Ezequiel, hier bringe ich Ihnen ihre Tochter... Wie können sie sie so schlagen, wie können sie sie so schlagen, wie können sie sie nachts aus dem Haus werfen, wie können sie sie so behandeln?«
»Da ist er, da ist er, da ist er ja, ihr Liebhaber!« schrie meine Stiefmutter.
Und mein Vater wollte seine Waffe, die er im Hause hatte, denn er war auch Polizist, nehmen und mich angreifen. Also, es war eine sonderbare Situation, wir mußten vor meinem Vater fliehen. Wir liefen... wir liefen wie der Teufel. Dort gab es ein Feld. Mein Vater lief immer hinter uns her, und wir liefen, ohne uns umzusehen, ohne anzuhalten.
Bei diesem Laufen fielen wir in eine Grube. Dort legten wir uns auf den Boden und warteten, bis der Morgen graute.
Es war eine sehr merkwürdige Situation... Und am nächsten Tag brachte mich René in das Haus seiner Mutter. Und sie tat alles, um mir in dieser neuen Situation zu helfen.

Nationale Revolution von 1952

Platz des Minero in Siglo XX

Siglo XX

Kurz, nachdem ich meinen Mann kennengelernt hatte, kam ich fast durch Zufall dazu, in Siglo XX zu leben, dem Dorf, in dem ich geboren wurde und das mich später zu kämpfen gelehrt hat, das mir seinen Mut gegeben hat. Durch die Weisheit des Dorfes lernte ich deutlich alle Ungerechtigkeiten sehen, und dadurch wurde in mir ein Feuer entzündet, das nur der Tod auslöschen kann.
Während ich in Pulacayo lebte, sehnte ich mich sehr danach, nach Siglo XX zurückzukehren, das Dorf kennenzulernen, in dem ich geboren bin. In Pulacayo sprach man viel von Siglo XX und sang sogar einige seiner Lieder. Und wenn mich jemand fragte, wo ich geboren wäre, sagte ich in Siglo XX-Llallagua. Und ich war immer neugierig darauf, diesen Ort kennenzulernen.
Nachdem ich geheiratet hatte, war das erste, was mir einfiel, das Dorf kennenzulernen, wo durch einen seltsamen Zufall auch mein Mann geboren ist.
Das geschah 1957, und wir sparten etwas Geld, und bei der ersten Gelegenheit, die wir hatten, als ich Urlaub hatte, fuhren wir nach Siglo XX. Aber mein Mann schloß den Ort so ins Herz, daß er endgültig nicht mehr nach Pulacayo zurückkehrte und dort blieb, um sich eine Arbeit zu suchen. Ich kehrte nach Pulacayo zurück, um noch einige Monate im Laden zu arbeiten.
Nachdem ich nach Siglo XX kam, widmete ich mich fast fünf Jahre dem Studium der Bibel bei den Zeugen Jehovas, zu denen ich durch meinen Vater gehörte. Ich nahm an ihren Versammlungen teil, ich praktizierte vieles von dem, was sie mir sagten. Aber später bin ich ausgetreten, besonders, als ich in das Hausfrauenkomitee eingetreten bin, weil ich andere Sachen entdeckte, die für mich nun mal wichtig waren und die sie nicht akzeptieren wollten.

In das Komitee bin ich aus Notwendigkeit eingetreten, um mit den anderen Frauen an der Seite unserer Genossen zu sein in ihrem Kampf für bessere Lebensbedingungen. Da sagten mir die Zeugen Jehovas, ich dürfe mich nicht damit abgeben, daß Satan darin wäre, daß in der Religion diese Sachen, die reine Politik seien, nicht erlaubt seien.

Aber gut, ich blieb und blieb im Komitee. Zuletzt ließen sie mich rufen und sagten, sie würden mich bestrafen, sie würden mich einem Jahr der Reflektion unterwerfen. Ich hätte jeden Versammlungstag zu den Treffen der Sekte zu gehen, und niemand dürfe ein Wort für die Dauer dieses Jahres mit mir sprechen. Und wenn ich in diesem Jahr nicht mit dem aufhörte, was sie mir verböten, dann würden sie mich aus ihrer Gemeinschaft ausstoßen. Sie sagten, ich würde schlechte Sachen tun, indem ich ein Mitglied im Komitee wäre. Ich antwortete ihnen:

»Erstens hat Gott gesagt, wir dürfen niemanden richten. Und wer sind Sie, mich in dieser Form zu richten? Und außerdem beurteilen Sie die Sache von ihrer Sicht aus, und Sie kümmern sich nur um die kleine Gruppe, die die Versammlungen besucht. Deswegen werden Sie sich nicht der Situation bewußt, in der der größte Teil des Volkes lebt. Das interessiert Sie nicht, nicht wahr?«

All das sagte ich ihnen. Und ich sprach weiter:

»Nehmen wir zum Beispiel an, eine Witwe hat allzu viele Kinder und daß jemand ihr sagt, sie soll, um ihre Kinder zu ernähren, lügen, und er gibt ihr ein Stück Brot. Also lügt sie und verdient ein Stück Brot für ihre Kinder. Sagen wir, später müßte sie stehlen, weil sie nichts hatte, um es den Kleinen zu geben. Nehmen wir weiter an, daß eins der Kinder krank geworden ist, und sie brauchte so dringend Geld, daß sie es sogar auf sich genommen hat, sich zu prostituieren, um das Leben ihres Kindes zu retten. Nun also, im anderen Leben wird diese Witwe — nach Ihnen werden die Prostituierten, die Lügnerinnen, die ich weiß nicht was alles, Gott, den Herrn, nicht kennenlernen, — diese Witwe wird das Angesicht Gottes nicht sehen, wird nicht in das Paradies kommen können? Das kann ich nicht glauben.«

Außerdem sind die Zeugen Jehovas in Siglo XX-Llallagua meistens Reiche, sie leiden kein Elend wie wir. Ich weiß nicht, wie es in anderen Ländern ist, aber hier ist es so. Dann sagte ich:

»Bruder Alba — der damals der Reichste in Llallagua war — lebt glücklich und zufrieden in diesem Leben, weil er keine Not leidet. Und weil er das Wort Gottes kennt, wird er sich nicht prostituieren, wird nicht lügen, wird nichts von diesen Sachen tun. Und er wird also in das Himmelreich kommen. Und zu dieser Witwe, die so viel in diesem Leben leidet, wird Gott zum Schluß sagen: »Gut, ich habe Euch gesagt, Ihr sollt diese Sachen nicht tun. Nun fahre zur Hölle...« Wird es so geschehen? Und wird also der, der arm geboren ist, niemals den Segen Gottes erlangen, und der Bruder Alba, ja, der wird den Segen Gottes erlangen, weil er die Bibel kennt? Das erscheint mir nicht gerecht. Und auch, wenn Sie glauben, daß die geistige Hilfe das einzig Wichtige ist, mir scheint es so, daß man mit der materiellen Hilfe beginnen muß. Wenn ich zum Beispiel eine Arbeit für die Witwe finde und ihr sage: »Sieh mal, du arbeitest hier, komm hierher mit deinen Söhnen leben«, dann kann ich ihr also später sagen: »Sieh mal, in der Bibel steht geschrieben, du sollst nicht lügen, du sollst nicht stehlen, du sollst dich nicht prostituieren«.

Klar, dann hat sie Arbeit, dann kann sie ihre Pflicht erfüllen, weil sie ja in keiner hoffnungslosen Lage mehr ist, nicht wahr?«
Dann antworteten sie mir, jetzt hätte ich mich vollkommen in ein Kind Satans verwandelt und daß sie nicht mit dem einverstanden seien, was ich sagte. Und ich sagte ihnen, ich ginge. Und ich ging.
Später habe ich dann gemerkt, daß diese Gruppe eine mehr im Dienste des Imperialismus war. Denn sie sagten, wir sollten uns nicht mit Politik beschäftigen, aber, ohne Zweifel, dort im Tempel machten sie die ganze Zeit Politik, durch die Art, wie sie die Fragen behandelten. Außerdem gaben sie uns einige Broschüren, und in einer von diesen war geschrieben »Freiheit der Religion«, aber da waren einige Stiefel, die auf einige Religionen traten, und es war geschrieben: »Kommunismus, Marxismus«. Und in einer anderen Broschüre war Marx gezeichnet — ich kannte Marx damals noch nicht, ich lernte ihn erst später kennen — wie ein Krake, der die Welt umarmt und den man töten müßte. So, nicht wahr?
Ich mußte also wählen: Entweder im Hausfrauenkomitee zu arbeiten, um an der Seite der Arbeiter zu kämpfen, oder ich blieb bei den Zeugen Jehovas, wohnte ihrem Gottesdiensten bei, ohne mich mit den Sachen zu beschäftigen, die sie Satanswerk nannten. Nun, für mich war es wichtig, eine Entscheidung zu treffen.
Es gab andere Religionen in Siglo XX, besonders die katholische. Aber ich gab mich nicht mit den Leuten dieser Gruppe ab, weil damals die Christen, besonders die Priester und Nonnen, sehr gegen uns waren. Sie hatten einen Auftrag, den ihnen Papst Pius XII gegeben hatte, den Kommunismus zu bekämpfen, und deswegen machten sie uns viele Schwierigkeiten und verstanden uns nicht, und oft verteidigten sie unsere Unterdrücker.
Das geschah oft in Bolivien: daß die Religion sich in den Dienst der Mächtigen stellte, indem sie ihren Gesichtspunkten Gehör schenkte. Und die, die sagen, sie folgen der Lehre Christi, die sind meistens für die Unterdrücker, sie wachen über deren Sicherheit, um genug Geld für all das zu haben. Und deswegen stellen sie die Religion einfach in den Dienst der Kapitalisten. Und bis heute gibt es nur sehr wenige Repräsentanten der Kirche, die verstehen, was wirklich in Bolivien vor sich geht. Und auch, wenn sie sich sogar der Ungerechtigkeiten bewußt werden, ziehen sie es vor zu schweigen, wegen ihrer eigenen persönlichen Sicherheit. Deswegen zählt die Kirche bei den Mineros fast nicht, obwohl in den letzten Jahren verschiedene Priester, Nonnen und sogar Bischöfe sich geändert haben und mit den Unterdrückten sind, und unter diesen gibt es einige, die an unserer Seite geprügelt, deportiert wurden, ins Gefängnis kamen und verhört wurden. Aber das Bild der beherrschenden Kirche, die ihre Hände dem kapitalistischen Unterdrücker leiht, ist noch sehr lebendig. So daß ich nach meinem Streit mit den Zeugen Jehovas in keine andere religiöse Gruppe zurückgekehrt bin. Trotzdem habe ich meinen Glauben an Gott nicht verloren. Aber das ist, wenn man so will, eine Sache, die ich in den meisten Büchern über den

Marxismus wirklich nicht verstehe, wo immer die Existenz Gottes geleugnet wird — meistens konnte ich das merken, nicht wahr? Aber mir scheint, die Existenz Gottes zu leugnen bedeutet, unsere eigene Existenz zu leugnen.
Also gut, nachdem wir nach Siglo XX gekommen waren, habe ich nur zwei Jahre allein mit meinem Mann gelebt. Nachher kamen meine Schwestern, eine nach der anderen, um bei mir zu leben, ich mußte mich wieder um sie kümmern. Keine einzige wurde vertraut mit der zweiten Frau meines Vaters, und sie wußten nicht, wohin sie gehen sollten.
Nach zwei Jahren bekam ich mein erstes Kind. So war meine Familie plötzlich zahlreich, das gefiel meinem Mann nicht. Außerdem war meine Schwiegermutter gestorben, und mein Mann war sehr bedrückt. An manchen Tagen arbeitete er, an anderen nicht. Manchmal betrank er sich wegen all dieser Probleme, und wenn er nach Hause kam, sagte er, er hätte meine Schwestern nicht geheiratet, und es sei nicht seine Pflicht, für ihren Unterhalt zu sorgen. So.
Meine Schwestern haben lange Zeit Arbeit gesucht. Aber es war sehr schwer, eine zu finden, besonders weil sie Frauen waren. So lebten wir also so knapp, daß wir nur ein einziges Paar Schuhe hatten, die wir abwechselnd trugen. Wir zogen sie an, wenn wir auf die Straße gingen. Unsere ökonomische Situation wurde immer schlechter.

Als wir nach Siglo XX kamen, waren dort die Gewerkschaftsführer Frederico Escóbar und Pimentel. Man erzählte sich in Pulacayo, daß sie gute Gewerkschaftsführer wären. Und ich wollte sie kennenlernen. Escóbar lernte ich kennen, als man mir meine Hütte abnahm. Mein Mann und ich lebten als Untermieter eines anderen Mannes. Meine Schwiegermutter starb und mein Mann war nach Pulacayo gefahren, um sie zu beerdigen. Ich erwartete die Geburt meines ersten Kindes. Und es geschah, daß der Mann, als dessen Untermieter wir lebten, entlassen wurde und man mich hinauswarf, weil mein Mann, wie sie sagten, kein Recht auf dieses Zimmer hätte. Sie sagten mir, ich solle sofort das Haus verlassen. Und ich sagte ihnen, sie sollten die Rückkehr meines Mannes abwarten, weil ich kränklich war, und wie konnte ich so umziehen? Außerdem sei es nötig vorher eine andere Unterkunft zu finden. Aber die Gesellschaft gab mir nur eine Frist bis zum anderen Morgen. Also kamen die Nachtwächter und holten alle meine Sachen aus der Wohnung heraus. Die Nachtwächter sind Arbeiter, die es schon müde sind, im Bergbau zu arbeiten oder die Invalide sind, weil sie in der Mine einen Unfall gehabt haben und ein Auge, einen Arm oder ein Bein verloren haben, oder an der Minenkrankheit leiden. Also arbeiten sie in der Abteilung der Gesellschaft, sie sich Sozialfürsorge nennt und haben so eine Stelle, die leichter ist, die nicht viel physische Arbeit erfordert.
Es kamen also die Nachtwächter und warfen mich hinaus, wie der Eigentümer eine Person hinauswirft, die die Miete nicht bezahlt.
Ich blieb weinend draußen sitzen, und die Nachbarn sahen mich. So gegen drei Uhr nachmittags kam einer meiner Nachbarn nach Hause, und seine Familien-

angehörigen sagten ihm, was passiert war. Er sagte mir, ich sollte die Leiter aufsuchen.
Mit großem Argwohn und voller Mißtrauen erklärte ich mich einverstanden Ich kannte sie ja nicht. Und wir gingen zum Haus von Frederico Escóbar. Seine Frau empfing mich mit großer Herzlichkeit. Der Genosse sagte ihr, worum es sich handelte, und sie sagte zu mir: »Machen Sie sich keine Sorgen, mein Mann wird Ihnen helfen, und alles kommt wieder in Ordnung«.Und sie versuchte, mich zu trösten.
Alle meine Sachen waren vor meiner Wohnung auf der Straße geblieben. Wir bedeckten sie nur mit einer Zeltplane, und die Nachbarn übernahmen es, auf alles aufzupassen.
Um sieben Uhr abends, glaube ich, kam Escóbar zurück. Und gut, es war alles ganz anders, als ich es mir vorgestellt hatte. Ich erwartete, einen anmaßenden Menschen zu treffen, gewohnt zu befehlen, ich habe nie so einen einfachen, so guten Menschen getroffen. Es war das erste Mal, daß ich ihn sah, und er nahm meine Hand, als ob wir uns seit langer Zeit kennen würden. Er empfing mich sehr herzlich.
Aber bevor wir anfingen, von unseren Problemen zu sprechen, ließ Frederico uns ein Abendessen vorsetzen. Danach sagte mein Nachbar ihm: »Hör' mal, diese Frau haben sie aus ihrer Wohnung geworfen. Sie lebt seit einem Jahr zur Untermiete in einem Zimmer. Ihr Mann ist verreist, und jetzt hat man sie auf die Straße geworfen.«
Frederico bemühte sich sehr und bat sofort die Gewerkschaft um ein Fahrzeug und fuhr nach Cancañiri, wo das Büro der Sozialfürsorge der Gesellschaft ist. Er ließ die Nachtwächter holen und sagte ihnen unheimlich Bescheid, weil sie mir diese Ungerechtigkeit angetan hatten. Dann ließ er sie das Zimmer öffnen und wieder alle Sachen reinstellen und fragte sie dauernd und stritt mit ihnen, warum sie das mit mir gemacht hätten, ob mein Mann kein Arbeiter wäre. Und er zwang sie dazu, alles wieder an seine Stelle zu bringen. Und er sagte ihnen:
»Guckt mal, hier wohnt eine Frau, eine Dame wohnt hier, und eine Dame wirft ihre Sachen nicht so hin. Seid so nett uns stellt alles wieder so hin, wie es war, weil die Frau nicht dieses Durcheinander, das ihr gemacht habt, wieder aufräumen wird.«
Mir taten sie leid und ich sagte:
»Vielen Dank, Señor, jetzt ist es gut, ich werde alles aufräumen.«
»Nein, Señora, ruhen sie sich nur aus.«
Er ließ sie das Bett aufstellen und sagte ihnen:
»Habt ihr euch überhaupt darum gekümmert, ob diese Frau eine andere Wohnung finden kann?«
Und zu mir sagte er:
»Jetzt müssen Sie sich unbedingt ausruhen, es geht Ihnen schlecht, Sie sind kränklich.«

Ich war wirklich kurz davor, mein Kind zu bekommen, denn dieses geschah am 3. November, am siebten wurde mein Sohn Rodolfo geboren. Deswegen war ich sehr nervös, außerdem war ich allein.
Escóbar hatte gemerkt, wie die Situation war, und hatte deswegen die Nachtwächter gezwungen, alle meine Sachen in Ordnung zu bringen. Später ließ er mir einen Zettel zukommen und sagte mir:
»Sehen Sie, Señora, das ist die Bescheinigung, daß Sie hier wohnen. Niemand hat das Recht, Sie aus dieser Wohnung hinauszuwerfen. Ihr Mann arbeitet für die Gesellschaft, und niemand kann ihm kündigen.«
Das war das erste Mal, das ich Escóbar sah. Bevor er sich zurückzog, bat Escóbar meine Nachbarn darum, mich nicht allein zu lassen und mich zu begleiten, falls ich meine Wehen bekäme.
Ich habe sehr viel von den Leitern gelernt. Ihnen danke ich einen Teil meiner Entwicklung.

Die Weisheit des Volkes

Damals hat die MNR Bolivien regiert, zuerst mit Paz Estenssoro, dann mit Hernán Siles Zuazo und wieder Paz Estenssoro. Wir haben diese Regierung, die sich »nationalrevolutinär« nannte, an die Macht gebracht, aber sie fingen bald an, sich nicht um das zu kümmern, was das Volk sagte und wollte. Die Nationalisierung der Mine zum Beispiel wurde schlecht gemacht, die Bergwerksgesellschaft verarmte schrecklich durch die Entschädigung, die es auszahlte und das Volk wurde betrogen. Außerdem wollten wir, daß es in Bolivien Hochöfen gibt, weil wir das Erz von der Mine mit dem Schiff nach Großbritannien bringen, den Zoll und den Transport bezahlen, es schmelzen lassen und mit dem Schiff in die USA holen müssen, um es dort im Hafen den Herren Besitzern abzuliefern. Nun, letzten Endes sind wir diejenigen, die all das bezahlen, weil das Geld, das durch diese Transaktion ins Ausland fließt, dazu benutzt werden könnte, das Land mehr und mehr voran zu bringen und die Arbeiter besser zu bezahlen. Deswegen sagten die Mineros, eine Art, dieses Problem zu lösen, wäre es, unsere eigenen Hochöfen zu haben und an Ort und Stelle die Metallbarren zu verkaufen. Und sie nicht zu jedem Preis an die USA zu verschleudern, sondern wir müßten sagen: »Mal sehen, ...wer bezahlt uns besser?«

Aber unsere Regierungen der MNR wollten nicht auf uns hören, sondern machten ihre Pläne auf Anordnung der Botschaft der USA, und diese drückten

* Von der Regierung Hernán Siles Zuazo im Jahre 1965 diktiert, wobei ein Plan, der von dem nordamerikanischen Berater Jackson Eder vorbereitet wurde, zugrundegelegt wurde.

** Plan zur Gesundung der nationalisierten Minen, an dem die Regierungen der USA und Westdeutschlands teilnahmen und die Interamerikanische Entwicklungsbank (BID). Er sah unter anderem die Verminderung der Anzahl der Minenarbeiter, die Einfrierung der Löhne, die totale Kontrolle über die Entwicklung der Gewerkschaften und besonders die Aktivitäten der Leiter der mineros und den Wegfall des Vetorechts der Arbeiterkontrolle vor. Es waren Bedingungen, die der bolivianischen Regierung von den Financiers aufgezwungen wurden.

bei uns ihre Politik durch. Sie verfügten die »Geldstabilisierung«*, sie machten den »Dreiecksplan«**, alles nach ihrem Plan und nach ihrer Lust und Laune. Und wenn die Arbeiter dagegen opponierten, wurden sie sofort unterdrückt. In Siglo XX hat man sehr unter der Politik dieser Jahre gelitten.
In Wirklichkeit waren die Leute von der MNR, die nach der Revolution des Volkes an die Macht gebracht worden waren, sehr gierig, nicht wahr? Und dem Imperialismus gelang es, sie, die sich »Revolutionäre« nannten, zu korrumpieren. Und mit dem Geld der Nation bildete sich ein neues korruptes Bürgertum. Alles daran war korrupt: ihre Polizei, ihre Arbeitervertretungen, ihre Bauernführer und ihre Behörden. Außerdem ging die NMR sogar soweit, in Bolivien Konzentrationslager im Nazistil zu errichten. Alle kennen zum Beispiel die traurige Geschichte von San Román und von Menacho, die die Chefs der politischen Polizei der MNR waren. In seinem eigenen Haus hatte San Román eine Art Gefängnis, um die Leute grauenhaft zu foltern. San Román war der Schrecken aller politischen Gefangenen.
Gut, die Arbeiter und besonders die von Siglo XX kritisierten diese Situation, in der wir lebten. Als diese Maßnahmen gegen das Volk ergriffen wurden, kämpfte man in den Bergwerken, man protestierte und demonstrierte. Und all das wurde zur Unterdrückung benutzt: man schickte keine Vorräte mehr, man schickte keinen Lohn, sogar die Medizin entzogen sie uns.
Und die Leiter wurden verhaftet.
Ich erinnere mich, daß die Leiter sich 1963 einem dieser Druckmittel der Regierung ausgesetzt sahen. Die COMIBOL sagte, sie habe kein Geld, um dem Hospital Medikamente zu schicken. Und es herrschte damals eine furchtbare Grippe- und Durchfallepidemie, alle möglichen Epidemien. Es gab keine Medizin für die Kinder. Es stellte sich heraus, daß die COMIBOL einen Vertrag mit einer Gruppe internationaler Künstler*, in der Japaner, Nordamerikaner, Afrikaner usw. waren, abgeschlossen hatte, die in den Minen Vorstellungen geben sollten. Die Leute, die sich das ansehen gegangen waren, erzählten, daß es Stücke antikommunistischen Charakters seien und die COMIBOL den Künstlern die Reise bezahlt habe.
Nun gut, die Leiter, und besonders Escobar, hatten schon Telegramme an die COMIBOL geschickt und gesagt, daß sie diese Typen nicht respektieren würden und daß sie sie als Geiseln nehmen würden, wenn die COMIBOL nicht die Medikamente schickte, die wir benötigten. Gleichzeitig entfernten einige Arbeiter die Gleise, damit die Ausländer nicht wegfahren konnten. Und ich sah sie auf der Station Cancañiri stehen, von der sie abfahren wollten. Aus Neugierde waren wir heraufgekommen um zuzusehen. Den ganzen Tag warteten diese Ausländer. Und sie fragten: »Was ist passiert?« Und man sagte ihnen, der

* von der »Moralischen Aufrüstung«. Internationaler Kreuzzug, gebildet aus Intellektuellen, Sportlern, Künstlern aller Nationalitäten. Bei bestimmten Gelegenheiten, wie bei der, auf die Domitila sich beruft, wurde diese Vereinigung von den USA bei ihrer weltweiten antikommunistischen Kampagne benutzt.

Regen habe einen Teil der Strecke unterspült, und man sei schon dabei, sie zu reparieren... so, nicht wahr? Aber die Wahrheit ist, daß die Schienen von den Arbeitern entfernt worden waren.
Es stellte sich heraus, daß die COMIBOL sofort, sogar per Flugzeug, die Medikamente bringen mußte, damit die Ausländer schnell abhauen konnten, damit ihnen nichts passierte. Und so gegen 10 Uhr abends fuhren sie wieder ab. Sofort wurde im Minenradio durchgesagt, daß die Personen, die auf die Medizin warten, sie mit ihren Rezepten abholen könnten, weil die Arzneien schon gekommen seien. Daß die Krankenhäuser nachts geöffnet seien. Und daß man in einem Notfall die Kinder bringen solle.
Ich hatte auch ein an Durchfall erkranktes Töchterchen und brauchte eine starke Medizin. Also ging ich die Medizin abholen. Und ich sah da eine lange Schlange von Leuten, und das Hospital war wirklich geöffnet. Es war ein Uhr morgens.
Die COMIBOL und die Künstler mit ihrer antikommunistischen Propaganda waren gekommen, um uns zu betrügen, um uns zu belügen, um dem Volk zu schaden, aber der Schuß ging nach hinten los: sie taten uns einen Gefallen.
Die Arbeiter analysierten immer die Lage. Aber man hört und hört ihnen nicht zu, und deshalb müssen sie zu anderen Mitteln greifen. Als sie zum Beispiel den Dreiecksplan und die Geldstabilisierung kritisierten, als sie die Notwendigkeit, Hochöfen zu schaffen, erklärten, kümmerte sich niemand darum. Und alle diese Ideen kamen vom Volk. Beachtet, daß man letztens die Schaffung von Hochöfen für einen Plan des Präsidenten Ovano erklärte. Aber in Wirklichkeit war es anders. Und es sind sogar einige Führer umgekommen, die eine klare Vorstellung von der Situation hatten und Pläne entwarfen: daß muß getan werden und nicht das.
Seit ich nach Siglo XX gekommen war, habe ich immer versucht, alles aufmerksam zu verfolgen. Im Radio hörte ich die Nachrichten. Ich war bei den Demonstrationen und versuchte zu verstehen, wie die Dinge lagen. Weil alles neu für mich war. Ich will damit nicht ausdrücken, daß man in Pulacayo nicht diese Arbeit machte. War es, weil ich in Pulacayo in einer anderen Welt lebte und ich mir deshalb nicht klar über die Situation wurde?
Aber in Siglo XX, ja, da begann ich mich zu interessieren, begann, mir des Kampfes und des Leidens der Menschen bewußt zu werden. Und das weckte in mir einen großen Respekt für meinen Vater und für die Sache, der er sich hingegeben hatte. Siglo XX ließ mich die Weisheit des Volkes verstehen.
Wieviele große Männer kämpften für unsere Sache. Leute aus unseren eigenen Volk und auch wie viele Frauen, wie zum Beispiel Bartolina Sisa in der Rebellion der Indios, Juana Azurduy de Padilla im Kampf um die Unabhängigkeit, die Heldinnen von Coronilla, auch in demselben Krieg. Wir verfügten auch über große intelektuelle Persönlichkeiten, die ein sehr hohes Niveau erreicht haben, wie Maria Joseph Mujia und Adela Zumudio, die große Dichterinnen waren. Und nahe bei uns, in unserer Mine leben solche Menschen, nicht wahr?

Ich, zum Beispiel, habe viele Frauen gekannt, die es vielleicht nicht gelernt haben, besser als ich zu sprechen, aber die anonyme Heldinnen sind. Sie haben geschwiegen, aber mit großem Einsatz das Volk verteidigt und sind für ihre Sache gestorben.
Und wieviele Sachen löst das Volk dort, bei der Arbeit selbst! Jeden Tag sehen wir Dinge, die wir vom Volk lernen können.
Und ich glaube, daß wir, wenn wir beginnen würden, jeden Schritt zu beobachten, eine große Intelligenz sehen könnten, eine große Weisheit in den Schritten auch des einfachsten Bürgers, nicht wahr? Mir erscheint es so wichtig, das zu betonen und wirklich zu sehen, im wahrsten Sinne des Wortes, was das Volk ist und welche Werte es hat. Alles, was ich weiß und was ich bin, schulde ich dem Volk.
Und auch den Mut, der in mir keimt.

Das Hausfrauenkomitee

Es war in der schwierigen Zeit der Regierung Paz Estenssoro, daß sich in Siglo XX die Frauen der Minenarbeiter in einem Komitee organisierten. Sie konnten nicht ruhig bleiben, angesichts all der Kämpfe, die das Volk führen mußte.

Am Anfang dachten wir noch so, wie man uns erzogen hatte, nämlich daß die Frau für das Haus bestimmt ist, für das Heim, daß sie auf die Kinder aufpassen und zu kochen hat und daß sie nicht die Fähigkeit hat, andere Dinge sozialer, gewerkschaftlicher oder politischer Art zu verstehen. Aber die Notwendigkeit brachte uns dazu, uns zu organisieren. Wir erreichten es durch viele Leiden, und ja, jetzt können die mineros mit einem Verbündeten mehr rechnen, einem Verbündeten, der viele Opfer gebracht hat, der sich aber in einen sehr starken Verbündeten verwandelt hat. Das ist das Hausfrauenkomitee, die Organisation, die zuerst in Siglo XX entstanden ist und die neuerdings auch in anderen verstaatlichten Bergwerksrevieren existiert.

Dieses Komitee entstand 1961. Damals machten wir eine sehr schwere ökonomische Krise durch: drei Monate schuldete die Gesellschaft unseren Männern den Lohn, es kamen keine Lebensmittel, es gab keine Medikamente für die ärztliche Versorgung.

Also organisierten sich die Mineros, um zu Fuß mit ihren Frauen bis nach La Paz zu marschieren. Es war ein sehr langer Marsch, weil La Paz sehr weit ist*. Aber die Regierung kam hinter unseren Plan und verhinderte das, was wir vorbereitet hatten. Sie verhaftete die Leiter und brachte sie gefangen nach La Paz.

Dann gingen ihre Frauen, eine nach der anderen, um nach dem Verbleib ihrer Männer zu fragen. Aber in La Paz behandelte man sie sehr grob und versuchte sogar, sie zu verhaften, ins Gefängnis zu werfen, sie zu vergewaltigen. Alle kehrten völlig verzweifelt zurück. Im Gewerkschaftshaus versammelten sie sich

* 335 km

und begannen, sich zu beklagen, und erzählten, was ihnen geschehen war. Und dort kam die Idee auf: »Wenn wir, anstatt daß jede Einzelne für sich geht, uns vereinen würden und zusammen nach La Paz uns beschweren gingen, was würde geschehen? Wir könnten uns vielleicht gegenseitig schützen und etwas erreichen«.
Und sie beschlossen, nach La Paz zu gehen. Aber sie hatten keine Vorstellung davon, wohin sich beschweren gehen, noch wie sie das machen sollten. Schließlich hat jemand ihnen gesagt, in jenen Tagen sei eine Versammlung der Minister, und dort würde ein Vertreter der Arbeiter vorstellig werden. Und sie sollten diese Gelegenheit ausnützen und die Forderung der Genossen mit dem Schrei: »Freiheit, Freiheit für unsere Männer« unterstützen. Und so geschah es. Aber dann begannen die berüchtigten »Barzolas« zu schreien und faule Tomaten und Pfefferschoten auf die Genossen zu werfen. Und die »Barzolas« gingen hin und schlugen die Genossinnen und wollten ihnen sogar die Kinder wegnehmen, um sie einzuschüchtern. Es war eine heftige Auseinandersetzung, bis die Polizisten kamen und die Gruppe auseinandertrieben.
Die »Barzolas« stellen ein trauriges Kapitel in der Geschichte Boliviens dar. Sie waren Frauen, die sich als Aktivistinnen der MNR organisierten und die sich den Namen Maria Barzolas gaben. Aber sie übernahmen nicht den Auftrag der Maria Barzola, welche eine gerechte Behandlung der Arbeiter forderte. So, wie man mir erzählt hat, war Maria Barzola eine Frau aus Llallagua. 1942 gab es eine Demonstration, um von den alten Besitzern eine Lohnerhöhung zu fordern, und sie marschierte vorneweg mit einer Fahne. Als sie sich Catavi näherten, wo die Verwaltung ist, kam die Armee und massakrierte einen Haufen Leute. Und bei diesem Massaker starb Maria Barzola. Dieser Platz heißt heute »Die Pampa von Maria Barzola«.

Aber die »Barzolas« der MNR steuerten nicht das Ziel an, den Interessen ihrer Partei, die an der Regierung war, zu dienen, sondern halfen vielmehr, das Volk zu unterdrücken. Sie dienten als Unterdrückungsinstrument. So hat man in Bolivien immer noch einen Groll gegen die »Barzolas«. Wenn es zum Beispiel in La Paz eine Arbeitergruppe gab, die gegen etwas protestierte, stellten die »Barzolas« sich ihnen entgegen und benutzten Taschenmesser, Federmesser und Peitschen, um die Leute, die sich zu einem Protest versammelt hatten gegen die schlechten Maßnahmen der Regierung, anzugreifen. Sie stellten sich auch im Parlament auf, und wenn jemand gegen die MNR sprach, waren die Barzolas mit Tomaten und anderen Sachen zur Stelle, um sie zu werfen und den Redner zum Schweigen zu bringen. Anstatt also zu dienen, die Frau in Bolivien zu fördern, diente diese Bewegung nur als Unterdrückungsinstrument. Deshalb sagt man, wenn sich jemand an die Regierung verkauft oder Agentin ist, im Volk: »Gib dich nicht mit der ab, sie ist eine »Barzola«. Es ist eine Schande, daß der Name dieser historischen Persönlichkeit unseres Volkes so entstellt worden ist.

Nach der Auseinandersetzung mit den »Barzolas« gingen die Genossinnen, die in La Paz waren, wieder in den gleichen Raum, aus dem sie hinausgeworfen worden waren, und erklärten den Hungerstreik.
In dieser Nacht kam San Román, dem niemand begegnen wollte. Und dort geschah eine berühmte Geschichte: eine der Frauen stellte sich ihm gegenüber und sagte: »San Román, Sie wissen sehr gut, daß wir keine Waffen haben, um uns vor ihren Folterknechten zu verteidigen. Aber wenn uns etwas geschieht, fliegen wir alle im gleichen Augenblick in die Luft. Wir und ihr gehen hoch, weil wir hier nur Dynamit haben.« Und sie holte etwas aus der Tasche und bat um ein Streichholz. Aber während die Frauen das Streichholz suchten, rannte San Román mit seiner ganzen Gruppe weg.
Glücklicherweise solidarisierten sich die Fabrikarbeiter sofort mit den Frauen und brachten sie in dieser Nacht in einem Raum der Fabrikarbeitergewerkschaft unter. Und dort führten sie ihren Hungerstreik fort. Und dort gaben sie ein Dokument heraus, in dem sie die Freiheit ihrer Männer, die Auszahlung des Lohns, das Auffüllen der Läden und die Zuteilung von Medizin an die Krankenhäuser forderten.
Der Streik bestand darin, daß die Frauen keinerlei Nahrung zu sich nahmen. Sie konnten nur ein wenig Flüssigkeit trinken. Und sie machten das zehn Tage lang. Einige hatten ihre Kinder bei sich.
Zu ihnen stießen die Studenten, die Fabrikarbeiter, und sogar aus anderen Bergwerksrevieren begannen die Frauen zu kommen, um sich mit den Genossinnen zu solidarisieren.

Und damit die Sache sich nicht ausweitete, mußte die Regierung die Forderungen der Frauen akzeptieren, und dieses Mal triumphierten die Hausfrauen. Sie kehrten mit ihren Männern in die Freiheit zurück, die Gesellschaft bezahlte die Arbeiter und füllte die Läden auf. Es war ein Unternehmen sehr zu unserem Vorteil.
Aber so, wie wir nun einmal aufgezogen worden waren, genau wie die große Mehrheit, daß sich die Frau nicht engagieren darf, vergaßen wir sofort das große Opfer, das diese Frauen gebracht hatten.
Aber die, die die Initiative dazu gehabt hatten, fanden, daß es notwendig sei, sich zu organisieren, um weiterhin an der Seite der Männer zu arbeiten. Also versammelten sich alle, machten ein bisschen Reklame auf der Straße, indem sie sagten: »Wir werden uns vereinen, wir werden uns in einer Front organisieren!« Und so machten sie es. Sie organisierten sich, ernannten ein Direktorium und nannten die Organisation »Komitee der Hausfrauen von Siglo XX«. Es waren etwa 60 Frauen.
Man hätte das Gelächter hören sollen, in das die Männer darüber ausbrachen. Und sie sagten: »Die Frauen haben sich in einer Front vereint! Laßt sie doch! Diese Front wird keine 48 Stunden überleben. Zwischen ihnen wird sich die Front bilden, und dort wird auch alles aufhören.«

In Wirklichkeit wurde es nicht so. Vielmehr umgekehrt, die Organisation wuchs und ist heute sehr wichtig, nicht nur für die Frauen selbst, sondern für die ganze Arbeiterklasse.
Klar, am Anfang war die Sache nicht einfach. Bei der ersten Veranstaltung, die es in Siglo XX gab, nachdem sie aus La Paz zurückgekommen waren, gingen die Genossinnen auf den Balkon der Gewerkschaft, um dort zu sprechen. Die Genossen waren nicht daran gewöhnt, einer Frau zuzuhören. Also schrien sie: »Sie sollen nach Hause gehen! ...kochen! waschen! ihre Hausarbeit machen...«. und sie pfiffen uns aus.
Aber auf ihrer Seite war der Entschluß, sich zu organisieren, so stark, und der Wunsch mitzureden so groß, daß sie nicht aufgaben. Sie weinten vor Wut und vor Ohnmacht, das ja, aber sie machten weiter. Und sie nahmen sich eine Schreibmaschine und begannen zu schreiben. Sie verfaßten Solidaritätsadressen für die Arbeiter und ließen sie in den Minenradios verkünden und gaben so ihre Ansichten über die Situation, in der wir leben, kund. Sie sagten zum Beispiel: als Frauen der Arbeiter seien sie nicht mit jenem Wirtschaftsprogramm, das die Regierung verfügt habe, einverstanden und riefen vielmehr dazu auf, erneut darüber nachzudenken. Sie schickten Briefe an den Präsidenten und an seine Minister und ließen sie ihren Standpunkt wissen. Sie schickten Briefe an die COMIBOL, an die Föderation der Mineros, an die COB. Sie gingen zum Laden und sahen nach, ob wir korrekt bedient wurden, sie sahen nach, ob das Schulfrühstück gut war, ob im Krankenhaus die Kranken gut behandelt wurden. In dieser Weise arbeiteten sie viel.
Wer auch mitwirkte, war Noberta de Aguillar, die Frau eines ehemaligen Arbeiters der Gesellschaft. Man hat mir erzählt, daß am Anfang des Komitees die Frau eines Arztes namens Vilma de Garrett dabei war und das Komitee organisierte. Aber Noberta war es, die das Komitee wirklich voranbrachte. Für mich ist sie eine große Frau, weil sie es verstanden hat, die Organisation innerhalb ihrer Prinzipien zu halten, was so schwierig war. Jedenfalls war es so, als ich sie kennenlernte, und ungeachtet dessen, daß einige Personen sagen, sie vertrete jetzt andere Ansichten.
Zusammen mit Noberta arbeiteten Jeroma de Romero, Alicia di Escóbar, Flora de Quiroga, María Careaga, Angélica Osorio, Cinda de Santiesteban und Simona de Lagrava. Es sind viele, viele, ich kann sie nicht alle nennen. Und jede einzelne trug nach ihren Fähigkeiten zur Arbeit des Komitees bei. Zum Beispiel starb eine unserer Genossinnen wegen des Hungerstreiks 1963. Es war die Genossin Manuela de Sajas, der die Därme zu sehr austrockneten, man mußte sie operieren und sie starb, acht Kinder als Waisen zurücklassend. Viele Genossinnen hatten während des Hungerstreiks Fehlgeburten. Die Kinder von anderen sind sehr anämisch wegen dem, was ihre Mütter erduldet haben. So war es eine sehr spezielle Arbeit, die sie übernommen haben, an der Seite der Genossen Wache zu stehen, zu streiken und über das Eigentum der Gewerkschaft zu wachen, — unser Gewerkschaftshaus, unser Radio und unsere Bibliothek.

So. Manchmal ergriffen sie auch das Mikrophon des Gewerkschaftssenders und ließen uns ihre Stimme hören, orientierten uns.
Gut, all das erregte Aufmerksamkeit. Und als die Regierung des Generals Barrientos kam, sah sie sofort eine Gefahr in der Organisation der Frauen. Während des Jahres 1965 gab es viele Schwierigkeiten. Und sie verhafteten den Leiter Lechín Oquendo und deportierten ihn nach Paraguay. Gleich darauf wurden viele Leute vom Radio, von der Presse, und mehrere Lehrer verhaftet. Und sie griffen auch die Organisation der Hausfrauen an. »Mal sehen,« sagten sie, »wer ist dieses Direktorium? Aus wem besteht es? Wer sind die Männer dieser Frauen?« Und diese Ehemänner deportierten sie nach Argentinien. Und sie sagten ihnen: »Sie, Señor, werfen wir weder wegen der Gewerkschaft noch aus politischen Gründen raus. Sie sind ein guter Arbeiter, und wir sind mit ihrer Arbeit zufrieden. Aber wir sind nicht damit einverstanden, daß Sie ihrer Frau erlaubt haben, sich fremden Interessen zur Verfügung zu stellen.« Und dieses und jenes... und »Raus«. Und die Frau warfen sie aus ihrer Wohnung. Und jetzt... »Soll sie ihre Familie unterhalten!« Das war die erste Maßnahme, die sie gegen das Komitee ergriffen.
Bei dieser Gelegenheit hatten die Frauen noch nicht die volle Solidarität, die wir heute genießen. Zum Beispiel, als ich ins Gefängnis kam, waren die Arbeiter tagelang im Streik, damit man mich freiließ. Und das war eine große Hilfe für mich. Aber die ersten Genossinnen konnten nur mit sehr wenig Solidarität rechnen, weil die Männer nicht die Notwendigkeit einsahen, daß die Frauen sich organisierten, sie wollten es nicht verstehen, es erschien ihnen schlecht, es erschien ihnen eine Vernachlässigung des Heims.

Auch von Seiten der Frauenorganisationen hatte das Komitee am Anfang Schwierigkeiten. Mit den Christinnen gab es zum Beispiel immer Zusammenstöße. Es war eine Gruppe von Frauen der Christlichen Familienbewegung (Movimento Familiar Christiano), die uns haßte, die uns verabscheute und Ketzer nannte und auf jede Weise das Komitee in Mißkredit zu bringen suchte. Jetzt arbeiten wir aber zusammen, und die Sache hat sich geändert. Denn, nachdem ich im Gefängnis gewesen war, kam ich zu der Überzeugung, daß es sich nicht lohnt, sich untereinander zu streiten. Mit allem, was ich mir an Ideen erarbeitet hatte, und auch mit allem, was ich von der Bibel wußte und all diesen Sachen, gut, ging ich, um mit den Christinnen zu sprechen, und ich fragte sie, ob es, wenn die Regierung das Volk massakrierte, nicht gerecht wäre, darauf hinzuweisen, und ob sie mit den wirtschaftlichen Maßnahmen, die die Regierung verfügt habe, einverstanden seien. Zum Schluß fragte ich sie, ob die Regierung zu den Christinnen sagte: »Gut, das sind Christinnen, ihnen muß man einen anderen Lohn zahlen...« oder ob die wirtschaftlichen Maßnahmen uns nicht alle gleich träfen. Und ob es gerecht oder nicht gerecht wäre, uns aus Liebe zum Menschen zu vereinen und für die Rechte der Arbeiter zu demonstrieren. Da sagten sie, ja, ich hätte in diesen Gesichtspunkten recht. Und in einer jetzt

gemeinsamen Versammlung, die wir abhielten, haben wir das Komitee in Zusammenarbeit mit ihnen reorganisiert. Und bis jetzt arbeiten wir so.
Aber es fehlt noch viel, bis die Frauen in dem Maße mitarbeiten, wie es uns wichtig erscheint. Es gibt immer noch Frauen, die die Notwendigkeit ihrer Teilnahme nicht einsehen. Mir erscheint es ein Verbrechen, und ich werde sehr wütend, wenn einige Frauen sagen: »Und deswegen so viel reklamieren und demonstrieren und streiken? Es geht uns doch gut, vorher ging es uns doch schlechter!«
Wie soll es uns gut gehen? Unseren Unterdrückern, ja, denen geht es gut. Und auf unsere Kosten, von der Arbeit unserer Männer. Wir haben noch nicht einmal ein Dach, unter dem wir sterben können, weil die Wohnung im Lager nur geliehen ist, und 90 Tage nach dem Tod unseres Mannes liegen wir auf der Straße. Wie kann es uns gut gehen, wenn man unsere Männer umbringt und wir mit unseren sechs oder sieben Kindern allein bleiben, mit der ganzen Verantwortung?
Unsere Arbeit war nicht immer einfach. Nicht einmal mit den Leitern. Nicht alle verstanden und halfen uns. Klar, daß wir manchmal ins Fettnäpfchen traten aus Mangel an Erfahrung. Manchmal geschah es, daß, wenn sie ein Problem erörterten, wir schon etwas geplant und vorangetrieben hatten, und das gefiel ihnen überhaupt nicht. Andererseits arbeiteten wir mit anderen Leitern, besonders in den schwierigsten Zeiten, sehr gut zusammen. Besonders Escóbar hat uns sehr viel geholfen. Wenn er zu einer Versammlung kam, orientierte er uns und sagte, die Situation ist so und so, wir müssen die Sache so organisieren, und dafür müssen wir kämpfen, und auf die Art und Weise. Da verstanden wir die ganze Situation besser, und das war sehr gut für uns. Auch mit anderen Leitern hatten wir die Gelegenheit, gut zu arbeiten und zusammen die Probleme zu diskutieren. Und das ist sehr wichtig, nicht wahr?

Ich glaube, daß von den Männern vierzig Prozent immer noch dagegen sind, daß ihre Frauen sich mit Politik beschäftigen. Einige haben Angst, aus der Fabrik entlassen zu werden, zum Beispiel, oder Repressalien ausgesetzt zu werden, wie sie mein Mann aushalten mußte, weil ich mich mit Politik abgab. Andere haben Angst, man würde schlecht über ihre Frauen sprechen. Denn es gibt trotz unseres Auftretens, trotzdem die Genossen in der Führungsspitze uns respektieren, immer noch Leute, die schlecht über uns sprechen. Das sind die Männlichkeitsfanatiker, nicht wahr? Diese Leute, die sagen, die Frau müsse zu Hause bleiben und nur für den Haushalt leben und sich nicht mit Politik beschäftigen. Diese altmodischen Leute erfinden dauernd neue Geschichten. Zum Beispiel sagten sie von uns, wir wären die Geliebten der Leiter, wir wären in die Gewerkschaft eingetreten, um ein Liebesabenteuer zu erleben. Also lassen aus Furcht vor dem viele Genossen ihre Frauen weder an den Demonstrationen noch an dem Komitee teilnehmen noch an irgendwas anderem. Und noch viel weniger wollen sie, daß ihre Frauen der Gewerkschaft zugehören.

Aber für uns ist das Gewerkschaftshaus das Versammlungslokal der Arbeiterklasse, mehr als ein Tempel, es ist heilig. Es hat viel Blut gekostet, dieses Gebäude zu errichten. Und wir versammeln uns im Gewerkschaftshaus, um die Probleme der Arbeiterklasse zu behandeln, und die Arbeiter müssen uns als ihre Genossinnen behandeln, als ihre Verbündeten und nichts anderes.
Es gibt Genossinnen, die mitarbeiten, wenn etwas ganz Besonderes passiert. Als wir zum Beispiel die Demonstration gegen die Erhöhung des Solls im Jahre 1973 einberiefen, haben einige 5000 Frauen teilgenommen. Und als sie wieder nach Hause zurückkehrten, haben viele Arbeiter sie geschlagen und gesagt, sie seien Hausfrauen und hätten nichts mit Politik zu schaffen, und ihre Pflicht sei es, zuhause zu sein. Bis wir schließlich gesagt haben, wir wollten eine Kritik im Radio machen. Und wir machten eine Sendung und sagten: »Diese Genossen, die ihre Frauen schlagen, müssen Agenten der Regierung sein. Nur so ist es zu verstehen, daß sie dagegen sind, daß ihre Frauen das gefordert haben, was uns gerechterweise zukommt. Und wie ist es sonst möglich, daß ein Protest, den wir in allgemeiner Form durchgeführt haben und von dem alle profitiert haben, sie stört?«
Auf alle Fälle haben wir doch große Fortschritte gemacht. Aber damit Sie sehen, bis zu welchen Punkt: 1973 hat man mich zu einem Arbeiterkongreß nach Huanuni geschickt, bei dem 500 Genossen versammelt waren. Wir waren drei Abgesandte des Hausfrauenkomitees. Aber die anderen beiden konnten nicht bleiben, so daß ich allein unter 500 Männern blieb. Wir waren zu mehreren in einem kleinen Zimmer untergebracht, weil wir kein Geld hatten, um für jeden Einzelnen eine Unterkunft zu beschaffen. Man hat uns einen Schulraum zur Verfügung gestellt, man hat uns Feldbetten gegeben und gut, »die Genossin da ganz hinten hin«. Und ich ging ins Eckchen, das sie mir gaben. alle meine Genossen, ohne Ausnahme, respektierten meine Situation als verheiratete Frau mit Kindern. Wir waren dort zu 12 oder 13 im Zimmer. Wir redeten über die Probleme der Arbeiterklasse, wir erzählten uns einige Anekdoten, die uns auf früheren Kongressen passiert waren. Und niemand kam auf die Idee, es mir gegenüber an Respekt fehlen zu lassen. Mein Mann wußte, daß ich in dieser Situation sein würde, aber er vertraute mir. Und so konnte ich an dem Kongreß im Namen des Komitees teilnehmen und dort unser Wort vorbringen.

Glücklicherweise kamen diese neuen Ideen in Bezug auf die Frau sehr gut an, und wir konnten unseren Platz im Kampf einnehmen. Zum Beispiel ist es eine große Hilfe für uns, wenn ein Genosse zu uns kommt und sagt: »Das habt ihr vergessen, in der Gewerkschaft zu reklamieren, jetzt könnt ihr sehen, wie ihr das Problem löst, das der ganzen Arbeiterklasse schadet«. Ja, und das ist sehr ermutigend.

So haben wir im großen und ganzen unseren Weg zur Teilnahme gefunden. Die Kapitalisten, die nichts anderes wollen, als das Volk zu unterdrücken, die sind organisiert. Ihre Frauen sind auch in diesen Gruppen der »Rotarier-*« und »Lions-Frauen*« organisiert, die es in Bolivien gibt und wohl auch in anderen Ländern, glaube ich. Also müssen wir auch, die Frauen der Arbeiter, organisiert sein, nicht wahr?

* »Rotary-Club«
** »Lions-Club«

Domitila

Eintritt ins Komitee

Ich war nicht von Anfang an im Hausfrauenkomitee. Aber ich empfand doch große Sympathie für diese Organisation, es gefiel mir, den Fragestellungen der Genossinnen zuzuhören und bei ihren Demonstrationen dabeizusein. Und auch, als die Genossinnen die Freilassung ihrer Männer erreichten, 1961, und mit ihnen von La Paz zurückkamen, ging ich, um ihre Ankunft zu sehen, weil man im Radio gesagt hatte, zu der und der Stunde wären sie da. Und ich sah, wie glücklich sie mit den schon befreiten Gefangenen waren.

1963 begann ich teilzunehmen. In diesem Jahr wurden die Leiter wieder verhaftet. Nun, man verhaftete sie immer, wenn man Lust hatte! Sie warfen sie ins Gefängnis und hielten sie dort monatelang, oft jahrelang gefangen. Escóbar und Pimentel waren zu einem Arbeiterkongreß nach Colquiri gegangen, zusammen mit dem Leiter von Huanuni, Jorge Seral. Und als sie von diesem Kongreß zurückkamen, legte man ihnen einen Hinterhalt und verhaftete sie.
Die Bergleute von Siglo XX erfuhren, was geschehen war, und gleichzeitig erfuhren sie, daß vier Ausländer in Catavi seien. Es war ein Tom Martin, Arbeitsataché der Amerikanischen Botschaft, der mit drei Gringos bei einer Konferenz des Direktoriums der COMIBOL war, im ganzem 17 Personen, glaube ich.
Nun gut, die Mineros hatten die Idee, diese festzunehmen, damit sie uns die Leiter zurückgaben. Sie nahmen sie während des Banketts fest, das ihnen das Direktorium gab, an dem diese repräsentativen Persönlichkeiten teilnahmen. Die Genossen traten überraschend ein und nahmen alle mit.
Die Stimmung war erregt, weil ein Genosse verwundet nach Hause gekommen war, er hatte einen Streifschuß am Kopf. Er erzählte, wie man sie in einem Wäldchen ergriffen hatte, sie mußten sich auf den Bauch legen, und man hatte ihnen die Hände gefesselt. Und er sagte, es sei ihm gelungen, unter der Wand durchzukriechen, an die man sie hätte stellen wollen, und nur eine Kugel habe ihn getroffen, und so könne er hier sein und ihnen erzählen, was passiert war.

Aber er habe, als er floh, starke Salven aus Maschinenpistolen gehört, und deswegen stellte er sich vor, daß man die Leiter schon erschossen habe.
Die Arbeiter waren empört, weil sie glaubten, ihre Leiter wären tot. Und deswegen wollten die Mineros die vier Ausländer aufhängen, um sich zu rächen. Das ganze Dorf stürzte auf den Platz, um zu sehen, was vor sich ging. Und wirklich, da waren die Ausländer, und die Mineros wollten sie hinrichten.
Das Vorgehen der Genossin Norberta, Präsidentin des Komitees der Hausfrauen, schien uns dann sehr klug. Sie stellte sich mit dem ganzen Mut, den sie hatte, den Arbeitern gegenüber. Und sie sagte, man dürfe diese Ausländer noch nicht töten. Man müßte sie vielmehr als Geiseln nehmen, um sie gegen die Leiter auszutauschen, von denen sie immer noch hoffe, sie lebten. Und nur, wenn das nicht der Fall wäre, sollten wir darüber nachdenken, ob wir sie töten sollten oder nicht.
»Laßt uns an alles denkend handeln,« sagte sie, »weil es ein schreckliches Massaker hier im Dorf geben kann.« Die Arbeiter waren sich nicht sicher, ob diese Maßnahme gut war, und fragten: »Und wer übernimmt die Verantwortung, das die Gringos Geiseln bleiben?« Denn sie wußten, daß Tom Martin im Krieg gewesen war und daß er bei den Green Barrets* ausgebildet worden war, diesen »Meisterverbrechern«, und daß er, wann immer er wollte, fliehen konnte. Niemand hatte den Mut zu entscheiden.
Da geschah es, das die Genossinnen mit großer Kühnheit antworteten, sie würden dafür die Verantwortung übernehmen. Es waren einige zwanzig Frauen da. Sofort arrangierten sie die Sache, sie brachten die Geiseln in die Bibliothek der Gewerkschaft und unmittelbar darauf rief die Genossin Noberta alle Frauen durch das Radio dazu auf, in diesem Moment ihre Pflicht zu erfüllen.
»Genossinnen,« sagte sie, »als Frauen der Minenarbeiter haben wir die Pflicht, uns mit ihnen zu solidarisieren. Die Leiter sind verhaftet worden.« Und sie fuhr fort und erklärte, daß wir, um ihre Freiheit zu erlangen, andere Gefangene als Geiseln hielte, und daß wir alle mitarbeiten müßten, und riefen alle Frauen dazu auf, die Wachen sicherzustellen. Uns erschien das richtig, was sie forderte, und wir machten mit. Nachts blieben schon einige da und standen Wache.
Mein Mann war in dieser Nacht verlorengegangen. Ich erwartete ihn, wartete darauf, daß er von der Arbeit zurückkehrte... aber nichts. Weil ich nicht daran gewöhnt war, kehrte ich nach Hause zurück und blieb weinend dort und wartete und dachte darüber nach, was meinem Mann passiert sein könnte.
Als am nächsten Tag der Morgen graute, nun gut, da bereitete ich ein kleines

Frühstück vor, und nachher ging ich zur Arbeitsstelle meines Mannes, um nach ihm zu fragen. Dort sagten sie mir, daß alle Arbeiter weggegangen seien, daß niemand arbeitete und daß der Streik ausgerufen worden sei. »Gehen Sie zur

* amerikanische Elitetruppe

Gewerkschaft, um nach ihrem Mann zu fragen, vielleicht ist er auch da und steht Wache«, sagte man mir.
Da ging ich zur Gewerkschaft. Man ließ mich eintreten. Aber ich sah schon, daß die Genossinnen gut vorbereitet waren. Man untersuchte mich von Kopf bis Fuß.
Ich fragte, ob mein Mann da sei, und er, ja, er war da und kam heraus, um mich zu sehen. Er war die ganze Nacht dagewesen und hatte Wache gestanden. Er war glücklich und sagte mir:
»Sieh mal, man hat unsere Leiter in La Paz verhaftet, aber wir haben die Gringos hierhergebracht, und die Genossinnen halten sie hier fest, wir halten Wache.«
Und er erzählte mir begeistert, was sie gemacht hatten. Er sagte:
»Sieh mal diese Frau hier, dieses Omachen...«
Ich sah sie wirklich, schon ein Alterchen, mit ihren ganzen weißen Haaren. Sie saß am Fenster und hielt Wache. »Und du, du Schlampe, hast sicher die ganze Nacht ruhig geschlafen«, sagte er mir.
Das verletzte mich sehr. Aber die Genossin Norberta, die das gehört hatte, sagte ihm:
»Nein, glaub' das nicht. Glaube nicht, daß sie ruhig war. Vielleicht hat sie die ganze Nacht nicht schlafen können und an unsere Situation gedacht.«
Ich war sehr dankbar, daß sie mir zu Hilfe Kam. Und ich dachte, sie nimmt an, daß ich die ganze Nacht nicht geschlafen habe, weil ich mir Sorgen machte wegen all dem, was passiert ist, und dabei wartete ich nur auf die Rückkehr meines Mannes, um zu hören, was er denkt.
»Gut,« sagte Norberta zu ihm, »wenn die Genossin bis jetzt noch nichts getan hat, ist es bestimmt nur, weil man ihr bis jetzt noch nichts gegeben hat. Aber ich bin sicher, von jetzt an, wird sie mit uns arbeiten.«
Mein Mann sagte:
»Was??? Diese Schlampe... sie kann ja nichts, kann kaum auf die Kinder aufpassen.« »Nein,« sagte Norberta, »nur weil man ihr keine Gelegenheit gegeben hat.« Und zu mir sagte sie:
»Sieh mal, Genossin, wir sind hier und halten Wache, wir haben die Pflicht zu verhindern, daß einer dieser Gefangenen entflieht. Es ist eine sehr schwierige Aufgabe für uns, und wir brauchen Leute, die uns helfen. Deswegen hätten wir gern, daß Sie, wenn Sie können, bitte kommen und helfen, Wache zu stehen.«
Dann sagte ich zu Norberta, ja, das könne ich.
»Und in welcher Schicht willst du hier sein?« fragte sie mich.
»Und wieviele Schichten gibt es?«
»Drei.«
»Gut, dann schreib mich für die drei ein.«
Ich ging nach Hause, meine Kinder suchen, und kam wieder zum Gewerkschaftshaus zurück, um dort zu bleiben. Norberta war eine sehr dynamische Frau. Sie war in diesen Tagen vom Komitee beurlaubt, weil ihr Mann krank im

Hospital lag. Aber sie teilte ihre Zeit zwischen ihrem Mann und den Leuten, die Wache standen, und half ihnen in jeder Beziehung. In diesen Tagen wurde ihr Mann operiert und starb. Das beeindruckte mich sehr. Stellen Sie sich vor, welcher Mut dieser Frau! Einen kranken Mann zu haben und gleichzeitig die Verantwortung für die Geiseln übernehmen! Es ist bewundernswert, was sie für das Volk auf sich genommen hat. Und ich habe sie nicht ein einziges Mal weinen sehen.

Mit Norberta zusammen war Jeroma de Romero, die als stellvertretende Sekretärin des Komitees arbeitete. Auch sie war eine große Frau. Sie übernahm die Verantwortung in diesen schwierigen Stunden, besonders, wenn Norberta manchmal ins Krankenhaus ging, um ihren Mann zu pflegen. Dort lernte ich auch die Frau von Pimentel kennen, und außerdem hatte ich hier die Gelegenheit, Escóbars Frau, seine Mutter und seine Kinder näher kennenzulernen.

Das Leben dort im Gewerkschaftshaus war etwas ganz Besonderes. Wir teilten alles, alles. Wenn man jemanden etwas zu essen brachte, teilte er es. Im großen Saal waren unsere Kinder. In den Korridoren waren noch andere Leute, alle hielten Wache, waren aufmerksam, daß niemand floh, einige beobachteten die Geiseln, andere hielten Kontakt zu den Leitern.

Alles war gut organisiert. Norberta hörte immer aufmerksam jede Nachricht im Radio, aber man wußte doch nichts Genaues. Wir anderen blieben nur als Wachen da. Die Frauen von der Leitung kamen und gingen, machten Interviews, all diese Sachen, die wir im Innern des Hauses nicht wußten. Alle Nachrichten, die es gab, gaben sie im Radio durch, und so erfuhren wir es.

Einmal, als ich an der Reihe war, an der Tür Wache zu stehen, klopfte ein Genosse. Weil es ein Bergmann war, öffnete ich. Er war angesäuselt und sagte mir: »Sie solidarisieren sich mit den Gringos, die werden hier wie Könige behandelt, sie werden überhaupt nicht belästigt, aber unsere Leiter, wie mögen sie dort in den Zellen der politischen Polizei behandelt werden? San Román ist sicher schon dabei, die Leiter zu töten, und ihr hier solidarisiert euch mit den Gringos. Lassen Sie mich eintreten!«

Ich sagte in Übereinkunft mit dem, was wir verabredet hatten:

»Nein, Genosse, gehen Sie nach Hause, hier kann niemand hinein. Morgen, wenn Sie wieder nüchtern sind, dann werden wir besser über diesen Punkt diskutieren, und Sie werden die Situation besser beurteilen können. Es stimmt, daß wir die Geiseln gut behandeln, aber auch den Leitern geht es nicht schlecht.«

So, wie ich es wußte, versuchte ich, es zu erklären. Aber der Genosse verstand nicht, er sagte mir, ich hätte mich den Gringos verkauft, und er wolle uns alle töten. Und er zeigte mir Dynamit, das er bei sich hatte. Ich erschrak aus Mangel an Erfahrung, rannte davon und floh nach drinnen und schrie:

»Dynamit! Dynamit! Jetzt fliegen wir alle in die Luft! Wir alle!«

Ich hatte noch nie Dynamit explodieren sehen, aber ich wußte, daß es sehr stark ist; nun, es kann ja sogar harte Felsen zerstören.

Norberta kam heraus, und ich schrie ihr zu:
»Sie werfen Dynamit!«
Und ich lief bis in die Ecke.
Norberta stieg die Stufen herab, und dort brannte die Lunte. Sie brachte die Dynamitstange ganz kaltblütig nach draußen. Jetzt hatte sie zu nichts anderem mehr Zeit, also rannte sie auf die Straße und schleuderte die Stange hoch in die Luft. Sofort explodierte die Stange, die nur klein war, sie hatte keine große Kraft. Und so rettete sie uns vor einem Schaden. Klar, wir erschreckten uns ein bißchen, aber niemand kam zu Schaden. Und das zeigte mir, daß sie eine sehr entschiedene Frau war, sie handelte mit großem Mut. Und sie diente mir auch als Beispiel.
In diesen Tagen geschah noch eine andere wichtige Sache. Die Leute von Paz Estenssoro brachten die Landarbeiter und Kleinbauern gegen uns auf, und sie waren wie eine Armee, die uns im Gewerkschaftshaus angreifen wollte. Das Problem ist, daß eines Tages zwei Männer kamen und uns sagten:
»Seht, die Campesinos von Ucureña haben ein kleines Dorf überfallen, haben die Saat verbrannt, das Vieh geraubt und die Frauen vergewaltigt. Ihr müßt euch mit diesen Frauen solidarisieren. Ihr seid organisiert, ihr habt die Sender, also müßt ihr die Stimme Eures Protestes hören lassen.«
Nun gut, wir dachten, das wäre wahr. Und wir erhoben Anklage im Sender »Die Stimme der Mineros«. Und es war so, daß dieselben, die gekommen waren, um uns zu berichten, dann das den Ucureños mitteilten: »Die Mineros beleidigen Euch. Man muß hingehen und sich rächen.«
Das alles war ein Trick, um die Mineros gegen die Campesinos aufzubringen und die Campesinos gegen die Mineros. Nachher erst wurden wir uns klar darüber. Und wir konnten sehen, mit welcher Intelligenz und mit welcher Schlauheit der Feind arbeitet, um Mißtrauen zwischen uns zu säen und uns gegeneinander aufzuhetzen.
Im Sektor Ucureña waren die Campesinos in Kommandos organisiert, die die Regierung der MNR unterstützten, weil in diesem Dorf das Dekret über die Landreform unterzeichnet worden war. Als sie hörten, daß wir sie beleidigt hätten, beschlossen sie, nach Siglo XX zu kommen, um sich zu rächen und bei dem Unternehmen die Gringos zu retten, zu helfen.
Eines Tages informierte man uns, daß sich die Ucureñer schon näherten, um uns anzugreifen. Andere sagten, daß Hubschrauber kommen würden, Fallschirmspringer würden kommen, um die gefangenen Gringos zu befreien. Oder, wenn man so will, vom Land her und aus der Luft würden sie kommen und uns angreifen.
Über das Radio sagten sie, sie wollten Tom Martin und seine Kollegen begrüßen. Und sie sprachen Englisch. Und sie sagten, sie wollten den Angriff dieser Kommandos ausnützen, diese Nacht bei Morgengrauen würden sie sie befreien. Der Sohn einer Genossin, der ein bißchen Englisch konnte, übersetzte dieses Gespräch für uns. Wir wußten also, daß die Campesinos, unterstützt vom

Heer, hier in das Gewerkschaftshaus eindringen wollten. Dann versammelten wir uns, und Jeroma sprach zu uns. Und sie sagte, die Verantwortung, die wir übernommen hätten, sei sehr groß, aber sie fühle sich glücklich, und wir müßten bis zum letzten die Aufgabe erfüllen, die man uns anvertraut habe. Aber wir könnten unsere Kinder nicht zurücklassen, damit sie von den Händen dieser Leute litten. Unsere Pflicht sei es, gemeinsam mit unseren Kindern zu sterben.

Also faßten wir den Entschluß, alle mit unseren Kindern und Männern in das Gewerkschaftshaus umzuziehen, und das Dynamit so anzubringen, daß wir, wenn es nötig sein sollte, zusammen mit dem Gebäude in die Luft flögen, aber so, daß keiner mit dem Leben davonkäme, weder wir noch sie. Das war unser endgültiger Entschluß.

Wir hatten fünf oder sechs Kartons mit Dynamit. Also teilten wir sie unter uns auf. Wir legten Dynamit an die Tische, an die Türen, an die Fenster und auch an unseren Körper, an die Körper unserer Kinder, fertig, um es im Falle eines Angriffs anzuzünden.

Die Generalsekretärin stellte sich an die Tür des Hauses und sagte zu den Gefangenen: »Macht euch keine Illusionen, wir werden euch nicht entkommen lassen.« Und sie fuhr fort, daß in dem Moment, wo irgendeiner der Geiseln zu fliehen versuchte, oder in dem die Campesinos kämen, wir mit dem Dynamit alles in die Luft jagen könnten. Sie könnten durch die Luft oder über Land kommen. Wir hätten zwar keine Waffen, aber wir würden die Lunten anstekken und alle mit allem in die Luft fliegen.

Der Entschluß, den wir gefaßt hatten, war sehr mutig, und ich bin sicher, daß wir ihn, wenn der Moment gekommen wäre, auch ausgeführt hätten. Wir hatten eine solche Sicherheit! Wir hatten eine so spezielle Aufgabe übernommen, daß wir auch die Verantwortung übernehmen mußten. Außerdem, was sollte es für uns für einen Sinn haben, die Geiseln freizulassen und zu fliehen, um später in den Händen der Campesinos die grauenhaftesten Leiden zu erdulden? Mein Mann war auch da und wir sagten uns: »Wenn du stirbst, sterbe ich, sterben die Kinder, und es bleibt keiner zurück, um weiter in den Händen von denen zu leiden.«

Aber wir warteten die ganze Nacht und es geschah nichts.

Juan Lechin, der zu dieser Zeit Generalsekretär der Föderation der Mineros war, kam auch zum Gewerkschaftshaus. Und er kam, um zuerst mit den Gefangenen zu sprechen. Später wandte er sich einer Gruppe von uns zu. Und er wollte uns überzeugen. Er sagte uns, es sei nötig, daß die Gringos nach Catavi gingen, um sich durch Funk mit La Paz in Verbindung zu setzen. Sie könnten nicht von hier aus per Telefon sprechen, sondern es sei nötig, nach Catavi zu gehen, aber sie würden sofort zurückkommen. Er wollte, daß wir ihm vertrauten und sagte uns:

»Seht meine weißen Haare, von so vielem Leiden und all der Arbeit. Vertraut mir. Die Geiseln müssen gehen, aber sie werden zurückkommen. Sie wissen,

daß auch ich ein unermüdlicher, unentwegter Kämpfer bin, genauso wie die Leiter, die im Gefängnis sind. Sie wissen, wieviel ich in meinem Leben schon erfahren habe, an Triumphen genauso wie an Niederlagen. Genossinnen, versucht, die Situation zu verstehen.«
Ich bewunderte seine Worte sehr und dachte zuerst, es wäre gut, ihm zu folgen und ihm zu vertrauen. Aber dann überraschte mich die Handlungsweise der Genossin Jeroma de Romero, die sehr mutig war. Sie überlegte sich die Situation und sagte:
»Genosse Lechin, Sie wissen genau, wie Sie uns die Pille versüßen müssen, bevor wir sie fressen sollen. Wenn Sie irgendwas mit den Gringos machen wollen, können Sie machen, was sie wollen, tragen Sie sie meinetwegen in goldenen Sesseln, aber hier im Gewerkschaftshaus und nirgendwo anders. Sie sind schon ergraut, aber das Volk ist auch müde und gealtert durch all die Fehlschläge, Verhaftungen und Kämpfe, denen es sich ausgesetzt sieht. Sie wissen doch, daß wir eine Verpflichtung übernommen haben, daß wir um nichts in der Welt die Gringos weglassen werden, solange unsere Leiter nicht hier sind. Es ist ein Vertrag zwischen uns und den Arbeitern. Sie wissen ganz genau, daß die Gringos hier sind, damit wir sie gegen die Leiter austauschen können, und daß wir sie auf gar keinen Fall freilassen werden, bevor die gestellten Bedingungen erfüllt sind.«
Lechin wurde wütend und sagte:
»Wie ist es möglich, daß ich mich mit 10000 Arbeitern verständigen kann, und hier, bei zehn Frauen, erreiche ich nichts.«
Und er ging sehr böse weg. Mir schien es sehr wichtig, was ich gesehen und gehört hatte, und das, was die Genossin mit solchem Mut geantwortet hatte. Eine andere Sache, die meine Aufmerksamkeit erregte, war, daß die Gringos uns kaufen wollten und uns zu Schokolade, Zigaretten und Süßigkeiten, und wenn sie beim Essen waren, zu ihrer Mahlzeit einluden. Und aus Mangel an Erfahrung nahmen wir an. Auch ich nahm einige Male etwas an, Zigaretten zum Beispiel. Aber eines Tages machte Jeroma uns darauf aufmerksam:
»Was bekommt Ihr? Wir sind nicht hierhingekommen, um mit ihnen irgendetwas zu teilen. Sie sind unsere Feinde. Und das muß in dieser Situation ganz deutlich werden. Vom Feind darf man nichts annehmen«, sagte sie. Und sie ließ uns das zurückgeben, was wir angenommen hatten.
In diesen Tagen kam auch eine Gruppe von Frauen, die von der Kirche gesteuert wurde. Und sie wollten mit uns sprechen. Klar, so wie die Kirche in dieser Zeit übertrieben vom Ausland aus gelenkt wurde, solidarisierten sie sich mit den Gringos. Sie sagten, wir wären Ketzer und Kommunisten. Sie weinten und waren verzweifelt und sagten, durch unsere Schuld würden sie alle durch die Hände der Campesinos leiden. Wir antworteten ihnen sehr böse. Sie waren sehr erschrocken und sagten: »Meine Güte, was für Frauen das sind!«
Es kam auch der Bischof von La Paz, um mit uns zu sprechen. Er wurde sehr wütend über uns und sagte, wir müßten diese Ausländer rauslassen, was sie uns

denn getan hätten, und wir wären sehr anmaßend. In dieser Zeit behandelte die Kirche uns schlecht. 1961, als die Genossinnen den Hungerstreik machten, um die Freiheit ihrer Männer zu erreichen und wegen anderer Dinge, besonders, weil die Regierung uns Hunger leiden ließ, exkommunizierte der Bischof uns und sagte, wir wären Ketzer; wir würden gegen das Gesetz Gottes verstossen, und Gott würde uns nie verzeihen, daß wir uns, obgleich wir zu essen hätten, freiwillig einem Hungerstreik unterzögen. Aber ich sah, daß er nicht verstand, daß wir das als letztes Mittel in der Verzweiflung anwandten, in der wir lebten, nicht wahr? Nun gut, aber, nachdem der Bischof mit den Genossinnen gesprochen hatte, versprach er uns, alles Menschenmögliche zu tun, um in La Paz zu erreichen, daß uns unsere Führer zurückgegeben würden. Die Nachricht, daß die Bauern aus Ucureño sich näherten, versetzte die Bevölkerung in Schrecken. Die Leute brachten ihre Sachen nach Llallagua und mieteten sich dort Wohnungen. Andere gingen von Llallagua nach Unica, um noch weiter weg und noch sicherer zu sein. Es war eine richtige Panik. Ich glaube, auch damit wollten sie uns durcheinanderbringen, nicht wahr? Aber glücklicherweise verhinderte die Entschlossenheit der führenden Frauen viel. Sie hielten uns zusammen. Klar, daß wir manchmal Angst bekamen, aber zum Schluß ware wir alle sehr sicher in unserer Entscheidung. Der Genosse Lechin ging nach La Paz, um die Situation zu erklären und die Leiter davon zu überzeugen, daß sie uns schreiben müßten. Daraufhin schrieben die Leiter uns einen Brief. Und dieser Brief erreichte uns mit der so wohl bekannten Unterschrift. Darin schrieben uns die Leiter, daß sie noch am Leben seien, und wir müßten uns der Möglichkeit, daß es zu einem Massaker im Dorf kommen könnte, bewußt sein.

Also wurde im Gewerkschaftshaus eine Versammlung der Arbeiter abgehalten mit dem Ergebnis, daß die Gringos und auch die anderen, die bei ihnen waren, freigelassen werden sollten. Wir hatten versprochen, diese Männer freizugeben, wenn die Gewerkschaft das von uns verlangen sollte. Dann unterschrieben wir ein Dokument, in dem wir sagten, daß wir »ohne, daß einer fehlt« die Geiseln zurückgäben, weil uns die Gewerkschaft darum gebeten habe; daß wir unsere Pflicht zu erfüllen gewußt hätten und daß wir uns nun von der Verantwortung zurückzögen. Und daß es in der Hand der Arbeiter läge, ob die Geiseln in die Freiheit entlassen würden.

Und die Geiseln gingen hinaus. Die Gruppe der Frauen, die uns beleidigt hatten, kam zur Tür des Gewerkschaftshauses, um den Gringos zu applaudieren und um Konfetti auf sie zu werfen. Uns beschimpften sie und wollten uns verprügeln.

Wir waren so niedergeschlagen, als wäre es unsere Schuld, daß unsere Anstrengungen nicht das Ziel erreicht hatten, das wir uns gestellt hatten und das darin bestand, die Geiseln gegen unsere Leiter auszutauschen.

Man erzählte uns, daß die Campesinos von Ucureña nach einigen Tagesmärschen wirklich sehr nahe an Siglo XX herangekommen waren, und daß es sehr

schwierig gewesen sei, sie zur Rückkehr in ihre Dörfer zu bewegen, ohne uns etwas zu tun.
Die Leiter blieben noch lange im Gefängnis. Klar, man erlaubte uns, eine Kommission zusammenzustellen, die sofort nach La Paz ging, um mit ihnen zu sprechen und zu sehen, daß sie lebten und gesund waren. Wir gingen also, und später hatten wir von Zeit zu Zeit freien Zugang zum Gefängnis. Und wir erreichten, daß man sie ins Gefängnis von San Pedro überführte, das gesünder ist. Und jede Woche ging eine Kommission nach La Paz, um sie zu besuchen, und ihnen Essen, Literatur und andere Sachen zu bringen, denn auch als sie im Gefängnis waren, wurden sie doch als unsere Leiter angesehen.
Die anderen waren nur Stellvertreter. Und auch, wenn ein Arbeiter Urlaub hatte, so war das erste, ins Gefängnis zu gehen und die Leiter zu besuchen. Und immer gab Frederico ihnen eine Unterweisung. Er hatte sein kleines Radio, und daher und aus der Literatur, die wir ihm brachten, wußte er immer, was vorging. Und immer sprach er mit uns über die Probleme, über das, was geschehen würde, was wir tun sollten, wie wir die Einheit bewahren sollten. Mehr als alles andere empfahl er uns das.
Nun gut, etwa ein Jahr blieben die Leiter dort. Als der Putsch von 1964 stattfand, nutzten die Arbeiter das aus, um ins Gefängnis einzudringen und sie zusammen mit anderen herauszuholen. Das, was ich bei diesen Ereignissen sah und erlebte, in all diesen Tagen, die wir mit den Geiseln im Gewerkschaftshaus verbrachten, nützte mir für mein ganzes Leben. Und aufgrund dieser Erfahrungen begann ich, regelmäßig an den Versammlungen des Hausfrauenkomitees teilzunehmen.

In den Pampas von Sora-Sora

Im Jahre 1964 gab es viele Unruhen, besonders in La Paz, und die Regierung ging mit Härte gegen die Arbeiter vor.
In Oruro fand eine Demonstration statt, bei der mehrere Studenten getötet wurden. Die Sekretärin des Komitees ernannte mich zu ihrer Vertreterin und fuhr mit einigen Genossen zur Totenwache nach Oruro. Dort wurden sie verhaftet, geschlagen und ins Gefängnis gesteckt.
Um zu verhindern, daß es zu einer Solidaritätskampagne kam, wollte daraufhin die Regierung den Sender der Bergwerke übernehmen. Man sagte uns, die Armee wäre dabei, in die Minen einzudringen. Die Radiostationen von Huanuni stand mit Siglo XX in Verbindung und bat um Hilfe. Die Arbeiter von Siglo XX setzten sich gleich in Marsch, wie sie es immer taten.
Dann kam die Nachricht von einem Zusammenstoß zwischen den Arbeitern und der Armee, es habe mehrere Verwundete gegeben, und ein Lastwagen voller Leute sei verschwunden. Wir hielten im Gewerkschaftshaus Wache, um das Eigentum der Gewerkschaft zu schützen. Die Frauen derjenigen, die losgezogen waren, um den Genossen von Huanuni zu Hilfe zu eilen, standen vor dem Gewerkschaftshaus herum und versuchten zu erfahren, was geschehen war, wer die Toten waren und wer die Verwundeten.
Wir hörten durch das Radio die Nachricht, daß der Lastwagen mit den Verwundeten aufgetaucht sei. Dann hieß es, daß die Armee niemanden durchgelassen habe, nicht einmal den Krankenwagen.
Nun verlangten die Menschen, daß wir uns in Bewegung setzten. »Man muß hin, man muß doch hin«, sagten sie uns. Aber wir hatten kein Fahrzeug. Nun machten die Hausfrauen eine Kampagne, sie baten die Bevölkerung des Dorfes Llallagua um Solidarität, wozu die Leute dort in großem Maße bereit waren. Wir ernannten auch Helfer, die Lebensmittel, Medizin und Geld sammelten. Als wir damit fertig waren, gelang es uns, ein Fahrzeug zu mieten, auf dem aber nur 17 Frauen Platz hatten. Aber nur nach langem Zögern willigte der Chauffeur ein, uns mitzunehmen. Er wollte auch nicht bis an den Ort der

Geschehnisse fahren, sondern uns in der Nähe von Huanuni absetzen. Wir fanden uns damit ab und fuhren mit ihm. Ich ernannte vorher eine Stellvertreterin, die für mich in Siglo XX blieb. Als wir nach Huanuni kamen, erfuhren wir, daß die Leute von Siglo XX schon nicht mehr da waren, sie waren weit voraus und kämpften in den Pampas von Sora-Sora, denn sie waren in der Nacht vorgerückt, hatten die Armee überraschend angegriffen. Das war sehr tapfer, denn die Arbeiter hatten keine Waffen, sondern nur Dynamit.

Ich traf die Generalsekretärin der Hausfrauen von Huanuni. Sie war im siebten Monat schwanger, ich im vierten. Und sie sagte mir: »Genossin, da sind Verwundete, die die Armee uns nicht holen läßt. Aber wir werden es doch versuchen. Steigen Sie in den Krankenwagen.«

Unterwegs, als wir uns schon der Stelle näherten, wo die Verwundeten lagen, schossen sie auf uns. Wir mußten anhalten, und die Soldaten sagten: »Fahrt nicht weiter!«

Die Frau sagte den Sanitätern, sie sollten die Verwundeten holen, aber sie wollten nicht. Also befahl sie ihnen: »Zieht Eure Kittel aus.«

Und mir sagte sie, ich solle einen Kittel anziehen.

»Oder haben Sie etwa Angst?« fragte sie mich.

Ehrlich gesagt hatte ich Angst, denn es war das erste Mal, daß ich mich einer großen und gefährlichen Aufgabe gegenüber sah. Ich faßte mir aber ein Herz und sagte:

»Sehr gut, Señora, gehen wir.«

Ich zog mir den weißen Kittel an. Wir beide stiegen aus.

»Sie sollen genau sehen, daß wir Frauen sind«, sagte die Genossin, »Lösen Sie Ihr Haar«. Dann nahmen sie einen Stock und ein weißes Tuch. Mit dem Tuch als Fahne gingen wir los, gingen immer weiter. Sie und ich in die Pampa hinein. Sie gaben einen Schuß auf uns ab, der sehr nah vorbeiging... ich wurde fast taub.

»Wir dürfen keine Angst zeigen, wir müssen weiter und immer weitergehen«, sagte die Genossin.

Wir sahen, wie sie uns durch ihre Ferngläser beobachteten. Aber wir kamen immer weiter voran und sie taten uns nichts mehr.

Dann begannen wir, auf dem Boden nach Blutspuren zu suchen, und fingen an, die Verwundeten aufzuheben. Aber es war eine »Titanenarbeit«, die wir jetzt zu tun hatten. Denn stellen Sie sich vor: sie schwanger, ich schwanger. So hoben wir die Körper auf und brachten sie bis zu einer bestimmten Stelle. Von dort aus gaben wir dem Krankenwagen ein Zeichen, und die Sanitäter kamen mit der Tragbahre, um sie zu holen und wegzubringen. Wir gingen wieder zurück, um noch einen und noch einen zu holen. Die Armee ließ und ließ den Krankenwagen nicht vorrücken. Als wir einen großen Teil des Tages so gearbeitet hatten, waren wir völlig erschöpft. Zum Schluß halfen uns die Sanitäter dann doch, weil sie es nicht mehr mit ansehen konnten. Also gingen wir, immer ein Mann und eine Frau, und die Armee störte uns nicht mehr.

Als wir von diesem Unternehmen zurückkamen, sahen wir, daß die anderen Genossinnen Essen gekocht hatten und es denen von Huanuni reichten, aber nicht denen von Siglo XX, die auf dem Berg waren. Ich sagte ihnen, dieses Essen dürfe nicht hier verteilt werden. Mit dem Lastwagen kehrten wir nach Sora-Sora zurück, soweit das Fahrzeug fahren konnte. Dann mußten wir zu Fuß auf die Berge steigen, wo die Genossen waren und aufpaßten, daß die Armee nicht näherkam.
Vollkommen erschöpft stiegen wir vom Berg herunter und kehrten nach Huanuni zurück. Die Genossen hatten uns den Auftrag gegeben, dort um Hilfe zu bitten, Dynamit aufzutreiben, weil das, was sie hatten, schon zu Ende ging. Aber in Huanuni kümmerte sich keiner um uns, und niemand ging, um sie zu entsetzen. Und weil sie sich nicht länger verteidigen konnten, kehrten die Arbeiter niedergeschlagen nach Huanuni zurück.
Es war so gewesen, daß ein Lastwagen mit Arbeitern die Armee immer weiter verfolgt hatte. Da wich die Armee plötzlich zurück, und sie merkten, daß sie allein waren. Da kehrten sie um. Aber auf dem Weg trafen sie viele Arbeiter, die sie baten, sie mitzunehmen, so daß der Fahrer dieses Lastwagens dreimal in die Pampa zurückkehrte und drei Lastwagenladungen Arbeiter nach Huanuni brachte. Die Genossen hatten Durst, sie hatten Hunger, und es gab keinen Tee und kein Wasser. Es war nach Mitternacht. Wir waren im Gewerkschaftshaus von Huanuni. Da sagte der Gewerkschaftsvorsitzende von dort uns:
»Genossinnen, es kann sein, daß die Armee diese Nacht zurückkommt, hier eindringt und gegen alle vorgeht, die am Berg dabeigewesen sind. Deshalb möchte ich lieber, daß ihr ins Krankenhaus geht. Wir haben dort einige Betten bekommen. Geht besser schlafen. Ihr habt soviel geleistet, und es darf nicht geschehen, daß euch jetzt noch etwas passiert.«
Uns erschien das richtig, und so gingen wir ins Krankenhaus schlafen. Sehr früh am nächsten Tag baten wir den Direktor des Krankenhauses um seine Unterstützung. So konnten wir für alle Genossen von Siglo XX ein Frühstück zubereiten. Wir liehen uns immer mehr Kannen aus. Natürlich hatte das Personal kein Vertrauen zu uns und wollte sie nicht hergeben. Also ließen wir drei Frauen unserer Gruppe als Pfand zurück; sie mußten dortbleiben, bis wir mit allem Geschirr zurück waren. Dann gingen wir mit dem Geld, das uns die von Llallagua geschenkt hatten, zur Bäckerei und füllten uns die Umhänge mit Brot. Wir kauften alles, was wir bekommen konnten. Es war noch sehr früh, als wir vierzehn Frauen den Männern das Frühstück brachten. Sie hätten sehen sollen, wie glücklich sie waren, sich an den Tisch setzen zu können...
Wir gingen ins Krankenhaus, um die Verwundeten zu sehen, die, die man nach Siglo XX überführen konnte, und die, die man nicht überführen konnte. Dort waren einige Männer, die wir für tot gehalten hatten. Aber wir hatten sie gerettet, wenn auch schwer verletzt. Und einer von ihnen war sogar bis vor kurzer Zeit ein Leiter gewesen.

Die Armee kam in dieser Nacht nicht. Es gab schon Unruhen in La Paz. Und einige Wochen später gab es so etwas wie einen Staatsstreich, und der Präsident Paz Estenssoro mußte das Land verlassen.

Die Arbeiter werden ein Opfer bringen

Am 4. November 1964 übernahm General Barrientos die Macht. Von da an hatten die Leiter der Arbeiterklasse durch die Übersicht, die sie hatten, begonnen zu sagen, daß Barrientos ein Militär sei und man dürfe kein Vertrauen zu ihm haben. Auf dieser Grundlage begannen sie, die Leute zu orientieren. Oder wenn man so will, daß das Volk schon kundgetan hatte, daß es nicht mit dieser Regierung einverstanden war, die Bolivien nicht retten würde. Und sie nahmen wahr, daß Dinge gegen das Volk geschahen. Oder sei es, daß die Leute schon vorhergesehen und sich klar darüber waren, ob eine Regierung vom Volk gelenkt wird oder ob sie von oben eingesetzt ist.

Und wenn sie von oben eingesetzt ist, darf man kein Vertrauen zu dieser Regierung haben.

Und Barrientos kam mit der Armee nach Siglo XX. Sie ließen die Sirene der Gewerkschaft heulen, und die Soldaten kamen zu unseren Häusern, um uns fast herauszuzerren und auf den Platz zu bringen. Dort ließ Barrientos eine Rede vom Stapel: »Warum verleumden Sie mich, bevor Sie meine Regierung kennen... Ich werde viele gute Sachen machen... Aber doch, die COMIBOL ist in Konkurs, und es ist das Opfer aller Bolivianer nötig... Ich nehme mir die Hälfte des Gehalts weg, und alle der Armee tun dasselbe... warum? Um den Mineros zu helfen, weil die COMIBOL in Konkurs ist. Es ist nicht meine Schuld, wenn wir in dieser Lage sind... Es ist so, weil Paz Estenssoro Geld unterschlagen hat... Und deshalb werden mehr als 35000 Arbeiter auf die Straße gesetzt. Und was wird das werden?... Es wird das Chaos in Bolivien sein!... Wie ist das möglich?... Ich bin sicher, ganz sicher, daß die Arbeiter ein Opfer bringen werden.. Nur für ein Jahr werde ich Euch die Hälfte des Gehalts wegnehmen, und nach einem Jahr, wenn die Kapitaldecke der COMIBOL wieder in Ordnung ist, werden wir es zurückgeben. Und wenn es Gewinne gibt, werden sie unter Ihnen aufgeteilt werden...«

Er sprach in einer Weise, daß man wirklich den Eindruck bekam, die COMIBOL ginge zugrunde. Er sagte, daß die Gesellschaft ihren Verpflichtun-

gen nachkommen müßte, und wenn sie nicht zahlte, würde sie gepfändet. Und so, sehr viele Sachen. Und einige Personen kommentierten: »Wenn das so ist! ...Wie werden wir unsere Minengesellschaft dann nicht retten? Aus dem Stegreif haben wir ein Vorurteil gefällt...gerade erst ist diese Regierung gekommen.« Und es kam die Verfügung der Lohnverkürzung. Aber als die Nachricht herauskam, waren alle unzufrieden. Auch das Hausfrauenkomitee gab sein Manifest heraus: »Wie können sie einen dermaßen beträchtlichen Teil des Gehalts streichen, das sowieso schon so knapp war?«
Und es kamen noch andere beeinträchtigende Maßnahmen in der Wirtschaft. Das geschah im Mai 65. Und es begannen die Proteste, die Demonstrationen. Dann begannen die von der Regierung, Maßnahmen gegen die Leiter zu ergreifen.
Zuerst verhafteten sie Lechin und verbannten ihn nach Paraguay. Nun gut, die Föderation der Mineros erklärte den Generalstreik.
Dann kam ein Ultimatum: »Alle Leiter müssen das Land verlassen.« Wenn sie nicht gingen, würde die Armee sie alle entfernen. Und es würde viel Blut fließen. Und dies und das, und was nicht noch alles.
Zum Schluß marschierte die Armee in die Minen ein und zwang die Leiter wegzugehen. Frederico Escóbar holten wir mit Gewalt heraus. Er wollte nicht gehen. Wir gingen, mit ihm zu sprechen, daß sie ihn töten wollten und daß er weggehen müsse. Aber er wollte nicht und sagte uns: »Ich werde in die Mine reingehen, und wenn sie wollen, sollen sie mich doch rausholen. Und ich werde nicht weggehen.«
Aber die Leute wußten, daß, wenn Escóbar in die Mine hereinginge, würden sie ihn packen und töten. Und gut, wir wollten nicht so einen Mann verlieren. All das ließen wir ihn berücksichtigen.
Und wir ließen ihn auch seine Kameraden sehen, für die es viel wertvoller sei, einen freien Genossen zu haben als einen gefangenen und noch viel mehr einen lebendigen als einen toten. Also baten wir die Pfarrer um Hilfe, und sie halfen, daß Frederico versteckt herauskam.
Sie holten die Gewerkschaftsführer, die Journalisten der Radiostation die »Stimme der Mineros« und die Ehemänner der Frauen, die die Leiterinnen des Hausfrauenkomitees waren. Es waren einige Hundert oder noch mehr Personen. Und alle nahmen sie sie im Flugzeug mit und deportierten sie nach Argentinien. Es war ein wahnsinniges Durcheinander.
Und sie begannen auch, das Volk zu entwaffnen. Sie boten zum Beispiel dem Arbeiter eine Medaille oder so etwas an, wenn er seine Waffe abgeben würde. Nicht, daß alle Arbeiter Waffen gehabt hätten. Nein, nein. Wie können sie welche haben! Die Abteilung der MNR, die ihre bewaffnete Miliz war, hatte welche. So daß es sehr wenige waren, die Waffen hatten.
Wenn die Leiter dieses Mal nicht gegangen wären, wären wirklich viele Leute gefallen, wäre jede Menge Blut geflossen! Wir hatten keine Waffen. Womit sollten wir uns verteidigen? An all das dachten die Mineros.

Das Massaker vom September

Nachdem unsere Anführer weggeholt und nach Argentinien deportiert worden waren, begannen sich die Arbeiter und besonders die Trotzkisten, in einer Art von geheimer Gewerkschaft zu organisieren. Und an seiner Spitze stand Isaac Camacho als Generalsekretär. Vom Innern der Mine aus leitete er die Gewerkschaftsbewegungen. Die von der Regierung suchten ihn dauernd, weil sie entdeckt hatten, daß er die geheime Gewerkschaft leitete.
Eines Tages, am 18. September 1965, kam Camacho heraus, um sich mit den Leuten an der Tür des Gewerkschaftshauses zu treffen. Und dort, um ihn zu packen, nahmen sie viele andere fest, und sie töteten auch Studenten und einige Frauen, nun, mehrere Personen. Weil es zu einer Auseinandersetzung mit den Leuten kam, um zu versuchen, ihn zu verteidigen. Das war an einem Samstag. Camacho verschwand.
Am Sonntag begruben sie die Toten. Und am Montag fuhren die Arbeiter in die Minen ein. Die von der geheimen Gewerkschaft sagten zu den Mineros: »Seht, was passiert ist ... wir können nicht zulassen, daß das so bleibt.« Die Arbeiter reagierten darauf, weil es nicht gerecht war, daß die Armee so viele Leute tötete. Und sie beschlossen, einen Protestmarsch zu veranstalten. Und sie bewaffneten sich auch: sie holten Dynamit aus den Lagern der Gesellschaft. Aber die Armee, die all das erfahren hatte, hatte schon die Soldaten mit ihren Maschinenpistolen und schweren Waffen am Ausgang der Mine »aufgepflanzt«. Der Minenausgang war sehr gut umzingelt, damit die Mineros nicht herauskonnten.

Und jede Verbindung brach ab. Die Mikrofone und die Telefone, alles war unterbrochen. So daß wir, die Frauen, den Mineros mitteilen wollten, was passiert war, ihnen sagen wollten, daß, wenn sie herauskommen, die Soldaten dort draußen warten, um sie an der Tür des Minenausgangs »fertigzumachen«, ihnen sagen wollten, daß überall Waffen wären. Verzweifelt wollten wir uns mit dem Innern der Mine in Verbindung setzen, aber wir konnten nicht.

So daß wir Angst hatten und dachten: »Gleich werden die Arbeiter die Mine verlassen, und die von der Armee werden sie mit ihren Waffen wegputzen.« Aber, glücklicherweise, merkten die Arbeiter, was los war. Ich weiß nicht, wodurch sie alles erfahren haben. Und sie kamen oben heraus, durch den Mineneingang von Cerro Azul* gegenüber von Siglo XX. Und von oben her überraschten sie die von der Armee.

Und gut, es gab eine Auseinandersetzung, in der die Arbeiter sich wirklich mit großem Mut verteidigten, weil das einzige, was sie hatten, Dynamit war, während die Soldaten sehr moderne Waffen hatten.

Aber als wir dachten, daß wir jetzt die Lage im Griff hätten, und daß es sich schon beruhigte, geschah das Schlimmste: sie kamen uns mit Flugzeugen beschießen. Dort konnten wir das erste Mal sehen, wie ein Flugzeug fliegen kann, wie es in den Sturzflug übergehen und sich auf den Kopf stellen kann und wie kleine Lichtstrahlen aus dem Innern des Flugzeugs herauskamen und daß das die Kugeln waren, die herauskamen. »Pa! Pa! Pa! ...« So haben sie bis zum Platz des Minero, bis Catavi, bis zur Halde geschossen. Wie Lichtstrahlen kamen die Kugeln von allen Seiten nach unten und haben sehr sehr viele Leute getötet. Und nicht nur das, sondern sie haben sogar die Krankenwagen angegriffen, eine Sache, die man in keinem Krieg, in keinem Kampf machen kann, es ist ein internationales Verbrechen, nicht wahr? Es gab viele Tote, und so viele waren verwundet worden, daß sie im Krankenhaus von Catavi keinen Platz hatten.

In diesem Jahr war ich gerade erst Generalsekretärin des Hausfrauenkomitees geworden, und ich war eine einfache Zeitgenossin, die sich nicht besonders über die Lage klar war, ich informierte mich nicht genau. Aber doch, das Massaker habe ich gesehen. Und ich hatte zum Beispiel gesehen, daß die Agenten des Innenministeriums in die Krankenwagen als Sanitäter verkleidet eindrangen, aber dort standen sie mit ihren Kameras und machten Fotos der Leute, die hin- und herliefen, um sich um die Gefallenen zu kümmern. Und es kam so, daß die, nachdem dieses Massaker geschehen war, begannen, mittels dieser Fotos zu unterdrücken. Sie zeigten sie den Agenten von Siglo XX und fragten: »Wo wohnt dieser Soundso?« Und sie begannen, ihn zu suchen. Auch holten sie die jungen Leute, von denen sie Fotos hatten, auf dem Sportplatz zusammen. Und alle verhafteten sie. Es war eine furchtbare Verhaftung ... furchtbar! Es war eine gräßliche Sache.

All das machte Zacarias Plaza. Er befehligte die Besetzung der Lager. Zacarias Plaza war ein Militär, der viel, wirklich viel Geld verdient hatte und viele Streifen dazu, weil er so viele Arbeiter in Siglo XX massakriert hatte.

Aber im Jahre 1970, glaube ich, nachdem er viele Attentate überlebt hatte, hat man Zacarias Plaza tot aufgefunden. Eine Gruppe, die sich »Auge des Adlers« nennt, ließ ihn beim Fest der Johannisnacht erscheinen... aber leider tot! Sie machten den Typ zur »Schnecke«. Durch die Presse habe ich davon erfahren. Und

* Blauer Berg

sie sagten, das, was Zacarias passiert sei, wäre die Rache für das, was er in Siglo XX getan hatte. Und dieses Schicksal erwartet alle, die das Volk massakriert hätten.
Die zwei Massaker, sowohl das von September 65 wie das der Johannisnacht von 67 verdanken wir Zacarias Plaza. Er befehligte alles. Und er lachte über uns: »Warum wollen sie tanzen gehen, wenn sie nicht tanzen können? Jetzt tanzt mal!« Und er schickte die Soldaten, um uns zu massakrieren.
Die Armee marschierte siegreich in die Bergwerksreviere ein, weil wir weder Waffen noch sonst was hatten, um uns zu verteidigen. Und sie begannen, Haus für Haus zu durchsuchen und alle Männer herauszuholen. Sie verständigten sich über Funk. »Jetzt sind wir im Norden, jetzt sind wir im Süden, jetzt machen wir die Generalreinigung von diesen Roten, von diesen Feiglingen, von diesen Unverschämten ...« Und dies und das. Ja, wir waren alles »Rote« für sie.
Und es begannen sehr traurige Dinge zu geschehen. In Catavi, zum Beispiel, geschah folgendes: In einer Hütte war der Mann verreist, weil er Urlaub hatte. Wegen all dem Krach, wegen der ganzen Schießerei und der Kämpfe hatte seine Frau die Kinder unter dem Bett versteckt, so wie man es hier gewohnt ist. Man glaubt, daß, wenn so geschossen wird, man die Kinder immer unter das Bett stecken muß und sie mit den Matratzen umgeben muß, damit die Kugeln sie nicht durchdringen. Die Kugel wird einfach von der Wolle eingewickelt und kommt nicht zu den Kindern durch, und so werden sie nicht verletzt. So machten sie es also in diesem Haushalt: sie steckten die Kinder unter das Bett, und als die Soldaten an die Tür klopften, wollte ihre Mama nicht aufmachen. Also schlugen sie die Tür ein und kamen herein. Die Kleinen weinten, und die Soldaten sagten: »Es ist jemand unter dem Bett. Er soll bis drei herauskommen.« Aber die Kleinen hatten Angst und kamen nicht heraus. Und sie zählten: Eins, zwei, drei!« Und die Mama schrie: »Aber es sind nur meine Kinder. Bitte ...!« Als die Frau sich hinkniete und um Gnade bat, weil sie schon den Befehl gegeben hatten zu schießen, dachte der Typ, sie wolle ihn entwaffnen und ... Tam! Tam! holte er die Pistole heraus und tötete die Frau. Und die anderen schossen auch. Wir gingen nachsehen, und es waren Kinder, die dort lagen. Als der Ehemann kam, hatte er keine Kinder mehr, er hatte keine Frau mehr, und der ältesten Tochter hatte man beide Beine amputiert. Alle anderen waren natürlich sofort tot.
In einem anderen Haus das gleiche. Es war zu, und sie klopften gegen die Tür. Die Frau ging, um aufzumachen, und pa! pa! pa! erschossen sie sie. Und an derselben Stelle starb sie.
Ein Arbeiter floh auf die Halde, und einer von der Armee kam in die Haustür meines Hauses, stellte sich dort hin und begann, von dort aus zu schießen. Er hätte ihn fast getroffen. Also hat der Arbeiter sich besser geduckt, nicht wahr? Er warf sich hin, und wir konnten ihn den Berg herunter- und immer weiter herunterrollen sehen.

Und ein anderer Arbeiter, der sich immer aus allem raushielt, er ging noch nicht einmal zu Versammlungen, stand dort an der Tür seiner Hütte, aber er wollte nicht herauskommen. »Señor, ich habe nichts getan«, sagte er. Und die Soldaten: »Sofort, Feigling. Komm raus!« Und sie schlugen ihn sehr.
Sie haben alle Arten von Grausamkeiten begangen.
Und Siglo XX wurde zum Militärgebiet erklärt. Es wurde ein Ausgehverbot verhängt, und nur bis acht Uhr abends durften wir unsere Häuser verlassen. Zur Toilette, zum Beispiel, die öffentlich ist, da wir keine in unseren Hütten haben, mußten wir von den Soldaten begleitet gehen. Und wenn ich mit meinen Kindern ging, das gleiche: mit Soldaten. Wir lebten schlimmer als in einem Konzentrationslager! Jeden Abend hattest du einen Soldaten vor deiner Tür. Vor jeder Hütte des Lagers war es so. Deswegen sage ich: es war Militärgebiet. Aber das Lager war so voll von Soldaten, daß sie vor jeder Tür, bei jedem Geräusch schrien: »Was ist los?« Dann mußtest du zum Beispiel sagen: »Bitte, Señor, ich will auf die Toilette gehen. Seien Sie bitte so nett.« Dann erst ließen sie dich die Tür öffnen. Zusammen mit dem Soldaten mußtest du zur Toilette gehen, zusammen mit ihm von da zurückkehren und deine Tür zumachen. Mit dem Licht war es das gleiche: nach der und der Stunde mußte alles dunkel bleiben. Und wenn nicht, schossen sie in die Luft, oder ein Soldat schrie dich an: »Das Licht müßte schon aus sein. Warum ist es noch an?« Deshalb sage ich: schlimmer als in einem Konzentrationslager lebten wir in Siglo XX in dieser Zeit. Einige Zeit nach dem Massaker kam das Regiment Manchengo aus Santa Cruz*. Da es Leute aus dem Osten Boliviens sind, die die Hochebene nicht kennen, haben sie ihnen gesagt: »Wir gehen nach Cochabamba.«
Die Armen, die niemals aus Santa Cruz herausgekommen waren, zitterten vor Kälte, als sie mit dem Flugzeug in Uncia landeten. Und sagten:
»Ay! Cochabamba ist sehr kalt, nicht wahr?«
Das erzählten uns einige Jungen, die sich nachher mit uns angefreundet hatten. Als sie von dort kamen, sagte man ihnen:
»Nun gut! Sie befinden sich in Siglo XX. Sie befinden sich im roten Dorf Boliviens. Hier leben nur Kommunisten. Hier muß man aller Welt mißtrauen. Sie dürfen mit niemandem sprechen, auch nicht mit den Jungen. Weil diese Jungen es verstehen, mit Dynamit umzugehen. Und wenn sie es loslassen, sind Sie diejenigen, die in die Luft fliegen werden, aber so, daß wir Sie nicht einmal mit Löffelchen vom Boden abkratzen können.«
So machten sie ihnen Angst. Und am selben Tag brachten sie sie her, um die »Aktion Reinigung« zu beginnen. Sie traten in jedes Haus des Lagers.

---

* Dieses Kapitel der Erzählung spielt vor der Guerilla des Ché Guevara, als das Regiment Manchengo nur aus regulären Wehrpflichtigen bestand. Später hat es sich in ein »Ranger«-Regiment verwandelt. (Spezialtruppen gegen Aufstände, trainiert und ausgestattet vom Pentagon.) Das in der Erzählung erwähnte Ranger-Regiment ist das von Challapata, eines Nachbarortes von Siglo XX.

Alles untersuchten sie, alles machten sie kaputt. Sie rissen auch die Fußbodenbretter heraus und untersuchten alles:
»Habt ihr Waffen? ... Habt ihr Dynamit? ... Kommunistische Propaganda? ... Politische Propaganda? ...« Aber! Was machten sie nicht und was fragten sie uns nicht alles. So gingen sie bei dieser Reinigung vor. Und wir konnten gar nichts machen, wir konnten keinen Sack tragen, ohne daß sie ihn untersuchten. Weil wir, wie sie glaubten, Waffen trugen!
Ich kam an diesem Morgen vom Laden und ein Soldat entdeckte mich: »Mal sehen, Señora, los ... Halt! Was tragen Sie da?«
Und er untersuchte alles. Nachdem er gesehen hatte, daß alles für das Essen war:
»Sie können gehen.«
So war es bei allen.
Nun, es war so, daß in der Mittagszeit die »hohen Tiere« der Armee essen gingen. Und die kleinen Soldaten ließen sie vor unserer Tür stehen, dort, wo sie bis zu diesem Augenblick mit ihrer »Operation Reinigung« gekommen waren. Und da sie noch nicht einmal gefrühstückt hatten, waren die Jungen hungrig. Und seht nur, wie das Volk ist: Immer wieder tötet man welche, man beschießt sie aus allen Rohren ... es fließt überall Blut. Die Schießerei ist vorbei ... und die Frauen kommen heraus mit ihrem Brot und geben es den kleinen Soldaten. Wie wütend ich darüber war und wie ich mich ärgerte, und ich sagte ihnen: »Aber wie ...? Es ist fast, als sagtet ihr: ‚Danke, daß ihr gekommen seid, um uns wie Hunde zu töten' ...«
Und sie antworteten mir:
»Aber nein, Señora! Das sind doch unsere Kinder! ... Es sind unsere eigenen Kinder! ... Es sind doch die von oben, die sie schicken, Señora. Diese haben nicht die Schuld. Und übermorgen passiert vielleicht das gleiche meinem Sohn, wenn er eingezogen wird: daß sie ihn schicken, das Volk zu töten. Wie kann ich ihm da nicht ein Stück Brot geben?«
Alle Leute reagierten so. Dann verstand ich sie. Welch großes Herz hat mein Volk! So ist es! ... Und warum diese Raserei, es umzubringen? Was für furchtbare Leute! ... Was für böse Leute! Wie kann es sein, daß sie das meinem Volk antun?
Es kam so, daß eine Frau einen der Soldaten erkannte, der ihr Neffe war. Und sie ging ihn umarmen und bot ihm zu essen an. Aber der Junge wollte nichts nehmen. Und er erzählte seiner Tante, daß man ihnen gesagt habe, dort in Siglo XX würde man sie vergiften. Und er hatte große Angst. Und so waren auch die anderen. Diese Angst hatte man ihnen beigebracht, damit sie sich uns nicht näherten. Aber nach und nach nahmen sie an, was wir ihnen anboten. Und alle gaben ihnen etwas zu essen.
Als sie in ihre Quartiere zurückkehrten, begannen die »Manchengos«, die »Rangers«, zu fragen: »Wie könnt ihr so dumm sein, ein so wunderbares, so gutes Volk zu töten? Sie teilen alles mit uns ... Alle behandeln uns gut ... Sind

die »Rangers« vielleicht Wilde? Könnt ihr nicht sehen, was in Wirklichkeit passiert ist?
Diese Unterhaltungen kamen den Chefs der Besatzungsarmee zu Ohren. Also brachten sie die »Manchengos« zur Strafe auf die Spitze des Berges. Die Soldaten hatten ihre Kleidung aus dem Osten an, wo es so warm ist, und sie waren auch nicht an das eisige Klima des Altiplano gewöhnt, und einige von ihnen sind dort an Kälte gestorben. Und die, die überlebt haben, haben sie weggebracht. Was passiert ist? Ich weiß es nicht.
In meinem Haus hatten sich drei der »Manchengos« mit uns angefreundet. Und in den Tagen, die sie da waren, klopften sie manchmal an die Tür: »Señora, können Sie uns bitte zum Mittagessen einladen? Heute haben wir frei, und wir können nirgendwo hingehen.« Und bla bla bla ... begannen wir über die Lage zu reden. Wir kamen sogar so weit, mit ihren Familien zu teilen. Die Soldaten gaben uns Kastanien, die ihnen ihre Eltern schickten, und wir schickten ihren Eltern Sachen, die wir hatten, zum Beispiel Büchsen oder Bohnen.
Alle Leute konnten zwischen den »Manchengos« und den »Rangers« unterscheiden. Alle haßten diese »Green Barrets« der »Rangers«, Leute, die trainiert sind, gegen die Guerrillas zu kämpfen mit einer sehr speziellen Ausbildung von sehr faschistischer Art, und sie waren die Urheber des Massakers. Im Gegensatz dazu hatten die »Manchengos« diese Vorbereitung nicht, sie waren einfache Wehrpflichtige. Was mag ihnen passiert sein, als man sie weggeholt hat?
Einige Zeit später kam eine Kommission von außerhalb, zusammengesetzt aus Universitätsangehörigen, aus Presse- und Kirchenleuten, um zu erfahren, »was im September passiert ist«. Weil die Regierung sich, wie immer, als Opfer dargestellt hatte, und uns als Schuldige für alles, was passiert war.
Es kam also diese Kommission. Aber die Unterdrückung war so stark, daß niemand sprechen wollte. Niemand hatte den Mut dazu. Niemand. Ich erinnere mich sehr gut, daß sie uns durch das Radio dazu aufriefen auszusagen. Aber kein Arbeiter konnte sich entschließen auszusagen. Alle schwiegen, absolut alle.
Ich war mit meinem Mann dort, und er sagte mir, ich solle auch nicht sprechen: »Du siehst doch, daß man meine Genossen aus der Gesellschaft entlassen hat; sie werden auch mich entlassen, und wir haben so viel Familie (damals waren meine Schwestern noch bei uns). An all das mußt du denken, du wirst nicht sprechen.«
Ich hörte und hörte der Kommission zu ... und ich war so verzweifelt, daß die Leute nicht sprechen konnten, sie konnten nichts sagen, obwohl sie an Angst und Schmerz erstickten. Aber sie konnten nicht sprechen, wegen der Furcht, die alle hatten, nicht wahr? Mir tat das weh, es quälte mich. »Sie sollen sprechen, sie sollen doch sprechen!« sagte ich.
Und ich drehte mich um und sah eine Frau mit ihren Kindern, weinend, weil man ihren Mann erschossen hatte.

Dann sagte ich ihr:
»Aber, Señora, weinen Sie nicht. Stellen Sie sich hin und erheben Sie Anklage, daß man Ihren Mann erschossen hat.«
Die Frau sah mich genau an und sagte mir:
»Aber Señora, du bist doch unsere Präsidentin, sprich du doch ... Du bist im Hausfrauenkomitee ... Sprich doch!« Das war genug, und ich begann, über meine Rolle als Leiterin nachzudenken: es stimmt, ich bin Leiterin, auch ich ein Teil davon ... Und ich verlange, daß andere sprechen, und sage selber nichts ...
Die anderen Leute, die der Frau zugehört hatten, sagten auch: »Sie soll sprechen, sie soll sprechen.«
Also stellte ich mich hin und begann zu sprechen. Und ich meldete alles, was geschehen war. Ich erklärte das ganze Problem, das wir hatten, daß wir wollten, daß man unseren Lohn zurückgebe und daß wir das verlangt hatten. Aber daß die Unterdrückung brutal gewesen war. Und ich sprach von allen Dingen, die ich gesehen hatte, auch daß ich gesehen hatte, wie sie die Krankenwagen beschossen. Und ich sagte ihnen, daß man der ganzen Welt diese Lage zur Kenntnis bringen müßte.
Und als ich mit dem Sprechen fertig war, setzte ich mich. Nun, mein Mann war nicht mehr an meiner Seite. Aber viele Arbeiter waren um mich herum, einige, die mehr gesehen hatten, übertrugen mir ihre Stimme und sagten mir: »Die und die Sache ist noch passiert ...« Und ich wiederholte das, was mir der Genosse gesagt hatte. Und am Schluß umarmten und küßten sie mich alle, die nahe bei mir waren und sagten mir:
»Wie gut, daß du nicht gegangen bist ... daß du uns nicht im Stich gelassen hast.« ... »Ja, jetzt«, sagte mir einer von ihnen, »verstehe ich, daß es notwendig ist, daß die Frau an allem teilnimmt.«
Ich fühlte mich in diesem Augenblick sehr glücklich, die Solidarität zu sehen, die mir die Genossen zeigten. Weil ich ihretwegen gesprochen hatte und es für die Presse war und für das Radio und für viele Kommissionen, die aus La Paz, aus Cochabamba, aus Oruro und aus dem Ausland gekommen waren.
Und dieses Mal passierte mir nichts, trotz allem, was ich gesagt hatte, auch meinem Mann nicht. Und es kam so, daß alle Ortschaften sich solidarisierten und Hilfe für die Witwen schickten.

Und, wie aus Hohn, brachte dieselbe Armee Lebensmittel und verteilte sie. Das ist eine von den Sachen, die sehr, sehr weh tun. Und das Schlimmste ist, daß die Leute so elend leben, daß viele, besonders aus dem zivilen Dorf, Schlange standen und sich stritten um diese Lebensmittel. Es war erniedrigend und schmerzlich, das zu sehen. Ich erinnere mich immer daran. Sie haben so viele Leute getötet, und jetzt bringen sie uns mit einem Stück Brot oder einer Büchse Sardinen zum Schweigen. Das war nicht gerecht, nicht wahr? Wie schön wäre es gewesen, all das abzulehnen, und auch, wenn wir hungers hätten sterben

es gewesen, all das abzulehnen, und auch, wenn wir hungers hättens sterben müssen, nichts anzunehmen! Aber unglücklicherweise war es nicht so. Es war sehr schmerzlich, diese Schlange von Leuten zu sehen, die sich drängten und stritten um ein bißchen Reis, eine kleine Büchse Milch ...
Im Jahre 1970 wurde ein Kongreß der Minenarbeiter in Siglo XX abgehalten. Damals war schon General Ovando an der Macht. Barrientos war 1969 gestorben, bei einem Hubschrauberunglück. Bei diesem Kongreß haben wir, unter anderem, gefordert, daß man den Witwen eine Entschädigung geben solle, daß man allen Waisen dieses Massakers ein Stipendium geben solle, damit sie zur Schule gehen könnten.
Aber es ist nichts getan worden. Wir haben auch darauf aufmerksam gemacht, daß General Barrientos viele Reichtümer hinterlassen hat ... abertausende von Dollars.
Das, so hatte ich zum Beispiel den Mineros gesagt, müsse enteignet und das Geld unter den Leuten verteilt werden, die unter seinen Massakern gelitten hatten und unter all seiner Unterdrückung, nicht wahr? Aber auch das hat man nicht verwirklichen können.

»Palliris«* der Halden

In diesen Zeiten gab es viele Frauen ohne Arbeit, besonders Witwen der Arbeiter, die bei Massakern in den Bergwerksrevieren gestorben waren. Die Arbeitslosigkeit war so schlimm, daß Frauen täglich die Gewerkschaft und das Direktorium besuchten und Arbeit suchten. Darunter waren auch zwei meiner Schwestern. Jeden Tag mußten sie gehen. Und jeden Tag kamen sie ohne Antwort wieder.

Dann kam es mir in den Sinn, sie in einem »Komitee der Arbeitslosen« zu organisieren, etwas in der Art. Und wir begannen eine Volkszählung. Wir konnten zum Beispiel feststellen, daß es Familien gab, die nicht sehr groß waren, und in denen Mann und Frau arbeiteten. Und es gab Witwen mit sechs oder sieben Kindern, die kein Einkommen hatten. Das erschien uns nicht gerecht. Nun gut, wir begannen dann, die Personen zu sondieren, die in dieser Lage waren, und wir organisierten ein Komitee, das ein bißchen die Lage untersuchte. Und über alles, was wir herausfanden, machten wir Notizen. Und wir legten alles, was wir notiert hatten, dem Bergwerksdirektorium vor und erklärten dem Direktor, es erschiene uns nicht gerecht, daß, während einige Frauen sich für ein Stück Brot umbrächten, andere gleichzeitig mit ihrem Mann Arbeit hätten, der auch Arbeiter der Gesellschaft wäre. Wir diskutierten so viel, daß der Direktor uns Aufmerksamkeit schenkte. Und er schickte neun Personen, die die Arbeit nicht so nötig brauchten, Entlassungspapiere, und es sollten neun von denen, die im Komitee organisiert waren und Arbeit brauchten, deren Stelle annehmen. Es waren zum größten Teil junge Leute, die das Dokument für das Direktorium erstellt hatten. Aber seht, was das Fehlen von Arbeitsmöglichkeiten bewirkt. Sofort, nachdem die Witwen das erfahren hatten, versammelten sie sich und erbaten Hilfe von den Abteilungen, in denen ihre Männer gearbeitet hatten, und die Abteilungen schickten Briefe an den Direktor und sagten, die, die es am nötigsten hätten, wären die Witwen. Nun gut, dann mußten wir die Sache

* Aymara-Ausdruck: der, der auswählend sammelt.

regeln, und neun Witwen begannen in der Gesellschaft zu arbeiten. Die Jungen blieben entmutigt zurück, aber wir konnten uns der Entscheidung der Arbeiter nicht entgegenstellen.
Nachdem neun Witwen begonnen hatten zu arbeiten, erhöhte sich unsere Liste von 40 Personen schnell auf über 200. Es gab jede Menge Frauen, die uns täglich aufsuchten. Sie gaben einander die Klinke in die Hand und wurden nicht müde, zu meinem Haus zu kommen und mir zu sagen: »Señora, ich bin auch Witwe.« Und sie erzählten mir weinend, was sie und ihre Kinder durchmachten. »Trotz allem, was mein Mann für die Gesellschaft getan hat, trotz aller Opfer, die er gebracht hat, stehen wir heute so da ...«, und dies und das. Es war ein furchtbares Gedränge! Alle Probleme, von denen sie berichteten ... das tat einem am meisten leid! Und ich schrieb sie alle auf, und wir fuhren fort, Lösungen zu suchen. Wir gingen weiterhin zum Direktorium und fragten, wie die Lage stünde. Der Direktor sagte uns, daß er eine Lösung in irgendeiner Form suchen werde, vielleicht würden wir einige Genossenschaften gründen.
Eines Tages begannen die Mädchen voller Verzweiflung zu weinen und sagten, sie wären bereit, jede Arbeit anzunehmen. So viel zu laufen und nichts zu finden! ... Sie hielten es nicht mehr aus. Nun gut, sie gingen zum Direktionsgebäude und sagten dem Direktor:
»Señor, wenn Sie keine Lösung für unsere Lage finden, werden wir in den Hungerstreik treten, es ist egal, wenn wir sterben, weil unsere Situation in jedem Fall unerträglich ist.«
Dann sagte er:
»Sie sind bereit, jede Arbeit anzunehmen?«
»Ja, jede, was es auch sei«, antworteten sie.
»Gut, wir haben einen Plan. Warum kommen Sie nicht morgen wieder? Wir werden ihn dann mit Ihnen besprechen.«
Als wir am nächsten Tag zurückkehrten, sagten sie, wir könnten auf der Halde arbeiten. Das war der Plan, den sie hatten.
Halde nennt sich die Stelle, die wie ein Berg aus den Steinen gemacht ist, die man aus der Mine geholt hat, die zwischen dem Erz waren. Am Anfang, als sie anfingen, die Mine auszubeuten, kam der Stein schwarz wie Kohle heraus, es war Erz von sehr hohem Feingehalt. Also nahmen sie nur das reine Erz, und die Steine, die halb Steine, halb Erz waren, warfen sie einfach weg. Und das bildete einen Berg. Deswegen gab es noch Erz in der Halde. Und das mußte man herausholen.
Die Arbeit, die sie vorschlugen, war folgende: Die Mädchen sollten diese Steine herumdrehen, die heraussuchen, die Erz enthielten, sie in einem Sack sammeln, zum Mahlwerk gehen, mahlen lassen und den gemahlenen Stein der Gesellschaft übergeben. Und die Mädchen würden von der Gesellschaft nach der Anzahl der Säcke bezahlt, die sie abgeben würden. Das sollte als Experiment drei Monate so gemacht werden. Und nach drei Monaten sollten sie einen Arbeitsvertrag unterschreiben.

Der Direktor fragte mich:
»Wieviele Personen wollen arbeiten?«
»Zweihundert«, sagte ich.
Nun, dann nehmen wir die zweihundert unter Vertrag. Sie sollen kommen, und wir werden darüber reden. Und ich ließ alle zusammen rufen. Ich erklärte ihnen alles. Dann sagten viele, besonders die Witwen: »Ay! Auf der Halde nicht. Nein und nein und nochmals nein. Das wollen wir nicht. Wir sind keine »Palliris«. »Palliris«, nun, das sind die, die das Erz aufsammeln.
Die Mädchen, mit denen wir begonnen hatten, Arbeit zu suchen, blieben da. Keine verließ die Gruppe. Und sie begannen zu arbeiten. Jeden Tag kamen sie zermürbt mit kaputten Händen zurück. Kaputt, weil sie alles mit der Hand machen mußten: das Erz sammeln, aussuchen und in die Beutel tun. Alles, alles mit der Hand. Die Hände bluteten ihnen.
So arbeiteten sie einen Monat, und sie bezahlten jeder 400 Pesos Lohn. Uy! ... Das war für sie der Himmel auf Erden. Man hätte sehen sollen, wie glücklich alle waren. Sofort, als sie bezahlt wurden, kamen sie zu mir nach Hause gelaufen und sagten:
»Wir haben 400 Pesos gemacht! Man hat uns bezahlt, Señora!«
Und sie fühlten sich glücklich, weil es ein so wichtiger Wechsel war, trotz der großen Opfer.
Nun gut, der Rest der Leute erfuhr, daß die Haldenarbeiterinnen 400 Pesos im ersten Arbeitsmonat verdient hatten, und dann wollten die anderen Frauen auch arbeiten. Und einige fünfhundert gingen nach Catavi, um von der Direktion ihren Arbeitsbeginn zu erbitten.
Das Direktorium sagte, auf einmal könne es nicht alle annehmen, aber es wolle die Gruppe pro Monat um 100 Personen aufstocken. Dann machten wir eine Liste, jeden Monat nahmen hundert mehr die Arbeit auf, bis 400 Frauen mehr als »Palliris« arbeiteten. Aber sie verringerten den ersten Lohn im gleichen Maße, wie sie die Zahl der Arbeiterinnen erhöhten: im zweiten Monat zahlten sie ihnen 300 Pesos, danach 200 und zum Schluß 100 Pesos im Monat.

Als die drei Monate Probe vorüber waren, und der Augenblick kam, um die Sache mittels eines Vertrages zu legalisieren, gingen wir mit Señor Ordoñez, der damals der Generalsekretär der Gewerkschaft war, um mit dem Direktorium zu sprechen. Wir hatten einen Plan gemacht, daß ein Vertrag mit der Gesellschaft geschlossen werden sollte, etwas, das allen Vorteile bringen sollte. Wir drückten aus, daß, nachdem die drei vereinbarten Monate der experimentellen Arbeit auf der Halde erfüllt seien, diese Frauen als Arbeiterinnen der Gesellschaft unter Vertrag genommen werden sollten, daß sie in den Genuß alle Vorteile kommen sollten, der Sozialfürsorge, der firmeneigenen billigen Ladens, medizinischer Versorgung und allem. Und daß, wenn das nicht zustande käme, wir unsere Maßnahmen ergreifen würden. Und wir waren eine sehr starke Gruppe.

Aber es geschah, daß ein Agent, den die Regierung nach Oruro geschickt hatte, das Vertrauen der Frauen gewann, in solchem Maße, daß er sich zum Vertreter der Arbeiterinnen ernennen ließ. Und, ohne daß wir das erfahren hatten, hatte er einen Brief geschickt, in dem er schrieb, daß der und der Herr der Vertreter sei und verantwortlich für alle Vereinbarungen, die die Arbeiterinnen der Halde treffen wollten. Mit einem Wort, sie erkannten uns von der Gewerkschaft und dem Hausfrauenkomitee nicht mehr an.

Dann kamen wir zum Direktorium. Der Direktor empfängt uns zu einer Besprechung und fragt uns: »Welche Probleme bringen Sie hierher? Welche Wünsche haben Sie?«

Es war nicht mehr der vorherige Direktor. Sie hatten ihn ausgetauscht. Also sagten wir ihm, es wäre an der Zeit, einen Vertrag abzuschließen, so wie es die Gesellschaft drei Monate vorher den Arbeiterinnen der Halde versprochen habe.

Aus Mangel an Erfahrung hatten wir uns auf das mündliche Versprechen des vorherigen Direktors verlassen, so daß wir ohne Papiere dastanden und nichts beweisen konnten, was versprochen worden war.

»Ah! ... Mal sehen«, sagte der Direktor und er rief seine Sekretärin:

»Bringen Sie mir das Dienstschreiben, das die Haldenarbeiterinnen geschickt haben. Mal sehen, was da steht.«

Also las er uns ein Dienstschreiben vor, in dem sie sagten, sie hätten »einstimmig« die und die Arbeitskollegin als ihre Repräsentantin und als Vertreter diesen Typ aus Oruro ernannt.

Und der Direktor sagte uns:

»Sehen Sie, Señoras, mit diesem Brief haben die Haldenarbeiterinnen Sie ganz offen nicht anerkannt.«

Wir wußten nichts von diesem Wechsel und fragten uns:

»Was mag passiert sein? Wie merkwürdig! Warum wohl?«

»So daß ich, Señoras, mit Ihnen nichts zu verhandeln habe, überhaupt nichts über die Probleme der Haldenarbeiterinnen. Sie können nur wegen anderer Punkte kommen. Wir haben alles mit diesem Assessor besprochen, und alles ist gut geregelt.«

Das schlug wie eine Bombe bei uns ein. Wir fühlten uns niedergeschlagen und fragten uns: »Was mag passiert sein?« Und der Direktor sagte uns:

»Warum sehen Sie sich gegenseitig an? Wenn sich die Arbeiterinnen so entschieden haben, dann deshalb, weil Sie ihnen natürlich Unrecht getan haben. Man darf kein übles Spiel mit den Leuten treiben!«

Als meine Schwester nach Hause kam, fragte ich sie:

»Warum habt ihr alles gemacht, ohne mit uns zu sprechen? Was ist passiert?«

»Ich weiß von nichts. Uns haben sie nichts gesagt!« antwortete meine Schwester. Und sie ging, es den anderen zu sagen.

Das Schlimmste ist, daß es in diesem Vertrag, den dieser Assessor für die Gruppe unterzeichnet hatte, überhaupt nichts Vorteilhaftes für die Arbeiterin-

nen gab. Nichts. Sie fuhren fort, unter denselben Bedingungen zu arbeiten, die ganz unmenschlich waren.
In dieser Zeit war Frederico Escóbar freigelassen worden und nach Siglo XX zurückgekommen. Aber er übte sein Amt nicht aus, weil die Arbeiterkontrolle nicht mehr existierte. Die Arbeiterkontrolle war von der MNR selbst 1953 ins Leben gerufen worden, als die Minen nationalisiert wurden, damit sie die Tätigkeit der Bergwerksgesellschaft kontrolliere: wieviel Zinn gefördert wird, wieviel Gewinn hereinkommt, wie der Gewinn aufgeteilt wird, wie die Verträge über die Waren abgeschlossen werden, den firmeneigenen Laden, alles. Ich will ausdrücken, daß die Minen in der Hand des Volkes waren, weil die Arbeiter durch einen Repräsentanten, den die Arbeiterklasse gewählt hatte, die Gesellschaft kontrollierte.
Aber die Chefs der Minengesellschaft hatten viele Probleme mit Frederico Escóbar, der ein integrer Mann war und sich nie verkaufte. Deshalb entschieden sie sich dafür, das Dekret über die Schaffung der Arbeiterkontrolle aufzuheben. Das war 1965. Danach erreichten wir, daß es wieder anerkannt wurde. Aber während mehrerer Jahre kämpfte man darum, daß die Arbeiterkontrolle wieder eingesetzt wurde, weil sie mittels eines Gesetzes entstanden war. Oder, wenn man so will, was sie mit der einen Hand machten, das radierten sie mit dem Ellenbogen wieder aus, nicht wahr?
Gut, dann ging ich, um mit Frederico zu sprechen und sagte ihm:
»Sieh mal, diese Arbeiterinnen hätten schon einen Vertrag bekommen müssen, ein Dokument unterschreiben müssen, irgendwas. Was kann man machen? Sie leiden wirklich furchtbar, und sie werden von der Gesellschaft betrogen. Sie verdienen wenig und opfern sich völlig auf. Am Anfang haben sie sie gut bezahlt, aber jetzt ist es sehr wenig, was sie verdienen. Außerdem haben sie keinen Zugang zu den firmeneigenen Läden, sie haben keinerlei soziale Versorgung, sie haben nichts. Ihre Kinder müssen erzogen werden, und sie werden in der Schule der Gesellschaft nicht angenommen. Sie brauchen auch medizinische Versorgung. In den letzten Tagen, zum Beispiel, gab es einen Unfall, eine Kollegin ist gefallen, weil sie ein Loch gegraben haben, sie hat sich die Hüfte gequetscht, und es gab keinerlei ärztliche Versorgung für sie.«

All das warf ich auf, und nach und nach erreichten wir einiges. Escóbar erreichte zum Beispiel, daß die Frauen das Recht bekamen, im firmeneigenen Laden zu kaufen, daß ihre Kinder in die Schule der Gesellschaft gehen konnten. So erreichten wir einige Notbehelfe.

Aber die Zeit verging ... und es war nicht die Lösung, die wir am Anfang angestrebt hatten. Wenn wir unsere Einigkeit bewahrt hätten, hätten wir viel mehr erreicht, glaube ich.
Sechs Jahre arbeiteten die »Palliris« so. Außerdem teilten sie sich, und eine große Gruppe begann, von zwei Aktivistinnen geleitet zu werden, die die Genossinnen zu Instrumenten für politische Zielsetzungen machten. Und sie

nahmen sie in Lastwagen mit, wenn es Demonstrationen gab, damit sie als Unterstützung für das Barrientos-Regime auftraten.
Eine kleine Gruppe machte nicht mit.
Im Jahre 1970, als General Torres an die Macht kam und man sagte, daß es ein demokratisches Regime wäre, dachten wir: »Diesen Moment müssen wir ausnutzen.«
Da sagte ich zu meiner Schwester, die auch in der Halde arbeitete:
»Mach etwas, damit sich nach sechs Jahren die Sache endlich ändert.«
Gemäß dem Gesetz hat jeder Aushilfsarbeiter nach drei Monaten das Recht darauf, als regulärer Arbeiter anerkannt zu werden. Also wollte ich, daß darüber verhandelt würde.
Meine Schwester begann, mit dem einen oder anderen zu sprechen. Sie gingen auch zur Kirche, um die Padres um Hilfe zu bitten. Und dann brachte die Kirche einige Broschüren heraus, in denen so etwas wie eine Geschichte der Gruppe veröffentlicht wurde, und wie die Frauen in einer erniedrigenden und schwierigen Situation arbeiteten. Und die Haldenarbeiterinnen organisierten sich und verlangten von der Gesellschaft, als reguläre Arbeiterinnen anerkannt zu werden und alle sozialen Vorteile zu genießen.
Aber eine andere Kommission der gleichen Arbeiterinnen versammelte sich in der COMIBOL bei einer Versammlung. Die von der COMIBOL überredeten sie, sich abfinden und von der Arbeit entlassen zu lassen. Und sieh mal, die Frauen in der Mehrheit billigten das. Eine Minderheit blieb hart, bestand darauf, ihren Arbeitsplatz unter besseren Bedingungen beizubehalten. Aber dem, was die Mehrheit sagt, folgt die Minderheit, und das berücksichtigt man.
Dieses Mal kam Juan Lechin. Und es gab eine Versammlung der Arbeiterinnen. Also stand ich auf und sagte: »Es ist nicht gerecht, daß sie die Haldenarbeiterinnen so entlassen. Und wenn es eine Mehrheit gibt, die aufhören will, sollen sie aufhören, aber die, die weiterarbeiten wollen, sollen weitermachen. Was man hier will, ist, daß die Lebens- und Arbeitsbedingungen verbessert werden, und nicht, daß man sie entläßt. Warum die Genossinnen? ... Wo sollen sie arbeiten? Sie haben keinen anderen Arbeitsplatz. Außerdem haben sie kein Geld gespart. Und die kleine Abfindung, die man ihnen geben wird? Wofür soll die gut sein? Viele von ihnen haben Schulden, viele sind krank. Werden sie auf der Straße liegenbleiben, krank und mit Schulden? Schließlich werden sie weder Geld noch Arbeit haben. Wie sollen sie leben? Das könnt ihr als Arbeiter nicht zulassen. Wir müssen uns solidarisieren.«
Dann fragten mich viele der Haldenarbeiterinnen, was ich mit all dem zu tun hätte. Und sie sagten mir ins Gesicht, daß sie »Arbeiterinnen« und nicht »Hausfrauen« seien. Nun, sagte ich, das Hausfrauenkomitee hätte sie organisiert. Wir hätten also ein Recht dazu. Weil wir unsere Grundsatzerklärung haben, die zum Beispiel besagt: »daß wir über bessere Bedingungen für die Witwen wachen müssen«. Also sei uns die Idee gekommen, sie zu organisieren, um Arbeit zu finden, da wir eine Verpflichtung für die Witwen hätten. In dieser

Zeit war ich Organisationssekretärin des Komitees, und deswegen übertrugen sie mir diese Aufgabe, und ich setzte alles daran, um das zu erreichen. So war die Sache, nicht wahr?
Die kleine Gruppe, die weiterarbeiten wollte, bat mich, mit ihnen zusammenzuarbeiten. Also fuhr ich mit ihnen nach La Paz, um dieses Problem in der COMIBOL zu diskutuieren. Doch, wir erreichten etwas für diese Gruppe. Sie erklärten sich in der COMIBOL einverstanden, für sie eine Schneiderei-Kooperative einzurichten. Die Regierung würde ihnen Maschinen geben. Aber, da keine von ihnen schneidern konnte, kamen wir überein, daß sie ihnen drei Monate Gehalt gaben, damit sie es lernen konnten. Wir stimmten auch darin überein, daß die Gesellschaft die Mädchen einstellen würde, indem sie die Kooperative für die Gesellschaft arbeiten ließ. Wenigstens hat man versucht, etwas zu retten, nicht wahr? Doch, bis heute macht diese Kooperative weiter. Aber es ist eine sehr kleine Gruppe.
Eine andere Sache, die wir für die Haldenarbeiterinnen erreichten, stand in Zusammenhang mit der Abfindung. Man würde denjenigen, die sich bereit erklärten, aufzuhören, im ganzen 800 Pesos auszahlen. Aber, in Übereinstimmung mit dem Arbeitsgesetz, erreichten wir es mit Hilfe der Gewerkschaft und des Genossen Lechin, daß man ihnen auch die anderen Vergünstigungen, auf die, die von der Gesellschaft Abschied nehmen, ein Anrecht haben, zukommen ließ. Und sie konnten etwa 2000 Pesos herausholen. Auch dazu konnten wir Ihnen verhelfen. Ich fand, daß ich als Leiterin trotz aller Angriffe gegen mich keinen Grund hatte, beleidigt zu sein und zu sagen: man hat mir dies und das angetan, ich kümmere mich nicht mehr drum. Ich wußte, daß die Leute aus Unwissenheit so handeln, nicht wahr? Aus Unkenntnis der Arbeitsgesetze.

Das ganze Problem mit den Haldenarbeiterinnen ließ mich viel an folgendes denken: wir, ob Mann oder Frau, müssen uns über die Arbeitsgesetze informieren, damit wir entsprechend unsere Klagen vorbringen können. Die große Mehrheit von uns kannte die Rechte nicht, die wir haben, die Gesetze, die uns beschützen. Und deshalb haben wir sogar Angst, Dinge zu verlangen, zu denen der Staat oder unsere Arbeitgeber uns gegenüber verpflichtet sind. Ich kenne zum Beispiel verschiedene Fälle von Minenarbeitern und Arbeiterwitwen, die ihre Vorteile verloren haben, weil sie nicht wußten, wie und wann man seine Forderungen stellen muß. Sie kümmern sich nicht darum, weil sie das Gesetz nicht kennen. Und deswegen betrügt man sie sogar manchmal bei der Sozialfürsorge.

Im Hausfrauenkomitee fehlt es uns noch sehr an diesem Wissen. Aber man kann nicht von den Genossinnen verlangen, noch mehr zu leisten. Es ist hier alles so besonders ..., und wir müssen soviel arbeiten, nur um zu überleben, und wir haben so viele Probleme zu lösen, daß wir noch nicht dazu gekommen sind, uns zu organisieren, um diese Sachen zu studieren, die sehr wichtig sind.

Und ich habe auch noch nicht die Gelegenheit gehabt, die ganze Arbeitsgesetzgebung zu lesen. Aber wenn es ein Problem zu lösen gibt, gehe ich eben zur Gewerkschaft und leihe mir die Gesetzbücher; ich sage dem Sekretär: »Ich möchte mich über die und die Sache beraten lassen«, und er sagt mir: »Das steht in dem und dem Artikel, auf der und der Seite.« Die Leiter kennen all das sehr gut.
Ich glaube, daß das Problem der Haldenarbeiterinnen zum großen Teil darin bestand, nicht wahr, daß sie keine klaren Vorstellungen bezüglich der Gesetze hatten, die sie schützen konnten. Und gleichzeitig ließen sie sich zu sehr durch diese beiden Leiterinnen mitziehen, die sie betrogen. Und deswegen wurden wir, als wir ihnen helfen wollten, zurückgewiesen. Und zum Schluß hat man es vorgezogen, um mit dieser »nationalen Schande«, wie man sagte, Schluß zu machen, diese Arbeitsplätze für die Frauen abzuschaffen. Abzuschaffen und so die »nationale Schande« für Bolivien zu beenden. Aber die Wahrheit ist, daß sie 400 Frauen verurteilt haben, hungers zu sterben, anstatt dieses Problem erneut zur Diskussion zu stellen und zu sehen, welche andere Möglichkeit es gäbe, den Frauen Arbeit zu geben.
Viele dieser Genossinnen sagen heutzutage: »Wir haben uns dieses Mal vertan, wir könnten heute Arbeit haben.« Verschiedene von ihnen bitten Tag um Tag hier und dort um Arbeit. Viele wollen sich organisieren. Aber im Moment ist das nicht möglich.
Die Lage der »Palliris«, die Bedingungen, unter denen sie zu arbeiten gezwungen waren, stellten wirklich eine »nationale Schande« dar. Aber der Mangel an Arbeitsplätzen für die Frauen ist auch eine Schande für Bolivien, nicht wahr? Besonders für die Ehefrauen der toten Arbeiter, der Deportierten oder von der Gesellschaft Entlassenen, die im Elend leben, weil sie keine Arbeit finden können. Stimmt es nicht?

Guerilla des Ché

Im Jahre 1967 erschien in Bolivien die Guerilla des Commandante Ché Guevara.
Ihr müßt verstehen, daß die Guerilla in einem für das Volk ganz besonderen Moment kam. Seit 1965 schuldete die Regierung uns die 50%, die sie von unserem Lohn einbehalten hatte. Barrientos hatte versprochen, sie zurückzugeben, wenn die COMIBOL finanziell gesichert wäre. Aber die Jahre vergingen, und statt dessen bildete sich ein neues Bürgertum der Militärs, die begannen, große Häuser zu kaufen, Mercedes Benz Autos, und sehr gut zu leben, während wir vor Hunger starben. Außerdem bildete sich ein neuer Unterdrückungsmechanismus, die DIC*. So, nicht wahr?
Deshalb machten wir beständig Eingaben, versuchten, unsere Situation zu verbessern. Aber die Regierung gab uns immer die gewohnte Antwort: Entlassungen aus der Bergwerksgesellschaft, Verhaftungen, Gefängnisse. Plötzlich begannen wir, davon zu hören, daß es eine Guerilla gäbe und daß die Regierung mit allen Mitteln gegen die Guerilleros vorgehen würde und gegen die, die sie unterstützten.
Am Anfang kümmerten wir uns nicht darum. Wir sagten: »Die Guerilla existiert nur in den Köpfen der Herrschenden.« Und wir dachten wirklich, daß dies nur ein Vorwand sei, viele Leute zu massakrieren, sowohl durch blutige wie durch weiße Massaker. Weiße Massaker nannten wir die Massenentlassungen von den Arbeitern, wenn man sie auf die Straße wirft. Und seit Barrientos an die Regierung gekommen war, hat es viele weiße Massaker gegeben: jeden Arbeiter, der reklamierte, warfen sie aus der Gesellschaft heraus, sie entließen ihn. Und mehr als 500 Arbeiter in Siglo XX hatten kein Recht mehr, zu nichts: man hatte ihnen das Recht zu arbeiten entzogen. Deswegen dachten wir, daß die Regierung mit dem Gerücht von der Guerilla nur einen Vorwand mehr haben wollte, um die Unterdrückung noch zu verstärken. Aber später tauchte

* siehe Anmerkung Seite 32

eine Erklärung der Guerrillero-Gruppe auf, die von Moisés Guevara, Simon Cuba, Julio Velasco, Raúl Quíspaya und ich weiß nicht, von wem noch unterschrieben war, jedenfalls waren alle in der Mine bekannt. In diesem Manifest sagten sie, so, wie die Regierung eine bewaffnete Armee brauche, um sich an der Macht zu halten, so brauche die Arbeiterklasse in der gleichen Art eine bewaffnete Gruppe, die die Arbeiter verteidige. Also: mehrere Söhne des Volkes seien in die Berge gegangen, um mit der ganzen Diktatur Schluß zu machen, mit all dem Faschismus, der das Volk mit Blut befleckt. Und daß sie in die Berge gegangen seien, um den Kampf von dort aus zu beginnen. Und daß sie sich bewußt seien, daß man dieses Ausbeutungssystem ändern und der Arbeiterklasse die Macht übergeben müsse. Und daß, wenn die Arbeiterklasse einmal an der Macht wäre, sie nur mit dem Sozialismus eine gerechte Welt erreichen würde, menschlicher, ohne Hunger, ohne Unterernährung, ohne Ungerechtigkeiten, ohne Entlassungen aus der Gesellschaft.

Es waren zwei Seiten voll, die die Situation, in der wir lebten, und die Sachen, die wir benötigten, sehr tiefschürfend analysierten. Und sie waren durch eben diese Leiter unterschrieben. Und da wir mit ihnen in enger Verbindung standen, konnten wir ihre Unterschriften identifizieren. Dann wurde diese Erklärung sehr verbreitet, sie wurde sogar im Radio verlesen, was vielleicht ein Irrtum unsererseits war. Und jetzt zweifelten wir nicht mehr an der Wahrheit, daß die Guerilla existierte.

In diesen Tagen kam die Resolution zustande, daß die Gewerkschaft der Mineros sofort eine Vollversammlung der Generalsekretäre von Siglo XX einberufen müßte, um von der Regierung die Rückerstattung der Löhne, die sie uns schuldeten, zu verlangen. Und gut, einige Mineros sagten auch, daß sie, wenn man diese Forderung nicht erfüllte, anfangen würden, den Guerilleros offen zu helfen, weil, da es so viele weiße Massaker gab, es ihnen besser erschiene, in den Bergen, als ohne Arbeit Hungers zu sterben in den Minen. Sie machten auch einige Demonstrationen als spontane Hilfe für die Guerilleros.

Die Vollversammlung der Leiter hätte am 25. Juni eröffnet werden sollen. Aber am Vorabend, im Morgengrauen des 24., dem traditionellen Fest der Johannisnacht, an dem man Lagerfeuer macht, und es Sitte ist, mit dem Nachbarn einige Gläschen zu trinken, zu singen und zu tanzen, marschierte die Armee ein und verschiedene töteten sie. Ich, zum Beispiel, verlor unter ihren Fußtritten im Gefängnis mein Kind, weil sie sagten, ich wäre eine Verbindungsperson der Guerilleros. So daß Ché mit vielen unserer Genossen in den Tod ging, einschließlich unserer Kinder, weil viele von uns ihre geliebtesten Wesen aus Anlaß der Guerilla des Ché in Bolivien verloren haben, nicht wahr?

Es stimmt, daß Ché die Vorstellung gehabt hat, man hätte ihn verraten. Wenigstens schreibt er das in seinem Tagebuch, nicht wahr? Man habe ihm ein falsches Bild von Bolivien übermittelt, er habe sich andere Möglichkeiten vorgestellt. Aber ich glaube, daß Ché einige Fehler gemacht hat. Zum Beispiel den, einer polititschen Partei zu sehr zu vertrauen und sich nicht mit wirklichen

Organisationen des Volkes, der Arbeiterklasse, in Verbindung zu setzen, damit sie ihm ihre andere Meinung mitteilen konnten. Und dann gaben die, die sich für ihn engagiert hatten, ihm ihre Hilfe nicht mehr. Das steht da im Tagebuch des Ché, nicht wahr? Es ist keine Erfindung von mir. Ich habe auch keine Kenntnisse darüber. Aber es kann jeder, der es wissen will, sein Tagebuch lesen, in dem er noch die eine oder andere Sache erwähnt.
Bis zu dem Moment, in dem Ché gestorben ist, wußten wir im Bergwerksrevier nicht, daß er in Bolivien war. Ja, es gab zwar Kommentare. Aber erst dann, als in der Presse das Foto seiner Leiche erschien, wußten wir, daß Ché bei den Guerilleros gewesen war. Oder, wenn man so will, wir wußten nur mit Sicherheit, daß einige Mineros dabei waren. Und wegen dieser Hilfe, die wir ihnen gaben, litten viele unserer Genossen und starben.
Deswegen tat es mir sehr weh, als sich eines Tages, nach einem Auftreten von mir vor dem Tribunal des Internationalen Jahres der Frau in Mexiko, mir ein Herr nähert und sagt:
»Sind Sie Bolivianerin?«
»Ja«, antwortete ich.
»Aha!« sagte er mir, »Sie gehören also zu den Feiglingen, die unseren großen Commandante Ché Guevara sterben ließen, ohne ihm zu helfen.«
Mich schmerzte das, weil man sich, wenn man eine Sache nicht genau weiß, bevor man seine Meinung abgibt, versichern sollte, man muß untersuchen, ehe man sich äußert, nicht wahr? Und ich weiß, was in Siglo XX beim Massaker der Johannisnacht passiert ist, und nachher, weil es die Guerilla des Ché gab. Und es erscheint mir nicht gerecht zu sagen, daß wir, das bolivianische Volk, Feiglinge sind und daß wir ihn verraten hätten.

Das Massaker der Johannisnacht

Es war am Vorabend des 24. Juni 1967, an dem das zweite große Gemetzel stattfand, das wir das Massaker der Johannisnacht nennen. Es war eine grauenhafte Sache, weil es für uns vollkommen überraschend kam.
Im ganzen Lagerdorf hörte man die Raketen und Kracher, die wir immer bei diesem Fest explodieren lassen. Dies ist unsere Art, unsere Freude auszudrücken. Und es marschierte die Armee ein und begann zu schießen. Das verwirrte die Leute sehr, weil sie am Anfang dachten, dieser Krach käme von dem Feuerwerk.
Die Armee hatte alles geplant. Es kamen Leute in Zivil ins Lager. In Eisenbahnwaggons kamen sie über die Station Cancañiri. Sie stiegen aus und schossen auf alles, was sie auf dem Weg trafen. Es war ganz entsetzlich! ...
Im Morgengrauen heulte die Sirene des Lagers Alarm. Diese Sirene heult nur einmal am Tag, um fünf Uhr morgens, um uns zu wecken. Sie heult sonst nur, wenn irgendein Notfall ist. Sie ist sehr laut, diese Sirene. Man sagt, sie stamme von einem Schiff.
Es heulte also die Sirene, und wir stellten das Radio an. Und dort hörten wir, daß die Armee angriffe und daß wir kommen müßten, um unseren Sender zu schützen.
Wir öffneten die Türen. Aber wir hatten sie kaum geöffnet, als wir sie wieder schließen mußten: sie begannen wieder zu schießen. Sie hatten sich schon verschanzt. Sie schossen auf alles und jeden.
Und warum? Nun, natürlich darum, weil die Regierung erfahren hatte, daß am nächsten Tag diese Versammlung stattfinden sollte, die Versammlung der Generalsekretäre, wo unsere Probleme wieder zur Sprache gebracht werden sollten, nicht wahr? Und die Regierung wollte nicht, daß das geschah.

Während dieser Schießerei mußten wir Frauen hin- und herrennen, um die Verwundeten aufzusammeln und zu retten, und wir mußten verhindern, daß die Genossen, die außer sich waren, sich diesem Kugelhagel entgegenstellten.

Was haben wir alles in dieser Nacht gesehen! Ich sah zum Beispiel einen Arbeiter, der mit seinem ganz kaputten Bein aus seinem Haus heraustrat um sich mit seiner alten Pistole der Armee entgegenzustellen. Aber wir konnten ihm die Waffe abnehmen und verstecken. Und weil sie sahen, daß er behindert war, taten sie ihm nichts.
In der Ambulanz sah ich eine schwangere Frau, der sie in den Bauch gestochen hatten. Ihr Kindchen starb.
Eine andere Frau schrie mir zu: »Was ist mit meinem Kind passiert? Retten Sie es!« Ich hob den Kleinen auf und brachte ihn aus dem Haus heraus. Und als ich ihn gerade in den Krankenwagen bringen wollte, setzte ich ihn auf meinen Schoß... und sah, daß sein Schädel ganz leer war.
Nun: das sind Szenen, die ich nie vergessen werde, die ich ständig durchlebe und die wirklich schrecklich waren. Ganze Familien waren tot. Es ist viel Blut geflossen!...
Es sind Leute so im Bett gestorben, weil sie wie Verrückte geschossen haben, wie Verrückte auf alles.
In ein Haus, zum Beispiel, schlug eine Kugel ein und tötete den Mann, und durch einen seltsamen Zufall prallte sie an der Wand ab und tötete die Frau. Der Kleine ist Waise und lebt noch in Siglo XX.
Die Armee umstellte den Radiosender, und die Soldaten wollten alle töten, die ihn in Betrieb gehalten hatten. Der Leiter Rosendo Garcia Maisman verließ sein Haus, um den Sender zu verteidigen. Seine Frau wollte ihn zurückhalten, aber er sagte, zuerst käme seine Arbeit. Als er zum Radiogebäude kam, hatten sie den Ansager schon am Bein verletzt. Und ein Soldat wollte ihn fertigmachen. Und Rosendo tötete den Soldaten und rettete den Verwundeten. Aber es gab eine Schießerei zwischen ihnen, und es kamen immer mehr Soldaten, ergriffen und töteten Rosendo, indem sie ihm zwei Kugeln in die Nase schossen. Und so starb er, den Besitz des Volkes verteidigend.
Man weiß nicht, wieviele Leute gestorben sind.
Und als man am nächsten Tag auf dem Friedhof die Toten, hunderte und aberhunderte Tote, begrub, stellte ich mich oben auf die Mauer. Und von dort aus sprach ich und klagte an:
»Das kann ich nicht ertragen. Wie ist es möglich, daß man die Arbeiterklasse, die Leute, die sich aufopfern, die arbeiten und das Land reich machen, daß man sie töten muß? Es ist nicht gerecht, daß sie das mit uns getan haben. Denn die Regierung selbst hat uns unseren Lohn abgenommen, und wir haben nur das verlangt, was uns gerechterweise zukommt... Und daß sie uns töten, ist nicht gerecht. Feiglinge! Hundesöhne!« schrie ich ihnen zu.

Und weil es diesmal Guerilla gab, sagte ich ihnen:
»Warum geht ihr nicht dahin in die Berge? Dort sind die bewaffneten Männer, die auf euch warten. Warum geht ihr nicht dahin kämpfen? Warum kommt ihr hierher, um wehrlose Menschen zu töten? Und wie könnt ihr das tun, da ihr

doch den Arbeitern alles verdankt, euer bequemes Leben, Häuser, Autos und Reisen?«
So machte ich eine Kritik von allem. Und ich fragte auch:
»Und ihr glaubt, weil ihr ein paar Waffen habt, könnt ihr uns so demütigen? Auch wir haben Mut, auch wir haben mutige Menschen. Und nur, weil wir keine Waffen haben, können wir uns gegen dieses Morden nicht verteidigen.«
Nun gut, das geschah am 25. Juni.

Wo ist die Minera?

Das genügte, damit sie zwei Tage später kamen, um mich zu verhaften. Sie schlugen nachts die Fensterscheibe meines Hauses ein und kamen wie Diebe herein. Sie durchsuchten das ganze Haus und sagten, ich hätte in der Johannisnacht an der Tür einen Leutnant getötet. Lüge, ich war überhaupt nicht an dieser Tür.

Ein Mann mit einer Strickmütze, die nur die Augen freiläßt und gegen die Kälte gut ist, erschien. Und er sagte, ich sei die Chefin der Frauen.

»Sie ist die, die den Kopf des Generals verlangt«, sagte ein anderer. »Drecksau! Doppelter Lohn! Kommunistin!« schrie ein anderer. Da wurde ich wütend und holte meine paar Sachen heraus, die ich in einer kleinen Schublade hatte.

»Doppelter Lohn? Wovon doppelter Lohn? Ich hab noch nicht einmal genug, um mir ein ordentliches Kleid zu kaufen!« antwortete ich. Sie stießen mich. Mein Töchterchen wurde wach. Sie warfen Alicia in die Luft, und ich konnte sie gerade noch auffangen.

Alles, was ich an Wertgegenständen hatte: Papiere, Dokumente des Komitees, sammelten sie in einer Decke. Und mich führten sie ab, meinen Mann nahmen sie auch mit, so wie er war, ohne Schuhe. Sie banden ihn auf einem Lieferwagen der Armee, mit den Armen auf dem Rücken, fest. Sie erlaubten mir eben noch, einen Mantel für mein Töchterchen mitzunehmen.

Und wir stiegen in das Fahrzeug ein. Dort waren einige Leiter aus Siglo XX. Bis zu diesem Augenblick hatte ich keine Angst verspürt.

Als wir am Ortsende von Llallagua ankamen, stand dort ein Caimán-Lastwagen* voll von Gefangenen, einer neben dem anderen, ihre Gesichter blutüberströmt. Sie leuchteten mit einer Laterne, damit ich aufstieg, und ich sah das Blut fließen. Ich dachte, man hätte sie an Ort und Stelle erschossen, und ich sagte mir: sie werden mich töten. Ich stellte mir meine Kinder als Waisen vor... Da erst hatte ich große Angst. Ich wollte es nicht zeigen, aber doch, ich hatte Angst.

---

* Militärtransporter

Sie stießen mich auf das Fahrzeug hinauf mit dem kleinen Kind, ich fiel hin, dann schrie jemand. Da erst merkte ich, daß die Gefangenen am Leben waren. Sie wollten mich gerade fesseln, so, wie sie es mit dem Männern gemacht hatten, aber mein Töchterchen begann, laut zu weinen.
Es kam der Coronel Acero und fragte, von wem dieses Kindchen sei und wer diese Frau.
»Das ist die Anführerin der Frauen« sagte der Mann mit der Mütze.
Der Coronel ließ den Lastwagen anhalten, ließ mich meinen Poncho anziehen, und ich stieg in den Lieferwagen, in dem die Chefs der Polizei fuhren.
Wir warteten lange Zeit in Llallagua, bis der Lastwagen sich mit 40 oder 50 Gefangenen füllte, und dann brachten sie uns in die Kaserne von Miraflores. Sie brachten uns in ein leeres Zimmer. Sie sagten uns, von diesem Augenblick an seien wir politische Gefangene, und es sei uns verboten, irgendetwas zu tun, und daß, wenn wir zu fliehen versuchten, sie das Gesetz über die Flucht anwenden würden. Und sie gingen raus.
Wir waren alle gefesselt. Ich legte mein Töchterchen auf einen Tisch, der da drinnen stand, und begann, unsere Fesseln zu lösen. Es ging zuerst nicht, sie waren sehr fest, aber zum Schluß gelang es mir doch.
Am nächsten Tag holten sie uns heraus, um uns zur Piste in Uncia und später im Flugzeug nach La Paz zu bringen. Aber es war schlechtes Wetter, und das Flugzeug kam nicht. Wir standen lange Zeit auf der Piste und warteten. Währenddessen hatten sich die Genossinnen in Bewegung gesetzt und kamen demonstrierend von Siglo XX nach Uncia. Die Polizisten telefonierten in die Kaserne und sagten, die Frauen kämen näher, sie wären schon da.
Aber es hieß, sie hätten den Polizeikontrollposten von Miraflores passiert, da ließen sie uns zurückkehren. In der Kaserne stand schon ein anderer Lastwagen bereit, um uns auf einem anderen Weg wegzubringen. Mich steckten sie ins Führerhaus, wie ein Schild. An meiner Seite war ein Polizist, der seine Waffe auf mich gerichtet hielt. Sie holten uns auf der Rückseite der Kaserne heraus, um uns nach Oruro zu bringen und dann nach La Paz. Ich konnte die Menschen sehen, die Fahnen bei sich hatten und in Richtung Kaserne liefen. Aber sie konnten uns nicht sehen.
Mitten auf dem Weg nach Oruro ging das Fahrzeug kaputt. Dann ließen sie mich absteigen uns uns auf den Boden setzen. Die Soldaten hatten sich hinter ihren Maschinenpistolen verschanzt, aber so gut mit Decken verdeckt, daß man nicht merkte, daß sie bewaffnet waren. Und zu uns sagten sie: »Äußerste Vorsicht! Wir zielen auf das Kind und seine Mutter. Und wenn irgendjemand versucht, um Hilfe zu rufen oder flieht, schießen wir, wir fangen mit dem Kind an, dann kommt seine Mutter dran.«
So verbrachten wir mehrere Stunden, bis sie das Fahrzeug repariert hatten. Auf der Straße fuhren viele Lastwagen vorbei. Sehr viele... aber sie merkten nichts, weil die Männer auf dem Lastwagen von der Plane verdeckt wurden. Als wir nach Oruro kamen, traf ich Nabor, einen Schulkameraden, der dort als Polizist

arbeitete und uns abholen kam. Mein Kind hatte großen Hunger und weinte. Da gab mir einer der Polizisten 5 Pesos, damit ich ihm etwas kaufte. Und ich ging zu Nobor und bat ihn, mir zu helfen. Aber er sagte mir:
»Was stellst du dir vor? Glaubst du etwa, ich würde die helfen?«
Und er half mir nicht. Ich wollte es nicht glauben, aber er half mir nicht.
Wir kamen nach La Paz. Mein Töchterchen fror entsetzlich. Sie war zwei Jahre alt. Und alle sagten: »Wie? Das Kind? Sie ist nicht schuld.« Einige, die empfindlicher waren, begannen zu weinen. Dann versuchte ich, sie zu beruhigen, indem ich ihnen sagte, daß meine Tochter all das nie vergessen würde. Und daß das gut sei, um sie zu schmieden, damit sie sich der Ungerechtigkeiten von Kind an bewußt würde.
In La Paz brachten sie uns an die Seite des Regierungspalastes, wo die DIC ist. Die Genossen brachten sie in den Keller. Und dort sah ich das letzte Mal meinen Mann. Sie ließen mich draußen.
Mein Töchterchen begann, vor Hunger zu weinen. Sie schrie wie am Spieß!
Ein Polilzist kam zu mir und fragte mich:
»Warum schreit dieser Säugling?«
»Sie hat Hunger«, sagte ich.
»Gib ihr doch die Brust...«
»Wie dann? Ich gebe keine Brust mehr. Sie ist zwei Jahre alt.«
Darauf kam er mit einem Fläschchen mit Kaffee und einem Butterbrot. »Nimm das«, sagte er mir, »aber sag nicht, daß ich es dir gebracht habe. Es kann mich meine Stelle kosten.«
Wir schliefen. Es war sehr kalt.
Morgens stand ich auf, und bat sie, mich zur Toilette gehen zu lassen. Ich wollte meine Genossen sehen. Ich ging in den Keller, in den sie gesteckt worden waren, und sah niemanden. Als ich durch den Hof ging, sah ich einen großen Herrn. Ich sah mich nach allen Seiten um, und, ohne es zu wollen, stieß ich ihn an. Er beleidigte mich. Er hätte mir fast ins Gesicht gespuckt. Ich dachte, er wäre ein Polizist.
Als ich nachher aus der Toilette kam, erkannte mich ein dunkelhäutiger Herr. Da fragte ich ihn nach meinen Genossen. Und er sagte mir:
»Man hat sie um vier Uhr morgens nach Puerto Rico gebracht.«
Puerto Rico ist eine ungesunde und öde Insel im Departament Pando. Jemand stieß mich weg. Dann kam eine große Überraschung:
alle, die dort waren, waren Gefangene. Und sie gaben mir Dinge zu essen. Und ich tat sie in meinen Poncho. Und es kamen Orangen, Äpfel, alles mögliche. Und sie sagten mir:
»Mut, Genossin, du bist nicht allein. Unsere Sache ist sehr groß.«

Es waren ein Haufen Leute. Ich kam zur Tür und traf den Mann, der mich beleidigt hatte. Und er sagte zu mir: »Entschuldigen Sie. Ich wußte nicht, daß Sie Gefangene sind. Entschuldigung.«

Er suchte in seinen Taschen und gab mir, was er hatte: Zigaretten. Ich ging raus. Sie untersuchten mich von Kopf bis Fuß und nahmen mir alles ab. Ich protestierte, aber sie gaben es mir nicht wieder, obwohl es für das Kind war. Ich kehrte in die Zelle zurück. Ganz hinten saß eine junge Frau. Ich traute ihr nicht. Ich dachte, sie wäre eine Agentin.
Um drei Uhr mittags riefen sie mich zum Verhör. Im Untersuchungsraum schrien sie mich an, wie um mich zum Weinen zu bringen:
»Den Guerilleros helfen, was? Jetzt wirst Du sehen!...«
Sie beleidigten mich schrecklich. Ich konnte nicht mehr...
Ich hatte Angst. Mein Töchterchen weinte, und ich versuchte, es zu beruhigen. Ich sagte zu dem Militär, und versuchte Ruhe zu demonstrieren:
»Wovon sprechen Sie? Ich weiß nichts... Ja, doch, Herr, ich weiß von nichts...«
Er wurde böse und begann zu schreien:
»Sie macht sich lustig! Bringt sie weg, bevor ich sie umbringe!...«
Ich aß nichts an diesem Tag. Die junge Frau, die in der Zelle war, gab meinem Töchterchen ein Butterbrot. Sie holten mich am nächsten Tag und fragten mich wieder alles mögliche.
Sie fotografierten mich. Sie verbanden mir die Augen und brachten mich in ein Gebäude mit Aufzug. Sie brachten mich in ein Zimmer, und das erste, was ich sah, als sie die Binde abnahmen, war die Fahne Nordamerikas und auf der anderen Seite die Bolivianische Fahne und ein Bild mit zwei Händen, auf dem es hieß: Allianz für den Fortschritt. Dieses Zimmer war ganz in Blau. Man konnte die Tür nicht unterscheiden, nichts. Der Schreibtisch war voller Klingeln.

Ich setzte mich. Sie zeigten mir das Foto meines Vaters und begannen damit, mir zu sagen, ich sei arm und hätte mich sicher aus Not engagiert. Und der Leutnant sagte:
»Diese Ausländer setzen sich für sie ein, weil die bolivianische Regierung drastische Maßnahmen ergreifen will. Und sie werden dir helfen, wenn du uns hilfst, und so wirst du deine Kinderchen und deinen Mann und auch dich selbst retten.«
Aber, weil man in Siglo XX von der CIA sprach, und weil ich Filme darüber gesehen hatte, wie die CIA vorging, hatte ich eine ungefähre Vorstellung davon, was vor sich ging. Nun gut, danach fragten sie an:
»Wir wollen dir helfen. Deine Kinderchen werden ins Ausland gehen, um zu studieren...«
Ich fragte, was sie wollten.
Sie sagten, sie wollten wissen, wer »die Verbindungsmänner der Guerilla« seien und wo Waffen wären, usw. usw. Und da war es, daß ich ihnen sagte:
»Wer sind Sie, um mich das zu fragen? Wenn ich Probleme gewerkschaftlicher oder politischer art habe, nun, dann muß ich das natürlich mit meiner Regierung klären. Ich bin es, die sie fragen müßte: Wer sind sie? Und was machen Sie hier? Ich bin bolivianische und nicht nordamerikanische Staatsangehörige.«

Sie begannen, Englisch miteinander zu sprechen. Sie klingelten. Und holten eine Akte. Dann sagten sie mir: »Du machst uns glücklich damit, daß du stolz darauf bist, Bolivianerin zu sein. Das ist positiv. Und die ausländischen Leute, mit denen du dich abgegeben hast, sind schlecht. Was machen diese Leute denn, um dir soviel Haß auf die Gringos beizubringen? Wir Gringos tun alles für euch. Denk an eure Schule in Siglo XX, in Uncia, Schulen für die Kinder der Bergleute. Und sieh hierhin, sieh dorthin... Alles durch die »Allianz für den Fortschritt«. Alles ist unser Werk. Und sag mir, was hat Kuba in Bolivien gemacht? Und China? Vielleicht eine Schule? Nichts! Was sie wollen, ist euch zu versklaven.«
»Ich werde nichts antworten«, sagte ich ihnen.
Der Leutnant lachte und lachte und sagte, ich würde meine Lage erschweren. Sie brachten mich weg. Die Geheimpolilzisten nahmen mich jetzt am Arm und stießen mich nicht mehr rum. Sie verbanden mir wieder die Augen, brachten mich in die Zelle und nahmen mir dort die Binde ab. Nach zwei Stunden kamen sie mit Decken und Essen, sehr zuvorkommend. Und sie sagten mir:
»Der Señor Quintañilla schickt ihnen Grüße wegen ihres Stolzes, Bolivianerin zu sein.«
Der Señor Quintañilla war einer der Chefs der DIC und Agent des CIA. Ich traute dem Essen nicht. Aber mein Töchterchen aß alles.
Die Ausländerin kam aus dem Hintergrund zu mir und sprach mit mir. Ich war sehr brüsk und zurückhaltend. Ich bat sie, mich in Ruhe zu lassen. Sie lachte und verstand mein Mißtrauen. Sie sagte mir, sie sei aus Brasilien und sei in Brasilien zum Tode verurteilt gewesen, und ihre Genossen hätten sie nach Uruguay fliehen lassen. Und sie sei heimlich nach Bolivien gekommen, und man hätte sie wegen dieser Sache mit der Guerilla festgenommen. Man sei schon dabei, sie an die Grenze zu bringen, aber sie hätte einen Anwalt genommen.
Ich antwortete ihr nichts.
Und es kam die Anwältin des Fräuleins und brachte Zeitungen mit. Sie sah mich an, sah mich lange an... In einem dieser Augenblicke sagte sie: »Wie schön ihr Kind ist!«
Der Agent stand dabei, und dann sagte sie leise:
»Sie sind nicht allein. Die Mineros streiken. Seien Sie ruhig.«
Und sie spielte weiter Theater, bis sie ging.

Die Agenten kamen, um mich einzuschüchtern. Also sagte ich ihnen, ich hätte sagen hören, sie würden die Frauen immer so behandeln, sie würden sie sogar vergewaltigen.
»Und jetzt stelle ich gerade fest«, sagte ich, »Sie könnten mit mir machen, was sie wollen. Aber ich werde alles in Siglo XX erzählen. Und wenn sie von der christlichen Partei sind, werden Sie es vor ihrem Gott zu verantworten haben.«
Nun, die »Christliche Volksbewegung« (Movimento Popular Cristiano) war

die offizielle Partei von Barrientos. Deswegen sagte ich ihnen das so. Aber später hatte ich Angst, meine Lage zu erschweren.
Ich hatte keine Verbindung. Ich wußte nichts von draußen. Nichts. Nur das, was mir das Fräulein Anwalt gesagt hatte, als sie gekommen war. Und es kam ein Agent und erklärte mir, er sei nicht mit der Regierung einverstanden, aber »ich habe vier kleine Kinder, und für die muß ich es tun«, sagte er mir.
Er brachte mir eine Hose von seinem Töchterchen. Ich nahm sie für mein Kind an. Danach sagte er mir:
»Heute nacht mußte ich im Ministerium Wache stehen. Es gibt dort einen Keller, in den sie die Kriminellen stecken. Und dort hörte ich Kindergeschrei. Ich fragte meine Kollegen, was los sei. Dann sagte mir einer von denen, der herzloseste: »das sind die Kinder dieser Kommunistin von Siglo XX«, und ich ging hin, um sie zu sehen.«
Und der Agent beschrieb mir genau jedes einzelne meiner Kinder. Ganz genau. Und dann fragte ich ihn:
»Und jetzt?«
»So ist nun mal die Regierung. Sie geben ihnen nichts zu essen. Und deswegen will ich dir helfen. Aber das muß ganz unter uns bleiben. Hast du vom Jugendamt gehört?«
»Ja«, sagte ich ihm.
»Nun, dann werde ich ihnen einen Brief schreiben, damit sie die Kinder übernehmen, bis du rauskommst.«
»Ja«, sagte ich ihm, »Tun Sie mir den Gefallen.«
Und ich glaubte ihm.
»Du mußt deine Kinder retten«, sagte er mir. Und er ging weg. Ich wurde ganz verzweifelt und erzählte dem Fräulein meine Unterhaltung mit dem Agenten. Und ich weinte sehr.
Aber sie sagte mir sehr böse:
»Sieh mal, ich will dir nur die eine Sache sagen: in Brasilien haben wir von euch, vom Komitee sprechen hören, und ich dachte, das wären mutige Frauen. Und wenn ich jetzt rauskomme und sage, ich wäre mit einer Frau von Siglo XX zusammengewesen, werden sie sich wundern. Dann werden ich ihnen sagen müssen, daß sie beim ersten Witz, den man ihr erzählt hat, anfing zu weinen wie eine Maria Magdalena.«
Ich fühlte mich verzweifelt wegen der Situation meiner Kinder. Es war das erste Mal im Leben, daß ich so etwas durchmachte, und es erfüllte mich mit Entsetzen, wenn ich daran dachte, daß sie im Gefängnis waren und krank und in einem feuchten Keller, ohne etwas zu essen zu haben und ohne etwas zu haben, um sich vor der Kälte zu schützen. Der Agent hatte mir gesagt, sie weinten und schrien: »Papa! Mama!«
Wenn ich an das ganze Problem dachte, tat mir das Herz weh, nicht wahr? Also hatte ich alles aufgegeben und weinte immer weiter. Endlich sagte mir die Brasilianerin:

»Nun gut, Señora, ich glaube, daß Sie sich auf Dinge eingelassen haben, denen Sie nicht gewachsen sind. Nun, irgendetwas Gutes müssen Ihre Leute schon in Ihnen gesehen haben, da sie Sie zu ihrer Vertreterin gemacht haben. Sie dürfen nicht nur als Mutter denken, sie müssen als Leiterin denken, was in diesem Augenblick das Wichtigere ist. Sie gehören nicht nur Ihren Kindern, sie gehören einer Sache, und diese Sache ist die Sache ihrer Genossen, Ihres Volkes. Daran müssen Sie denken.«

Dann sagte ich ihr:

»Gut, ja... Aber wenn sie meine Kinder töten? Und wenn sie sterben?«

»Wenn sie sterben, Señora, nun, dann leben Sie, um den Tod ihrer Kinder zu rächen.«

So antwortete sie mir und sonst nichts. Sie ging auf ihre Seite und sprach nicht mehr.

Die ganze Stunde verbrachte ich weinend, voller Verzweiflung. Bis es drei Uhr nachmittags gewesen sein mag. Die Tür öffnete sich, ein Flügel und dann der andere, so wie sie sich noch für niemanden geöffnet hatte. Die Tür öffnete sich und das erste, was ich in die Nase bekam, war das starke Parfum von Leuten mit überreichlichem Make-up. Drei Damen traten ein. Ay! ... Mit ihren Handtaschen, sehr elegant. Sie kamen mit den Agenten, der mir vom Jugendamt erzählt hatte.

Der Agent sagte mir:

»Dies ist die Frau Präsidentin des Jugendamtes, und das ihre Sekretärin.«

»Sehr angenehm«, sagten sie mir. Und sie begannen, mir vom Jugendamt zu erzählen: daß das Jugendamt kämpft, daß es nicht erlaubt, daß ihnen Ungerechtigkeiten geschehen, daß er nicht zuläßt, daß die Minderjährigen ausgebeutet werden... so in der Art. Und Wunderbares von den Minderjährigen hatten sie zu sagen, nicht wahr? Daß das Jugendamt immer über die Minderjährigen wacht... und was weiß ich noch alles von Minderjährigen.

Gut, und dann sagten sie mir, sie hätten meine Kinder gesehen. »Entsetzlich! Was für eine Grausamkeit! Was für ein Wahnsinn!« riefen sie aus. »Wie ist es möglich, daß man die kleinen Wesen so behandelt! Was für Barbaren! Jetzt, Señora, der Grund unseres Besuches ist es zu erfahren, ob Sie wirklich wollen, daß das Jugendamt sich um ihre Kinder kümmert. Dafür benötigen von Ihnen eine Vollmacht. Sie müssen uns diese Vollmacht geben. Und diese Vollmacht muß unterschrieben sein, damit wir uns so um die Kleinen kümmern können und sie sofort ins Krankenhaus bringen können, weil sie schon sehr krank sind, und wenn wir noch warten, können sie sterben.«

Mir erschien die Idee großartig.

»Gut, ja«, sagte ich, »ich werde das machen.«

»Sehr gut. Los, los, meine Liebe ... Wir müssen die Urkunde für die Señora vorbereiten, damit sie uns diese Vollmacht gibt.«

Die andere suchte und holte ein Heft heraus. »Hier ist die Urkunde. Ist es so richtig, Señora?« Und sie las sie mir vor.

Dort stand, daß ich, Domitila Barrios de Chungara, geboren in Siglo XX, großjährig, verheiratet und im Besitz meiner bürgerlichen Ehrenrechte, so in so in der Art, nicht wahr? aus freiem Willen dem Jugendamt die Vollmacht erteile, daß sie sich um meine minderjährige Kinder kümmern, die im Gefängnis einsitzen, bis ich freikomme oder meine Situation in Ordnung bringe.

»Unterschreiben Sie, Señora«, sagte mir die »Präsidentin«.

»Gut«, sagte ich. »Aber sehen Sie, Señora, wenn man ein Dokument wie dieses unterschreibt, muß man es nicht in Gegenwart einer autorisierten Person tun, mit einem Anwalt und auf einem besonderen Papier mit einer Stempelmarke?«

»Ja, ja«, sagte sie. »Ja, los, wo ist dieses Papier? Hols raus.« Die andere suchte und suchte.

»Ay, was für ein Wahnsinn. In der Eile habe ich es vergessen. Aber ich glaube, das ist kein Problem, ich glaube, sie kann es auf irgendeinem Papier unterschreiben.«

Und die andere Dame sagte:

»Bitte, Herr Inspektor, holen Sie uns ein Blatt Papier.«

Und der Agent lief und brachte einen großen Bogen Papier mit Briefkopf, aber mit dem Briefkopf der DIC, nicht wahr?

Da sagte ich der Frau:

»Nein! So kann ich nicht unterschreiben. Es trägt den Briefkopf der DIC ... Reißen wir den oberen Teil ab?«

Aber der Agent sagte mir: »Wie? ... Sie wollen das abreißen? Sie könnten es schief abreißen und das Papier kaputtmachen.«

Dann sagte ich ihm:

»Aber ich kann auch mit dem Briefkopf der DIC nichts unterschreiben. Ich kann nicht so auf einer von diesen leeren Seiten unterschreiben.«

»Aber ... wir haben nichts anderes ... Und wenn wir mit so großen Schwierigkeiten hier hereingekommen sind, wie können Sie noch Bedingungen stellen? Denken Sie daran, es geht um Ihre Kinder.«

Und das und jenes. Und sie begannen, mich unter Druck zu setzen, nicht wahr?

Dann sagte ich:

»Nein.«

»Gut, wenn Sie nicht mit Briefkopf wollen, dann vielleicht auf der Rückseite? Hier unten können Sie unterschreiben.«

Was für eine Beklemmung ich fühlte! Ich sah das brasilianische Fräulein an, das mit mir saß, damit sie mir wenigstens ein Zeichen gäbe oder eine Orientierungshilfe, weil es ein Augenblick furchtbarer Entschlußlosigkeit war. Die anderen setzten mich immer mehr unter Druck ... Ich brauchte jemanden, der mir sagte: »Tu es nicht« oder »Tu es« ... Ich sah die andere an, aber sie hielt sich eine Zeitung vors Gesicht und sah und sah nicht her. Es war ein verzweifelter Augenblick!

Und die Dame sagte:
»Beeilen Sie sich, Señora, wir haben keine Zeit mehr.«
Der Agent sagte von draußen:
»Es ist Zeit, beeilen Sie sich!«
Ich sagte in meinem Innern: »Nein! ... Mein Gott, was habe ich gemacht? Was habe ich bloß gemacht?«
In diesem Augenblick hatte ich also sehr religiöse Vorstellungen. Und ich überlegte schnell: »Habe ich Leute getötet? Nein, man hat getötet und ich habe das angezeigt, weil es unvereinbar mit dem Gesetz Gottes ist. Und gut, wenn sie jetzt meine Kinder töten, müssen sie das mit ihrem Gewissen abmachen. Denn, wenn ich ein leeres Blatt unterschreibe ... wieviele unschuldige Leute kann ich damit reinreißen? Besser, ich unterschreibe nicht.«
»Sehen Sie, Señora«, sagte ich, »meine Kinder sind mein Eigentum, nicht Eigentum des Staates. Und wenn es dem Staat jetzt in den Sinn kommt, meine Kinder dort in dem Keller, wo Sie sagen, daß sie sind, zu ermorden, gut, dann soll er sie ermorden. Ich glaube, das wird sein Gewissen noch mehr belasten, weil ich nicht verantwortlich für dieses Verbrechen bin.«
»Ay!« schrie eine von denen. »Ich habs euch gesagt. So sind diese Kommunistinnen!« ... »Hör zu«, sagte sie mir, »sieh mal, die Raubtiere, die Löwen, die wilden Tiere verteidigen mit ihrem Leben ihre Brut. Hören Sie, wildes Tier!« Und sie rissen mich hin und her, zerrten mich an den Haaren, kniffen mich, nicht wahr? »Was für eine Mutter sind Sie, daß Sie ihre Kinder nicht verteidigen wollen? Ay! Was für ein Wahnsinn, was für ein Irrsinn, was für ein Ekel von einer Frau!«
Und sie gingen raus.
Die andere sagte mir: »Señora, ich verstehe, daß Sie auf jeden Fall in einem außergewöhnlichen Nervenzustand sind. Aber wenn Sie ihre Meinung ändern wollen, brauchen Sie mich nur rufen zu lassen.«
Und sie gab mir ihre Karte und ging auch raus. Dann sagte mir der Agent:
»Ay! Señora! ... Wie können Sie das tun? ... Jetzt riskiere ich meine Arbeitsstelle! ... Ay, was für ein Wahnsinn! Ich habe die Schuld, weil ich mich in Sachen mische, die mich nichts angehen. Sie haben es wirklich verdient, hier drinnen zu verschimmeln, und mit noch mehr Fesseln dazu. Aber erinnern Sie sich, erinnern Sie sich gut daran: Ihr Mann wird es erfahren, wir werden ihm mitteilen lassen, daß Sie Ihre Kinder zum Tode verurteilt haben. Nun, erwarten Sie etwa, Ihre Kinder wiederzusehen ...? Sie haben sie getötet. Jetzt gleich werde ich es Ihrem Mann mitteilen.«
Und er ging raus.
Und ich sagte mir: was hast du getan? Was hast du bloß getan? ... Habe ich meine Kinder getötet? Nein, mein Gott, ... nein!
Und die Brasilianerin stand auf und umarmte mich. Sie umarmte und drückte mich an sich. Ich weinte sehr. Und sie sagte mir: »Noch nicht einmal ich, Domitila, hätte das getan, was du getan hast. Noch nicht einmal ich! ... Du

hast die Feuertaufe bestanden. Ich sagte mir: Wie kann sich ein so großes Volk bei der Wahl seiner Führer so vertun? Und ich sehe, daß das Volk recht gehabt hat, dich, Domitila, zu wählen.«
Und sie weinte auch. Wir beide weinten sehr. Und sie sagte mir, sie fühle sich glücklich, in diesem Augenblick bei mir zu sein, und ich müßte leben, um den Tod meiner Kinder zu rächen.
Aber meine Kinder waren noch nicht einmal im Gefängnis gewesen ... Von diesem Tag an erklärte ich den Hungerstreik. Ich aß nicht mehr, um den Tod meiner Kinder zu rächen. Man brachte mir zu essen, und ich ließ es zurückgehen. Wenn sie meine Kinder getötet haben, warum soll ich weiterleben? Sollen sie mich doch auch umbringen. Bringt mir Gift, sagte ich, bringt mir doch Gift. Wenn meine Kinder gestorben sind, werde ich auch sterben ...
Bis ich eines Tages, ich werde mich immer daran erinnern, daß es ein Donnerstag war, nahe an der Tür war, wo die Agenten rausgehen. Und an der Tür hörte ich das Lachen eines kleinen Kindchens dort draußen. Also näherte ich mich der Pförtnerloge und sah eine Frau da sitzen. Und ich sprach zu ihr:
»Señora, sind Sie allein? Wie schön Ihr Kind ist! Ich habe auch mein Kindchen hier! Warum sind Sie denn gekommen?«
»Ah«, sagte sie mir, »mein Fahrrad, mein Radio, alles hat man aus meiner Wohnung gestohlen. Und jetzt bin ich hierhergekommen, um die Sachen hier abzuholen. Aber das Büro ist schon geschlossen. Deshalb warte ich hier. Man hat mir gesagt, ich soll bis zwei Uhr nachmittags warten. Du, was hast du denn gestohlen? Warum bist du im Gefängnis?«
»Nein, ich habe nichts gestohlen, Señora. Aber ... und dein Mann? Wo arbeitet er?«
»Mein Mann ist Fabrikarbeiter.«
»Ah! ...«, sagte ich, »Sieh mal, Genossin, ich bin von Siglo XX, man hat mich hier ins Gefängnis gebracht. Ich bin die Frau eines Minenarbeiters. Es muß doch Solidarität unter Arbeitern geben, nicht wahr? Warum bringst du deinem Mann nicht ein kleines Zettelchen?«
Ich hatte schon eine Nachricht auf Zigarettenpapier geschrieben. Mein Töchterchen, das bei mir war, weinte manchmal sehr, dann brachten die Polizisten sie in die Sonne. Und mein Töchterchen ging von einem Büro ins andere. Und aus einem Büro hatte sie mir ein Zigarettenpapierchen mitgebracht. Es war eine neue Zigarettenmarke, gerade neu herausgekommen. LM, glaube ich, war die Marke. Und, wissen Sie, sie hatte zwei Hälften, eine weiße und eine silberne. Mein Töchterchen hatte sie mitgebracht, auch noch einen alten Bleistift. Ich hatte dann, mit einem Halm aus einem Strohbesen den Bleistift gespitzt. Und ich schrieb einen Brief, in dem stand, daß ich im Gefängnis sei und möglicherweise in einem Augenblick der Verzweifelung meine Kinder verloren hätte. Und das einzige Verbrechen, das ich begangen hätte, sei das Verbrechen gegen die Arbeiterklasse, dieses Massaker der Johannisnacht angezeigt zu haben und mit dem ich nicht einverstanden wäre. Und daß deswegen mein Mann im

Gefängnis von Puerto Rico säße und ich mich in den Zellen der DIC befände, in La Paz, wo ich in diesem Augenblick im Hungerstreik wäre, und daß ich keinen Sinn mehr sähe im Leben. Und ich schrieb noch: ich zeige dem bolivianischen Volk noch ein Verbrechen an, das man an mir begangen hat, und das ist das, was sie meinen vier Kindern angetan haben«, und am Schluß unterschrieb ich.
Ich erzählte alles der Frau, damit wenigstens sie es wußte. Ich bat sie, diesen Brief zu veröffentlichen. Aber sie sagte mir: »Nein, nein, meine Liebe, du wirst mich da reinziehen. Nein, nein.«
»Sieh mal, tus für dein Töchterchen. Ich habe auch mein Töchterchen hier. Hör doch, bring dieses Papierchen deinem Mann. Wenn dein Mann es veröffentlichen läßt, sehr gut. Wenn er es nicht tut, dann eben nicht. Aber ich will, daß dein Mann diesen Brief zur Universität bringt und daß man in der Universität weiß, daß ich im Gefängnis bin. Denn niemand weiß es.«
Ay! Weinend bat ich die Frau darum. Bis heute weiß ich weder, wer diese Frau war noch wer ihr Mann war.
»Und wenn sie mich schnappen? Und wenn sie mich anzeigen?« fragte sie mich. »Aber nein, ich weiß noch nicht einmal, wer du bist, noch sehe ich dein Gesicht, noch siehst du mich ... Wer wird wissen, daß du mir den Brief rausgebracht hast? Bitte tu mir diesen Gefallen, Kindchen! ... Gleich öffnet das Büro.«
»Nun gut, dann gib es schon her«, sagte sie mir.
»Versteck es gut, es ist sehr klein«, sagte ich ihr.
So, nur widerwillig riß sie es mir aus der Hand. Aber ich glaube doch, daß diese Genossin das Papier ihrem Mann gegeben hat und der es in die Universität gebracht hat. Jedenfalls haben alle erfahren, daß ich im Gefängnis war. Am Freitag kam am frühen Morgen der Chef der DIC und fragte mich, indem er mich mit Füßen trat:
»Wer hat den Brief rausgebracht? Wer hat diesen Brief geschrieben?« Und er riß mich an sich und ohrfeigte mich.
Und ich antwortete ihm:
»Finds doch raus, untersuchs doch. Das ist doch Ihre Aufgabe, oder nicht? Ihre Aufgabe ist es, zu untersuchen und herauszufinden. Ich bin nicht Ihr Agent ...«
Dann riß er mich an den Haaren und warf mich in eine andere Zelle, in ein kleines Zimmerchen. Und dort isolierte er mich. Die Tür war mit einer Eisenstange verschlossen, aber von innen. Und mit dieser Stange verrammelte ich die Tür. Und um nichts in der Welt öffnete ich ihnen. Mein Töchterchen weinte vor Hunger, aber ich machte ihnen nicht auf.

»Weder wegen Hunger, noch wegen Durst, Tochter ... Hier werden wir sterben.«
Die Polizisten baten mich von draußen:

»Señora, seien Sie nicht so grausam. Geben sie wenigstens Ihrem Töchterchen zu essen. Lassen Sie sie nicht weinen.«
»Nein«, sagte ich ihnen. »Haben Sie vielleicht Mitleid mit meinen anderen Kindern gehabt? Ich werde auch kein Mitleid mit dieser Tochter haben. Weil ich Ihnen damit helfen würde. Sagen Sie mir lieber Dankeschön, weil ich Ihnen helfe, Ihre Arbeit zu beenden.«
So kamen sie, um an meine Tür zu klopfen. Sie sagten, sie würden sie mit Gewalt öffnen. Aber sie konnten nicht, weil sie sehr fest war. Es war die einzige Tür aus Eisen. Und ich hatte sie von innen gut verrammelt. So war ich bis Samstag eingeschlossen.
Samstag nachmittag kamen die Geheimagenten und sagten mir:
»Hören Sie, Señora, es gibt den Befehl, Sie freizulassen.«

»Ah ...« sagte ich, »ich weiß, das ist nur ein neuer Trick, ich brauche keine Freiheit mehr.«
»Im Ernst, Señora, hier ist die Freiheit für Sie und Ihren Mann. Hier ist sie.«
Dann schoben sie mir unter der Tür ein Blatt Papier zu und ich las: »...auf Befehl des Innenministeriums gibt man Domitila de Chungara die Freiheit...« und so weiter. Ich konnte es nicht glauben. Zur gleichen Zeit wollte ich es glauben. Außerdem lag meine Tochter im Koma, und ich sagte mir: Deine Tochter wird sterben. Außerdem erklärten sie mir nicht, ob der Tod meiner anderen Kinder eine Lüge sei oder nicht ... ich dachte an so viele Dinge! Zum Schluß sagte ich mir: Was gewinne ich oder was verliere ich? Es gibt zumindest die Möglichkeit, meine Tochter zu retten. Aber gleichzeitig dachte ich mit schmerzendem Herzen: es kann eine Falle sein.
Ich machte auf. Die Agenten sagten mir:
»Los, ziehen Sie sich an! Was nehmen Sie mit?«
»Welche Sachen soll ich denn nehmen, ich nehme nichts mit.«
»Gut, dann ... auf den Lastwagen!«
Als sie die Tür aufmachten ... sah ich jede Menge Leute! Und ein Junge, der direkt an der Tür stand, schrie:
»Wo ist die Bergmannsfrau? Wo ist sie, Ihr Mörder? Die von der DIC schaffen es mit Männern nicht mehr, deswegen machen sie es mit Frauen und Kindern!«
Und sie begannen, sie zu beleidigen, ha.
»Hier ist sie doch, hier ist sie doch, sie kommt frei.«
Dann sah mich der Junge und sagte mir:
»Señora, das ganze Volk ist mit Ihnen. Nimm, nimm, nimm.«

Und es kamen jede Menge Papiere. Ich begann, eins dieser Papiere zu lesen. Und es besagte, daß die Regierung Barrientos das Volk mordet und die Frauen mordet. »Und im folgenden schreiben wir den Brief ab, den die Genossin aus dem Gefängnis geschrieben hat.« Und dort stand der vervielfältigte Brief. Ich weiß nicht, von wie vielen Leuten ich Briefe kriegte, noch weiß ich, von wem. Aber es waren viele, viele, die mich erreichten. Einige waren Flugblätter der

kommunistischen Partei, andere von der Universität. Und so, noch viele andere. Alle hatten meinen Brief abgeschrieben.
Während ich das alles las, steckten sie mich in den Lastwagen, die von der DIC. Und sie nahmen mir alle Papiere ab.
Sie holten mich da heraus, um mich vorläufig freizulassen. Aber ich war nicht sicher, ob sie mich wirklich freiließen. Denn ich kam aus dem DIC-Gefängnis raus und wußte nicht, wo sie mich hinbrachten. Sie steckten mich ins Fahrzeug und das fuhr ab. Und die Teilnehmer der Demonstration schrien.
Zuerst fragten mich die Polizisten, ob ich Verwandte oder Bekannte hätte, bei denen ich bleiben könnte. Und ich antwortete ihnen, ich lebte im Bergwerksrevier von Siglo XX, und da müßte ich hin. Da sagten sie mir:
»Sie können gehen.«
»Wie soll ich hinkommen?« fragte ich. Ich hatte kein Geld.
Also gingen sie um Geld bitten, und dann brachten sie mich zum Bahnhof, kauften mir eine Fahrkarte und setzten mich in den Bus nach Siglo XX. Ich fuhr in Begleitung eines Agenten. Aber bevor das Fahrzeug fuhr, sagten sie mir, daß sie in ihren Untersuchungen mit Sicherheit festgestellt hätten, daß die »Lincoln-Murillo-Castro-Gruppe*« schuld an dem Massaker der Johannisnacht sei. Diese Gruppe habe viele Leutnants getötet und einfache Soldaten, und all das sei bewiesen. Auch sagten sie mir, die Arbeiter seien über die Situation im Bilde und hätten die Köpfe der Hauptanführer von denen verlangt. Und ich wäre auch dabei. Sie sagten, die Arbeiter von Siglo XX warteten, um uns aufzuhängen. Was für eine wahnsinnige Angst! ... So viele Dinge sagten sie mir.
Wir kamen nach Mitternacht in Oruro an. Die Passagiere stiegen aus. Es gab kein Fahrzeug mehr nach Siglo XX, so daß wir an Ort und Stelle schlafen mußten.
Sie fragten mich, ob ich jemanden in Oruro hätte. Ich sagte, niemanden. Und ich blieb im Bus. Der Agent ging nach hinten, und dort hatte er seine Decke und schlief. Ich blieb in meinem Sitz.
Nachdem wir so eine Stunde verbracht hatten, stieg eine Frau, die auch im Fahrzeug geblieben war, aus. Dann sah ich nach, ob der Agent sich bewegte, und stieg auch aus. Nur mit dem Kind, das ich in den Armen hielt, floh ich in das Haus meines Vaters.
Ich kam zum Haus und klopfte an die Tür. Ich weinte und weinte. Man stellte mir einen Stuhl hin. Mein Papa war nicht da. Er war nach Siglo XX gegangen, weil er in der Zeitung gelesen hatte, daß man mich verhaftet hatte. Meine Stiefmutter sagte mir: »Dein Name stand in der Zeitung und daß man dich verhaftet hat. Ich weiß nicht, was sein wird. Wie gut, daß du gekommen bist.«
Diesen Tag ruhte ich mich dort aus. Als es schon nachmittag war, nachdem ich zu Mittag gegessen hatte, sagte meine Stiefmutter zu mir: »Besser, du gehst.«

* marxistische Jugendorganisation zur politischen Bildung, arbeitete in einigen Minenbezirken

Denn sie wußte auch nichts von meinen Kleinen, sie glaubte, sie wären verschwunden. Und wir beide weinten. Ich sagte ihr, daß die Mineros uns aufhängen wollten, weil sie glaubten, wir hätten die Schuld am Morden der Johannisnacht.

Und voller Sorge verließ ich Oruro. Natürlich begann ich, an all den Dingen zu zweifeln, die sie mir gesagt hatten. Aber ich machte mich doch mit all dieser Angst nach Llallagua-Siglo XX auf den Weg.

Ich kam so gegen fünf Uhr nachmittags an. Es schneite ein bißchen. Voller Angst stieg ich von dem Fahrzeug. Ich ging einige Schritte. Und ich sah das Dorf sehr ruhig, die Leute redeten miteinander wie immer.

Eine Frau, die auf den Halden arbeitete, erkannte mich:

»Ay, Domitila! Du bist gekommen!« Und sie umarmte mich. Wie war ich erleichtert. Ich, die ich erwartet hatte, sie würden mich aufhängen, würden mich zerreißen ...

Die Leute in der Nähe merkten, daß ich gekommen war, und nach einem Weilchen kam der eine oder andere zu mir:

»Wie geht es dir? Wie gut, daß du wieder bei uns bist! Was haben sie dir getan? Hat man dich geschlagen? Wie hat man dich behandelt?«

Uff! ... Wie ruhig ich mich fühlte! Alle waren glücklich und sagten mir: »Wir streiken, bis jetzt arbeiten wir nicht. So viele Tage arbeiten wir schon nicht mehr.«

Es war nämlich so: Seit sie mich verhaftet hatten, hatten sie als Unterstützung für uns alle, die wir im Gefängnis waren, nicht gearbeitet. Man stelle sich das vor! Da fühlte ich mich sehr erleichtert und beglückwünschte mich selbst dazu, jenes Papier nicht unterschrieben zu haben. Ich fühlte mich so glücklich!

Nun gut, ich war so betäubt, daß ich überhaupt nicht daran dachte, nach meinen Kindern zu fragen, nichts, sondern ich dachte nur an die Dinge, die mir passiert waren und daß ich dieses Papier nicht unterschrieben hatte, weder das eine noch das andere.

Als wir nach Siglo XX raufkamen, fragte ich: »Und meine Kinder?«

»Gut, vorige Tage habe ich sie noch gesehen«, sagte mir eine meiner Genossinnen.

Und wir kamen zu meinem Haus. Es war eine Riesenkarawane, die bei mir war. Mehr als hundert Personen begleiteten mich. Und jeder Mensch auf der Straße, der mich sah, kam hinter mir her, stellte sich hinter mich. Als wir an die Ecke meines Hauses kamen, rannten einige kleine Kinder los, um es meiner Familie zu sagen. Und ich sah, wie die Tür meines Hauses aufging und meine Kinder eines nach dem anderen herauskamen.

Du hättest sehen sollen, wie erleichtert ich war! Wie erleichtert! ... Zu denken, daß ich sie nicht verloren hatte, daß sie da standen ... Ich begann, vor Freude zu weinen, zu springen und sie zu umarmen. Kannst du dir diesen Augenblick vorstellen? Eine riesige Sache! ... Als wenn sie von den Toten auferstanden wären ... Es war ein so wunderbarer Augenblick, daß nichts außer meinen Kindern existierte, ich konnte nur schreien und sie umarmen, sie drücken, um sie bei mir zu spüren ... lebend! Das war eine Sache ... es gibt keine Worte ...! Später kam mein Papa. Und wir umarmten uns. Es kamen die Nachbarn und begannen zu reden. Die ganze Nacht hatte ich keine Zeit, mich auszuruhen. Eine nach der anderen kamen die Frauen der Genossen, die im Gefängnis waren, und fragten nach ihren Männern. Ich verbrachte redend die Nacht. Niemand ging weg. Und sie erzählten mir von sich, und ich erzählte von mir. Und wir erzählten uns alles noch einmal. So die ganze Nacht. Es wurde hell, und das ganze Haus war voller Menschen.

Die Arbeiter erzählten mir, sie hätten eine Versammlung der Gewerkschaft einberufen, und ich müßte dahingehen.
Danach informierte ich die Arbeiter über alles, was passiert war. Ich ließ kein einziges Detail aus. Ich erzählte ihnen auch, ich hätte Angst gehabt und daß der Polizist, der mich bis Oruro begleitet hatte, mir gesagt hätte:
»Hören Sie mal, Señora, Sie werden nicht sagen, daß wir Sie ins Gefängnis gesteckt haben. Wenn Sie das Leben Ihres Mannes retten wollen, müssen Sie sagen, daß Sie freiwillig hier zur DIC gekommen sind, weil Sie die Freiheit Ihres Mannes wollten; und weil Sie nicht wußten, wo Sie hingehen sollten, haben wir Sie in den Büros der DIC untergebracht. Wenn Sie Ihren Mann lebend wiedersehen wollen, sagen Sie das. Wenn nicht, werden Sie es vor Ihren Kindern verantworten müssen.«
Ich sagte den Arbeitern, daß sie mir so gedroht hätten, aber daß mir das nicht so wichtig sei, denn es sei nötig, das Volk zu unterrichten, und man dürfe das Volk nicht belügen, nicht wahr?
Und natürlich kam es so, daß die Arbeiter protestierten. Sie beschlossen, wieder zu arbeiten, aber sie brachten auch ein Manifest heraus. Sie verlangten auch die Freiheit der anderen Gefangenen, denn man hatte nur mich freigelassen.
Nun gut, am nächsten Tag hing ein Memorandum an meiner Tür, das besagte, daß ich den Distrikt in 24 Stunden verlassen haben müßte. Das Memorandum war nicht mißzuverstehen. Es war vom Direktor der Gesellschaft und noch zwei Militärs unterschrieben.
Und das gleiche, das sie mit mir machten, machten sie mit den anderen Frauen, deren Männer im Gefängnis waren: sie schickten ihnen ein Memorandum, in dem sie ihnen 24 Stunden Zeit gaben den Distrikt zu verlassen.
Es kam auch ein interner Erlaß der Gesellschaft heraus, in dem befohlen wurde, daß man den Kindern dieser Genossinnen, die zur Schule gingen, ihre Papiere geben sollte und sie von der Schule weisen solle, mitten im Schuljahr. Wir sollten keine einzige Ausrede haben, daß wir bleiben müßten, weder wegen der Kinder noch wegen irgend etwas. Damit war alles endgültig aus ...
Sehr besorgt und verweint kamen die Frauen zu mir und sagten: »Was sollen wir machen? Was sollen wir bloß machen?« Und eine große Zahl versammelte sich im Haus, und wir diskutierten den Punkt.

Und es kam so, daß mehrere Frauen zur Direktion gingen. Ich ging nicht. Und im Direktorium haben die Leutnants sie schwarz und blau geschlagen, wie sie mir erzählt haben. Sie sagten ihnen, sie müßten weggehen und dies und das und was weiß ich nicht noch alles. Ein Mädchen, das bei der Versammlung in meinem Hause dabeigewesen war, sagte zu den Frauen:
»Sagt ihnen doch, was Domitila euch gesagt hat.«
Ein Agent hörte das.
»Na los«, sagte er, »dieses Fräulein hat etwas zu sagen. Jemand hat ihr etwas gesagt. Jemand hat es ihr beigebracht. Was hat ihre Chefin gesagt?«
Und sie verhafteten das Mädchen. Sie erschreckte sich sehr. Dann ließen sie mich sofort rufen, ließen mir sagen, sie wollten mit mir über meinen Mann sprechen. Also ging ich zur Direktion. Dort waren die Militärs. Und wir hatten einen sehr scharfen Wortwechsel.
»Ah ...«, sagte der Direktor zu mir. »Sieh mal an, was für eine Überraschung! Haben Sie Ihre Lektion noch nicht gelernt? Suchen Sie eine andere Art von Lektion?«
Er fragte mich, was für Lektionen ich noch brauchte. Dann sagte ich ihm:
»Sehen Sie, Señor, die Frauen waren in meinem Haus, und ich habe meine persönliche Meinung gesagt. Sie haben meinen Mann eingelocht und mir gesagt, ich soll das Haus räumen. Aber ich werde nicht räumen können, denn erstens bin ich eine verheiratete Frau, und wo mich mein Mann gelassen hat, da kann ich nicht weggehen. Wenn ich aus dem Haus weggehe, und mein Mann kommt und findet mich nicht, wird er mich beschuldigen, daß ich ihn verlassen hätte. Wenn mein Mann nun nach Oruro gehen will, und ich gehe nach Cochabamba, oder wenn mein Mann nach Santa Cruz gehen will, und ich gehe nach La Paz, was passiert dann? Allein kann ich das also nicht entscheiden. Noch was: das Problem mit seiner Abfindung und seiner Arbeit. Weiß ich vielleicht, was für eine Abfindung Sie ihm zahlen müssen? Und ob mein Mann damit einverstanden ist? Sie geben mir vielleicht zu wenig, und mein Mann glaubt, ich hätte den Rest für mich ausgegeben. Also kann ich auch von diesem Gesichtspunkt aus nichts entscheiden. Wenn Sie wollen, daß ich das Haus räume und daß ich gehe, lassen Sie meinen Mann aus dem Gefängnis. Ich werde mit ihm gehen. Das habe ich auch zu den anderen Frauen gesagt.«
Dann begannen sie, mich zu beleidigen. Ich antwortete ihnen auch mit recht starken Ausdrücken. Und in einem von diesen Augenblicken sagte ich ihnen:
»Gut, wenn Sie meinen Mann um keinen Preis rauslassen wollen, dann verhaften Sie doch mich und meine Kinder noch dazu. Bringen Sie mich dahin, wo mein Mann jetzt ist. Dort werden wir zusammen leben oder sterben. Und wenn nicht, werden Sie sich um meine Kinder kümmern, um ihre Ernährung, um ihre Erziehung?«
Dann erwiderten sie mir mit sehr groben Worten und fragten mich, ob ich meine Kinder etwa von ihnen hätte. Aber ich fragte sie in noch gröberen Worten, ob sie sich so männlich fühlten.

Die Frauen, die dabei waren, erschraken. Und sie schrien mich an:
»Ay! Señora! Wie können Sie so ordinäre Wörter gebrauchen? Sie schaden unseren Männern und Ihrem eigenen Mann dazu...!
»Ihr, wenn ihr wollt, ihr könnt euch ja ducken, ihr könnt ja bei dem Leutnant radfahren. Ich — nein und abermals nein. Darf er mich etwa beleidigen? ... Nein und nochmals nein!« schrie ich. Und ich ging raus.
Ich war sicher, daß sie mir eine Kugel in den Rücken schießen würden oder daß sie mich zwingen würden, zurückzukommen, nicht wahr? Jetzt, jetzt halten sie mich fest, jetzt ... sagte ich zu mir. Aber ich kam ein gutes Stück voran und drehte mich um ... und nichts. Es geschah mir nichts. Die Sache war sehr überraschend.
Am selben Tag gingen sie meinen Mann suchen. So am siebten Tag nach meiner Rückkehr nach Siglo XX brachten sie ihn an. Und dann sagte ihm der Chef:
»Hör mal. Deine Frau ist schuld, daß wir dich entlassen, denn du bist ein Schlappschwanz und kannst deine Hosen nicht festhalten. Jetzt wirst du lernen, deine Frau zu beherrschen. Erstens: deine Frau war im Gefängnis, und anstatt jetzt ruhig zu sein, ist sie noch schlimmer geworden; sie stachelt weiter auf, sie streut weiter Gift unter die Leute. Deswegen entlassen wir dich aus der Gesellschaft. Es ist nicht deinetwegen, es ist die Schuld deiner Frau. Zweitens: Sieh mal: wofür brauchst du eine politische Frau? Los, jag sie weg ... und ich werde dir deine Arbeit wiedergeben. So eine Frau ist zu nichts gut. Nehmen wir man an, morgen gelingt es dir durch harte Arbeit, ein Haus zu erwerben. Wer träumt nicht davon, ein Haus zu haben? Nun, du kaufst dir eins. Aber, weil deine Frau eine Politische ist, beschlagnahmt die Regierung übermorgen dein Haus. Also hast du dein Haus noch nicht einmal für dich. Warum sollst du auf ewig wegen dieser Frau ruiniert sein? Jetzt, wo du entlassen bist, wird dich niemand unterhalten. Mal sehen, ob das dieser Frau den Kopf zurechtsetzt. Diese Frau übertreibt es! Sie hat nicht einmal mehr eine Ähnlichkeit mit einer Frau.«
Und fertig, sie gaben meinem Mann die Abfindung.
Dann sagte ich meinem Mann:
»Ich werde nicht weggehen.«
Und wir machten uns stark, wir beide.
Aber in der Nacht kamen die Polizisten und brachen mit Gewalt in unser Haus ein. Wie Dämonen kamen sie herein:
»Bumm! Bumm!« Und sie begannen, alle unsere Sachen auf den Lastwagen des Militärs zu werfen.

Und sie zwangen uns, auf den Lastwagen zu steigen. Meine Kinder wollten nicht weg, sie stiegen wieder ab und holten die eine oder andere Sache runter. Aber die Polizisten warfen sie wieder rauf. Es war ein furchtbares Durcheinander! Die Soldaten standen dicht nebeneinander vor allen Türen und ließen die Leute, die weinend hinter ihnen standen, ohne etwas für uns tun zu können, nicht nach vorne kommen. Und die Nachbarn schrien und weinten: »Warum

nehmen Sie die Señora mit? Sie hat noch nie jemandem was getan. Sie ist immer eine gute Nachbarin gewesen.«
Die Polizisten trugen weiter unsere Sachen heraus. Meine Tochter, die älteste, hielt sich an der Tür fest. Sie wollte nicht weg und rief:
»Ich will nicht weg, ich will nicht weg!«
Die Polizisten zerrten an meiner Tochter, aber sie ließ nicht los und biß sie in die Hand. Und meinen Sohn zwangen sie, im Dunkeln aufzusteigen, aber mein Sohn stieg wieder ab und nahm Sachen mit. Zum Schluß sprach ich ein Machtwort mit meinen Kindern:
»Die Besitzer werfen uns aus dem Haus. Wir sind arme Leute, und die Armen wirft man so raus. Das Haus gehört uns nicht. Habt ihr vielleicht nicht gemerkt, daß das Haus der Gesellschaft gehört und daß die Gesellschaft es uns leiht, solange euer Vater arbeiten kann? Jetzt brauchen sie seine Dienste nicht mehr, und deshalb werfen die Herren uns raus, Tochter. Nun, leider hilft die Armee ihnen dabei. Aber, mein Junge, wenn du in der Kaserne bist, wirst du nie etwas gegen dein Volk tun. Wir sind Leute, die ihre Würde haben. Sie werfen uns raus, wir haben keinen Grund zu bitten oder noch hierzubleiben.«
Und ich setzte mich auf den Lastwagen. »Maria!« rief ich, komm schon rauf«. Und da erst stiegen meine Kinder, eines nach dem anderen, auf den Lastwagen. Sie weinten und weinten. Und der Lastwagen fuhr los. Aber ich machte mich stark und sagte meinen Kindern: »Warum weint ihr?«
Und alle meine Tränen schluckte ich runter, weil ich meine Kinder weinen sah. In unserem eigenen Land, von unseren eigenen Leuten rausgeworfen, ... wo sollten wir da hin? Wir sind dort geboren, wir sind dort aufgewachsen, wir haben dort gelebt.
Man sagt, die Erde ist für den, der sie bearbeitet. Diese Bergwerkserde, die unsere Väter bearbeitet hatten, war das einzige, was wir zum Leben hatten. Aber sie mußten uns ja von dort vertreiben. Wir waren Fremde im eigenen Land.
Sie brachten uns bis Oruro. Dort, auf einem Platz, warfen sie uns mit all unseren Sachen vom Wagen und fuhren zurück. Wir hatten keinen eigenen Ort, wo wir hingehen konnten, kein eigenes Haus, wo wir die Sachen hinbringen konnten. Wir hatten kein Herd und kein Feuer, worauf wir eine Mahlzeit hätten kochen können ...
Doch was tun? Ich ging meinen Vater suchen. Er war auch sehr arm. Er lebte in einem Häuschen mit zwei Zimmern. Davon machte er eins frei, damit ich meine Sachen unterstellen konnte.
Fabiola, mein zweites Töchterchen, war in der Vorschulklasse und in Siglo XX geblieben. Die Lehrerin hatte gesagt, die Eltern könnten »Satane sein«, deswegen dürfe man aber den Kindern die Erziehung, die das Wichtigste für sie ist, nicht verweigern. Sie sagte, sie habe geschworen, allen Kindern ohne Unterschied Unterricht zu geben und den Befehl des Direktoriums nicht zu befolgen. »Señora«, sagte sie mir, »wenn Sie niemanden haben, bei dem Ihre Tochter

wohnen kann, lassen Sie sie bei mir. Sie wird in meinem Haus bleiben und das Schuljahr abschließen. Teilen Sie mir mit, wo Sie sein werden, damit ich sie Ihnen am Ende des Schuljahres bringen kann.«

Und mein Töchterchen blieb bei der Lehrerin. Aber meine anderen Kinder konnten nicht weiter lernen. Und sie weinten Tag und Nacht, erinnerten sich an Siglo XX, an das Haus, an das Essen, an dies und jenes. Da entschloß ich mich, nach Siglo XX zurückzukehren. Das geschah Ende Juli. Um sieben Uhr abends machte ich mich mit den Kleinen auf den Weg und ging zum Haus meiner Schwester. Sie arbeitete auf den Halden und hatte eine kleine Hütte. Dort blieb ich mit meinen Kindern, fast ohne nach draußen zu gehen. Ich ließ fast das ganze Geld bei meinem Mann, der in Oruro blieb, weil ich wußte, daß sie mir alles abnehmen würden, wenn sie mich schnappten. Ich nahm nur 500 Pesos mit, um sie für Lebensmittel auszugeben. So verbrachten wir fast zwei Monate. Ich hatte schon einen großen Bauch, ich erwartete wieder ein Kind.

Mein Mann sagte mir:

»Ich werde arbeiten gehen, ich suche mir eine Arbeit.«

Aber zum Unglück hatten sie ihn auf die »schwarze Liste« gesetzt, und niemand konnte ihm an irgendeiner Stelle Arbeit geben. Es war Befehl vom Innenministerium. Da begann er zu trinken und gab das ganze Geld, die ganze Abfindung aus. Aber es war so, daß ich nichts davon wußte.

Am 15. September kam mein Vater und sagte es uns: »Meine Tochter, das einzige, was dein Mann tut, ist bummeln. Warum hast du ihm das ganze Geld gegeben? Er gibt es mit vollen Händen aus. Ich hab ihn ganz vorsichtig darauf aufmerksam zu machen versucht, aber er sagt mir: »Das ist jetzt meine Arbeit.« Sag deinem Mann, er soll das Geld nicht so ausgeben, es ist nötig, daß ihr ein bißchen an die Zukunft der Kinderchen denkt. Vielleicht macht ihr ein kleines Geschäft auf und macht euch so unabhängig von der Mine. Wo ihr schon die Möglichkeit gehabt habt, rauszukommen, wäre es gut, wenn ihr euch an das Leben in der Stadt gewöhnt, auch wegen der besseren Möglichkeiten für die Kinder.«

»Ja, gut«, sagte ich ihm.

Ich hatte kaum noch Geld, ich hatte keine Lebensmittel mehr, ich hatte nicht einmal mehr was zu essen. Also ging ich allein nach Oruro, noch am selben 15. September.

In Oruro traf ich meinen Mann wirklich betrunken an. Als er mich sah, wurde er sogar noch sauer auf mich und sagte mir:

»Warum hast du deine Kinder nicht mitgebracht?« Und was weiß ich noch alles. Klar, er hatte die Vorstellung, daß ich schuld war, daß er keine Arbeit finden konnte, nicht wahr? Also gab es eine Auseinandersetzung zwischen uns. Zum Schluß wartete ich, bis er wieder nüchtern war und sprach zu ihm:

»Sieh mal, wo wir doch schon die Möglichkeit gehabt haben, Siglo XX zu verlassen, bleiben wir besser hier in der Stadt, bis ich mein Kind kriege. Wir können hier arbeiten.«

Nun gut, da erst teilte mir mein Mann mit, daß er zwei Arbeitsmöglichkeiten gefunden hatte, aber daß die vom Innenministerium ihn nicht arbeiten ließen und ihn hatten rauswerfen lassen, und daß er auf der »schwarzen Liste« stünde, und wo sollte er arbeiten gehen? Er war sehr niedergeschlagen, und die Sache kam ihm nicht so einfach vor.
Dann sagte ich ihm:
»Ich glaube, es wird einfacher sein, wenn ich hier bin. Ich werde auch irgendwas arbeiten. Aber trink nicht mehr so. Ich werde mit den Kleinen wiederkommen.«
Ich nahm die 1000 Pesos, kaufte Flanell und andere Sachen für mein Kind, das auf die Welt kommen sollte und für das ich vorsorgen mußte. Ich kaufte andere Sachen für die Kinder; alle brauchten neue Schuhe. Das bißchen Geld, das übrigblieb, gab ich meinem Vater. Und ich kehrte nach Siglo XX zurück.

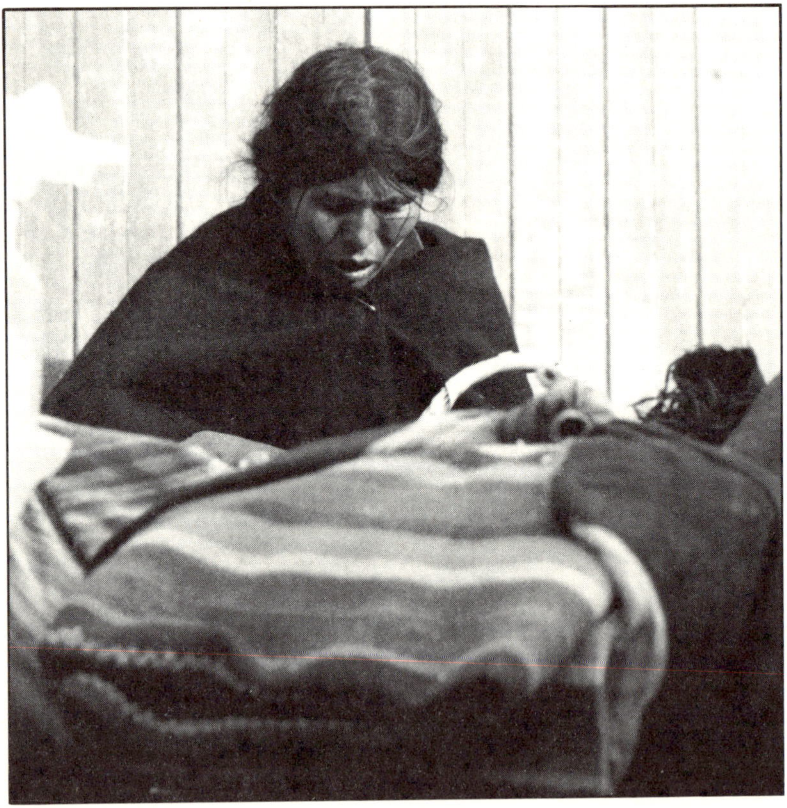

Wieder ins Gefängnis

Wir kamen spät nach Playa Verde. Und dort auf dem Platz entdeckten sie mich. Es kam ein Capitán raus und sagte mir: »Hören Sie, Señora, ich will keine Probleme mit Ihnen haben. Gehen Sie lieber zurück. Ich habe einen Haftbefehl gegen Sie . Sie kennen Norberta de Aguillar, nicht wahr? Sie ist verhaftet worden, denn man sagt, daß sie Verbindungsperson zu den Guerilleros ist, und Norberta hat Sie denunziert ... Wer weiß warum ... gegen Sie gibt es einen Haftbefehl. Aber, weil Sie schwanger sind, gehen Sie, kehren Sie zurück und verschwinden Sie. Denn sehen Sie, wenn ich Sie festnehmen muß, belaste ich mein Gewissen, das will ich nicht. Weil es eine folgenschwere Sache ist. Es ist besser, Sie gehen.«
»Aber, Señor, ich will dahin gehen, wo meine Kinder sind. Ich verspreche Ihnen, daß ich das Haus nicht verlassen werde.«
»Nein, Señora, Sie gehen zurück. Ihr Mann soll nach den Kindern sehen, wenn es schon so dringend ist. Gegen ihn gibt es keinen Haftbefehl; gehen Sie doch. Gehen Sie lieber.«
Und er ließ mich mit meinen Sachen vom Bus herunterbringen und setzte mich in einen anderen, der nach Oruro zurückfuhr. Dort in Oruro fand ich meinen Mann noch betrunkener vor als vorher. Ich fragte ihn: »Warum trinkst du?« Uff! Da schlug er mich sogar noch. Und er sagte mir, ich sei schuld, daß er ohne Arbeit sei, es sei meine Schuld, daß er so trinke, und all das, was ich ihm erzählte, interessierte ihn nicht.
Gut, er kam wieder zu sich, und am nächsten Tag sprachen wir das Folgende: »Hör mal, sie lassen mich nicht nach Siglo XX hinein. Jetzt sind die Kinder ohne Hilfe und ohne einen Menschen.«
»Ich werde nicht gehen«, sagte er mir, »Warum sollte ich gehen?«
Ich war verzweifelt, ich war vollkommen verzweifelt. Danach sagte mein Vater zu mir:
»Aber Töchterchen, warum bist du verbittert? Warum fängst du an zu weinen? Du bist ein Dummchen. Was nützt es dir, daß ich dir Lesen beigebracht habe,

daß du dich mit Gewerkschaftsangelegenheiten beschäftigst, mit politischem und allem, wenn du doch bestimmte Dinge nicht lernst? Wie kannst du mit dem gleichen Äußeren gehen. Du mußt dich verkleiden, Mädchen, wenn du heimlich irgendwohin gehen willst.«
Und dieses und jenes legte er mir nahe, nicht wahr? Und gut, ich bin weder schwerfällig noch faul. Nun, da die Angst und die Zeit drängten, ließ ich mir die Haare schneiden, ich ließ mich schminken und frisieren, ich kaufte mir andere Kleider. Ich dachte, so würde ich durchkommen können. Aber alles war umsonst.
Als wir in Playa Verde an den Schlagbaum kamen*, schrie ein Typ: »Einen Moment, bitte!«
Und ... zack! trat er in die Wachstube da. Dann kam er mit zwei Polizisten zum Fahrzeug zurück und sagte:
»Nehmen Sie diese Frau fest.«
Eigentlich hatte ich da zum ersten Mal Angst. Meine Knie zitterten, sie schlugen aneinander. Ich wäre am liebsten vom Erdboden verschwunden. Und, im Ernst, es scheint so, daß mein Körper ahnte, was mir passieren würde. Ich zitterte, und es war so, als ob eine eiserne Faust mein Herz zusammendrückte.
»Hier steigt die Frau aus«, sagten sie.
»Nein, nein!« sagte ich. »Warum soll ich aussteigen? Ich fühle mich nicht gut ...«
»Nichts da! Wenn diese Frau nicht aussteigt, fährt das Fahrzeug nicht ab.«
Und er ließ sie nicht abfahren.
Die Leute sagten:
»Warum klärt ihr nicht schnell die Angelegenheit? Wir müssen fahren. Schnell! Steigen Sie aus!« Und was weiß ich noch alles.
Dann kam der Chauffeur zu mir und sagte:
»Señora, wollen Sie, daß wir Ihren Verwandten etwas sagen?«
Man gab mir gar keine Zeit zu antworten. Der Polizist, der hinter mir stand, ließ mich nicht sprechen. Er stieß mich an, und ich mußte aussteigen. Und alle meine Sachen kamen mit.
Sie untersuchten mich von Kopf bis Fuß, Zoll für Zoll. Es waren drei Polizisten und die drei untersuchten mich: auch meine Haare, sie brachten meine ganze Frisur durcheinander. Sogar von diesen Narben, die ich an den Beinen habe, wollten sie wissen, woher sie sind, was ich gemacht hätte und wovon ich sie gekriegt hätte. Alles, absolut alles fragten sie mich und untersuchten mich, nicht wahr?
Das geschah am 20. September.
Sie brachten mich an einen abgelegenen Ort und da blieb ich. Am Nachmittag kam ein Unteroffizier und fragte mich:
»Wie heißen Sie?«

* Siglo XX ist Militärgebiet

»Sie müssen wissen, wer ich bin«, antwortete ich. »Oder haben Sie mich ohne das zu wissen verhaftet?« Das war das einzige, das mir in diesem Moment einfiel.
Da schrie er:
»Verdammt! Willst du dich über mich lustig machen? Ich bin derjenige, der hier fragt!«
Er fragte nach meinem Namen, wo ich herkäme, wo ich hinginge, wo mein Mann wäre, wieviele Kinder ich hätte, mit welchem Auftrag ich nach Siglo XX ginge. Dann sagte ich ihm alles.
Man ließ mich allein, eingesperrt. Das einzige, was ich hörte, waren die Schritte von jemandem, der so ging: 1-2-3, 1-2-3 ... Ich versuchte mich abzulenken, indem ich die Schritte zählte. Mal setzte ich mich hin, dann stand ich wieder auf. Mir war kalt, mir tat der Bauch weh, ich hatte Hunger, und ich hatte Angst. Es war ein ganz besonderer Zustand ...
Es kam ein Typ in die Zelle. Später erfuhr ich, daß es der Sohn eines Leutnants war. Ich weiß nicht, ob es Tag oder Nacht war, weil alles in der Zelle immer sehr dunkel war.
Er sagte, er sei gekommen, um mich zu verhören und zu schlagen. Und voller Unverschämtheit begann er, mich über die Guerilla zu fragen, ob ich sie kenne und ob ich teilgenommen hätte.
Aber sein Hauptziel war es, sich über mich lustig zu machen. Ich bekam das von Anfang an mit. Und weil er sah, daß ich ein Kind erwartete, fragte er mich, ob ich nicht wüßte, wozu die Frauen gut seien. Und warum wir Männerarbeit tun würden, wo doch die Frau nur dazu gemacht sei, um dem Mann Freude zu machen. Und er beleidigte mich, nicht wahr? Und es kam so weit, daß er mir sagte, mein Mann habe mich sicher nie zufriedengestellt, und ob ich mir etwas Größeres wünsche, etwas ... Und sie würden mich richtig zwischennehmen. Wenn ich nicht wollte, daß das geschehe, dann sollte ich anfangen, alles auszusagen. Daß sie mit Sicherheit wüßten, daß ich eine Verbindungsperson zu den Guerilleros sei und daß ich haufenweise Geld erhalten hätte und daß dieses Geld dem Volk von den Guerilleros gestohlen worden sei.
Ich sagte nichts, sagte gar nichts und wollte nichts mit ihm zu tun haben. Dann begann er, barscher zu werden, schrie mich an und brachte mich zur Verzweiflung. Und von Zeit zu Zeit zerrte er mich hin und her, gab mir Ohrfeigen und wollte mich mit Gewalt nehmen. Aber ich ließ und ließ es nicht zu. Er spuckte mir ins Gesicht. Dann gab er mir einen Fußtritt. Ich hielt es nicht mehr aus, und gab ihm eine Ohrfeige. Er gab mir einen Faustschlag zurück. Ich zerkratzte ihm das Gesicht. Dann begann er, mich mit Schlägen einzudecken. Ich verteidigte mich, so gut ich konnte. Und er sagte mir, immer weiter schlagend:
»Was ist mit Norberta? Norberta de Aguilar hat ausgesagt, daß du 120 Millionen auf Anweisung von Inti Peredo* erhalten hast und daß du Verbindungs-

* Chef der nationalen Befreiungsarmee, Genosse des Ché, gestorben 1969 in La Paz

person zu den Guerilleros bist und daß du dich dazu hergegeben hast, Leute für diese Ziele anzuwerben.«

Ich antwortete: »Das ist eine Lüge! Es stimmt, daß ich Norberta kenne! Aber ich bin keine Verbindungsperson. Es ist eine Lüge, eine Lüge ...«

»Es stimmt doch! Es stimmt doch? Sie können es nicht leugnen. Wollen Sie den Beweis? — Los«, rief er dem Wärter zu. »Hol die Briefe, die als Beweise gegen diese Hure dienen.«

Und sie brachten einen Brief mit wunderbarer Schönschrift geschrieben, mit einer wunderbaren Rechtschreibung ... Aber, gerade weil Norberta meine Freundin war, kannte ich ihre Schrift, und es war nicht die, die ich auf dem Brief sah. Aber doch, da stand, daß sie, Norberta de Aguilar, unter dem Druck, den die Regierung auf sie ausgeübt habe, erklärte, daß sie mir, auf Anweisung Intis, 120 Millionen Pesos gegeben habe, damit ich Leute in den Minen anwerbe und sie zu den Guerillas schicke. Und daß ich mich verpflichtet habe, den Guerillas bis zum Ende des Jahres 50 Typen zu schicken. Und daß sie all das aussage, um das Leben ihrer Kinder zu retten. »Daß das Vaterland es verstehen und mir verzeihen möge«, sagte sie. Und sie unterschrieb am Ende: »Norberta, verwitwete Aguilar.«

»Da ist es, da ist es!« sagte mir der Militär. »Deine eigene Freundin klagt dich an.«

»Aber gerade, weil sie meine Freundin ist, kenne ich ihre Schrift und Unterschrift, und ich sehe, daß es weder ihre Schrift noch ihre Unterschrift ist«, sagte ich. Er wurde wütend.

»Du leugnest noch immer? Aber hier sind doch die Beweise! Willst du noch mehr?«

Dann ließ er mich ein Tonband hören, auf dem eine Universitätsstudentin sagte, daß sie mir auf Anweisung eines gewissen Negrón 150 Million gegeben habe.

Zusammengerechnet wollten sie mir 270 Millionen Pesos aufhängen!

»Wo hast du das Geld hingetan? Verdammt noch mal! Wo hast du es?« schrie der Typ.

Und er schlug mich und sagte, ich solle sprechen, ich solle doch sprechen. Er schlug mich ohne Mitleid, mich, die ich im achten Monat schwanger war ... Der einfache Soldat, der mit seiner Maschinenpistole neben mir stand, sah voller Bestürzung, wie dieser Typ mich schlug. Und der Typ sagte ihm, man dürfe mit diesen Hexen, mit diesen Kommunistinnen, die keine Moral hätten, kein Mitleid haben, sie seien schlimmer als Raubtiere ... Und er schlug mich weiter ohne Mitleid. Ich verteidigte mich, so gut ich konnte. Und je mehr ich mich verteidigte, desto böser wurde der Typ, weil er außerdem ein bißchen getrunken hatte, nicht wahr? Und mit noch mehr Grausamkeit schlug er mich. In einem bestimmten Augenblick setzte er mir sein Knie hier auf den Bauch. Er drückte mir die Gurgel zu, und ich wäre fast erstickt. Ich schrie und schrie ... Es schien so, als ob er meinen Bauch zum Platzen bringen wollte ...

Ich fühlte, wie er mich immer fester drückte ... und ich konnte auch nicht mehr atmen. Also drückte ich mit meinen beiden Händen, mit aller Kraft, seine Hände herunter. Ich weiß nicht mehr, wie, aber ich hatte seine Faust gepackt und mich darin verbissen, immer weiter verbissen ... Ich war so böse und außer mir, daß ich nicht mehr merkte, wie ich mich in seine Hand verbissen hatte, nicht wahr? Ich hab es wirklich nicht gemerkt. Ich war so verzeifelt! Als ich plötzlich eine warme und salzige Flüssigkeit in meinen Mund strömen fühlte ... ließ ich los ... und sah: das Fleisch hing an seiner Hand herunter, so wie abgerissen. Ich hatte einen furchbaren Ekel, sein Blut in meinem Mund zu spüren ... Dann spuckte ich ihm sein Blut ... zack! ... mit aller Wut, die ich in mir hatte, mitten ins Gesicht.
Nun gut, das war mein Ende. Mein Ende! ...
»Huahh!« schrie der Typ. Etwas Furchtbares begann. Er packte mich und trat mich mit den Füßen ... er schrie ... er rief die Soldaten und ließ mich von vieren festhalten. Er hatte einen dieser riesigen viereckigen Ringe. Ich weiß nicht, was er mit dieser Hand machte, aber doch, er drückte mich, er drückte mich, und ich mußte sehr laut schreien. Und als ich schrie, gab er mir einen Faustschlag voll ins Gesicht. An mehr erinnere ich mich nicht ...
Doch, das einzige, an das ich mich noch erinnere ist, daß ich das Gefühl hatte, als ob etwas in meinem Kopf explodierte ... Ich sah so etwas wie Feuer in meiner Umgebung niedergehen. Nichts mehr.
Als ich wie aus einem Traum erwachte, hatte ich das Stück eines Zahnes verschluckt. Ich fühlte es hier in der Gurgel. Dann stellte ich fest, daß der Typ mir sechs Zähne ausgeschlagen hatte. Blut überströmte mich, und ich konnte weder die Augen öffnen, noch Luft durch die Nase kriegen. Die Augen waren ganz verklebt. Ich verlor wieder das Bewußtsein. Ich übergab mich.
Plötzlich wachte ich auf ... weil sie mich mit Wasser überschütteten. Wie naß ich war! Jetzt waren andere Militärs drinnen. Und sie sagten mir, daß ich einem Sohn des Leutnants Böses getan hätte ... und daß das mich teuer zu stehen kommen würde.
»Bringt dieses Stück Scheiße nach drinnen!« schrie einer.
Und mit Zerren und Fußtritten brachten sie mich zu einer anderen Zelle. Und dort warfen sie mich rein. Diese Zelle war noch dunkler als die erste. Sehr viel dunkler. Man konnte fast nichts unterscheiden. Nach langer Zeit unterschied ich einen Schatten ... einen Schatten, der von der anderen Seite näherkam.
Ay! ... Was für eine Angst ich hatte! Mich überkam eine furchtbare Panik! Ich wollte schreien. Ich war furchtbar verzweifelt, denn ich erinnerte mich an den anderen Unverschämten, der versucht hatte, mich zu packen und mit mir zu machen, was er wollte. Und ich dachte, sie hätten mich mit einer noch schlechteren Person allein gelassen. Ich war in einem furchtbaren Nervenzustand. Ich wich zurück ... und zurück ... und zurück. Zum Schluß stieß ich an die Wand. Und die andere Figur kam näher und immer näher. Mühsam kam sie über den Boden gekrochen, bis zu mir.

»Wer ist das? Wer ist das?« fragte ich mich. Ich dachte, es wäre noch einer, der mich belästigen wollte. Aber nein ... es muß ein Genosse gewesen sein, der auch gefoltert worden ist. Ich glaube das wegen der Schwierigkeiten, mit der er sich fortbewegte.
Als ich nicht weiter zurückweichen konnte, legte er mir seine Hand auf den Arm und sagte: »Mut, Genosse ... unser Kampf ist so groß ... so unendlich groß. Man darf nicht schwach werden. Man muß an unsere Zukunft glauben!«
Und sehr leise fing er an, ein revolutionäres Lied, das in Siglo XX sehr bekannt war, zu singen.
Ich, die ich mich vor Schrecken schon übergab, brachte kein Wort heraus. Das einzige, was ich konnte, war seine Hand zu drücken. Lange waren wir so und drückten uns die Hände.
Und ich wagte nicht, ihm zu sagen, wer ich war, nicht, daß ich eine Frau war, nichts.
Er fuhr fort, mir zu sagen:
»Man muß Mut haben, man muß glauben ... wir müssen einander Kraft geben. Wir sind nicht allein, Genosse... Was wir tun, ist nicht für uns. Es ist eine sehr große Sache, und sie wird nicht sterben...«
Und so sprach er mit Worten zu mir, die für immer in mein Gedächtnis eingegraben sind. Es war eine große Hilfe in diesem verzweifelten Augenblick ... Bis heute weiß ich nicht, wer dieser Mensch war. Ich weiß nicht, wieviele Stunden verstrichen sein mögen, dann kamen vier Typen mit Taschenlampen rein und leuchteten mich von den Füßen an ab und packten mich dann und nahmen mich mit.
Und derjenige, der mit mir in der Zelle war, konnte nur noch sagen: »Mut ... Mut ...«
Dann brachten sie mich wieder in die Zelle, in der ich vorher gewesen war. Dort war ein zivil gekleideter Mann, der sehr wütend war. Am Eingang gab er mir schon eine Ohrfeige und sagte: »Ist das die Hündin, die meinen Sohn gebissen hat? Ist das die Hündin, die das Gesicht meines Sohnes gezeichnet hat?«
Und er warf mich auf den Boden. Dann begann er, auf meine Hände zu treten, so, seine Füße auf meinen Händen.
Und sagte: »Diese beiden Hände werden niemals mehr ihr Zeichen in das Gesicht meines Sohnes drücken können. Weder seine Mutter noch ich haben ihn jemals angefaßt... Und diese hungrige Hündin... Was wolltest du? Meinen Sohn auffressen! Du Hündin! ...«
Und er schlug mich voller Wut. Dann sagte er mir: »Es ist gut, glücklicherweise erwartest du genau hier drin Nachwuchs. Und an deinem Kind werden wir uns rächen.«
Und er holte ein Messer heraus und begann, es vor meinen Augen zu wetzen ... Und er sagte mir, er hätte viel Zeit zu warten, bis mein Kind geboren sei, und daß er mein Kind mit diesem Messer in Stücke schneiden werde.

Da erschrak ich wirklich. Ich war entsetzt und hatte sehr große Angst. »Wie kann es sein, daß sie meinem Kind das antun?« dachte ich. Und ich sagte dem Leutnant:
»Sehen Sie, Señor. Sie sind Vater, verstehen Sie mich! Ihr Sohn trat auf mein wehrloses Kind ... er trat mich mit Füßen und drückte auf meinen Bauch ... Deswegen habe ich mich verteidigt, so gut ich konnte. Ich habe es gewagt, mein Kind wie eine Mutter zu verteidigen. Verstehen Sie mich, Señor! Man hat mich vieler Dinge angeklagt, die ich nicht getan habe. Ich bin keine Verbindungsperson, ich bin nichts dergleichen. Ja, ich bin im Hausfrauenkomitee gewesen. Aber wenn Sie mich laufenlassen, werde ich nicht einmal mehr da mitarbeiten. Aber bitte Señor, lassen Sie mich laufen! Lassen Sie mich laufen! ... Ich habe nichts Unrechtes getan. Eine Mutter hat immer die Pflicht, das Wesen, das sie unter dem Herzen trägt, zu verteidigen ... Und Ihr Sohn hat mich mit großer Wut in den Bauch getreten. Deswegen habe ich mich verteidigt. Und ich bin sicher, daß jede andere Mutter das gleiche getan hätte. Ihre eigene Mutter hätte das getan, was ich getan habe, wenn sie in meiner Lage gewesen wäre. Señor ... bitte!«
Der andere wetzte sein Messer weiter und lachte mich aus:
»Sieh mal, wie die Hexen um Gnade flehen.«
Und er sagte mir, er habe es nicht eilig. Und je länger mein Todeskampf dauere, um so besser würde er sich rächen. Und er verließ lachend die Zelle. Und, als ob es Bestimmung des Schicksals gewesen wäre, begann die Arbeit der Geburt. Ich begann, Wehen zu spüren, Wehen und noch mehr Wehen. Immer wieder wollte das Kind gegen meinen Willen auf die Welt kommen. Ich war so voller Angst, ich hörte auf die Schritte der Soldaten ... und ich hielt es zurück. Ich wollte nicht, daß es geboren wurde. Und sagte mir selber: »Wenn es geboren wird, dann soll es tot geboren werden ... ich will nicht, daß der Leutnant es tötet ... Hoffentlich wird mein Kind nicht lebend geboren! Ich machte wirklich schreckliche Qualen mit. Der Kopf kam schon fast heraus, und ich schob ihn wieder zurück. Dieser Augenblick war so hoffnungslos ...

Zum Schluß konnte ich es nicht mehr aushalten. Und ich kniete mich in eine Ecke. Ich stützte mich gegen die Wand und bedeckte mein Gesicht. Ich konnte nicht die geringste Anstrengung mehr machen. Das Gesicht tat mir zum Platzen weh. Und in einem dieser Augenblicke überwältigte es mich. Ich weiß nicht mehr, ob mein Kind lebend geboren wurde ... ob es tot geboren wurde ... ich weiß nichts. Das einzige, an das ich mich erinnere, ist, daß ich kroch und mir das Gesicht bedeckte, weil ich nicht mehr konnte. Ich spürte, wie der Kopf schon herauskam ... und genau da verlor ich das Bewußtsein.
Ich weiß nicht, nach welcher Zeit, es kam mir so vor, als ob ich aus einem Traum aufwachte und in meinem Bett läge. Und ich versuchte mich zuzudecken ... ich wollte die Füße fühlen, sie bewegen, aber ich spürte sie nicht mehr. Mir kam es so vor, als ob ich keine Füße hätte ... es schien so, als ob ich nur einen

Arm hätte, weil ich den anderen auch nicht spürte. Und ich wollte mich zudecken ... aber es gab keine Decke.
»Wo bin ich? Wo bin ich?«
Ich wollte rufen und hörte die Schritte der Soldaten. »Tak, tak, tak.«
Ja, da merkte ich es, ich bin im Gefängnis. Was ist geschehen? Was war los? Ich erinnerte mich langsam an alles und dachte: »Wo ist das Kind?«
Und ich wollte mich aufsetzen. Aber mein ganzer Körper war eingeschlafen oder, wenn man so will, fror ich so dort auf dem Fußboden. Alles war naß. Das Blut wie auch die Flüssigkeit, die man während der Geburt verliert, hatte mich ganz naß gemacht. Sogar meine Haare waren naß von Wasser und Blut. Unter großen Anstrengungen fand ich die Nabelschnur des Kindes. Und mit der Nabelschnur, indem ich an ihr weitertastete,... fand ich das Kindchen... vollkommen kalt, eisig, dort auf dem Fußboden. Jetzt wußte ich nicht, ist das Kind in meinem Bauch gestorben?... Ist es nach der Geburt aus Mangel an Hilfe gestorben?... Ich weiß es nicht.
Es ist sehr schmerzlich, so ein Kind zu verlieren. Wie habe ich gelitten wegen dieses Kindes, das ich verloren habe! ... Wie habe ich geweint und es gesucht. Mein armes Kindchen, das für die Wut dieser Leute, die so böse auf mich waren, bezahlen mußte! ... Endlich konnte ich das Kind fassen und ich versuchte, es an meinem Körper zu wärmen. Ich nahm es und wickelte es in mein eigenes Kleid ein. Ich hatte es auf meinem Bauch, deckte es zu, um ihm Wärme zu geben, und sei es auch nur ein bißchen. Sein Köpfchen war wie ein Säckchen Knochen, die poc, poc klangen. Ich befühlte seinen Körper und merkte, daß es ein Jüngelchen war. Und ich fiel wieder in Ohnmacht. Es kam ein Soldat, um mich zu rufen. Aber ich träumte schon, daß mein Sohn lachte und gleichzeitig weinte. Der Soldat weckte mich: »Señora, Señora ...«
»Soldat, bitte«, sagte ich ihm, »mein Kind weint. Gib mir mein Kind.«
Der Soldat erschrak und lief schreiend hinaus:
»Leutnant! Leutnant! Diese Frau hat ihr Kind gekriegt! Sie hat es! »So, sie hat geboren!« schrie der Leutnant. Und er kam rein. »Steh auf, du unverschämtes Weib!«, und er versetzte mir einen Tritt.
Ich fühlte nicht viel, weil ich fast erfroren war. Von meiner Hüfte an abwärts fühlte ich nichts mehr. Und da ich meine Plazenta noch nicht abgestoßen hatte, blutete ich stark. Mein Sinn umwölkte sich. Der Leutnant leuchtete mich mit einer Lampe an, und da konnte ich mein Söhnchen sehen. Der Leutnant packte es an den Händen, hob es hoch und ließ es voller Ekel fallen. Das Kind fiel auf meinen Bauch. Der Leutnant wurde schmutzig, weil das Kind noch nicht sauber war.
»Ekelhaftes Schwein!« schrie er. Dann sagte er: »Holt Wasser!«
Dann holten sie zwei Eimer kaltes Wasser und zack, zack schütteten sie es über mich. Erst in diesem Augenblick konnte ich reagieren, konnte mich bewegen, und ich merkte, daß ich noch Füße hatte. Ich hatte geglaubt, sie hätten mich an der Hüfte abgeschnitten.

Dann kam ein Unteroffizier herein, der zu den Wächtern gehörte, und sagte: »Entschuldigen Sie, mein Leutnant. Diese Frau wird noch heute sterben.« Er fühlte meinen Puls und sagte: »Ich kenne mich etwas aus. Diese Frau stirbt, und wir können sie nicht verhören. Es wäre besser, ihr zu helfen ... sie hat anscheinend eine Plazentaverhaltung.«
Er sah mich an und fragte mich: »Haben Sie die Plazenta schon abgestoßen?
»Ich weiß nicht«, sagte ich ihm, »ich weiß es nicht«.
Dieser Unteroffizier untersuchte mich und sagte, ich hätte sie nicht abgestoßen. Er sagte, er würde sich jetzt eine Weile um mich kümmern, und später könnte der Leutnant mich dann verhören. Aber so könne es nicht weitergehen, weil ich sterben würde.
Verärgert ging der Leutnant hinaus. Und der Unteroffizier befahl: »Bringt mir warmes Wasser! Heißes Wasser!«
Und den anderen Soldaten schickte er zwei alte Decken holen. Dann sagte er mir:

»Ich werde Ihnen jetzt helfen. Versuchen Sie auch zu helfen. Na los«, und er versuchte, meine Plazenta zu packen und holte sie raus, aber nur die Hälfte. Dann ließ er mich aufsetzen und begann mich auszuschimpfen: »Was fällt dir ein, Tochter? Du, als Frau, schwanger, warum schweigst du nicht? Wie handelst du? Warum sind die Frauen solche Rebellen?« Die Soldaten brachten ihm zwei Schüsseln Wasser und der Unteroffizier sagte mir, ich solle mich waschen. Da konnte ich mich doch schon ein bißchen aufsetzen. Ich zog mich aus, ich wusch ein bißchen meine Haare. Der Unteroffizier wickelte mich mit dem Schultertuch, das er trug, ein und legte mir eine alte Decke als Kleid um, und mit der anderen bedeckte er meinen Kopf.

Ich konnte mich nicht mehr auf den Beinen halten, ich hielt es nicht mehr aus. Also legte ich mich an Ort und Stelle nieder und sagte: »Gut, hier ist mein Sohn gestorben, hier werde auch ich sterben ... Warum wollen Sie mir helfen? Ich will sterben! Denn wenn ich nicht sterbe ... wenn ich nicht sterbe ... Sie haben mich soviel leiden lassen, daß sie es bereuen werden. Sie sagen immer noch, daß ich eine Kommunistin bin, daß ich wer weiß was bin ... Jetzt gerade, wenn ich hier lebend rauskomme, werde ich weitermachen, jetzt, wo ich einen noch größeren und tieferen Haß auf sie habe. Warum tun Sie mir nicht den Gefallen, mich umzubringen?«
»Gut«, sagte der Unteroffizier, »du mußt ruhig bleiben, du mußt Glauben haben ... bete lieber, du hast Gott vergessen.«
Und er ging raus.
Ich blieb allein in der Zelle. Ich hörte auf die Schritte des Soldaten, ich lauschte ... ich weiß nicht mehr, was dann passiert ist. Ich habe nichts mehr wahrgenommen.
... Ich fiel in einen tiefen Schlaf ... in dem ich einen hohen Berggipfel sah. Ich fiel in eine große Schlucht ... Ich sah mich selbst in Stücke zerfallen, mein

Gehirn zersprang, alles blieb auf den schwarzen Felsbrocken hängen ... alles blieb hängen ... bis ich unten aufschlug.
Dann stand ich auf. Ich hatte so etwas wie ein sehr langes Nachthemd an, das ich an einer Ecke hochhielt. Ich selbst ging mein Fleisch aufsammeln, Stück für Stück, unter großen Schwierigkeiten ... Zerkratzt durch die Felsblöcke stieg ich höher und höher ... und auch wenn ich nur einen Blutstropfen fand, wischte ich ihn mit dem Zipfel des Nachthemdes auf. Und ich sagte mir in meinem Traum: Ich muß bis zum Gipfel kommen. Wenn ich zum Licht komme, werde ich gerettet sein. Und so stieg ich höher und höher und immer höher, sammelte und sammelte und wischte und wischte ... Ich kam zum Licht. Dort sah ich einige entstellte Gesichter, die mich anschauten, mich von oben anschauten und mich betrachteten ... Und ich fiel wieder runter. Ich weiß nicht, wie lange ich so verbrachte, ich weiß es nicht.
Und dann geschah es, daß ich wieder zu Bewußtsein kam ... und ich war in einem Krankenhaus. Und diese entstellten Gesichter, die ich sah, wurden langsam immer deutlicher: es waren der Arzt und die Krankenschwester mit ihren Mützen, ihrem Mundschutz, die mich ansahen und mich behandelten. Und das Licht, das ich auf dem Berggipfel sah, war das starke Licht des Operationssaales.
In meinem Traum hörte ich auch ein spöttisches Gelächter, das sich über mich lustig machte. Dies hörte ich jedesmal, wenn ich auf den Grund des Tales fiel. Ich hörte, wie sie über mich lachten: »Ha, ha, ha! ...« Dieses Lachen, später merkte ich es, kam von den Polizisten, die mich bewachten und die in meiner Nähe würfelten. Und während sie spielten, lachten sie. Ganz langsam kam ich zu mir ... Und alles wurde mir klar. Ich hatte starke Kopfschmerzen, und mein ganzer Körper tat furchtbar weh. Und die Polizisten waren die ganze Zeit an meiner Seite, neben meinem Bett. Wenn also der Arzt kam, um mich zu behandeln, sah ich sofort wieder diese Gesichter, die mich von Kopf bis Fuß betrachteten ... und ich sah sie lachen ... ich sah, wie sie ihre Maschinenpistole auf mich richteten, und ich fühlte eine furchtbare Angst und Scham ... so daß ich mich nicht untersuchen lassen wollte. Ich wollte und wollte nicht. Ich deckte mich immer wieder zu und hielt mich mit aller Kraft am Bett fest ... Manchmal kam es mir vor, als ob sie mich in die Schlucht werfen wollten, so ... und ich verlor wieder das Bewußtsein. Ich weiß nicht, wie lange ich so lag. Ich weiß nicht, wie viele Tage vergingen. Ich hatte hysterische Anfälle, und dann schrie ich ohne Unterlaß. Es war wegen meines Kindes, nicht wahr? Weil ich immer die Vorstellung hatte, sie ließen ihn fallen, und ich suchte ihn und konnte ihn nicht finden. Und ich sah eine Art von Gorilla, so was ähnliches, das meinen Sohn packte und ihn mit den Füßen zuerst auffraß und ihn in Stücke riß. Und ich schrie und konnte ihn nicht erreichen. All das sah ich in meiner Vorstellung, als ob es in Wirklichkeit geschähe, nicht wahr? Und dann, wenn ich manchmal den Doktor in seinem weißen Kittel sah, kam es mir so vor, daß er der Gorilla wäre, der die Beinchen meines Kindes fraß und ich begann zu schreien: »Gebt

mir mein Kind zurück! Mein Kind! Wie können Sie es so fressen!« Es waren furchtbare Krisen, die ich durchmachte. Und sie mußten mich immer betäuben, um mich zu behandeln. Sie setzten mir mit Gewalt eine Spritze, und ich glaube, sie konnten mich im Schlaf behandeln. Ich weiß nicht, was geschehen sein mag. Das Problem war, wenn ich bei Bewußtsein war, ließ ich mich von niemandem berühren. Am Ende hatte der Arzt sehr viel Mitleid mit mir. Und er sagte den Polizisten, sie sollten rausgehen. Denn wenn der Arzt kam, und ich sah die Polizisten mit ihren grinsenden Gesichtern, sagte ich ihnen:
»Geht hier raus! Ich will nicht, daß Sie mich sehen! Ich will nicht, daß sie über mich lachen! Ich will es nicht!...« Und ich schrie und schrie ... Weil es mir so vorkam, daß ihre Münder anfingen zu wachsen, wenn sie lachten und so groß wurden. Und es entmutigte mich, ihr Gelächter zu hören.

Deswegen ärgerte sich der Arzt und sagte zu den Polizisten:
»Hören Sie, Sie haben Ihr zerschlagenes Geschirr hierhergebracht, damit ich es repariere. Wenn Sie kein Vertrauen zu mir haben, hätten Sie sie nicht hierherbringen dürfen. Bitte stehen Sie auf und gehen Sie raus, jedesmal, wenn ich komme, um sie zu behandeln.«
Dann sagte er mir, daß er als Arzt geschworen habe, Leben zu retten, und wenn ich in seiner Klinik sei, dann nur darum, um behandelt zu werden, und nicht, um gefoltert zu werden. Ich müßte Vertrauen zu ihm haben. Und wenn ich ein Kind verloren habe, müsse ich mich daran erinnern, daß ich noch andere Kinder hätte und daß diese anderen Kinder auf mich warteten ... Und als Mutter müßte ich den Mut und die Kraft haben, diese Tatsache zu akzeptieren.
So nach und nach überzeugte er mich. Es ist besser, du nimmst mich als den Freund, der ich sein will, sagte er mir. Und zum Schluß sagte er mir, er wolle mir helfen, aber die Polizisten ließen ihn nicht.
Wenn die Behandlung des Arztes vorbei war, dann kamen die Polizisten wieder rein. Und sie waren immer da und beobachteten mich. Sie ließen mich nie allein. Aber es war etwas anderes, weil sie nicht mehr im Zimmer waren, wenn der Arzt mich untersuchte. Und es kam so, daß irgendjemand im Krankenhaus mich wiedererkannte und sich mit meiner Familie in Verbindung setzte.
Was war währenddessen mit meiner Familie geschehen?
Mein Vater dachte, ich sei in Siglo XX seit dem Tag, an dem ich sein Haus verlassen hatte, das war der 20. Meine Schwestern und meine Kinder dachten, ich befände mich in Oruro. So war niemand auf die Idee gekommen, mich zu suchen. Aber am 30. des Monats war mein Vater nach Siglo XX gefahren. Und als er dort ankam, hatten ihn meine Kinder gefragt: »Papa und unsere Mutter, kommen sie nicht mit?«
»Eure Mutter? Sie ist doch am 20. gekommen ... es sind jetzt 10 Tage, daß sie hier sein müßte!«
Jetzt erst fingen sie an, mich zu suchen. Es war zum Verzweifeln! Sie begannen damit, das Fahrzeug zu suchen, mit dem ich am 20. gefahren war, und die sag-

ten, ja, die Polizei hätte mich am 20. festgenommen und sie hätten nicht gewußt, wer ich war, und das sei in Playa Verde geschehen.
Sie fuhren nach Playa Verde, und dort sagte man, ich wäre nicht da und alle Festgenommenen wären nach La Paz, nach Oruro und Cochabamba gebracht worden.
Mein Mann ist nach La Paz gefahren um nachzufragen, und sie haben ihm gesagt:
»Wer ist denn Ihre Frau? ... Diese Kommunistin? Ah! Und sicher ist sie mit dem ganzen Geld abgehauen ... Ja, deine Frau ist sicher mit ihrem Liebhaber gegangen. Und du bist bei den Kindern geblieben ohne Geld. Ja, so sind die Kommunistinnen ... sie haben keine Moral ...«
Und was weiß ich nicht noch alles.
Und mein Mann kehrte sogar mit Zweifeln zurück. Aber als er mit meinem Vater sprach, erklärte der ihm:
»Sie hat ihr Geld bei mir gelassen. Und ich habs hier. Meiner Tochter ist etwas geschehen.«
Und sie überlegten noch, als ein junger Mann kam und sagte, jemand wüßte etwas Genaues. Und auf einem Platz in Oruro sagten sie meinem Vater, ich sei in einem Krankenhaus, und ich sei halbtot, und man müßte alles daransetzen, um mich da rauszuholen. Denn die von La Paz hätten sich schon beschwert, und es wäre eine Kommission der DIC gekommen, um mich zu holen und wieder nach La Paz zu bringen, um mich zu verhören.
Als sie das wußten, begannen mein Vater und mein Mann sich zu beschweren. Sie gingen in die Universität und zeigten an, was mir geschehen war und machten einen Riesenkrach.
Sie gingen zur DIC in Oruro und beschwerten sich, und man hat mir erzählt, mein Vater hätte angefangen zu brüllen: »Wie ist das möglich? Das ist ungerecht! Ich bin im Krieg gewesen ... ich habe dem Vaterland so viele Jahre gedient ... ich bin ein alter Kämpfer ... ich hab noch nicht einmal meine Töchter etwas lernen lassen können ... es ist nicht gerecht, daß Sie das mit meiner Tochter machen ... meine Tochter ist so, weil ich sie erzogen habe ... Dann erschießt doch mich! ... Weil ich ihr die Ideen, die sie hat, beigebracht habe!«
Und man erzählt, schreiend wie ein Verrückter sei mein Vater aus dem Büro der DIC hinausgegangen. Und an der Tür stieß er mit einem Mann zusammen, der uns aus Pulacayo kannte, wo mein Vater Schneider bei der Minenpolizei gewesen war. In Pulacayo war dieser Señor Kommissar gewesen, aber jetzt war er schon Leutnant, und er gehörte zu der Abordnung, die gekommen war, um mich abzuholen. Nun gut, mein Vater stieß mit dem zusammen und sah ihn an. Und der andere erkannte meinen Vater auch:
»Was machst du hier, Barrios?« sagte er. Und sie umarmten sich. Dann sagte mein Vater:
»Ich weiß nicht, mit wem sie meine Tochter verwechselt haben ... sie haben sie verleumdet und gesagt, sie sei eine Verbindungsperson der Guerilleros und was

weiß ich nicht noch alles ... sie haben sie mit einer anderen Person verwechselt ...«
Und dieser Señor, der meinen Vater so schätzte, versuchte, uns zu helfen. Die einzige Form, mir zu helfen, sei, mich in die Yungas zu bringen, damit ich nicht mehr spräche.
Die Yungas sind eine subtropische Region, heiß, wo man Kaffee, Apfelsinen Bananen und alle Arten von Früchten anbaut. Es ist eine vom Altiplano, der Andenhochebene, sehr verschiedene Gegend. Der Altiplano ist hoch und kalt, und es gibt alle Arten von Mineralien dort.
Es kamen die von der DIC ins Krankenhaus und drohten mir. Wenn ich in die Stadt zurückkäme und anzeigte, was geschehen war, dann würde der Leutnant, der mir jetzt die Freiheit gäbe, eine Pistole nehmen und meinen Papa mit drei Kugeln fertigmachen. Der Coronel sagte mir erst, er sei nicht sehr von meiner Unschuld überzeugt. Dann sagte er:
»Weil ich deinen Vater so achte, weil ich den armen Mann so habe leiden sehen, um euch Waisenkinder aufzuziehen, wegen all der Freundschaft, die ich für ihn empfinde, werde ich veranlassen, daß man dich vorläufig freiläßt. Aber bedenke: ich setze mein Leben aufs Spiel und mein Ansehen, ich riskiere meine Position, um dir die Freiheit zu geben. Wenn du den Ort verläßt, den wir dir anweisen, in die Stadt kommst und anzeigst, wird das einzige, was ich tue, sein, deinen Vater zu suchen, diesen meinen Revolver zu nehmen und ihn in den Körper deines Vater zu entleeren. Drei Kugeln in den Kopf und dann weiterschießen, bis es leer ist. Du weißt also Bescheid.«
Dann packten sie mich und ließen mich auf einen Lastwagen aufsteigen. Mein Papa und mein Mann hatten ihn gemietet, um mich mitzunehmen. Auf diesem Lastwagen war ein Bett vorbereitet: sie legten mich hin.
Der Arzt gab mir ein Kartönchen mit Medizin und sagte mir: »Alles Gute ... Nimm diese Tabletten da, damit dir nicht schlecht wird. Alles Gute!«
Und er sagte mir, in dem Karton seien alle Anweisungen für die Arzneien.
Bis heute weiß ich nicht, in welchem Krankenhaus ich gewesen bin. Ich weiß nur, daß es in Oruro war. Mein Vater sagte: »Wozu willst du es wissen? Sei zufrieden damit, Tochter, daß es unter so vielen schlechten einen guten Menschen gab, der dir hat helfen wollen.«

In die Yungas, »damit sie nicht redet«

Ich wußte nicht, daß wir ins Exil gingen. Der Wagen fuhr ab, und ich schlief ein. Beim Morgengrauen wurde ich wach ... Mir war sehr warm ... und ich hörte etwas wie Vogelzwitschern, so »chiu, chiu«. Ich sah nach oben und sah viele Bäume.

»Wo sind wir??« schrie ich. Dann sprach mein Mann:

»Beruhige dich, Frau. Es geht dir gut ... sei ruhig.«

Und er begann mit schönen Worten mit mir zu sprechen. Ich sah ihn an und da erst erkannte ich meinen Mann. Ich fragte ihn: »Wo sind wir? Was machen wir?«

Wir fahren an einen Ort, damit du wieder gesund wirst, damit du deine Gesundheit wiedererlangst. Beruhige dich.«

»Wo bringt ihr mich hin?« begann ich zu schreien.

Dann ließ mein Mann den Lastwagen anhalten. Mein Vater, der vorne im Führerhaus gesessen hatte, stieg aus. Er kam zu mir, umarmte mich und sagte weinend:

»Das Wichtigste ist, daß wir dein Leben retten, Tochter. Das ist das Wichtigste.«

Und weil er gläubig ist und alles von da aus als Werk Gottes sieht, unter diesem Gesichtspunkt sagte er mir:

»Gott ist so groß, daß er erlaubt hat, daß du dein Leben noch weiterhin behältst. Und er selber hat erlaubt, daß du dich rettest, du selbst. Wir sind in ein Paradies unterwegs, wo es diese Martyrien nicht geben wird, die du durchgemacht hast. Du wirst die Yungas kennenlernen, du wirst dort leben. Wenn du wieder kräftig bist, werden wir zusammen nach Siglo XX zurückkehren.«

So gab er mir Mut und Zuversicht.

Und wir kamen in die Yungas. Mit dem bißchen Geld, was wir übrigbehalten hatten, kauften wir uns eine Hütte und ein Stück Land, um zu säen. Später fuhr mein Mann nach Siglo XX, um die Kleinen zu holen.

Ich wußte also, daß ich mich täglich, täglich im Büro der DIC präsentieren mußte, um mich in eine Anwesenheitsliste einzutragen, wo nachgewiesen wurde, daß ich nicht von dort wegfuhr, oder, wenn man so will, daß ich mit meiner ganzen Familie deportiert war. Ich hatte nicht das Recht, irgendwo anders hinzufahren.

Es gab dort keine medizinische Versorgung. Es gab niemanden, der mir die Antibiotika injizieren konnte, die mir der Arzt verschrieben hatte. Und bei dieser Hitze, die ich im Altiplano niemals kennengelernt hatte, mit diesem Ungeziefer, das ich nie kennengelernt hatte, ... durch all das, und bei all den Wunden, die ich hatte, begann ich zu verfaulen.

Die Wunden begannen, sich grauenhaft zu infizieren. Mein Körper hatte einen Ausfluß von ekelhaftem Geruch ... Ich merkte, daß ich nahe daran war zu sterben. Ich hatte einen sehr starken Schüttelfrost. Und ich fühlte mich so elend, so elend fühlte ich mich, daß ich in all meiner Verzweiflung die Injektionsflüssigkeiten zum Schluß im Tee trank. Jeden Augenblick badete ich mich in kaltem Wasser. Ich machte feuchte Wickel. Ich konnte mich so eben noch retten. Wie lange habe ich daran gelitten!

Außerdem ließ mich in meinen Träumen das Kindchen nicht in Ruhe. Und als mein Mann ins Bergwerksrevier zurückfuhr, um meine anderen Kinder zu holen, lief ich nachts schreiend aus dem Haus. Ich sah das Kindchen ... es war irrsinnig ... es war furchtbar bedrückend ... ich sah die Gesichter meiner Henker ... ich hörte ihr Gelächter ... ich sah, wie sie das Kind aßen ...

Es war zum Verrücktwerden ... Manchmal hatte ich Lust, mich vor wahnsinnigem Leid hinzuwerfen und auf der Stelle zu sterben. Das Ungeziefer stach mich ... Alles bedrückte mich. Wenn die Hoffnung, meine Kinder wiederzusehen, nicht so stark gewesen wäre, ich glaube, ich hätte mich dieses Mal getötet, weil ich vollkommen daneben war, kaputt. Ich wollte nicht mehr länger leiden. Die Wunden taten mir weh, ich konnte mich nicht ausruhen. Und wenn ich schlief, dann träumte ich furchtbare Dinge.

Es war eine Sache ... ay! ...

Später kam mein Mann, es kamen die Kleinen, und ich fühlte mich schon ein bißchen erleichtert. Er brachte mir ein paar Arzneien mit, ein paar Binden. Und mit diesen Sachen gelang es mir, mich zu behandeln und gesund zu werden. Aber eben noch ... gerade eben noch! Was hat es dich gekostet!

Alles war anders in den Yungas. Auf dem Altiplano aßen wir Fleisch, Brot und Zucker. In den Yungas aß man nur Yucca, Bananen und Sachen, an die wir nicht gewöhnt waren.

Mein Mann war wegen der vielen Probleme sehr verdrießlich. Und er sagte mir, ich sei schuld an der ganzen Lage. In der Mine hatte er sich wenigstens ein gutes Mittagessen mit Fleisch leisten können. Und wenn wir keine Kleidung für die Kinder hatten, sagte er mir, ich solle zum Hausfrauenkomitee gehen und darum bitten, oder zur Gewerkschaft. Er litt auch und fühlte sich unglücklich, nicht wahr? Meine Kinder unterstützten, ohne es zu wollen, den Vater. Sie weinten, weil sie ein Stück Fleisch wollten, weil sie mal sonntags ein Stück

Schokolade wollten, weil sie mal sonntags eine Büchse Milch wollten ...
All das war schwerer Kummer für mich, denn, weil ich noch nicht so bewußt war wie heute, zweifelte ich manchmal an allem, was ich getan hatte. Fast wäre ich weich geworden.
Dann ging ich aufs Land, um irgendeine Arbeit zu suchen. Und ich arbeitete, bis mir die Hände bluteten, um meine Schwierigkeiten zu vergessen, um mich durch die Arbeit zu betäuben, und auch um ein paar Centavos zu verdienen. Abends kam ich erschöpft nach Hause. Ich fühlte mich als Verbrecherin ... In den Zellen der DIC hatten sie mich so davon überzeugt, daß ich sehr schuldig wäre ... daß ich mit einem großen Schuldgefühl lebte. Ich bereute es, in der Arbeit im Komitee aufgegangen zu sein. Warum hatte ich gesprochen? Warum hatte ich angeklagt? Warum hatte ich mich eingemischt? — fragte ich mich selbst. Und ich verzweifelte, ich bereute es. Und manchmal sehnte ich mich danach, einen kleinen Karton Dynamit zu haben, um mich mit meinen Kindern in die Luft zu jagen und mit allem fertig zu sein. Es war so schmerzhaft! ...
Nachdem wir sechs Monate in den Yungas gewesen waren, kam mich mein Vater besuchen. Er war glücklich, mich schon gesund anzutreffen, arbeitend und schon Freundschaften schließend.
Die Leute der Yungas waren gut zu mir. Wenn sie mich auf dem Feld an ihrer Seite arbeiten sahen, sahen sie sich an. Sie wußten, daß wir auf dem Altiplano nicht in der gleichen Weise arbeiten wie sie auf dem Land. Und sie wunderten sich, daß ich als Frau so viel arbeitete. Sie halfen mir und gaben mir von allem ab, was sie hatten. Sie waren sehr freundlich. Ich versuchte auch, gut zu ihnen zu sein. Ich gab mir Mühe, ihnen mit den Medikamenten zu helfen, die ich hatte. Und die Leute begannen, mich sehr zu lieben.
Der Besuch meines Vaters war eine große Sache. Ich konnte mich unterhalten. Als mein Vater mich fragte, wie es mir ginge, wie ich mich mit meinem Mann vertrüge und wie es mir mit den Kindern ginge, begann ich zu weinen. »Papa«, sagte ich, »du, der du so viel Erfahrung hast ... du, der du ein Politischer warst ... warum hast du mir nicht gesagt, daß all das seine Konsequenzen hat? Warum hast du mir nicht gesagt, daß all das, was ich tat, schlecht war?«
In meiner Betrübnis sagte ich meinem Vater alles, was ich dachte. Dann sagte mein Vater, daß er, als er Politischer war und gesehen habe, daß er nur Töchter bekam, verzweifelt sei, weil er keinen Sohn gehabt habe. Denn er hätte einen Sohn haben wollen, um jemanden zu haben, der seine Ideale übernahm und mit ihm zusammenarbeitete, für die Freiheit kämpfte. Der kämpfte, bis das Volk befreit, bis die Arbeiterklasse an der Macht sein würde. Und als er gesehen habe, daß ich den gleichen Weg eingeschlagen hätte, daß ich den Charakter meines Vaters hätte, sei er glücklich und stolz auf mich gewesen. Und wie könnte es sein, daß ich jetzt so etwas sage?
»Nein, Tochter ... Was du getan hast, ist großartig!« sagte er mir. »Mal sehen, Tochter, was hast du getan? ... Du hast doch nur gegen die Ungerechtigkeiten protestiert, die die Regierung gegen das Volk begangen hat. Das ist kein Ver-

brechen, Tochter! Du hast nur die volle Wahrheit gesagt. wegen des Mutes, den du gehabt hast, liebt das Volk dich, fragt das Volk nach dir. Ich fahre ständig nach Siglo XX, und alle Leute warten auf dich. Eines Tages wird diese Regierung stürzen, sie ist nicht ewig. Und dann, ja dann wirst du mit deinem ganzen Stolz zurückkehren. Aber du mußt dich darauf vorbereiten, du darfst nicht so zurückkehren. Du mußt mehr lernen. Du mußt das Vertrauen das das Volk in dich setzt, erwidern. Eine Vorsitzende zu sein, heißt nicht einfach, eine Aufgabe zu übernehmen. Es erfordert mehr Verantwortungsgeist. Du mußt dich vorbereiten, Tochter.«

»Nein, Papa — nicht mehr! ... Nach dem, was passiert ist, wenn ich hier lebend rauskomme, wenn eine andere Regierung kommt, wenn ich die Möglichkeit habe zurückzugehen, werde ich mich nie mehr irgendwo engagieren. Nie mehr! Wie könnte ich es tun nach allem, was ich mitmache?«

Gut. Mein Vater sagte mir, er käme in einer Woche wieder. Er war sehr traurig. Mein Vater ging zur Universität von La Paz. Er ging zur Universität von Oruro, er stellte sich den polititschen Führern vor. Er erzählte ihnen die ganze Geschichte und sagte ihnen, ich müsse mich auf die Zukunft vorbereiten. Und mehr noch als eine materielle Hilfe benötigte ich eine geistige Hilfe, um zu mir zurückzufinden, um zu verstehen, daß meine Sache gerecht sei. Und er bat sie, mir dabei zu helfen, mir über die Lage klar zu werden. Mein Vater kam zurück und gab mir einige Bücher zu lesen. Es waren einige Bücher über die Geschichte Boliviens und über den Sozialismus. Und eine Professorin der Universität von Oruro hatte auf dem Rand dieser Bücher einige Anmerkungen gemacht. Diese Anmerkungen dienten dazu, mir bei der Lektüre weiterzuhelfen. Wenn zum Beispiel die Geschichte eines anderen Volkes erzählt wurde, gab es eine Anmerkung wie diese: »Domitila, kommt es dir nicht so vor, als ob das, was bei dem anderen Volk geschieht, auch in Bolivien geschieht? Was ist mit der Landreform geschehen? Siehst du nicht: Wenn es eine sozialistische Revolution gibt, dann hat der Mensch auf dem Land die Vorteile, die hier beschrieben werden, aber in Bolivien ist die Landreform verraten worden!«

Diese Lektüre half mir sehr. Zugleich konnte ich eine Sache nachprüfen, die ich als Kind erträumt hatte: eine Welt ist möglich, in der es keine Armen geben wird, und wo alle anzuziehen und zu essen haben werden. Ich sah, daß diese Ideen, die ich hatte, sich auch in diesen Büchern widerspiegelten. Und die Ausbeutung des Menschen durch den Menschen hatte ein Ende. Und jeder, der arbeitete, hatte ein Recht zu essen und sich gut anzuziehen.

Und der Staat muß für die Alten, die Invaliden und für alles sorgen. Das erschien mir ganz wunderbar. Es schien mir so, als ob jemand meine Kinderträume gesammelt und in einem Buch niedergeschrieben hätte. Oder, wenn man so will, daß ich mich vollkommen mit dem identifizierte, was ich beim Marxismus las.

Das ermutigte mich, weiterzukämpfen. Denn, dachte ich, wenn ich das seit meiner Kindheit geträumt habe, dann ist es jetzt nötig, zu arbeiten und zu be-

ginnen, sich auf diese Doktrin zu stützen, um vorwärts zu kommen, nicht wahr?
Außerdem hatte ich durch all das, was ich durch die Verhaftungen gelitten hatte, im Gefängnis und in den Yungas, politisches Bewußtsein erlangt. Oder, wenn man so will, ich hatte zu mir selbst gefunden.
Die Erfahrung, unter den Bauern zu leben, hatte mir auch sehr geholfen. Denn, auch wenn meine Eltern bäuerlichen Ursprungs sind, so hatte mich doch das Leben unter den Bergleuten ganz geformt. In den Yungas erfuhr ich zum ersten Mal am eigenen Leib, daß man in unserem Land auch in einer anderen Wirklichkeit lebt, und das ist die Wirklichkeit der Landbevölkerung.
Dort wurde ich mir klar darüber, daß die Mineros schon weitgehend organisiert sind, während die Regierung die Leute auf dem Land immer noch total beherrscht. Ich konnte zum Beispiel sehen, wie auf dem Land Schulen gemacht werden. Wir haben dort eine eingerichtet. Den Plan machte das Volk. Alle Nachbarn versammelten sich, wir diskutierten und beschlossen: Wir müssen unser Schülchen bauen.
Wir arbeiteten alle: Lehmziegel auf Lehmziegel, Männer und Frauen arbeiteten im Kollektiv. Und wir machten alles, einschließlich dem Gebäude und dem Verputz. Aber es war so, daß die Dachrinne und die Farbe fehlten. Dann erfuhr die Regierung von der Lage. Es kam ein Señor und sagte:
»Verflixt ... ich habe mit dem Landwirtschaftsministerium gesprochen, und man hat mir gesagt, man wird uns helfen, sie werden Dachrinnen und die Farben geben.«
»Wie gut! Dann ist ja alles gelaufen!« sagten die Leute. Die Dachrinnen und die Farben kamen. Wir nahmen selbst die Dachrinnen und nagelten sie zack, zack, zack, fest, und die Farbe verpinselten wir ta, ta. Und die Schule war fertig.
Und es kam so, daß am Tage der Einweihung die Minister kamen, es kamen die Reporter, und mit Pauken und Trompeten wurde die Schule eingeweiht ... »als weiteres Werk der Regierung«. Und die Reden fehlten nicht: »Die Regierung erfüllt ihre Pflicht für das Volk da ... Die Regierung Barrientos denkt zuerst an den Campesino, und der bolivianische Campesino wird nicht mehr länger der Unwissende von früher sein. Hier ist der Beweis: die Schule für das Volk!«
Und allen Leuten ging das wie Honig runter, ha, sie schüttelten ihnen begeistert die Hände und schluckten alles. Aber den größten Teil hatten wir gemacht!
Sogar die Dachrinnen und die Farbe, die die Regierung geschickt hatten, war die Frucht der Arbeit des Volkes selbst, nicht wahr? Weil man für jedes Produkt, das man aus den Yungas ausführt, Steuer zahlen muß. Ein Zentner Kaffee, eine Kiste Coca, ein Sack Kohle, für alles muß man Steuern zahlen. Und von den Steuern, die wir bezahlen, nehmen sie das Geld für die öffentlichen Ausgaben, nicht wahr? Was für eine Art zu betrügen!
Ein anderes Beispiel, wie sie die Campesinos ausbeuten, und das ich bestätigen

kann, ist der »Wegzoll«. Es gibt einen Erlaß in Bolivien, daß alle Bürger einen bestimmten Betrag jährlich zahlen müssen, um die Wege zu benutzen. Als Quittung für diese Zahlung gibt man ihnen ein Dokument, das sich »Wegzoll« nennt. Weil die Campesinos manchmal kein Geld haben. um das Dokument einzulösen, müssen sie es erarbeiten, nicht wahr?
Manchmal schicken die Behörden des Ortes selbst sie auf ihre kleinen Farmen arbeiten, und sie lassen sie ohne Bezahlung die Wege ausbessern. Nachdem sie das getan haben, geben sie ihnen manchmal das Dokument, manchmal kriegen sie noch nicht einmal das.
Wenn die Campesinos in die Stadt kommen, um ihre Erzeugnisse zu verkaufen, warten die Bürokraten schon auf sie: »Straßenanleihe? Habt Ihr nicht?«
Und wenn sie das Dokument nicht haben, nehmen sie ihnen ihre Sachen weg, bis sie bezahlen. Außerdem müssen sie sogar noch eine Strafe zusätzlich bezahlen. Es ist eine furchtbare Art, die Campesinos auszunutzen. Aber es gibt noch viele andere Wege.
All das konnte ich in den Yungas nachprüfen, es hat mir geholfen, viele Dinge zu verstehen, und es hat mir neue Horizonte über die Realität in Bolivien erschlossen.
Jetzt merke ich noch besser, daß bei vielen Personen, einschließlich der Revolutionäre, sogar viele von denen, die aus polititschen Gründen das Land verlassen mußten, die ganz falsche Vorstellung herrscht, daß die Befreiung unseres Landes nur von der Arbeiterklasse ausgehen wird. Aber sie sind auch nie aus der Stadt herausgekommen, um auf dem Land zu leben.
Seit ich in den Yungas gelebt habe, hat sich das Problem der Campesinos für mich in eine grundlegende Frage verwandelt. Und deswegen habe ich sogar mit einigen Genossen gestritten, als ich in die Minen zurückkam, wegen der mangelnden Solidarität, die sogar bei uns mit den Campesinos besteht. Und ich werde wütend, wenn ich sehe, wie wir gegen unsere Ausbeutung schreien und dabei imstande sind, unsererseits die Campesinos auszubeuten.
Ich habe zum Beispiel gesehen, daß man in einigen Minero-Häusern einen Campesino, einen kleinen Indio, der kommt, um seine Kartoffeln zu verkaufen, nicht in der Wohnung schlafen läßt, ihn nicht vom gleichen Teil des Tellers essen läßt und ihm nicht dasselbe Essen gibt, das man für die Familie kocht. Und wenn man eine Campesina hat, die die Hausarbeit macht, bezahlt man ihr fast nichts und behandelt sie nicht so, wie es sein sollte. Ich konnte auch feststellen, daß die Leute aus den Bergwerken in der Zeit der Ernte aufs Land gehen, um Lebensmittel einzutauschen, aber auf eine sehr ungerechte Weise und immer zum Nachteil des Campesino, nicht wahr? Also habe ich oft gesagt: »Wie können wir im Campesino einen Verbündeten suchen, wenn wir ihn so behandeln? Und wenn es so kommt, daß sich die Campesinos vor uns befreien, sind sie bestimmt gegen uns, wenn wir so weitermachen. Sind nicht außerdem wir Arbeiter fast alle bäuerlicher Herkunft?«
In den Yungas hatte ich auch Zeit, über all das nachzudenken, was ich durch die

Militärs gelitten und von ihnen zu hören gekriegt hatte. Sie hatten mich als Kommunistin, Untergrundkämpferin, Verbindungsperson der Guerilla und soviel anderes bezeichnet. Und dadurch bekam ich eine noch klarere Vorstellung davon, daß man etwas gegen diese Regierung, die so ungerecht gegen die Arbeiterklasse sind, unternehmen muß.
Nun ja, am Anfang wünschte ich nur, eines Tages meine Henker zu finden, um sie umzubringen, aber nachher sah ich ein, daß die beste Art des Kampfes und der Rache darin bestände, wenn wir uns besser organisierten, die Leute bewußter machten und kämpften, um unser Land endgültig vom imperialistischen Joch zu befreien. Nur so werden sich unsere Probleme lösen.
So war ich mir also durch die Erfahrungen, die ich in den Yungas gesammelt hatte, und durch das Überdenken all dessen, was ich in Siglo XX und im Gefängnis erlebt hatte, über all das klar geworden. Ich hatte politische Erfahrung gesammelt.
So daß ich schon eine gewisse Vorbereitung hatte, wovon viele Leute sagen, daß sie einem nur durch eine Partei vermittelt werden kann. Für mich war es die Frucht der Erfahrungen des Volkes, eigener Erfahrungen und der wenigen Bücher, die ich habe lesen können. Das will ich nochmal klarstellen, weil ich glaube, daß es Leute gibt, die behaupten, ich sei ihre Kreatur oder die ihrer Partei. Und diese Vorbereitung, die ich bekommen habe, verdanke ich nur den Schreien, den Leiden und den Erfahrungen des Volkes. Ich will folgendes zum Ausdruck bringen: wir müssen viel von den Parteien lernen, aber wir dürfen nicht alles von ihnen erwarten, vielmehr muß unsere Art zu sein und zu handeln aus unserer eigenen Überzeugung kommen. Damit will ich selbstverständlich nicht sagen, daß ich gegen Parteien oder apolitisch bin. Aber verschiedene Gründe haben mich davon überzeugt, daß es richtig ist, so zu arbeiten, wie ich es bis jetzt gemacht habe, obwohl wir doch mit führenden Leuten verschiedener Parteien zusammengearbeitet haben.
Erstens möchte ich betonen, daß das Hausfrauenkomitee zur Unterstützung der Gewerkschaft organisiert ist und gegründet wurde, um in dieser Art mit den Arbeitern zusammenzuwirken. Und es erscheint mir, als Vorsitzende, nicht gut, das Komitee unter die Weisungen einer Partei zu stellen. Denn das ist sogar mit den Arbeitern geschehen: daß die Parteien sie das eine oder andere mal zum eigenen Zweck mißbraucht haben. Und damit bin ich nicht einverstanden.
Außerdem ist für mich die Zersplitterung der Parteien* in Bolivien ein Problem. Es ist ein Problem. Es ist ein Durcheinander! Es gibt soviele Parteien!
Nun gut, wir haben die Menschen schon eingeteilt, nicht wahr? Es gibt Linke und Rechte. Die Rechten sind die reichen, einflußreichen Leute, die Leute, die die Armen ausbeuten und massakrieren. Auf der Linken stehen wir anderen, die wünschen, daß das Volk sich von dem kapitalistischen System, in dem wir leben, befreit. Aber auf beiden Seiten sind die Leute sehr gespalten.

* die Parteien werden im Anhang erklärt

Also, auf der Rechten gibt es Sozialistische Falange Boliviens (Falange Socialista Boliviana), die FSB, dann noch die Nationalische-Revolutionäre Bewegung (Movimento Nationalista Rvolutionario), die MNR, das ist die Partei, die die Revolution, die das Volk 1952 gemacht hat, verriet; die Regierung Barientos hatte eine eigene Partei, die sich Christliche Volksbewegung (Movimiento Popular Christiano) nannte und die, im Namen Christi, jede Menge Leute getötet hat; dann noch die Christ Demokraten (Democracia Christiana), die eine rechte und eine linke Gruppierung hat; dann die PRA oder die Authentische Revolutionäre Partei (Partido Revolutionario Auténtico), die ein Ableger der MNR ist. Und es gibt noch andere.
Auf der Linken gibt es zum Beispiel die PRIN oder die Partei der linksrevolutionären Nationalisten (Partido Revolutionario de Izquierda Nacionalista), die auch ein Ableger der MNR ist. Es gibt die beiden kommunistischen Parteien, eine die der Moskauer und eine andere, die der Pekinger Linie folgt; es gibt die Trotzkisten, die in der POR (Partido Obrera Revolutionario), Revolutionäre Arbeiterpartei, organisiert sind. Es gibt da die MIR (Movimento de Izquierda Revolutionaria), die Bewegung der revolutionären Linken. Es gibt die Nationale Befreiungsarmee (Ejército de la Liberation National) oder die ELN, und das sind die, die zu den Guerillas gegangen sind. Es gibt die PS oder sozialistische Partei (Partido Socialista), so daß die Linke sich gespalten hat ... aber in viele Gruppen, nicht wahr?
Und das Schlimmste ist, daß sie sich manchmal gegeneinander stellen. Ich glaube, das ist ein großer Schaden, den die Parteien dem Volk zufügen. Und das arbeitet dem Feind sehr in die Hände, nicht wahr?
Wie gut wäre es, wenn sich alle vereinigten und dann für das kämpften, von dem wir wissen, daß es das Wichtigste ist. Denn wir wissen, daß die Unterdrücker sehr klare allgemeine Zielvorstellungen haben. Welche sind das? Mehr zu verdienen, mehr auszubeuten, sich mehr zu bereichern und Unterdrückungsarmeen zu unterhalten, um weiter noch mehr auszubeuten und noch mehr Geld rauszuholen. Wir dagegen sind, von dem Zustand der Abhängigkeit abgesehen, weiter gespalten. Und wir können sagen, es ist zum Teil auch Schuld der Linken, daß wir jetzt nicht an der Macht sind, nicht wahr?
Ich habe in den Yungas anderthalb Jahre gelebt. Im Jahre 1969 starb Barrientos, und ich konnte dann nach Oruro zurückkehren. Das Klima der Yungas bekam mir nicht gut, und ich erwartete ein Kind. In Oruro bekam ich mein Töchterchen Rina. Als ich wieder genesen war, begann ich wieder zu arbeiten. Ich kochte Essen, um es auf der Straße zu verkaufen. Im Anfang war es schwierig, weil die Leute mich nicht kannten. Nach und nach schloß ich einige Freundschaften, und nach einigen Monaten konnten wir besser überleben.
Mein Mann war in die Yungas zurückgefahren, um zu arbeiten.

Wieder im Bergwerksrevier

Nachdem ich einige Monate in Oruro war, konnten wir wieder nach Siglo XX zurückkehren.

Das kam so: nachdem Barrientos gestorben war, regierte Siles Salinas, der Vize-Präsident gewesen war, Bolivien. Aber das war nur während einiger Monate, weil ihn im selben Jahr der General Ovando mittels eines Staatsstreiches stürzte.

Dann baten die Mineros, die von Barrientos 1965 entlassen worden waren, Ovando, ihnen ihre Arbeit in den Minen wiederzugeben. Ovando schenkte ihnen kein Gehör. Nun gut, dann wurde ein wichtiger Hungerstreik erklärt, an dem die Entlassenen zusammen mit ihren Familien teilnahmen. Aufgrund dieses Streiks konnten viele wieder zurückkehren. Auch wir. In der Zeitung von Oruro las ich den Namen meines Mannes auf der Liste derjenigen, die wieder angestellt werden sollten, und ich ließ ihm das in Yungas mitteilen. Und so kamen wir nach Siglo XX zurück. Es war ein sehr besonderes und wichtiges Ereignis für uns.

Ovando hatte mit Barrientos während dessen Regierungszeit zusammengearbeitet. Er war während einiger Zeit sogar Co-Präsident. Als er an die Macht kam, setzte er die Maske eines Linken auf und nannte seine Regierung »National-Revolutionär«. Und er ergriff einige Maßnahmen. Er erklärte sogar die Verstaatlichung der »Gulf«*.

Aber es blieb das gleiche wie vorher, und deswegen traten sogar einige seiner Minister zurück.

Nun gut, als wir nach Siglo XX zurückkamen, sagte mein Mann mir, ich dürfte jetzt bei nichts mehr mitmachen, wir hätten soviel gelitten, und wir wären unter solchen Opfern ins Revier zurückgekehrt, daß es meine Pflicht sei, bei den Kindern zu bleiben und den Haushalt zu versorgen. Aber ich hatte jetzt schon eine andere Einstellung. Ich wollte vielmehr die Frauen besser organisieren,

* Bolivian Gulf Oil Co., Tochtergesellschaft der Nordamerikanischen Gulf Oil Co., die Haupterdölkonzessionärin in Bolivien

besser mit den Arbeitern zusammenarbeiten und bei allem dabeisein, nicht wahr?
Und kurz nach unserer Rückkehr wurde der Kongreß der Mineros von Siglo XX veranstaltet, er wurde durch die Gewerkschaft der Bergleute einberufen. Meine Genossinnen vom Hausfrauenkomitee hatten ihre Leitung gewählt. Aber ich war weiter Generalsekretärin. Sie setzten mich wieder ein. Also nahm ich am Kongreß teil. Aber danach sagte mein Mann mit Bestimmtheit, daß er nicht erlauben würde, daß ich weiter teilnahm. Und wenn ich damit nicht einverstanden wäre, sollte ich gehen.
Einfach so, nicht wahr?
Da sagte ich ihm, daß ich am Kongreß nur teilnehmen würde, um an der Verbesserung unserer Lage mitzuwirken, daß ich begriffen hätte, daß seine Aufopferung in der Mine nicht ausreicht, unsere Bedürfnisse zu befriedigen, daß ich sogar auf viele notwendige Dinge verzichtete, um ihn nicht zu belasten, daß die Arbeit, die ich im Komitee machte, den Zweck hätte, mit ihm zusammen für eine Verbesserung unserer Lage zu kämpfen, damit es einen Wechsel und ein gerechteres und glücklicheres Leben für uns gäbe, und zum Schluß sagte ich, daß ich zum Komitee ginge, weil es mir gefiele, mich mit den Leuten zu unterhalten und sie zu orientieren, so wie es ihm gefiele, sich einige Gläschen mit seinen Kollegen zu genehmigen, ins Kino und spazierenzugehen. Und ich sagte ihm, wenn er mir alles gäbe, was ich für den Haushalt brauchte, gemacht, dann würde ich mich nicht mehr engagieren. Und wir kamen zu einer Übereinkunft: ich ließ das Komitee, und er ließ seine Zerstreuungen.
Aber, weil er es brauchte, sich mit den Kollegen ein Gläschen zu genehmigen und ins Kino zu gehen, dauerte unser Vertrag nicht lange an. Und da ging ich am nächsten Tag, ohne ihm irgend etwas zu sagen, auch zu den Versammlungen des Komitees. Und als er mich fragte: »Was ist los?«,
antwortete ich ihm: »Und was ist mir dir selbst los?«
Und ich sagte ihm, so wie er es unterlassen habe, seinen Teil des Vertrages zu erfüllen, so könnte ich das auch nicht halten, was er von mir verlangt habe. Und zum Schluß begriff mein Mann, daß ich weitermachen mußte mit dem, was ich tat. Und wenn ihn in der Vergangenheit seine Chefs kritisiert und ihm gesagt hatten, seine Frau sei so eine, und er zunächst gelitten hatte und ihnen nicht antworten konnte, so hörte er jetzt nicht mehr auf ihre Kommentare und sagte ihnen: »Das ist die Sache meiner Frau, und Sie brauchen sich da nicht hineinzumischen.« Also scheint es so, als ob wir damit viel weitergekommen wären, nicht wahr?
1970 gab es in Bolivien noch eine andere Guerilla, und zwar die von Teoponte. Dazu gehörten viele junge Universitätsangehörige, einige siebzig, glaube ich. Sie wurden fürchterlich besiegt.
Bei dieser zweiten Guerilla machten wir nicht mit. Wir erfuhren aus der Zeitung, daß es Guerillas gab; sie hatten uns in keiner Weise einbezogen.
Klar, ich will ihnen nicht ihren Wert absprechen. Leute, die in die Berge gehen,

um in dieser Weise ihr Leben hinzugeben, die wissen, daß jeder Augenblick ihr letzter sein kann, verdienen Respekt und Bewunderung. Wir, die wir viel mit Worten kämpfen, haben nicht den Mut, das zu tun. Deswegen habe ich großen Respekt vor ihnen.
Aber wir müssen auch berücksichtigen, daß wir nichts erreichen werden damit, nur in die Berge zu gehen, wenn wir nicht auf die Hilfe des Volkes bauen können. Das ist die Voraussetzung.
Doch, in der ersten Guerilla hat es Bergleute gegeben. Aber ich weiß nicht, ob sie wirklich organisiert waren oder einfach so gegangen sind. Ich weiß es nicht. Mir kommt es so vor, als ob dies der Fehler der Guerilleros gewesen sei: das Volk nicht genügend einzubeziehen. Niemand erreicht etwas, wenn er nicht mit dem Volk verbündet ist. Das ist die Grundlage. Wir dürfen nie vergessen, daß wir, die Arbeiterklasse und die Bauern, die beiden Pfeiler sind, auf dem das Gebäude des Sozialismus errichtet werden wird, nicht wahr? Ich bin kein Hitzkopf, ich glaube, daß man nichts improvisieren darf. Bevor er laufen kann, lernt der Mensch zuerst zu kriechen, sich später auf die Füße zu stellen, später die ersten Schritte zu gehen und mehr und mehr zu laufen, bis er schließlich an Marathonrennen teilnehmen kann. Eine revolutionäre Bewegung macht man auch nicht in einem Tag. Daher kommt es, daß die isolierten Bewegungen zu nichts nütze sind. Ich glaube, das Volk ist es, das sich befreien muß. Und wenn es eine Gruppe gibt, die eine stärkere Aktion vorantreibt, ist das Grundlegende, das sie haben muß, die Hilfe des Volkes.
Die Guerilla von Teoponte diente auch dazu, Ovando die Maske vom Gesicht zu reißen, der als links gelten wollte und doch ohne Erbarmen diese Jungen umbringen ließ, wie er es vorher mit denen von Ñancahuazu* gemacht hatte, nicht wahr?

---

* die Guerilla des Ché Guevara, siehe Seite 111

Das Volk und die Armee

Im Jahre 1970 gab es wieder einen Staatsstreich. Und dann wollten die Luftwaffe, die Marine und das Heer ein Triumvirat bilden, um das Land zu regieren. Aber das Volk akzeptierte das nicht. Dann gingen Abgeordnete des Gewerkschaftsdachverbandes Boliviens (COB) zum Stadtteil Alto von La Paz, wo die Luftwaffe stationiert ist, um den General Torres zu unterstützen, die Regierung zu übernehmen. Und er akzeptierte.

Torres wollte etwas für das Volk tun. Er tat etwas, obwohl er nur einige Monate an der Macht war. Er warf zum Beispiel das Peacecorps* aus Bolivien hinaus. Er nationalisierte auch die Mine Matilde**.

Außerdem verlangten die Arbeiter von Torres die Wiedereinführung der Löhne, die uns Barrientos im Jahre 1965 aberkannt hatte, und er akzeptierte. Es scheint sogar so, daß er die Gehälter, die die Direktoren und das technische Personal der COMIBOL und der staatlichen Verwaltung der Bolivianischen Erdölvorkommen erhielten, überprüfen ließ. Es waren Abertausende von Dollars und Abermillionen Pesos, die das Gehalt des Präsidenten selbst bei weitem überstiegen. Dann erließ er ein Dekret, und alle Gehälter dieser Personen wurden herabgesetzt. Und dieses ersparte Geld diente auch dazu, einen Teil des Lohnes der Arbeiter zu ersetzen. Also ist das eines seiner Verdienste.

Der gleiche General Torres kam in die Minen, um die Wiedereinsetzung der alten Löhne zu verkünden und um mit dem Volk zu sprechen. Die Mineros wollten ihn auf Händen tragen, die größte Ehre, die die Arbeiterklasse einem Führer oder einer Person, die sie bewundert, zuteil werden lassen kann. Aber der General wollte nicht. Und sagte: »Wie kann ich es zulassen, daß mich die

* Peacecorps, staatliche amerikanische Gesellschaft für Entwicklungshilfe, die mit Freiwilligen in anderen Ländern arbeitet.

** Wichtiger Minenbezirk (Zink, Silber, Blei, Kadmium und andere Metalle) ausgebeutet von der »Minerals and Chemicals Phillips Corporation«. Im Jahre 1972 machte Banzer die Nationalisierung rückgängig, zum Vorteil der Multis.

Arbeiter tragen? Ich möchte vielmehr die Arbeiter auf meinen Händen tragen.« Bei dieser Gelegenheit veranstalteten sie ein Mittagessen für ihn in Catavi. Und er schickte auch uns, den Genossinnen des Hausfrauenkomitees, eine persönliche Einladung. Aber ich wollte nicht gehen, weil ich einen Groll gegen die Militärs hatte wegen all dessen, was sie mir im Gefängnis angetan hatten. Aber meine Genossinnen zwangen mich, mit noch einer anderen Frau hinzugehen. Und wir gingen zum Bankett. Die Genossinnen hatten einen Blumenstrauß mit einer roten Rose in der Mitte gebunden. Als wir zum Direktorium kamen, sahen wir eine lange Schlange von Leuten, von Frauen mit Blumensträußen, die den General sehen wollten, aber die Militärs ließen sie nicht. »Wie sollen sie uns passieren lassen?« dachte ich. Aber wir zeigten die Karte, und sie ließen uns sofort eintreten.

Als wir an den Tisch kamen, stellte ein Gewerkschaftssekretär uns vor: »Hier sind die Abgeordneten des Hausfrauenkomitees von Siglo XX.« Der General begrüßte uns und ließ uns ihm gegenüber Platz nehmen.

Dann sprach ich, um ihn zu begrüßen. Ich sagte ihm, wir hießen ihn willkommen und dankten ihm für seine große Beharrlichkeit, mit der er unsere alten Löhne wieder durchgesetzt hatte.

»Sie haben damit gezeigt, daß Sie mit uns sein wollen«, sagte ich ihm. Aber es sei sehr wahrscheinlich, daß es in der Armee nicht nur gute Leute gäbe, es gäbe auch schlechte Leute.

»Und wenn Sie jetzt unser Freund sind, dann beweisen Sie es, indem Sie unser Dorf bewaffnen. Weil wir es leid sind, daß unsere Genossen wehrlos auf der Straße sterben, nicht aus Mangel an Tapferkeit, sondern weil sie keine Waffen haben, um sich zu verteidigen. Sie sagen, Sie sind Freund des Volkes; dann bewaffnen sie uns, damit wir mit Ihnen gemeinsam das Volk verteidigen können. Weil das Heer nun mal der Unterdrückungsmechanismus der Gorillas ist, die jeweils an der Macht sind. Und wenn Sie jetzt unser Freund sind, dann kann die Armee mit uns verbündet sein. Aber wenn Sie einmal nicht mehr an der Macht oder nicht mehr unser Freund sind, ja, dann wird die Armee sich wieder gegen uns wenden. Und um sie immer an das zu erinnern, was ich gesagt habe, lege ich Ihnen hier einen Blumenstrauß hin, der in seiner Mitte eine rote Blume trägt, die das Blut darstellt, das unsere Leute in all den Massakern, die die Armee hier veranstaltet hat, verloren haben.«

Und ich gab ihm den Blumenstrauß.

Dann stand der General auf sagte zu mir:

»In den Worten der Genossin klingt großer Schmerz. Wir sind sicher, daß sie viel gelitten und erfahren hat. Aber ich will, daß diese Massaker zwischen Bolivianern für immer aufhören, und die Armee wird nie mehr ihre Gewehre auf sie anlegen. Die Armee wird nie mehr diese Einstellung haben, die sie bis jetzt gehabt hat. Wir werden die Einstellung der Armee vollkommen ändern. Und Sie werden uns dabei helfen. Wir wollen sogar, daß die Soldaten mit Ihnen leben, wenn man so will, zwei oder drei Monate Ihr Leben teilen, damit sie sehen, wie Ihre Lage in Wirklichkeit ist, und ob Sie recht haben oder nicht.« Aber genau das war sein Irrtum, nicht wahr? Es war ein Irrtum, der Armee zu vertrauen und das Volk nicht zu bewaffnen. Wir wissen, daß die Armee, die wir haben, sich aus dreckigen Leuten zusammensetzt, trainiert vom Pentagon, mit bürgerlichen Vorstellungen der Herrschaft. Und zu glauben, daß diese Leute, bei der Erziehung, die sie gehabt haben, und die so oft schon verkauft worden sind, ihre Mentalität ändern werden, ist eine reine Illusion, nicht wahr? Im gleichen Jahr kamen einige Universitätsprofessoren nach Siglo XX, um uns einige Vorträge zu halten und uns Filme über Gewerkschaftswesen und über Wirtschaft vorzuführen. Es waren auch einige Zeitungsleute und Kinoleute dabei, die die Gruppe »Ukhamau« bildeten. Sie zeigten uns die Filme »Ukhamau*« und »Yawarmallku**«. Später bildeten wir so etwas wie eine Tischrunde und sprachen über die Filme. Einer von ihnen erzählte uns, die Filme wären nach dem wirklichen Leben gedreht, denn diese Gruppe sei nicht mit einem kommerziellen Ziel gegründet worden, sondern sie seien Leute mit starkem revolutionärem Bewußtsein, und ihre Aufgabe sei es, dem Volk zu dienen. Er bat uns, mit ihrem Kino zusammenzuarbeiten, indem wir uns bei der Regierung dafür verwandten, daß ihnen die Steuern herabgesetzt würden, wegen der Filme, die sie machten.

Wir sagten ihnen, wir wollten mitarbeiten, solange ihre Filme nicht entarteten. Wenn sie nämlich einmal die Erlaubnis und alle Vollmachten erhalten hätten, könnten sie die Filme anders herausbringen und organisieren und rein kommerzielle Filme machen, modisch angehaucht, wie wir es volkstümlich nennen. Ihnen gefiel die Art, wie wir mit ihnen sprachen. Und gut, wir schlugen ihnen auch vor, einen Film über Siglo XX zu machen. Der Regisseur sagte zu. Und es verging keine lange Zeit, höchstens fünf Monate, und sie kamen nach Siglo XX zurück, um zu filmen. Und sie drehten den Film »Der Mut des Volkes« (El coraje del pueblo). Wir waren mit ihnen übereingekommen, die Szenen am selben Tag an fünf verschiedenen Stellen zu drehen. Aber es kam der Putsch von Banzer, und wir verloren uns aus den Augen. Bis heute kann niemand den Film in Bolivien sehen. Ich sah ihn zum ersten Mal in Mexiko und bin mit ihm einverstanden, weil wir wenigstens einige Anklagen dokumentiert haben, was so wichtig ist. Und das Einzige, was ich wünschen kann, ist, daß diese Gruppe mit Hilfe des Volkes weiterkommt.

Während der Regierungszeit von Torres wurde auch eine Volksversammlung abgehalten, die sehr berühmt wurde, auch im Ausland. Man sagt, die Volksversammlung habe bedeutet, daß die Arbeiter an der Macht seien. An ihr nah-

* Ukhamau, Aymara — Wort für »so ist es«, ein Film, der auch im Deutschen Fernsehen lief

** Yawarmallku, Quetschua-Wort für »Blut des Condors«, lief auch in deutschen Kinos

men alle im Gewerkschaftsdachverband Boliviens organisierten Gewerkschaften, daß heißt die Fabrikarbeiter, die Minenarbeiter, die Bauarbeiter, die Bauern und die Universitätsangehörigen, teil. Es nahmen auch die Volksparteien teil.
Ich hörte auch Kommentare über die Versammlung, aber das Hausfrauenkomitee war nicht eingeladen worden teilzunehmen. So daß ich nicht dabei war.
Ich glaube, daß die Volksversammlung geholfen hat, bestimmte Probleme aufzuwerfen: zum Beispiel brachten die Mineros ihre Vorschläge ein. Aber, wie man mir erzählt hat, gab es zu viele Streitigkeiten zwischen den Teilnehmern. Es gab auch Leute, die ihre Ideologie durchsetzen wollten, und die Zersplitterung war groß, vor allem innerhalb der dort repräsentierten Parteien.
Auch wenn ich nicht viel von der Vorgeschichte weiß, die dazu führte, daß die Volksversammlung organisiert wurde, so glaube ich doch, daß, — wenn wir an der Macht gewesen wären, wir einen Apparat benötigt hätten, um diese Macht des Volkes zu sichern. Wir haben mehrere Beispiele, die uns das beweisen. Wir haben das Beispiel Vietnam, das Beispiel des kubanischen Volkes, das bis an die Zähne bewaffnet ist — Männer und Frauen — um sich diesem »Koloß« gegenüber durchzusetzen, der einen Steinwurf weit entfernt ist. Wir können uns jetzt nicht mehr mit Naivität herausreden. Wir wissen, daß unser Feind sehr stark ist und viel Macht hat, nicht wahr? Wir haben hier die bittere Erfahrung des chilenischen Volkes. Deswegen sage ich: wenn ein Volk an der Macht ist, muß es diese Macht auch festhalten können, nicht wahr? Noch etwas anderes: wenn wir an der Macht gewesen wären, hätten die Minister und die anderen Mitarbeiter des Präsidenten Arbeiter und Bauern sein müssen. Aber so war es nicht, vielmehr waren die Minister von Juan Jose Torres weiterhin Leute aus dem Bürgertum, vielleicht Sympathisanten der Sache des Volkes.
Aber die Macht war nicht in unseren Händen. Und ein Beweis dafür ist, daß Torres sofort gestürzt wurde. Am 21. August 1971 ergriff General Banzer mit seinen Militärs die Macht.

Die Kraft der Arbeiter

Der General Banzer ist nicht durch den Willen des Volkes an die Macht gekommen, sondern durch Gewalt, durch Zusammenschießen der Universitäten, durch Töten und Verhaften vieler Menschen. Als seine Macht erst einmal sichergestellt war, ergriff er viele zusätzliche Maßnahmen gegen uns: zunächst die Geldabwertung, dann das »Wirtschaftspaket*«, später die Schließung unserer Sender ... So.

Sie haben die Gewerkschaften zerstört, sie haben ein Dekret erlassen, in dem es heißt, es dürfe keine Gewerkschaften in Bolivien geben, weder die Minenarbeitergewerkschaft noch den Gewerkschaftsdachverband, die die wichtigsten Organe der bolivianischen Arbeiterbewegung sind. All das haben sie aufgelöst. Und sie glauben, mit all dem können sie in Bolivien machen, was sie wollen.

Aber in Wirklichkeit haben sie vergessen, daß die Arbeiter vereint sind und organisiert sind und daß die Arbeiterklasse eine sehr große Front bildet, weil nicht nur die Männer daran teilnehmen, sondern auch ihre Frauen und Kinder. Und die Bewegung der Arbeiterklasse ist nicht am Ende, ist nicht gestorben. Klar, daß wir hier nichts offen machen können. Aber wir schreiten immer weiter voran, trotz all der Unterdrückung.

Als zum Beispiel das Dekret der Geldentwertung in Kraft gesetzt wurde, kam es so, daß der Dollar, der 12 bolivianische Pesos kostete, von heute auf morgen 20 Pesos kostete. Und wegen dieser so einschneidenden Maßnahmen öffneten die Geschäfte nicht, und man konnte für die Kinder nichts zu essen kaufen. Außerdem sagte die Regierung, sie würde uns einen Bonus von 150 Pesos monatlich geben, so was in der Art, aber das war natürlich im Vergleich zu dem Preisanstieg erbärmlich.

* Wirtschaftspaket, damit ist eine Anzahl von wirtschaftlichen Maßnahmen gemeint, u. a. Neufestsetzen und Einfrieren des Mindestlohns (damals 900,— Pesos = 45 Us$. Erhöhung der Preise für Grundnahrungsmittel um 100%, die aber nicht eingehalten wurde.

Als wir vom Komitee das sahen, verlangten wir zuerst die Erhöhung der Zuteilung im firmeneigenen Laden. Aber im Laden kümmerten sie sich nicht um uns. Deswegen mußte ich die Genossinnen zu einer Demonstration aufrufen. Ich sprach im Radio und sagte, wir würden eine Protestdemonstration machen, und daß alle Genossinnen, die mit diesen Maßnahmen der Regierung nicht einverstanden wären, zu der Demonstration kommen sollten.
Damit die Frauen unserem Aufruf nicht folgten und um uns Angst zu machen, ergriff der Subpräfekt von Uncia das Mikrofon des Radios und beleidigte uns:
»Nur die Prostituierten, die Huren, die Faulpelze, nur die, die nichts zu tun haben, werden an der Demonstration teilnehmen«, sagte er.
Als ich das hörte, dachte ich: sicher wird niemand kommen, der den Subpräfekt gehört hat. Ich verließ sehr traurig mein Haus. Und auf der Straße traf ich eine Nachbarin:
»Haben Sie die Erklärung des Subpräfekten heute abend gehört, Señora?«
»Ja«, sagte ich, »ich glaube, diesmal werden wir scheitern.«
»Warum sollten wir scheitern? Gehen wir zur Demonstration!«
Und die Leute kamen mit noch mehr Begeisterung und außerdem noch mit dem Wunsch, diesen Typ, der uns im Radio beleidigt hatte, aufzuknüpfen.
Während der Demonstration wurde nicht gesprochen. Aber als wir zum Rathaus von Llallagua kamen, schärften einige Marktweiber, die Fleisch auf der Straße verkauften, ihre Messer und sagten den Leuten, sie wollten nichts verkaufen, es gäbe kein Fleisch, wenn sie nicht 50 Pesos für das Kilo bezahlten. Die Fleischverkäuferinnen waren die ersten, die ihre Preise von 9 auf 50, 60 Pesos pro Kilo Fleisch erhöhten, als die Geldentwertung verfügt wurde. Und dann verkauften sie nur ihren Stammkunden, die ihnen diesen Preis bezahlten. Oder, wenn man so will, nur der, der dickes Geld verdiente, konnte Fleisch essen.
Die Leute stürmten die Fleischereien. Die Agenten der DIC kamen. Als wir zum Platz des Minero von Siglo XX kamen, war er schon voller Leute und sie wollten gerade beginnen, die Nationalhymne anzustimmen, wie wir es immer tun.
Wir, die sprechen sollten, stiegen auf den Balkon des Gewerkschaftshauses, aber die Polizei warf Tränengas und löste die Demonstration auf.
»Ay! ...« sagte ich. »Wir sind gescheitert!«
Aber als ich nach einigen Minuten wieder sehen konnte, waren die Leute wieder da, und es war sehr schwierig, die Gruppe der Demonstranten zu beruhigen. Es war eine sehr gute Demonstration, weil wir etwas erreichten, zumindest wurde die ungehemmte Preiserhöhung von bestimmten Waren begrenzt.
Bei einer anderen wichtigen Demonstration, die wir vom Hausfrauenkomitee organisierten, erreichten wir die Erhöhung der Zuteilung aufgrund des »Wirtschaftspaketes«. Die Preise der Grundnahrungsmittel waren dermaßen gestiegen, daß unser Geld nicht ausreichte, das Nötigste zu kaufen.
Wir wissen, daß jeden Monat 300 oder 400 Tonnen Zinn die Bergwerke von

Siglo XX verlassen. Es ist das Zentrum des Reviers, wo am meisten gefördert wird. Also dachten wir, wir müßten eine entsprechende Zuteilung im Laden haben. In anderen Minen erhalten sie mehr Lebensmittel und die Zuteilung ist sogar bei anderen Gesellschaften abhängig von der Anzahl der Personen, die es in einer Familie gibt. Aber bei uns in Siglo XX ist es nicht so. Die Zuteilung ist für alle Familien gleich.

Nun gut, wir vom Komitee schrieben dem Chef der COMIBOL einen Brief, in dem stand, daß man unsere Zuteilung der höchsten, die es in der Gesellschaft gäbe, angleichen müßte, weil unsere Männer am meisten Erz förderten. Und wir setzten ihm eine Frist, um den Brief zu beantworten. Aber wir bekamen keine Antwort. Wir gingen zum Direktorium und gaben ihnen noch einmal 48 Stunden, aber es kam so, daß der Direktor noch nicht einmal mit uns sprach. Dann versammelten wir die Frauen. Und gut, da wir in einer Versammlung versucht hatten, eine Erhöhung der Zuteilung zu fordern, so teilte ich ihnen auf einer Versammlung mit, daß der Chef sich noch nicht einmal die Mühe gemacht habe, mich zu empfangen, er habe uns noch nicht einmal eine Antwort geben wollen, weil er, seiner Meinung nach, nichts mit uns zu besprechen hätte. Und weil der Direktor mich nicht empfangen wollte, müßten wir alle gehen, um eine Antwort zu verlangen. Wir beschlossen, nach Catavi zu gehen und wir gingen in einer großen Gruppe zu Fuß dorthin. Es war ein sehr großer Demonstrationszug.

Als wir nach Catavi kamen, war der Direktor schon nicht mehr da. Er war weggegangen. Also baten wir die führenden Herren, die Generalsekretäre der Gesellschaft und die Gewerkschaften, die in La Paz waren, uns per Funk mit dem Direktor der COMIBOL in La Paz zu verbinden, um direkt mit ihm zu sprechen.

Schon seit einem Monat kam kein Fleisch mehr nach Siglo XX, was der wichtigste Artikel ist, den wir für die Ernährung unserer Männer brauchen, damit sie die harte Arbeit der Mine aushalten. Das wollten wir außerdem vorbringen. Dann schaltete sich das Radio von Catavi mit dem von La Paz zusammen, und dadurch wurde ein Dialog mit dem Direktor der COMIBOL möglich. Und wir sprachen mit ihm, wir ließen ihn unsere Ansicht hören. Und wir verlangten eine schnelle Antwort. Der General sagte uns, das sei eine Sache, die man in Ruhe machen müsse und auf dem legalen Weg. Und er versuchte, sich herauszureden. Aber wir waren nicht damit einverstanden und wurden schließlich böse und sagten ihm:

»Gut, Señor Coronel, man sieht, daß Sie ein Militär sind, der nicht wissen kann, daß es in den Minen Schwierigkeiten gibt. Sie wissen vielleicht, was für eine Art Disziplin man in einer Kaserne braucht, wie man eine Armee befehligt, wie man marschieren läßt. Das alles verstehen Sie, nicht wahr? Aber was es

heißt, in einem Bergwerk zu arbeiten, Erz zu fördern, unter körperlichen Bedingungen zu leben, die einen vollkommen zerstören, von all dem wissen Sie nichts.«
Und wir sagten ihm, er müsse sich darum bemühen, unsere Lage zu verstehen und uns schnell die Lebensmittel für unsere Männer zu schicken und unsere Zuteilung zu erhöhen. Das vor allem verlangten wir, nicht wahr? Er unterbrach die Verbindung. Aber wir bewegten uns nicht von der Stelle. Dann stellten wir wieder die Verbindung mit diesem Señor her. Aber er sagte uns:
»Es gibt kein Gesetz, das mich dazu verpflichtet, mich mit den Frauen zu unterhalten. Und ich will nicht mit Ihnen sprechen.«
Wir nahmen das als Witz und sagten ihm:
»Wie schlimm, Señor, daß Sie ein Gesetz brauchen, um sich mit Ihrer Frau zu unterhalten! ...«
Und unsere Unterhaltung wurde ein bißchen heftig, und die Verbindung wurde noch einmal unterbrochen. Ich war ziemlich schroff, und weil ich all diese Titel nicht gut kenne, vergaß ich den Titel, den der Direktor der COMIBOL hatte, und nannte ihn manchmal General, manchmal Coronel, später Señor. Den Arbeitern machte die fortschreitende Degradierung Spaß.
Ah ... außerdem wollten sie noch, daß eine Kommission von uns nach La Paz käme, um über die Angelegenheit zu reden. Da sagten wir, wir hätten weder das Geld noch die Zeit, um so viel zu reisen. Sie sollten doch lieber ins Revier kommen, um mit uns zu diskutieren.
Dann sprachen die Leiter über Radio mit ihm und man sagte ihnen zu, die Angelegenheit zu untersuchen und uns eine Antwort zu geben. Wir erreichten die Angleichung unserer Zuteilung an die Zuteilung der anderen Minen nicht, es gibt immer noch diese Diskriminierung. Aber sie erhöhten die Zuteilung doch. Nicht so, wie wir es verlangt hatten, aber doch zum guten Teil. Sie teilten uns pro Monat 30 Kilo Fleisch, 20 Kilo Zucker, 8 Kilo Reis und 80 Brote mehr zu.
Am nächsten Tag fanden wir eine Methode, um zu kontrollieren, wer bei der Demonstration dabeigewesen war und wer nicht. Denn was wir forderten, war für alle, aber einige Frauen blieben ruhig zu Hause, wuschen und bügelten ..., und sie lachten über die Nachricht, daß wir eine Demonstration machen würden. Sie werden nichts erreichen, sagten sie. Sie sagten sogar, wir wären faul, so unsere Zeit zu vertun, sie hingegen hätten Verpflichtungen, müßten ihren Haushalt versorgen. Und wir alle, die wir bei der Demonstration dabei waren, wir warteten bis 10 Uhr abends auf eine positive Antwort, obwohl sie uns so viele Schwierigkeiten machten und sogar die Verbindung unterbrachen, damit wir nicht mehr redeten.
Wir waren mindestens 4000 Frauen. Wir waren viele, sehr, sehr viele. Ich sage Ihnen, daß die Spitze der Demonstration schon in Catavi beim Direktorium war, während der Schwanz noch am Friedhof von Siglo XX war.
Das sind etwa zwei Kilometer.
Dann beschlossen wir, den Leuten, die bei der Demonstration dabei gewesen

waren, einen Stempel auf den Arm zu drücken. Wir drückten ihnen zwei Stempel auf, den der Gewerkschaft und den des Komitees. Und nur die, die gestempelt waren, wurden aufgeschrieben, damit sie die Erhöhung der Zuteilung bekamen, die wir erlangt hatten.

Seit 1973 hatten wir vom Komitee vorgehabt, uns mehr mit den Frauen vom Land zu treffen. Weil wir uns darüber klar geworden waren, daß es noch nicht die Vereinigung der Bauern und Arbeiter gibt, die nötig ist, damit wir zusammen eine revolutionäre Kraft bilden. Außerdem wurde der »Arbeiter-Bauernpakt« durch die Männer geschlossen, die Frauen hatten praktisch keinen Anteil.

Also unternahmen wir etwas, versuchten, den Frauen vom Land näherzukommen und zusammen über unsere Probleme zu sprechen. Wir kamen nicht soweit, eine Organisation zu bilden, weil alles sehr gut kontrolliert wird und es sehr schwierig ist, das zu machen, obwohl es doch sehr, sehr wichtig ist. Wenn es nicht so wäre, würde die gegenwärtige Regierung nicht alles unternehmen, um alle Bauern-Organisationen zu vereinnahmen und auf ihrer Seite zu haben, zu ihrer Verwendung, nicht wahr?

Außerdem war die Regierung bei einigen Gelegenheiten in brutaler Weise gegen die Bauern vorgegangen. Im Januar 1974 zum Beispiel haben die Militärs Hunderte von Bauern in Tolata, im Tal von Cochabamba, getötet. Dort versperrten die Bauern zu Hunderten die Wege. Und warum?

Weil sie gegen die wirtschaftlichen Maßnahmen der Regierung, insbesondere das Wirtschaftspaket, das sie fürchterlich in Mitleidenschaft zog, Einspruch erhoben haben. Die Campesinos verlangten eine Lösung, weil sie die Preiserhöhung der Grundnahrungsmittel nicht mehr ertragen konnten. Aber die Regierung antwortete, indem sie das Heer einsetzte, um sie zu unterdrücken. Und Hunderte von Campesinos starben damals bei dem Massaker im Tal.

Die Landbevölkerung in Bolivien hatte noch nicht diese Stärke, die die Arbeiter-Klasse hat, um ihre Stimme hören zu lassen. Sie haben jedoch schon verschiedene Organisationen und zwei Fronten, die der Nationalen Bauernvereinigung nicht angehören, welche von der Regierung kontrolliert wird. Diese zwei Fronten sind die »Vereinigung der unabhängigen Campesinos« (Federación de Campesinos Indepedientes) und die »Vereinigung der Kolonisatoren« (Federación de Colonizadores).

Die Kolonisatoren sind zum großen Teil ehemalige Bergarbeiter, die sich entschlossen haben, in unbewohnte Gegenden zu ziehen, um in diesen Gegenden des Urwaldes, die zum großen Teil in den Departements Santa Cruz, Pando und Beni liegen, zu siedeln. Die Vereinigung der unabhängigen Campesinos vereint in sich Landarbeiter und Kleinbauern aus dem ganzen Land. Im Norden von Potosi, zum Beispiel, vereinigen die Kolonisatoren die Campesinons aus

fünf Provinzen. Sie waren es, die 1970 bei dem Bergarbeiterkongreß von Siglo XX mit uns den »Arbeiter-Bauern-Pakt geschlossen hatten, als Gegengewicht zu dem Militär-Bauern-Pakt«.
Viele ihrer Leiter wurden verhaftet, verprügelt und zusammen mit Leitern der Arbeiter, mit Universitätsangehörigen und anderen deportiert.
Eine andere Sache, die ich erklären will, ist folgende: die Arbeiterklasse und die Regierungen Boliviens sind berühmt geworden durch ihre Kämpfe, die Unterdrückungen und die Massaker, die es hier gegeben hat. Die jetzige Regierung hat nun die Taktik ergriffen, dieses Bild zu ändern. Und wirklich, wenigstens in den ersten Jahren seiner Regierung, hat der General Banzer die Mineros nicht in der gleichen Art und Weise behandelt, wie es die vorhergehenden Regierungen getan haben. Er versuchte vielmehr, uns für sich zu gewinnen, indem er uns gute Möglichkeiten bot. Die von der Regierung wissen zum Beispiel — weil alles in ihren Händen ist — daß mein Mann gerade eben 1500 Pesos monatlich verdient, die Zulagen und Zuschüsse schon mitgerechnet, oder, wenn man so will, etwa 70 Dollar im Monat.
Also sagten sie mir: »Señora, wir, die Militärs, bewundern Sie als treue Verteidigerin Ihrer Klasse, und wir wollen auf Ihrer Seite stehen. Sehen Sie, wegen der Bewunderung, die wir für Sie hegen, weil wir einsehen, daß Sie sich besser ausbilden müssen, haben wir beschlossen, Ihnen ohne irgendwelche Vorbedingung zu helfen.«
Und sie erklärten mir, daß sie meinem Mann eine Arbeit als Kolonialwarenhändler in einem der Geschäfte der COMIBOL in La Paz geben könnten und ihm ein Gehalt von 3000 Pesos zahlen würden. Daß sich, wenn man so will, das gegenwärtige Einkommen meines Mannes verdreifachen würde, nicht wahr? Meinen Kindern würden sie Stipendien geben, und auch mir würden sie ein Stipendium geben, damit ich mich ausbilden und besser vorbereiten könne. Diese Art des Handels haben sie mit vielen anderen Genossen geschlossen. Aber ich habe alles abgelehnt. Mein Mann war sehr traurig darüber und sagte: »Du sagst, du liebst uns, aber einen Vorschlag nach dem anderen lehnst du ab, nie denkst du an uns ... Du hättest mich aus der Grube befreien können, der Grube, die so schrecklich ist. Außerdem kriegst du einen Schlag nach dem anderen verpaßt, und sie sagen dir alles Mögliche und erkennen nie das an, was du ernsthaft willst. Warum hast du nicht akzeptiert?«
Da antwortete ich ihm: »Nein, ich bin konsequent, ich mache meine Sache nicht, um irgendjemandem zu gefallen, sondern weil ich eine Überzeugung, ein Bewußtsein habe und einen Weg eingeschlagen habe. Und schon in meiner Kindheit hat man mir beigebracht, wahrhaftig zu sein und mich in den Dienst einer Sache zu stellen, ohne zu zögern. Ich bin davon überzeugt, daß es notwendig ist, bei der Befreiung des Volkes mitzuarbeiten, und daß man deswegen leiden muß. Und jetzt soll ich mich mit den Leuten verbünden, die unser Volk massakriert haben, die die Menschen auf der Straße haben verbluten lassen, und mir sogar einen Sohn schuldig sind? Nur weil sie mir jetzt sagen, sie geben

dir eine Arbeit, soll ich mich mit ihnen verbünden. Nein. Das hieße, meine Prinzipien und das Blut unserer Vorgänger, die wegen all dessen gestorben sind, zu verraten. Ich werde nicht ihr Komplize, auch wenn ich im Dreck kriechen muß, auch wenn ich sterben muß, auch wenn meine Familie im Dreck kriechen und sterben muß. Wir können nicht das tun, was sie wollen. Wir können uns nicht verkaufen.«

Man muß rechtschaffen sein, nicht wahr? Weil man ja ein Ideal hat. Weil ich jetzt meine Lage verbessern kann, werde ich nicht für immer das zerstören, was ich mit dem Volk gemeinsam geschaffen habe, nicht wahr? Ich habe als Vorsitzende Verantwortung. Also wäre es unverzeihlich, ganz undenkbar, mit denen zusammenzuarbeiten, die gegen das Volk arbeiten. Ich könnte es nicht tun. Als ich nichts zu essen hatte, als meine Kinder krank waren, habe ich ihre Hilfe nicht angenommen ... jetzt soll ich sie annehmen? Nein! ... Manchmal müssen viele Leute sterben, damit die Lebensbedingungen des Volkes sich verbessern, nicht wahr? Ich bin mit kurzfristigen Lösungen nicht zufrieden. Irgendeine Lösung, so mit kleinen Notbehelfen, mit kleinen Reformen, all das interessiert mich nicht.

Außerdem könnte ich es nicht annehmen, in einer bequemen Situation zu leben, zu wissen, daß, während mein Mann und meine Kinder glücklich sind wegen der »Güte der Regierung«, der Rest der Leute in Not lebt. Das kann ich als wirklicher Führer nicht tun.

All das besprach ich mit meinem Mann, und er verstand, daß es so sein mußte. Manche Leute sagen, wenn ich es angenommen hätte, für die Regierung zu arbeiten, hätte ich mehr darüber erfahren, wie die Regierung gewöhnlich vorgeht, und ich hätte mich von innen her besser dafür einsetzen können, daß sich alles ändert. Aber ich glaube, daß jemand das nur machen kann, wenn ihn die Arbeiter schicken, wenn sie ihm diesen Auftrag geben. Aber in meinem Fall ist es schon anders. Die Leute kennen meine Position, viele vertrauen auf mich, und wenn sie mich im Innenministerium sähen, wären sie enttäuscht. Ich vertrete eine Linie; und diese andere Rolle zu spielen, ist nicht das, was mir entspricht. Das können Leute machen, die nicht bekannt sind. Denn die Leute sind so: sie haben einen Führer, sie vertrauen auf den Führer. Und wenn der eines Tages seine Rolle wechselt, haben die Leute kein Vertrauen mehr.

Und sie würden nicht nur mir nicht mehr vertrauen, sondern auch den anderen Genossinnen und dem Komitee nicht. Und sie würden sagen: diese Organisation, die von sich gesagt hat, sie würde dem Volke dienen, hat uns verraten ... Den Frauen trauen wir nicht mehr.

Wenn sie noch sagen würden: »Vertraue ihr nicht« ... Aber nein, es würde heißen: man kann den Frauen nicht mehr vertrauen, man kann dem Komitee nicht mehr vertrauen. Dort ist Domitila, die so viel mitgemacht hat und uns später verraten hat. Geh nicht ins Komitee. So würde es kommen, nicht wahr?

Das Jahr 1974 endete auf eine sehr besondere Weise. Am 9. November dieses Jahres kam ein Erlaß heraus, in dem die Regierung Banzer sich zur Diktatur erklärte, alle politischen Parteien und Gewerkschaften auflöste, keine genossenschaftlichen Organisationen mehr anerkannte und erklärte, sie würde bis zum Jahre 1980 keine Wahlen mehr zulassen. So daß sie die ganze Verfassung mit einem Federstrich annulliert haben, nicht wahr? Und sofort haben sie als Ergänzung dazu das Gesetz über den zivilen Pflichtdienst für alle Bürger erlassen.

Als diese Gesetze herauskamen, begannen die Arbeiter sofort zu protestieren. In Siglo XX gab es eine Demonstration und eine Arbeitsniederlegung. In Huanuni machten sie das gleiche und baten die Genossen von Siglo XX um Teilnahme. Und unsere Leiter fuhren nach Huanuni. Aber als sie nach Siglo XX zurückkamen, wurden Coca, der Führer der Minenarbeitergewerkschaft, und Bernal, der Gewerkschaftsführer von Siglo XX, verhaftet. Bernal war mehrere Monate im Gefängnis; Coca brachten sie ins Exil nach Paraguay, an einen ungesunden, vollkommen abgelegenen Ort. Und seine Familie blieb im Elend in Siglo XX zurück. Es gab niemanden mehr, der ihnen das tägliche Brot verdiente.

Das ist immer die Lage aller Gefangenen: sie verhaften unsere Genossen, weil sie wissen, daß sie die einzigen sind, die den Lebensunterhalt für die Familien verdienen; und diese bleiben verstört und zum Elend verurteilt zurück. Oder wenn man so will: Die Unterdrückung, die die Regierung gegen die Männer ausübt, zieht die ganze Familie in Mitleidenschaft, sowohl wirtschaftlich wie gesundheitlich, nicht wahr?

Von dem Moment an, wo der Minero verhaftet ist, sieht man ihn als von der Gesellschaft entlassen an. Die Familienangehörigen haben keine ärztliche Versorgung mehr, überhaupt nichts. Die Unterdrückung trifft nicht nur ihn selber, sondern auch seine Familienangehörigen.

Ein anderes, sehr wichtiges Problem sind die Kinder, nicht wahr? Sie sind an den Vater, an die Mutter gewöhnt. Von einem Tag auf den anderen verschwindet der Vater, die Mutter. Die Kinder leiden moralisch furchtbar darunter und bekommen dadurch sogar besondere Traumata, die dazu beitragen, einen nachtragenden und menschenscheuen Charakter zu entwickeln. Nun, die Unterdrückung ist sehr brutal.

Im November 1974, sofort nachdem der Staat diese Dekrete erlassen hatte, suchte er auch Leute aus, die sie durchführen sollten. Und diesen gab man den Namen »Koordinatoren der Basis«. Diese Koordinatoren haben die Aufgabe, Vermittler zwischen dem Herrn und dem Arbeiter zu sein, aber mit folgender Absicht: der Staat ernennt diese Männer, und sie müssen aufpassen, welche Personen mehr reklamieren, wer mehr Probleme aufwirft, um sie dann anzuzeigen. Das ist die Aufgabe, die ein Koordinator der Basis zu erfüllen hat.

Sofort, nachdem diese Maßnahme ergriffen wurde, lehnten die Arbeiter die Koordinatoren energisch ab und sagten, sie würden sie nicht akzeptieren. Und sie wollten ihre eigenen Repräsentanten der Basis wählen und beschlossen, sie »Kommissionen der Basis« zu nennen. In Siglo XX wählten sie vier Repräsen-

tanten. Am Anfang wollte die Regierung sie nicht anerkennen, und im Direktorium der Minengesellschaft, der COMIBOL, wurden sie auch nicht anerkannt. Wenn wir irgendeine Frage aufwerfen wollten, antworteten sie, sie würden die Kommissionen und uns nicht anerkennen. Dann gab es einen harten Kampf, bis die Regierung zum Schluß durch den Druck, der von seiten der Arbeiter ausgeübt wurde, diese Genossen, die unter dem Namen »Kommissionen der Basis« arbeiten, und die von uns gewählt worden sind anerkennen mußte. Aber der Kampf geht immer noch weiter. Die Arbeiter haben eine große Kraft, das ist ihre Einheit. Und im Augenblick sind die Einheit der Arbeiter und der Streik praktisch die einzigen Waffen, die die Arbeiterklasse besitzt, um auf die Unterdrückung zu antworten. Klar, zuerst versuchen wir immer, unsere Beschwerden mittels Demonstrationen und Protesten vorzubringen.
Wenn sie nicht auf uns hören, greifen wir zum Streik. Ich weiß, daß in einigen Ländern diese Mittel verbraucht sind. Die Arbeiter streiken und niemand kümmert sich darum. Aber in Bolivien ist es so, daß das Zinn grundlegend für die Wirtschaft des Landes ist. Und die Regierung hat mit den ausländischen Kapitalisten Verträge abgeschlossen und hat ihnen eine bestimmte Menge Zinn und andere Mineralien zu liefern. Wenn es also einen Streik gibt, dann verlieren wir, weil sie uns für diese Tage keinen Lohn zahlen. Aber die Regierung verliert auch, und noch viel mehr, weil irgendeine ausländische Industrie auf das Zinn wartet und sie die unterschriebenen Verträge erfüllen muß. So daß der Streik eine Möglichkeit ist, sich gegen die harte Unterdrückung und die Ausbeutung zu wehren, die in unserem Lande herrschen.
Klar, die Regierung hat ihre sehr starken Verbündeten und hat die Möglichkeit, in der Zukunft andere Maßnahmen gegen die Arbeiter zu ergreifen. Da wir zum Beispiel keine Rücklage haben, kann es geschehen, daß sie uns durch den Hunger klein kriegt. Ich weiß wirklich nicht, wie lange wir noch so wie bisher weitermachen können. Aber im Moment sind das die Waffen, die die Arbeiter haben: ihre Einheit und der Streik.

Tio (Teufel), wird in den Minen als Gott verehrt und ihm werden Opfer gebracht, damit Pachamama (Mutter der Erde) nicht verärgert ist, daß man sie verletzt, indem man Stollen in den Berg treibt.

Wer von Ihnen kann mir antworten?

Wir Grubenarbeiter haben drei Sender, die ganz uns gehören: »Die Stimme des Minero« von Siglo XX, den »21. Dezember« von Catavi und den »Llallagua« im gleichnamigen Ort. Wir haben sie durch unsere eigene Anstrengung und unsere Opfer geschaffen, und wir erhalten sie. Unsere eigenen Leute sprechen in unserer sehr eigenen Sprache, und sie erklären uns die Lage, in der das Land sich befindet. Mit Hilfe der Sender können wir uns informieren und Verbindung untereinander halten.
Deswegen geben wir so sehr auf diese Sender acht. Sie sind Besitz der Bergarbeiterklasse. Und sie sind sehr wichtig, damit wir wissen, worauf wir uns vorbereiten müssen, jedesmal, wenn etwas geschieht. Außerdem unterhalten und erziehen sie uns. Deshalb versuchen wir immer, unsere Radiosender zu verteidigen, wenn es Schwierigkeiten gibt, damit die Verbindung unter uns nicht abreißt. Und die Sender sind das erste, was die Armee angreift, immer, wenn sie ins Revier einmarschiert, und wir kämpfen, bis sie sie uns zurückgeben.
Es gibt auch die Radiostation »Pius XII«, die den Oblatenbrüdern gehört. Am Anfang erfüllte die »Pius XII« ihre Aufgabe nicht, da sie in den Händen von Leuten war, die eine »Sondermission« hatten, und zwar waren das Priester, die eine besondere Ausbildung hatten. Denn der Papst Pius XII lebte damals noch, und der Vatikan hatte Order gegeben, den Kommunismus in der ganzen Welt zu bekämpfen. Daher war alles, was diese Priester taten, ein offener Kampf gegen den Kommunismus. Und weil wir in Siglo XX Gewerkschaftsführer hatten, die offen erklärten, Kommunisten zu sein, gabe es einen dauernden Kampf gegen die Funktionäre und die Gewerkschaften. Heute ist alles anders, seit einigen Jahren, und die Radiostation »Pius XII« kämpft sehr für uns. Und wenn die Priester vorher nicht behelligt worden sind, so werden sie heute genauso wie wir ins Gefängnis gesteckt und des Landes verwiesen.

Vor 1974 hatten wir im Revier zwar das Radio gekannt, aber wir hatten nie Fernsehen gehabt, viele wußten noch nicht einmal, was ein Fernsehapparat

ist. Und es kam so, daß »dank« der Regierung Banzer 5000 Fernsehapparate in diesem Jahr nach Siglo XX kamen. Wie heiße Semmeln gingen sie weg. Sie machten eine Lotterie, sie gaben Apparate zu günstigen Bedingungen, oder die COMIBOL kaufte sie und zog den Arbeitern jeden Monat die Rate vom Lohn ab, bis sie ganz bezahlt waren. So, nicht wahr?
Aber das Wichtige ist, daß die bolivianische Regierung Kanäle hat, die nur Programme ausstrahlen, die von der Regierung kontrolliert werden, die zeigen, daß die gegewärtige Regierung »sehr gut« ist, und ausländische Programme, die uns unserer Kultur entfremden sollen, ein sehr starkes Eindringen des Imperialismus.
Nun gut, mein Sohn ging zur Nachbarin und sah eine Fernsehsendung, wo sie eine wunderbare Welt zeigten, in der es Ratten gab, die sprechen konnten, und in der es herrliche Parks und einfach alles gab. Das war die Welt von »Disneyland«. Und mein Sohn kam sehr traurig nach Hause zurück und sagte mir: »Mamachen, ich werde ganz, ganz brav sein. Warum schickst du mich nicht nach Disneyland! Ich will mit dem Bärchen und mit der kleinen Ratte spielen. Nicht wahr, du wirst mich nach Disneyland bringen? Ich will auch das Zügelchen, Mamachen.«
Und so wollte mein Sohn eine Woche lang nicht mehr mit seinen Spielzeugen, seinen Sardinen- und Milchbüchsen spielen. Er wollte nicht auf die Straße gehen, er wollte nach Disneyland gehen. Und er träumte vom Disneyland, mein Sohn. »Ich will in den Kinderpark gehen«, sagte er mir, »ich will Luftballons haben«.
Und so weiter, ich will dies und jenes ... Nun gut, ich ärgerte mich darüber und sagte ihm: »Du wirst mir kein Fernsehen mehr sehen. Hier im Revier gibts nichts davon.«
Zwei oder drei Tage später traf ich meine Genossinnen im Laden. »Haben Sie ferngesehen, Señora?«
»Nein, ich habe kein Fernsehen.«
»Ay ... gestern abend haben sie eine Modenschau gezeigt ... Wie wunderbar ... wie wunderbar ...! Und zu denken, daß wir, die wir von vier Uhr morgens an arbeiten, waschen, bügeln, kochen, Kinder versorgen, einkaufen gehen ... wir werden niemals ein Kleid, eine Frisur, einen Schmuck von denen haben, die wir im Fernsehen sehen ... Wie schade, daß wir einen Minero geheiratet haben!«
Arbeiter diesen Angriff auf die Kultur unseres Dorfes, den Sie verübt haben, Stellt euch das vor! ... Ich dachte, das Fernsehen schadet meinem Volk! Unsere Kinder wollen nicht mehr mit ihrem Spielzeug spielen. Die Frauen fangen an, sich über ihre Lage zu beklagen.
Aber ... sie sollen sich nicht deswegen beklagen! ... Das ist der Schaden, den das Fernsehen meinem Volk zufügt. Ein Schaden. Was tut das Fernsehen für die Arbeiterklasse? Die Regierung zeigt dort die Programme, die sie will. Außerdem benutzt sie das Fernsehen, wenn sie dazu Lust hat, um uns zu beleidigen, uns Agitatoren zu nennen, Sie sagt, die von Siglo XX sind Extremisten,

sind was weiß ich nicht alles. Sie macht uns durch das Fernsehen zur Schnecke. Und wir können nicht einmal antworten, weil wir kein Volksfernsehen haben. Doch, wir haben unsere Radiosender. Und genau darum, damit wir nicht auf das antworten, was uns die Regierung sagt, kamen die von der Armee eines Morgens im Januar 1975 und zerstörten unsere Sender. Sie machten sie zu Kleinholz, schlugen sie in Stücke. Schon vom Zusehen wurde man wütend. Sie ließen keinen Stein auf dem anderen.

Sie nahmen alles mit: Radio, Apparate, Platten, Juwelen der Folklore, klassische Musik, heutige Musik, Bandaufnahmen unserer Gewerkschaftsführer ... alles nahmen sie mit.

Außerdem verhafteten sie einen Haufen Leute: Arbeiter des Senders, Arbeiterführer und noch andere.

Nun gut, die Armee richtete an besagtem Morgen diese Verwüstungen an und dachte, wir würden dazu schweigen, wir würden nichts sagen, weil wir jetzt keine offiziell anerkannte Gewerkschaftsorganisation hatten und unser Gewerkschaftsvorsitzender im Gefängnis war.

Aber, was ist geschehen? Die Arbeiter standen »wie ein Mann« auf und sagten: »Solange wir die Sender nicht zurückkriegen, arbeiten wir nicht.« Und sie riefen den Streik aus.

Und als von der Regierung überhaupt keine Antwort kam, erklärten sie den unbegrenzten Streik. Und es wurde aus den fünf stärksten Gewerkschaften der Gegend ein einziges Komitee gebildet.

Sie versuchten mit allen Mitteln, diese Einheit zu zerstören. Die Gewerkschaft »20. Oktober« zum Beispiel, die die Locatarios vertritt, verlangte schon seit einem Jahr die Erweiterung ihrer Claims, andere Arbeitsplätze, weil der Ort, wo sie im Augenblick gruben, schon kein Erz mehr hatte, er war ausgebeutet. Die Ausdehnung besteht darin, daß die Gesellschaft ihnen andere Stellen zuweist, wo es noch Erz gibt, und wo sie dann arbeiten. Und die Gesellschaft weigert sich, diese Ausweitung vorzunehmen. Aber, als alle Gewerkschaften den Streik erklärten, schickten sie einen Beauftragten, um die Genossen von der »20. Oktober« zu suchen und ihnen zu sagen, daß ihnen die Regierung eine Arbeitsverlängerung für ein weiteres Jahr geben würde, aber nur dann, wenn sie arbeiten gingen und den Streik brächen. Da gab es doch eine gewisse Unschlüssigkeit unter den Genossen. Und sie sagten: »Schon so lange suchen wir nach dieser Lösung ... wir gehen besser wieder arbeiten, nicht wahr?«

Aber das revolutionäre Bewußtsein und die Einheit der Arbeiter waren schwer zu zerstören. Und wenn wir am Anfang die Rückgabe unserer Sender und die Freilassung der politischen Gefangenen verlangt hatten, so wurde jetzt noch folgende Forderung hinzugefügt: Ausdehnung der Claims für die Arbeiter von der Gewerkschaft »20. Oktober«, was die fünf Gewerkschaften unterstützten, und die Weiterführung des Streiks. Das war sehr gut.

Die Regierung wollte auch die Leute damit kaufen, daß sie ihnen höhere Löhne und Stipendien und andere Sachen anbot. Und es gelang ihnen, hundert Perso-

nen aufzutreiben, die arbeiten gingen. Aber dann setzten wir deren Namen auf eine Tafel, wo geschrieben stand: »Der Arbeiter Soundso ist ein Verräter seiner Klasse, weil er sich zu dieser Machenschaft hergibt.« Und die Arbeiter suchten sie voller Wut auf, und sie traten ihre Arbeit nicht mehr an, weil sie sich fürchteten, nicht wahr? Es sind wenige, die sich an die Regierung verkaufen, die einen »Weißen Schein« haben, um in jeder Beziehung tätig zu werden.
Angesichts dieser Geschlossenheit der Arbeiter sagten die von der Regierung: »Sehr gut. Dann sollen sie doch verhungern.« Und die Armee umstellte unseren Ort. Sie ließen uns weder kommen noch gehen. Niemanden. Und sie wollten die Sache damit zu einem Ende bringen und uns erdrosseln, indem sie uns belagerten. Sie ließen weder Gemüse noch andere Lebensmittel hereinkommen. Nichts. Sie erlaubten uns keinerlei Verbindung nach draußen. Nun, sie hatten schließlich die Radiosender.
Aber deswegen sage ich, daß die Teilnahme der Jugend wichtig ist — ein Junge, dessen Vater sie vor Jahren bei einem Massaker getötet hatten, kam und machte folgenden Vorschlag:
»Señora, ich habe die Lage genau studiert. Die Posten stehen alle fünf Meter, aber zu einer bestimmten Stunde in der Nacht schlafen sie. Ich habe sie gesehen. Ich könnte vielleicht dort rauskommen, wenn sie schlafen. Ich könnte kriechen und so durchkommen.«
»Mach keine Dummheiten«, sagte ich, »wie willst du das fertigbringen?«
Der Junge antwortete mir nicht, aber ich erfuhr später, daß er mit drei Kumpeln rauskam. Sie gingen und nahmen mit anderen Orten Kontakt auf und sagten: »In Siglo XX passiert folgendes: man hat uns umstellt ...« So erfuhr es die die Öffentlichkeit in den anderen Landesteilen. Und die Universitätsangehörigen, die Fabrikarbeiter und die anderen Bergwerke begannen, uns zu helfen. Und der Streik breitete sich über das ganze Land aus. Dann mußte die Regierung, die gesagt hatte, sie würde uns die Sender nicht zurückgeben, auch wenn wir ihr das Messer an die Kehle setzten, eine Abordnung schicken, um »den Dialog aufzunehmen, denn irgendwie muß die Sache schließlich geregelt werden«.
Und die Abordnung erschien. Die Agenten der DIC behaupteten, daß wir nur einige fünfzig Typen wären, die die Leute aufwiegelten. Dann wollte die Abordnung also nur mit diesen fünfzig Typen sprechen.
Die Arbeiter, die dort waren, sagten sehr deutlich, was sie dachten. Einer sagte ihnen:
»Sie haben unseren Sender zum Schweigen gebracht, der für uns so wichtig ist. Sie wollen uns um Jahrhunderte zurückwerfen, in eine Zeit, als man kein Radio und nichts kannte. Sie wollen uns in Unwissenheit stürzen.«
Dann antwortete ihm einer von der Abordnung:
»Aber, Compañero, Sie haben doch Fernseher! Wir haben Ihnen die modernste Ausrüstung gegeben! Wir werden bald mehrere Programme in Bolivien haben, und Sie werden die Möglichkeit haben, das Programm auszusuchen,

das Ihnen gefällt. Mit der Zeit werden all diese Sachen: Radios, Plattenspieler usw. verschwinden, weil neue Erfindungen kommen. Und es ist wichtig, daß Sie verstehen, daß die Fernseher gekommen sind, um Ihnen den Fortschritt zu bringen.«
Damit wollten sie uns beruhigen, nicht wahr? Außerdem sagten sie: »Sie müssen auch zugeben, daß sie es übertreiben. Hier gibt es eine antimilitärische Psychose, eine antimilitaristische Krankheit. Es ist richtig, daß die Armee in der Vergangenheit einige drastische Methoden gegen die Arbeiterklasse hat anwenden müssen. Aber jetzt wollen wir uns unterhalten, wir wollen diskutieren, wir wollen das Land voranbringen!«
So kamen sie uns mit ihrer Botschaft. Außerdem stellten sie es so hin, als ob wir die einzig Schuldigen am Schließen der Sender wären, weil wir es gewagt hatten zu sagen, daß wir mit den Maßnahmen, die die Regierung Banzer sich besonders mit der Übergabe des Erdöls und des Eisens aus dem Mutun-Gebiet, an Brasilien, zu eigen gemacht habe, nicht einverstanden wären.
Das Komitee der Hausfrauen nahm auch an der Versammlung teil. Ich hatte ganz bestimmte Fragen aufzuwerfen. Und es kam so, daß es mir in den Sinn kam, das Wort zu ergreifen:
»Wenn Sie mir erlauben zu sprechen ...« sagte ich.
»Ja, in Ordnung. In so einem Zustand, in dem wir gegenwärtig sind, können vielleicht die Vorstellungen der Frauen etwas klären ...«, sagte einer und lachte ein wenig.
Wie sie es immer tun, haben sie uns zuerst einige Zahlen vorgesetzt, mit denen bewiesen werden sollte, daß das Land konkurs wäre, daß wir nur soundsoviel Einnahmen und soundsoviel Ausgaben hätten, und wenn wir das nicht ausgleichen könnten, würde das Land bankrott gehen, und wenn wir weiter streiken würden, würde dies und das geschehen, und durch den Streik hätten wir schon so viele Verluste gehabt ... und was weiß ich nicht noch alles.
Dann sagte ich:
»Ich bin hier als Abgesandte des Hausfrauenkomitees von Siglo XX, in dem die Mehrheit der Frauen der Arbeiter vereint ist. Wir lehnen genauso wie die Arbeiter diesen Angriff auf die Kultur unseres Dorfes, den Sie verübt haben, ab. Sie haben vier unserer Sender zerstört. Überfallartig, wie Verbrecher, sind Sie hier eingedrungen und haben, alles, was uns gehörte, zerstört. Wir sind mit diesem Überfall nicht einverstanden. Wir lehnen ihn ab und verlangen, daß Sie sofort unser Eigentum, das so viel gekostet hat, zurückgeben.
Jetzt werde ich mit dem anfangen, was Sie sagten. Sie sagten uns zum Beispiel, indem Sie aus Ihrem Buch und von der Tafel die Zahlen vorlasen, daß die Regierung hervorragend arbeitet und daß wir die Schädlinge sind. Wir leben nicht von Zahlen: wir werden Ihnen von vorneherein sagen, daß wir nicht von Zahlen leben, Señor. Wir leben von der Wirklichkeit.
Ich möchte Sie, die sie hier die Regierung so gelobt haben, bitten, mir dabei zu helfen: zu verstehen, welche Maßnahmen, die die Regierung ergriffen hat,

für uns gut sind. Zunächst einmal hat General Banzer angefangen, ein Land zu regieren, in dem ihn niemand gewählt hat. Mit Waffengewalt hat er angefangen, er hat einen Haufen Leute getötet, darunter unsere Söhne und Männer. Er hat die Universität überfallen, hat unterdrückt, und unterdrückt weiterhin viele Leute. Unsere Reichtümer hat er den Ausländern, besonders den Brasilianern übergeben.

Jetzt frage ich Sie: was waren seine Maßnahmen zugunsten der Arbeiterklasse? Zuerst hat er die Geldentwertung verfügt. Dann das »Wirtschaftspaket«. Er hat in die Universität eingegriffen. Er hat das Schuljahr geschlossen. Er hat die Campesinos in Tolata massakriert. Er hat die Gewerkschaften und politischen Parteien aufgelöst. Und jetzt hat er die Gewerkschaftszentralen überfallen, um die Sender zum Schweigen zu bringen. All das stimmt, nicht wahr? Ich möchte Sie also bitten, mir zu antworten. Welche der Maßnahmen, die die Regierung ergriffen hat, ist zum Vorteil der Arbeiterklasse? Wer von Ihnen kann mir antworten?«

Alle schwiegen.

»Nun, wir wollen jetzt fortfahren. Sie haben gesagt, daß wir eine antimilitaristische Psychose hätten, eine krankhafte Abneigung gegen die Militärs. Auch das stimmt nicht. Sie wissen überhaupt nicht, was das Volk wert ist und was das Volk weiß.

Ich werde Ihnen einfach ein Beispiel geben, daß Ihre Theorie falsch ist. Eine Militärregierung von faschistischem Typus hat der Arbeiterklasse die Löhne gekürzt, und das war die Regierung Barrientos. Eine andere Regierung, auch Militärs, hat sie uns zurückgegeben, und zwar die Regierung Juan José Torres. Und unsere Männer waren bereit, für diese Regierung ihr Leben zu geben. Und sie haben es bewiesen. Jedesmal, wenn es einen Putsch gegen Torres gab, waren die Mineros bereit, ihre Frauen und Kinder zurückzulassen, massenhaft sind sie in Lastwagen nach La Paz gefahren. Sie hatten keine Waffen. Aber wenn sie ein Messer hatten, sind sie mit diesem Messer gefahren; wenn sie eine Machete hatten, mit dieser Machete.

Wenn sie Dynamit hatten, sind sie mit diesem Dynamit nach La Paz gefahren, um die Regierung des Generals Torres zu verteidigen, die auch eine Militärregierung war, nicht wahr? Also sehen Sie, daß die Mineros bewiesen haben, daß sie diese antimilitaristische Krankheit nicht haben. Wegen einer Sache, die Torres für die Arbeiterklasse getan hat, waren die Mineros bereit, ihr Leben für ihn zu geben. Man muß gerecht gegen das Volk sein.

Neuerdings haben Sie 5000 Fernsehapparate verteilt.

Wir sind nicht gegen den Fortschritt. Doch, wir wollen den Fortschritt für unser Land, aber was geschieht mit dem Fernsehen? Was nützt es uns in diesem Augenblick? Das Fernsehen wird vom Staat gelenkt. Und von da aus macht uns der Staat zur Schnecke. Von den Mineros sagt er: »die Verrückten, diese Faulpelze, diese Roten«, diese was weiß ich nicht alles. Und wir haben kein Fernsehprogramm, in dem wir ihnen antworten können. Wir hatten nur unsere

Radios. Und um diese letzte Stimme zum Schweigen zu bringen, haben Sie die Sender zu Kleinholz gemacht. Nun stellen Sie sich vor: was ist mit denen geschehen, die ihr Fernsehen bekommen haben? Wobei hat ihnen das Fernsehen geholfen? Unsere Radios haben, wenn auch in einer groben Sprache, wild, wie Sie sagen — über uns gesprochen, über unsere Probleme und unsere Lage. Aber dieses Fernsehen, das Sie uns geben und in dem Sie zu uns sprechen und uns eine Welt zeigen, die nicht die unsrige ist, Welten, die wir nie erreichen können, ... wozu ist dieses Fernsehen gut? Um uns noch unglücklicher und uns noch bedauernswerter zu machen.

Klar, es ist schön einen Fernseher zu haben, andere Länder zu sehen und all das. Aber, was für ein Elend, zu sehen, daß andere Länder, die kein Zinn produzieren und sich an unserem Zinn bereichern, phantastische Welten für ihre Kinder haben, und wir haben nichts. Wie weh tut es zu sehen, daß unsere Männer ihre Lungen in der Mine aushusten, um das Ausland reich zu machen. Und wie weh tut es uns Frauen, daß wir Köchin, Wäscherin, Kindermädchen und alles sein müssen, ohne jemals irgendetwas von den Bequemlichkeiten haben zu können, die wir im Fernsehen sehen. Sind wir vielleicht nicht genauso Frauen wie die, die wir dort sehen? Und sie können alles haben und strahlen, während wir im Elend ersticken.

Also was geschieht mit dem Fernsehen? Anstatt uns zu bilden, uns zu dienen, uns zu unterhalten, ist es nur dazu da, uns noch unglücklicher zu machen. Ja, genau in dem Fernsehen, das Sie uns gebracht haben, sehen wir das und werden uns über all das klar. Nicht, daß wir gegen die Zivilisation wären. Wie schön wäre es, ein Fernsehprogramm zu haben, das in unseren eigenen Händen ist. In diesem Fall, ja, da wäre es schön. Ja, wir hätten gern einen Fernsehsender, aber einen, der von unserer Lage spricht, von unseren Problemen — einen, der uns erzieht. Wie schön wäre es, wenn die Minenarbeiter anstelle eines Radiosenders einen Fernsehkanal hätten, der die Wirklichkeit der Minen über das ganze Land verbreitet. Dann würden sich alle Leute klar darüber, wer wir sind. Denn sogar viele Leute im Land verstehen uns deswegen nicht, weil sie uns nicht kennen. Es gibt viele Bolivianer, die sagen: was weißt du von »Khoya Loco?*« Weißt du nicht, daß er Koka kaut, daß er drogensüchtig ist, daß man ihm nicht helfen soll? Aber für uns ist er nicht der »Khoya Loco«, er ist nicht der Mann, der nichts weiß, er ist vielmehr der Mann, der die Wirtschaft des Landes aufrechterhält.«

Das alles sagte ich ihnen. Und ich bat sie, mir zu antworten. Aber keiner wollte das tun. Und das einzige, was sie sagten war, daß wir die Agitatoren seien und daß sie mit den Massen sprechen wollten.

Am Nachmittag trafen sie mit den Massen zusammen. Aber es war eine schlimme Sache für sie. Die Arbeiter behandelten sie sehr hart. Sie machten

---

* khoya, Quetschua für Hochlandindio, oft abwertend verwendet; khoya loco, verrückter (Hochland) indio

ihnen klar, daß sie vor allem ihre Sender haben wollten. Und daß die von der Regierung Wilde seien, die alles auf brutale Weise zerstörten.
Die von der Kommission standen auf und gingen. Sie waren erschreckt. Und am 1. Mai gaben sie uns unsere Sender zurück. Aber der Sender »Pius XII« mußte noch mehrere Monate lang schweigen. Und sie verteilten weiter Fernsehapparate in den Minen.

Ein bedauernswerter Unfall

In Bolivien sind alle Jungen verpflichtet, mit 18 Jahren ihren Militärdienst abzuleisten; einige gehen schon mit 17. Und warum? Weil man ihnen keine Arbeit gibt, wenn sie ihre Bescheinigung über den abgeleisteten Pflichtdienst nicht vorlegen können. Und wenn sie nicht erscheinen um zu dienen, haben sie viel auszustehen, man schikaniert sie oder bringt sie sogar um.

Und die Eltern können noch nicht einmal wegen ihrer Kinder vorstellig werden, wenn sie erst in der Kaserne sind. Und in der Armee werden sie manchmal dazu gezwungen, Leute ihres eigenen Dorfes zu töten. Das ist in Bolivien schon mehr als einmal vorgekommen. Bei dem Massaker der Johannisnacht 1967 zum Beispiel sind mehr als zehn Jungens gestorben, weil sie nicht schießen wollten. Und sie wollten nicht schießen, weil hier in Siglo XX ihre Familie lebte, weil hier in Siglo XX ihre Eltern, ihre Geschwister und ihre Verwandten lebten. Und die Kommandeure sagten ihnen: »Los! Wer ist aus Siglo XX, aus Catavi? Einen Schritt vortreten!« Und weil die Jungen nicht schießen wollten, hat man sie an Ort und Stelle umgelegt. Aber, wie hätten sie in dieser furchtbaren Situation, bei dieser ungerechten Strafexpedition, auf ihre eigenen Familien schießen können?

Im Mai 1975 geschah etwas, das wir bis heute nicht verstanden haben. Es wurden einige Rekruten getötet. In der Nachbarschaft von Siglo XX, in Unica, gibt es ein Bad, wo wir jeden Samstag und Sonntag hinzugehen pflegten, um uns ein paar schöne Stunden zu machen, um mit den Kleinen einen Tag auf dem Land zu verleben, um zu baden. Jetzt haben wir nicht einmal mehr das, weil die Militärs die Stelle besetzt haben. Dort ist die Kaserne. Die Militärs kommen nachts nach Siglo XX-Catavi und Llallagua, gehen in die Wirtschaften, und wenn ihnen jemand in irgendetwas widerspricht, schnappen sie sich ihn und verprügeln ihn. Sie kommen an Markttagen, stolzieren herum und stoßen die Leute so mit dem Ellenbogen an, gut bewaffnet mit zwei Pistolen, Typ Cowboy. Und sie meinen, sie wären wer weiß wer.

Nun wissen wir, daß im Mai 75 eine Abteilung Rekruten in diese Kaserne einrückte. Sie waren in La Paz erfaßt worden, und etwa dreißig oder vierzig kamen nach Unica. Sie waren dorthin versetzt worden.
Man sagt, daß man ihnen, sofort als sie ankamen, noch bevor man sie eingekleidet hatte, als man ihnen gerade eben den Kopf rasiert hatte, eine »Schokolade«* verpaßt habe, die sechs Stunden dauerte. Und das man sie nachher ins Bad geschickt hätte und dort alle »zusammen einen Schlag bekommen« hätten und das die Armen ertrunken seien. So hat es uns der Major Alfonso erzählt, der dort Dienst tut. »Diese Indios ... können noch nicht einmal baden ... die Dummköpfe haben sich erschreckt und sind ertrunken.«
Stellt euch das vor! Wie soll das möglich sein, ein gemeinsamer Schlag? So als wenn alle zusammen einen elektrischen Schlag bekommen hätten? Das ist nicht möglich, weil das Schwimmbecken nicht so tief ist, und wenn einer stehenbleibt, kann er sich retten. Sicher ist, daß neun Soldaten im Bad von Unica gestorben sind.
Dann rief uns die Gewerkschaft und sagte uns:
»Nun mal los, ihr Frauen, prüft nach, ob die Jungens wirklich ertrunken sind!«
Wir gingen in die Kaserne von Unica und baten um eine Unterredung. Und der Leutnant Ramallo sagte uns:
»Verdammt, diese Frauen. Kommen Sie rein. Stellen Sie sich vor, was für ein Unglück geschehen ist! Ein bedauernswerter Unfall! ... Diese jungen Leute haben alle gemeinsam einen Schlag bekommen. Weil es Indios waren, die nicht schwimmen können. Sie können nicht baden, und da haben sie sich erschreckt und sind dummerweise dort gestorben. Aber dadurch werden wir jetzt Schwierigkeiten kriegen, denn die Extremisten werden diese Sache ausnutzen.«
Wir taten so, als glaubten wir es, und sagten zu ihm:
»Vielleicht ist das geschehen ... Können wir nicht die Leichen sehen?«
»Ich bedaure, Señora!« sagte der Leutnant. »Gerade im Augenblick haben wir sie ins Krankenhaus nach Catavi geschickt, damit man die Leichenschau vornimmt und es keine voreingenommenen Kommentare gibt.«
»Nun gut, dann gehen wir dahin«, sagten wir uns. Und wir gingen sofort nach Catavi, um zu sehen, ob die Jungens wirklich ertrunken waren.
Wir kamen nach Catavi und fragten die Ärzte, ob die Leichname da wären.
»Nein, man hat uns keine Toten hierhergebracht. Aber es gibt einen Verwundeten, der seit drei Tagen hier ist. Er hat eine Schußverletzung, aber er ist ein hohes Tier von dort, man hat ihm Blut übertragen, und er wird von Soldaten bewacht. Aber Ertrunkene sind nicht da«, sagten sie uns.

Wir fuhren sofort nach Siglo XX und informierten den Generalsekretär der Gewerkschaft. Der ging zum Krankenhaus nach Catavi hinunter und bat drei

---

* Militärische Strafe: Dauerlauf von mehr als dreistündiger ununterbrochener Dauer

Ärzte darum, ihn zur Kaserne von Unica zu begleiten, um die Leichenschau vorzunehmen. Aber der Leiter des Krankenhauses sagte ihm:
»Es tut mir leid, Kollege. Wir haben von der Minengesellschaft von Catavi einen Bescheid bekommen, in dem man uns mitteilt, wir sollten uns nicht in die Angelegenheit der Leichenschau einmischen. Gehen Sie nach Llallagua und nehmen sie den Gerichtsmediziner von dort mit!«
Aber der Gerichtsarzt sagte seinerseits:
»Und wer garantiert für meine persönliche Sicherheit? Ich kann nicht kommen, um die Autopsie vorzunehmen.«
Da waren wir sicher, daß etwas geschehen war, das geklärt werden mußte. Der Generalsekretär der Gewerkschaft beschloß, Briefe nach La Paz zu schreiben und zu verlangen, daß eine besondere Kommission der Fakultät der Medizin, der Kommission »Gerechtigkeit und Frieden« und der Presse käme, um den Sachverhalt zu überprüfen. Es waren inzwischen drei Tage vergangen, seitdem wir von der Sache erfahren hatten. Die Militärs hatten die Leichen schon beerdigt. Als sie erfuhren, daß diese Kommission aus La Paz kommen sollte, wollten sie die Leichen von dem Friedhof von Unica wegbringen und verschwinden lassen. Es war so gegen 11 Uhr nachts, und einige zwanzig gut bewaffnete Soldaten waren dabei, die Leichen auf zwei Lastwagen zu legen. Auf einen hatten sie vier, auf den anderen fünf gelegt. Aber die Bevölkerung war wachsam. Sie sahen Licht auf dem Friedhof. Einer sagte es dem anderen. und es kamen einige Frauen und umstellten die Soldaten. Die Genossinnen kamen so überraschend, daß die Soldaten keine Zeit hatten, irgendetwas zu unternehmen. Sie konnten noch nicht einmal schießen.
Dann begannen die Soldaten mit den Frauen zu streiten, sie zu fragen, was sie da machten und warum sie die Ruhe der Toten störten ... solche Sachen, nicht wahr?
Der Lastwagen, auf dem die vier Särge waren, fuhr sofort ab. Aber der andere, auf dem die fünf Särge waren, konnte nicht abfahren, weil der Fahrer nicht im Führerhaus saß. Während die eine Gruppe der Frauen mit den Soldaten diskutierte und stritt, lud die andere die Leichname ab. Die Frauen breiteten ihre Umhänge aus und stellten die Särge drauf. Und sie brachten die Leichen in die Kirche von Unica.
Sofort rief eine andere Genossin uns vom Schlagbaum aus an und sagte:
»Wir bitten die Genossen von Siglo XX um Hilfe. Man bringt die Leichen der Soldaten weg, aber wir haben einige Särge gerettet. Bitte kommt.«
Die Minenarbeiter setzten sich in Bewegung und fuhren zu der Kirche. Dort blieben sie mit den Einwohnern von Unica und hielten die ganze Nacht über Wache. Und alle konnten sehen, daß aus dem Bauch der Toten kein Wasser austrat, wenn man darauf drückte, sondern jede Menge Blut aus Mund und Nase strömte. Ihr Bauch war ganz blau angelaufen. Ihr Kopf und ihr Brustbein wiesen Brüche auf. Man konnte sehen, daß die Jungen furchtbar mißhandelt worden waren, sie waren nicht ertrunken.

Außerdem waren sie fast nackt, sie hatten sehr schlechte Sachen an. Also kaufte die Gewerkschaft Kleider für die jungen Leute. Man übergab mir die Kleider und wir wählten eine Gruppe aus, die nach Unica gehen und diese jungen Rekruten einkleiden sollte, weil sie so arm waren, daß ihre Hosen ganz zerrissen waren, auch die Jacken. Wir konnten sogar feststellen, daß einer von ihnen eine ganz schmutzige und alte Unterhose um den Kopf gewickelt hatte, als wollte man sich über ihn lustig machen.
Die Armee hatte trotzdem im Radio eine Erklärung abgegeben, daß die Rekruten mit allen militärischen Ehren begraben worden seien. Wir konnten also sehen, worin die »militärischen Ehren« für die Söhne von Arbeitern, für die Söhne von Bauern bestanden.
Über all das war die Bevölkerung sehr empört.
Nun, was hat also das Vaterland durch den Tod dieser Soldaten in Unica gewonnen? Warum hat man sie getötet? Bis heute wissen wir es nicht. Aber wir haben diese jungen Rekruten aus dem Mund bluten sehen.
Und wieviel sehen wir nicht? ... Was mag im Rest des Landes geschehen?
Wir wissen es nicht, weil das Radio, die Presse und das Fernsehen von der Regierung kontrolliert werden und uns die Nachrichten nicht in korrekter Form erreichen. Aber wir wissen doch, daß es neuerdings in der bolivianischen Armee eine Spaltung gibt, daß es bewußte Leute gibt, die das Militärregime kritisieren, das wir haben, und die ihre Unzufriedenheit in der einen oder anderen Form zum Ausdruck bringen. Nun gut, diese Leute läßt die Armee heimlich verschwinden, sie deportiert sie irgendwohin, oder sie werden verabschiedet. Dauernd erfährt man von verabschiedeten, verhafteten oder deportierten Soldaten. So.

Vor dem Tribunal zum Internationalen Jahr der Frau

Im Jahr 1974 kam eine brasilianische Filmemacherin im Auftrag der Vereinten Nationen nach Bolivien. Sie bereiste Lateinamerika, suchte Frauenführerinnen, erforschte die Meinung der Frauen über ihre Lebensbedingungen, mit welchen Maßnahmen und auf welche Weise sie an der Fortentwicklung der Frau teilnehmen wollten.

In Bolivien erregte die Front der Hausfrauen ihre Aufmerksamkeit. Sie hatte davon im Ausland gehört, und außerdem hatten sie die Frauen von Siglo XX in dem Film »Der Mut des Volkes« (El coraje del Pueblo) mitspielen sehen. Also kam sie, nachdem sie die Erlaubnis der Regierung bekommen hatte, in das Minenrevier. Und sie kam mich besuchen. Ihr gefiel, was ich sagte, und sie sagte, daß es nötig sei, daß der Rest der Welt erführe, was ich wüßte. Sie fragte mich, ob ich reisen könne. Ich sagte ihr, nein, ich hätte noch nicht einmal Geld, um mein eigenes Land zu bereisen.

Dann fragte sie mich, ob ich an einem Frauenkongreß teilnehmen würde, der in Mexiko stattfände, falls sie das Geld für meine Reise auftriebe. Da erst erfuhr ich, daß es ein »Internationales Jahr der Frau« gab.

Auch wenn ich ihr nicht sehr glaubte, so sagte ich doch zu, daß ich in dem Fall kommen würde. Aber ich dachte, es wäre ein Versprechen, wie so viele andere, und schenkte dem weiter keine Beachtung.

Als ich ein Telegramm erhielt, daß ich von den Vereinten Nationen eingeladen wäre, war ich sehr überrascht und verwirrt. Ich berief eine Versammlung des Komitees ein, und alle waren sich einig, daß es gut wäre, wenn ich mit noch einer Genossin fahren würde, aber wir hatten nicht so viel Geld, daß zwei hätten fahren können. Am nächsten Tag erschien ich auf einer Versammlung der Gewerkschaftsführer und der Basisdelegierten, erstattete Bericht, und alle stimmten zu, daß ich an dieser Veranstaltung teilnehmen solle, und halfen mir sogar mit Geld, damit ich mit der Erledigung der Formalitäten beginnen konnte.

Dann fuhr ich mit anderen Genossinnen nach La Paz, und dort erkundigten wir uns, was zu tun sei, versuchten, Garantien zu bekommen, und ich blieb allein zurück, um die Formalitäten zu erledigen. Damit brachte ich einige Tage zu. Ich wollte die Reise schon aufgeben, weil sie mir kein Visum geben wollten.*

Es kam so, daß einige führende Männer aus Siglo XX nach La Paz kamen und sich darüber wunderten, daß ich noch nicht abgereist war. Sie gingen mit mir zusammen zum Sekretariat des Innenministeriums. Und sie fragten:

»Was ist mit der Genossin? Warum ist sie noch nicht in Mexiko? Heute wird die Konferenz des »Internationalen Jahres der Frau« eröffnet. Was ist hier geschehen? Haben wir nun das »Internationale Jahr der Frau« oder nicht? Haben unsere Frauen ein Recht, an dieser Konferenz teilzunehmen, oder können nur Ihre Frauen hinfahren?«

Und zu mir sagten sie:

»Also, Genossin, da sie dich nicht fahren lassen, gehen wir. Obwohl du eine Einladung der Vereinten Nationen hast, will man dich nicht zu dieser Konferenz fahren lassen. Wir werden uns also bei den Vereinten Nationen beschweren. Und nicht nur das, wir werden auch aus Protest die Arbeit niederlegen. Gehen wir, Genossin.«

Sie wollten mich schon aus dem Ministerium herausbringen, als die Leute dort reagierten:

»Aber ... Das hätte man gleich sagen müssen. Einen Augenblick, einen Augenblick, man darf sich doch nicht gleich so aufregen. Wenn die Frau eine Einladung von den Vereinten Nationen hat, hätte sie das gleich sagen sollen. Wo ist die Einladung?

Die Einladung! ... Während all der Tage war die Kopie, die ich ihnen gegeben hatte, verlorengegangen. Weil nun die Genossen Minenarbeiter große Erfahrung in diesen Dingen haben, hatten sie die Einladung mehrmals photokopieren lassen. Klar, also — wenn eine Kopie verlorenging, holte ich eine andere und immer wieder eine andere heraus. Und so weiter. Und das Original, nun, das hatten die Leiter, damit sie, wenn mir die Kopien ausgingen, neue machen lassen konnten. Ich gab ihnen eine weitere Kopie, und nach etwa einer Stunde übergaben sie mir meine Papiere. Alles war in Ordnung, alles fertig.

Das Flugzeug flog am nächsten Morgen um neun Uhr ab. Als ich gerade in das Flugzeug steigen wollte, stellte sich mir ein Fräulein aus dem Innenministerium vor. Ich hatte sie dort mehrmals gesehen, ihre Papiere unterm Arm. Sie kam zu mir und sagte: »Ay, Señora, Sie haben also Ihr Visum erhalten? Ich freue mich so darüber! Sie verdienen es. Wie ich Sie beglückwünsche. Und wie gern wäre ich Ihre Schuhspitze, um wenigstens so Mexiko kennenzulernen. Ich beglückwünsche Sie!«

Aber dann sprach sie sehr geheimnisvoll weiter:

»Ay, aber Señora, es hängt sehr davon ab, was Sie dort sprechen, ob Sie ins

---

* Ausreisevisum aus Bolivien

Land zurückkönnen. Sie dürfen also nicht irgendwas von sich geben ... Sie müssen es gut überlegen. Mehr als an alles andere müssen Sie an Ihre Kinder denken, die Sie hier zurücklassen. Ich rate Ihnen gut ... Alles Gute.«

Ich dachte an meine Verantwortung als Mutter und als Leiterin des Komitees, daher erschien mir meine Aufgabe in Mexiko sehr schwierig, wenn ich daran dachte, was mir dieses Fräulein gesagt hatte. Ich hatte das Gefühl, daß man mir die Pistole auf die Brust setzte, wie wir es auszudrücken pflegen. Aber ich war entschlossen, die Mission, die mir die Genossen und Genossinnen anvertraut hatten, zu Ende zu führen.

Von La Paz flogen wir nach Lima, dann nach Bogota, und schließlich nach Mexiko.

Während der Reise dachte ich nach ... ich dachte daran, daß ich nie erwartet hätte, einmal in einem Flugzeug zu reisen und besonders nicht in ein Land, das so weit entfernt ist wie Mexiko. Nie, denn wir waren manchmal so arm, daß wir fast nichts zu essen hatten, wir konnten noch nicht einmal unser Land bereisen. Ich dachte daran, wie ich mir immer gewünscht hatte, unser Land von einer Ecke bis zur anderen kennenzulernen ... und jetzt fuhr ich so weit fort. Das rief bei mir zugleich ein angenehmes und ein trauriges Gefühl hervor. Wie hätte ich mir gewünscht, daß noch andere Genossinnen und Genossen diese Möglichkeit hätten!

Im Flugzeug sprachen alle Leute andere Sprachen, unterhielten sich, lachten tranken und spielten. Ich konnte mit niemandem reden. Es war so, als ob ich nicht da drin wäre.

Als wir in Bogota umstiegen, traf ich eine Uruguayerin, die auch nach Mexiko fuhr, um am Tribunal teilzunehmen; ich hatte also jemand, mit dem ich mich unterhalten konnte.

Als wir nach Mexiko kamen, machte es einen großen Eindruck auf mich, daß es einen Haufen junger Leute gab, die alle Sprachen sprachen und uns alle, die wir ankamen, empfingen. Und sie fragten, wer zu der Konferenz zum »Internationalen Jahr der Frau« komme. Sie halfen uns, schnell durch die Zollkontrolle durchzukommen. Dann fuhr ich in ein Hotel, das man mir angegeben hatte.

In Bolivien hatte ich in der Zeitung gelesen, daß es zwei Stellen für das »Internationale Jahr der Frau« gebe. Eine sei die »Konferenz« für alle offiziellen Repräsentanten aller Länder. Die andere sei das »Tribunal« für die Vertreter der nichtstaatlichen Organisationen.

Die bolivianische Regierung schickte ihre Abgesandten zur Konferenz. Und sie kamen mit Pauken und Trompeten und sagten, daß die Frau in Bolivien, wie in keinem anderen Land, die Gleichstellung mit dem Mann erreicht habe. Und sie kamen zur Konferenz, um das zu sagen. Ich war die einzige Bolivianerin, die vom Tribunal eingeladen worden war. Dort traf ich andere Bolivianerinnen, die sich aber in Mexiko niedergelassen hatten. Ich hatte also sie Vor-

stellung, daß es zwei Gruppen gab: die eine, auf Regierungsebene, in der diese Frauen aus der Oberschicht waren, die andere auf nichtoffizieller Ebene, wo Leute wie ich waren, mit ähnlichen Problemen, so einfache Leute.
Ich war also voller Erwartung. Kaum zu glauben! sagte ich mir, ich werde mit Bäuerinnen und Arbeiterinnen aus der ganzen Welt zusammentreffen. Alle hier werden so sein wie wir, unterdrückte und verfolgte Leute. Nach dem, was die Zeitung sagte, dachte ich so, nicht wahr?
Im Hotel freundete ich mich mit einer Ecuadorianerin an und ging mit ihr zur Tagungsstätte des Tribunals. Aber ich konnte erst am Montag hingehen. Die Sitzungen hatten schon am Freitag angefangen. Wir traten in einen sehr großen Saal, in dem einige vier- oder fünfhundert Frauen waren. Die Ecuadorianerin sagte mir:
»Los, los, Genossin. Hier werden die brennendsten Probleme der Frau behandelt. Hier müssen wir unsere Stimme zu Gehör bringen.«
Es gab keine Sitzplätze mehr. Also setzten wir uns auf die Stufen. Wir waren sehr begeistert. Wir hatten schon einen Tag des Tribunals versäumt und wollten alles aufholen, indem wir uns darüber informierten, was vorher behandelt worden war. Mal sehen, was so viele Frauen denken, was sie über das »Internationale Jahr der Frau« denken. Was sind die Probleme, die sie am meisten beschäftigen?
Es war meine erste Erfahrung mit einem Kongreß, und ich stellte mir vor, eine bestimmte Anzahl von Dingen zu hören, die mich im Leben, im Kampf und in meiner Arbeit weiterbringen würden.
Nun gut, in diesem Augenblick kam eine Gringa ans Mikrophon, ihr Haar sehr blond und mit ein paar Sachen hier so am Hals, die Hände in den Taschen und sagte zu der Versammlung:
»Ich habe einfach ums Wort gebeten, um Ihnen meine Erfahrungen mitzuteilen. Die Männer schulden uns, den Prostituierten, tausend und einen Orden, weil wir den Mut haben, mit so vielen Männern zu schlafen.«
»Bravo! ...« schrien einige und klatschten Beifall.
Gut, mit meiner Genossin ging ich da weg, weil da hunderte Prostituierte versammelt waren, um ihre Probleme zu behandeln. Und wir gingen in einen anderen Saal. Dort waren die Lesbierinnen, und auch dort war die Rede davon, »daß sie sich glücklich und stolz fühlten, eine andere Frau zu lieben ... daß sie für ihre Rechte kämpfen müssen.«
So in dieser Art.
Das waren nicht meine Interessen. Und ich konnte es nicht verstehen, daß man soviel Geld ausgibt, um beim Tribunal solche Sachen zu diskutieren. Ich hatte meinen Mann mit sieben Kindern zurückgelassen, und er mußte auch noch jeden Tag in der Mine arbeiten.
Ich hatte mein Land verlassen, um bekanntzumachen, was mein Vaterland ist, was es leidet, daß man sich in Bolivien nicht an die Magna Carta* der Verein-

* Menschenrechtserklärung

ten Nationen hält. Ich wollte all dies mitteilen und hören, was mir die anderen ausgebeuteten Länder zu sagen hätten und die anderen Gruppen, die sich schon befreit haben. Und dann sollte ich auf diese andere Art von Problemen stoßen? ... Ich fühlte mich etwas verloren. In anderen Sälen stellten sich einige hin und sagten: ... mein Mann ist der Henker ... der Mann ist derjenige, der die Frau schlägt, und was ist also der erste Kampf, den man vorantreiben muß, um die Gleichberechtigung für die Frau zu erreichen?
Zuerst muß man den Mann bekämpfen. Wenn die Mann zehn Geliebte hat, dann muß die Frau auch zehn Geliebte haben. Wenn der Mann sein ganzes Geld in der Kneipe durchbringt, dann muß die Frau eben das gleiche tun. Und wenn wir dann diese Ebene erreicht haben, dann sollten sich Mann und Frau unterfassen und beginnen, für die Freiheit ihres Landes, für die Verbesserung der Lebensbedingungen in ihrem Land zu kämpfen.
Das war die Einstellung und das Ziel verschiedener Gruppen, und für mich war das ein sehr großer Schock. Wir sprachen verschiedene Sprachen, nicht wahr? Und das machte die Arbeit beim Tribunal schwierig. Außerdem gab es eine große Überwachung der Mikrophone.
Also schlossen wir, eine Gruppe von Lateinamerikanerinnen, uns zusammen und führten eine Wende herbei. Und wir erklärten unsere gemeinsamen Probleme, berichteten, was wir dachten und wie der größte Teil der Frauen lebt. Außerdem sagten wir, die erste und wichtigste Arbeit bestehe nicht darin, mit unseren Männern zu streiten, sondern mit ihnen gemeinsam das System, in dem wir leben, in ein anderes umzuwandeln, in dem Männer und Frauen ein Recht auf Leben, Arbeit und auf Organisierung haben.
Am Anfang merkte man nicht so sehr, wie das Tribunal gelenkt wurde. Aber so, wie die Referate und die Fragestellungen kamen, begann sich das zu ändern. Diese Frauen, zum Beispiel die Prostituierten, die Geburtenkontrolle und die Sachen verteidigten, wollten das zu grundlegenden Fragen machen, die diskutiert werden sollten. Für uns waren das wirkliche, aber keine grundlegenden Probleme.
Zum Beispiel, als die von der Geburtenkontrolle sprachen, sagten sie, daß wir nicht so viele Kinder haben dürften, da wir in solchem Elend lebten, wir hätten nicht einmal genug, um sie zu ernähren. Und sie wollten in der Geburtenkontrolle eine Lösung für alle Probleme des Hungers und der Unterernährung sehen. Aber in Wirklichkeit kann die Geburtenkontrolle, so wie sie sie sich vorstellen, keine Anwendung in meinem Land finden. Wir sind schon so wenige, wir Bolivianer, daß wir, wenn wir die Geburten noch einschränkten, in Bolivien bald keinen Menschen mehr haben würden.
Dann werden die Reichtümer unseres Landes also als Geschenk für diejenigen zurückbleiben, die uns vollkommen kontrollieren wollen, nicht wahr? Es ist aber auch nicht gerechtfertigt, daß wir in solchem Elend leben. Alles könnte anders sein, weil Bolivien ein Land ist, das mit natürlichem Reichtum gesegnet ist. Aber unsere Regierung zieht es vor, die Sache so wie diese Leute zu sehen,

um den niedrigen Lebensstandard des bolivianischen Volkes und die sehr niedrigen Löhne zu rechtfertigen, die sie den Arbeitern zahlt. Und sie sehen deshalb eine uneingeschränkte Geburtenkontrolle als die einzige Lösung an. In der einen oder anderen Weise hat man versucht, das Tribunal auf Probleme abzulenken, die nicht die grundlegenden waren.

So daß wir den Leuten klarmachen mußten, was für uns bei all dem das Grundlegende ist. Ich selbst habe zum Beispiel mehrmals mich eingeschaltet. Nur kurze Bemerkungen, weil wir das Mikrophon nur zwei Minuten lang benutzen durften.

Auch der Film »Das doppelte Tagewerk« (La doble jornada), der von der brasilianischen Genossin, die mich zum Tribunal eingeladen hatte, gedreht worden ist, dient dazu, die Leute, die keine Vorstellung davon hatten, wie sich das Leben einer Bauern- oder Arbeiterfrau in Lateinamerika abspielt, zu unterrichten. In »Das doppelte Tagewerk« wird das Leben der Frau gezeigt, besonders in bezug auf ihre Arbeit. Dort sieht man, wie die Frau in den USA, in Mexiko und in Argentinien lebt. So, in großen Kontrasten.

Besonders wichtig war, als der Teil über Bolivien gezeigt wurde, weil die Genossin eine Arbeiterin der »Lamas« befragt, die ein Kind erwartet. In dem Interview fragt sie die Arbeiterin: »Warum schonen Sie sich nicht, wie es sein sollte, wo Sie doch bald ihr Kind bekommen werden?« Die Arbeiterin sagt, weil sie es nicht kann, weil sie das tägliche Brot für ihre Kinder und auch für ihren Mann verdienen muß, weil er Invalide ist und seine Rente sehr niedrig ist.

»Und die Abfindung?« fragt die Brasilianerin.

Dann macht die Bergmannsfrau klar, daß ihr Mann gesundheitlich vollkommen ruiniert die Mine verlassen hat, und daß das ganze Geld ausgegeben wurde, um ihn behandeln zu lassen. Und deswegen muß sie jetzt arbeiten, auch ihre Kinder, um auch ihren Mann zu unterhalten.

Nun gut, das war sehr stark und dramatisch, nicht wahr? Und die Kolleginnen beim Tribunal merkten, daß ich nicht gelogen hatte, als ich von unserer Lage im Revier gesprochen hatte.

Als die Vorführung vorbei war, ließ man mich sprechen, weil ich an dem Film mitgearbeitet hatte. Ich sagte, diese Lage sei dadurch entstanden, daß sich keine Regierung darum gekümmert hätte, Arbeitsplätze für die Frauen zu schaffen. Daß die einzige Arbeit, die man den Frauen zuerkennt, die Hausarbeit sei, und die sei auch noch umsonst. Daß man mir, zum Beispiel, 14 Pesos oder 2/3 US-Dollar monatlich auszahle als Familienunterstützung, die zu dem Gehalt meines Mannes hinzugefügt würden. Was bedeuten 14 bolivianische Pesos? Damit kann ich zwei Dosen Milch oder einen halben Beutel Tee kaufen …

»Deshalb«, sagte ich, »müssen Sie verstehen, daß wir keine Lösung unserer Probleme sehen, solange sich nicht das kapitalistische System ändert, in dem wir leben.«

Viele dieser Frauen sagten mir, daß sie jetzt erst beginnen würden, mich zu verstehen. Verschiedene weinten.
An dem Tag, an dem die Frauen gegen den Imperialismus sprachen, sprach ich auch. Und ich erklärte ihnen, wie vollkommen abhängig wir vom Ausland leben, wie sie uns alles aufzwingen, was sie wollen, sowohl wirtschaftlich wie auch in kultureller Hinsicht.
Beim Tribunal lernte ich auch viel. Und an erster Stelle lernte ich, die Weisheit meines Volkes mehr einschätzen. Dort sagte jede, die sich am Mikrophon vorstellte: »Ich habe den oder den akademischen Titel und vertrete die und die Organisation ...« und bla, bla, bla machte sie ihre Bemerkungen. »Ich bin Lehrerin.« »Ich bin Anwältin.« »Ich bin Journalistin.« sagten andere. Und bla, bla, bla, gaben sie ihre Meinung zum besten.
Also sagte ich mir: hier gibt es Akademikerinnen, Anwälte, Lehrerinnen und Journalistinnen, die sprechen werden. Und ich ... wie kann ich mitreden? Und ich hatte etwas Komplexe und war eingeschüchtert. Und ich hatte auch keinen Mut zu sprechen. Als ich mich zum ersten Mal am Mikrophon so vielen Titeln gegenüber vorstellte, stellte ich mich wie ein Aschenputtel vor und sagte: »Nun gut, ich bin die Frau eines bolivianischen Bergarbeiters.« Noch scheu, nicht wahr?
Und ich faßte meinen ganzen Mut zusammen, um die Probleme aufzuwerfen, die dort behandelt werden sollten. Weil das meine Pflicht war. Und ich habe sie aufgeworfen, damit uns die ganze Welt durch das Tribunal hört.
Dadurch entstand eine Auseinandersetzung mit Betty Friedman, die die große Führerin der Feministinnen der USA ist. Sie und ihre Gruppe hatten einige Verbesserungspläne für den »Weltaktionsplan« gemacht. Aber es waren vor allem feministische Fragestellungen, und wir stimmten damit nicht überein, weil sie einige für uns, die Lateinamerikanerinnen, grundlegende Probleme nicht angesprochen hatten.
Die Friedman forderte uns auf, ihr zu folgen. Sie forderte uns auf, unsere »kriegslüsterne Aktivität« zu unterlassen, wir sollten es sein lassen, »Werkzeuge der Männer« zu sein und nur »an Politik zu denken«. Sie sagte, daß wir völlig die feministischen Angelegenheiten außer acht ließen, »die zum Beispiel die bolivianische Delegation bedenkt.«
Dann bat ich ums Wort. Aber man erteilte es mir nicht. Nun gut, da stellte ich mich einfach hin und sprach:
»Entschuldigen Sie bitte, daß ich das Tribunal in einen Marktplatz verwandle. Aber ich wurde erwähnt, und ich muß mich verteidigen. Sehen Sie, ich bin zum Tribunal eingeladen worden, um über die Rechte der Frau zu sprechen, und in der Einladung, die Sie mir geschickt haben, war auch das von den UN genehmigte Dokument, die Magna Charta und da erkennt man der Frau das Recht zu, aktiv an der Politik teilzunehmen und sich zu organisieren. Und Bolivien hat diese Charta unterschrieben, aber in Wirklichkeit erfüllt sie es nicht, außer für die Bourgeoisie.«

Und so machte ich weiter meine Ausführungen. Und eine Frau, die die Präsidentin der mexikanischen Delegation war, näherte sich mir. Sie wollte mich dazu bringen, das Motto des »Internationalen Jahres der Frau«, das »Gleichheit, Entwicklung und Frieden« lautete, auf ihre Art und Weise zu sehen. Und sie sagte zu mir:

»Sprechen wir von uns beiden, Señora ... Wir sind Frauen. Hören Sie, Señora, vergessen Sie, daß ihr Volk leidet. Vergessen Sie für einen Augenblick die Massaker. Wir haben schon sehr viel darüber gesprochen. Wir haben sehr lange zugehört. Sprechen wir von uns ... von Ihnen und mir ... nun eben von der Frau.«

Dann sagte ich zu ihr:
»Sehr gut, sprechen wir von uns beiden. Aber, wenn Sie gestatten, werde ich anfangen. Señora, vor einer Woche habe ich Sie kennengelernt. Jeden Morgen haben Sie ein anderes Kleid an, ich aber nicht. Sie kommen jeden Tag gut geschminkt und frisiert, wie jemand, der die Zeit hat, zu einem guten Friseur zu gehen und der gutes Geld dafür ausgeben kann. Ich aber nicht. Ich sehe, daß Sie einen Chauffeur haben, der jeden Abend an der Tür dieses Saales auf Sie wartet, um Sie nach Hause zu bringen. Mich aber nicht. Und da Sie sich hier so vorstellen, wie Sie sich vorstellen, bin ich sicher, daß sie in einer sehr eleganten Wohnung leben, in einem sehr eleganten Viertel, nicht wahr?

Wir indessen, die Frauen der Minenarbeiter, haben nur eine kleine Hütte, leihweise, und wenn unser Mann stirbt oder krank wird oder von der Gesellschaft entlassen wird, dann haben wir nur 90 Tage, um die Hütten zu räumen, und wir liegen auf der Straße.

Jetzt sagen Sie mir bitte, Señora, hat Ihre Lage Ähnlichkeit mit der meinen? Hat meine Lage Ähnlichkeit mit der Ihren? Also, über welche Gleichheit werden wir reden? Scheint es Ihnen nicht so, daß wir im Augenblick, auch als Frauen, nicht gleich sein können?«

Aber in diesem Moment kam eine andere Mexikanerin herunter und sagte mir:
»Hören Sie mal, was wollen Sie? Sie hier ist Führerin einer mexikanischen Abordnung und hat den Vorzug. Außerdem sind wir hier sehr wohlwollend mit Ihnen gewesen, wir haben Ihnen im Radio, im Fernsehen, in der Presse und auf dem Tribunal zugehört. Ich bin es leid, Ihnen zu applaudieren.«

Ich wurde sehr wütend, als sie mir das sagte, weil es mir so vorkam, als ob die Fragen, die ich aufgeworfen hatte, nur dazu gedient hätten, mich in einen Schauspieler zu verwandeln, dem man applaudieren muß ... Ich fühlte mich wie ein Clown behandelt.

»Hören Sie, Señora«, sagte ich. »Wer hat Sie um Ihren Beifall gebeten? Wenn damit die Probleme gelöst würden, hätte ich nicht genug Hände, um Beifall zu klatschen, und ich wäre nicht von Bolivien nach Mexiko gekommen, hätte nicht meine Kinder zurückgelassen, um hier über unsere Probleme zu sprechen.

Heben Sie sich den Beifall für sich selbst auf, weil ich den schönsten Beifall meines Lebens erhalten habe, und zwar von den schwieligen Händen der Bergleute.«
Und wir hatten einen heftigen Wortwechsel. Und zum Schluß sagten sie mir: »Wenn Sie sich schon für so wichtig halten, dann steigen Sie doch aufs Podium.«
Ich ging rauf und sprach. Ich machte ihnen klar, daß sie nicht in unserer Welt lebten. Ich machte ihnen klar, daß die Menschenrechte in Bolivien nicht respektiert werden. Und daß dort das herrscht, was wir das Recht des Stärkeren nennen: reichlich für die einen, knapp für die anderen; daß diese Damen, die sich organisieren, um Canasta zu spielen und der Regierung Beifall zu klatschen, deren volle Garantie und Rückendeckung genießen. Aber Frauen wie wir, Hausfrauen, die wir uns organisieren, um unser Volk vorwärts zu bringen, uns schlägt und verfolgt man. All diese Sachen wußten sie nicht. Sie sahen das Leiden meines Volkes nicht. Sie sahen nicht, daß unsere Männer ihre Lunge Stück für Stück aushusten, in blutigen Fetzen ... Sie wußten nicht, daß unsere Kinder unterernährt sind. Und klar, daß sie nicht wußten, was es heißt, wie wir um vier Uhr morgens aufstehen und sich um 11 oder 12 Uhr hinlegen, nur, damit die Hausarbeit erledigt wird, woran das Fehlen von Möglichkeiten schuld ist, unter dem wir leiden.
»Was können Sie«, sagte ich ihnen, »schon von all dem wissen? Also ist für Sie die Lösung, daß man gegen den Mann kämpfen muß. Und fertig. Aber für uns, nein, ist das nicht die Hauptsache.« Als ich damit fertig war, das alles zu sagen, eigentlich mehr von der Wut getrieben, die ich fühlte, verließ ich das Podium. Und viele Frauen kamen hinter mir her ... und am Ausgang des Saales waren viele glücklich und sagten, ich sollte doch zum Podium zurückkehren und sollte die Lateinamerikanerinnen auf dem Tribunal vertreten.
Ich setzte mich hin und schämte mich, daß ich die Weisheit des Volkes nicht genug geschätzt hatte. Denn sieh mal: ich, die ich nicht an der Universität studiert habe, ich habe noch nicht einmal die höhere Schule besuchen können, ich, die ich weder Lehrerin war noch ein Diplom hatte noch Anwältin oder Dozentin war ... was hatte ich auf dem Tribunal gemacht? Das, was ich gesagt hatte, war nur das, was ich mein Volk seit der Wiege hatte sprechen hören. Meine Eltern, meine Genossen, unsere Leiter hatten mich sprechen gelehrt, und ich sah, daß der Umgang mit dem Volk die beste Schule ist.
Das, was ich aus dem Leben des Volkes lernte, war der beste Unterricht. Und ich weinte, wenn ich daran dachte, wie groß mein Volk ist!
Wir Lateinamerikanerinnen haben eine Stellungnahme dazu abgegeben, wie wir die Rolle der Frau in den unterentwickelten Ländern sehen, all das, was uns bei dieser Gelegenheit wichtig zu sagen schien. Und die Presse publizierte diese Stellungnahme.
Eine andere Sache, die für mich bei dem Tribunal wichtig war, war das Zusammentreffen mit Genossinnen aus anderen Ländern, besonders mit Boliviane-

rinnen, Argentinierinnen, Uruguayerinnen und Chileninnen, die in ähnlichen Lagen gewesen sind, wie ich sie durchgemacht habe, mit Verhaftungen, in Gefängnissen und mit all den Problemen. Ich lernte viel von ihnen.
Ich glaube, ich habe die Mission erfüllt, die mir die Genossinnen und Genossen von Siglo XX anvertraut haben. Wir sind mit vielen anderen Frauen der Welt bei dem Tribunal zusammen gewesen, und wir haben die Welt, die dort vollzählig vertreten war, über unsere Lage unterrichtet. Es ist auch eine sehr große Erfahrung gewesen, in Gesellschaft vieler, so sehr vieler Frauen zu sein, die mitten im Kampf für die Befreiung ihrer unterdrückten Völker stehen.
Ich glaube, es war für mich auch wichtig, erneut festzustellen — und bei dieser Gelegenheit im Kontakt mit mehr als 5000 Frauen aus allen Ländern — daß die Interessen der Bourgoisie nicht wirklich unsere Interessen sind.

Zusammentreffen mit Exilierten

Während meines Aufenthaltes in Mexiko hatte ich die Gelegenheit, verschiedene Bolivianer kennenzulernen und mit ihnen zusammen zu sein. Einige lebten im Exil, sie hatten das Land 1971* verlassen. Viele waren im Gefängnis gewesen und waren dann aus dem Land hinausgeworfen worden, andere sind geflohen, andere hatten in den Botschaften um Asyl gebeten. Von denen, die ich dort traf, kannte ich nur einen, der mit einigen Studenten in das Bergwerksrevier gekommen war.
Es beeindruckte mich, dort nur Studierte zu treffen. Ich traf keine Arbeiter oder Bauern. Klar, ich weiß, daß es sie in anderen Ländern im Exil gibt, aber es ist doch eine Tatsache, daß die meisten, die das Land verlassen, Fachleute sind, nicht wahr?
Ich stellte bei den Exilierten fest, daß sie guten Willens sind, Solidaritätsakte mit dem bolivianischen Volk zu veranstalten und ihr Volk nicht vergessen.
Mich persönlich haben sie sehr gut behandelt, sie haben mir ihre ganze Hilfe zukommen lassen, sie haben mir alle Bequemlichkeiten geboten, sie haben mich am Knie operieren lassen, sie haben mir sogar geholfen, meine Zähne behandeln zu lassen, die seit dem zweiten Mal, das ich im Gefängnis gewesen war, kaputt gewesen waren. Es gibt nicht einen einzigen Genossen, der mir nicht seine Solidarität gezeigt hätte. Die Bolivianer halfen mir auch sehr, die notwendigen Kontakte zu knüpfen.
Außerdem hatte ich in Mexiko alle Bequemlichkeiten, die ich hier nicht habe. Ich hatte ein Bett mit Matratze, ich hatte ein eigenes Bad zu meiner Verfügung. Ich hatte fließendes Wasser im Haus, und das Essen wurde mir gemacht. So.
Aber trotz all dem Komfort, den ich in Mexiko gehabt habe, hatte ich keinen Augenblick Lust zu bleiben und all das zu haben, während mein Volk in Bolivien so sehr leidet. Anstatt mich glücklich zu fühlen, dachte ich daran, wie die Leute im Revier laufen müssen, wie die Frauen, auch die schwangeren, schwere

* Jahr des Putsches von Banzer

Lasten tragen müssen und so weite Wege damit zurücklegen müssen. Ich dachte an die Mineros von San Florencio, die bis Siglo XX kommen müssen, um ihre paar Sachen zu kaufen. Ich dachte an die Frauen, die viele Kilometer laufen müssen, um nach Hause zu kommen, nachdem sie etwas auf dem Markt verkauft haben, und sich dann erst ihr Mittagessen machen können. All das trug dazu bei, daß ich mich unbehaglich fühlte, ich, die ich als Führerin nach Mexiko gekommen war, eingeladen zur Internationalen Konferenz zum Jahr der Frau, um als Stellvertreterin der Frauen des Volkes zu sprechen. Klar, ich träume von dem Tag, an dem ich all diese Bequemlichkeiten habe. Ja, mir gefällt die Bequemlichkeit, aber ich will sie für alle, für mein ganze Volk. Ich will sie nicht für mich allein.

Es würde mir gefallen, all diesen Komfort zu haben, aber ich kann ihn nicht annehmen, während mein Volk Hungers stirbt, im Elend lebt und so hart arbeitet. Ich kann es nicht. Wenn wir alle die Bequemlichkeit und den Komfort genießen, ja, dann werden wir glücklich sein, weil wir nicht daran denken müssen, daß der Nachbar vielleicht nichts zu essen hat oder eine Krankheit nicht behandeln lassen kann. Dann werden wir uns nicht mehr schämen, ein schönes Kleid zu haben, weil die anderen auch eins haben können.

Deshalb vermißte ich mein ganzes Volk in Mexiko so sehr, meine Umgebung, und ich wollte schnell zurückkehren. Mein Mann sagte uns, wir seien wie die Fische, die im Wasser sein müssen und außerhalb des Wassers sterben. Und an dem Tag, an dem wir, die Führenden, die wir die Leute auf den Weg bringen, nicht mehr mitten unter den Massen seien, würden wir sterben. Und ich glaube wirklich, man könnte im Ausland schnell sterben. Denn ein Leiter, der nicht bei seinen Leuten ist, ist nicht glücklich. Und ich glaube, daß wir alle, die wir uns Revolutionäre nennen, verpflichtet sind, zum Volk zurückzukehren und mit dem Volk zusammen zu kämpfen.

Und während die Revolutionäre, die für ihr Land gekämpft haben, außer Landes sind, dürfen sie die nicht vergessen, die weiter in Bolivien in den Bergwerken kämpfen, auf dem Land, in den Fabriken, und der Unterdrückung, die weiter besteht, die Stirn bieten. Sie dürfen sie nicht vergessen, und sie müssen versuchen, sich so gut wie möglich darauf vorzubereiten, zurückzukehren und all die Ansprüche zu erfüllen, die das Volk an sie stellt.

Die, die ruhig draußen bleiben, und, ohne etwas zu tun, darauf warten, daß wir den Sieg erringen, die sind Verräter des Volkes, nicht wahr?

Und es gibt immer Möglichkeiten, etwas zu tun, während einer nicht in sein Land zurückkehren kann. Ich meine nämlich, daß wir, die Revolutionäre, keine Grenzen kennen dürfen und daß ein Revolutionär, wo immer er ist, die Erfahrungen seines Landes anderen Leuten mitteilen muß, Leuten, die sich dafür interessieren, besonders den Arbeitern und Bauern.

TEIL 3: 1976 – Was mein Volk erreichen will

Nach dem Tribunal blieb ich wegen meines Gesundheitszustandes noch zwei Monate in Mexiko. Ich schrieb mehrmals meiner Familie, aber es scheint, daß die Korrespondenz verlorengegangen ist, und man beunruhigte sich zu Hause wegen meiner Verspätung sehr.

Einige Genossinnen machten sich sogar nach La Paz auf, um sich zu beschweren, weil sie dachten, das Innenministerium machte mir Schwierigkeiten. Aber so war es nicht.

Nachdem ich hierher zurückgekehrt war, unterrichtete ich die Arbeiter und das Komitee über meine Tätigkeit in Mexiko. Ich sprach auch im Radio. Zwar nicht soviel, wie ich mir gewünscht hatte, aber ich informierte doch über alles, was man mir erlaubte. Während meines Aufenthalts in Mexiko waren verschiedene Führer des Gewerkschaftsdachverbandes (COB) verhaftet worden, etwa 29, glaube ich. Sie schnappten sie während eines geheimen Treffens in Oruro, steckten sie ins Gefängnis und schnitten sie von jeder Verbindung mit der Umwelt ab. Als ich zurückkehrte, erfuhr ich, daß die Arbeiter der Manaco in Cochabamba den Streik erklärt hatten. Die Manaco ist eine Schuhfabrik, die der Firma Bata aus Kanada gehört. Sie ist sehr groß, mehr als 800 arbeiten dort. Die Arbeiter gehören zu denen, die in Bolivien die längste Tradition im revolutionären Kampf haben.

Die Gewerkschaftsführer aus Siglo XX unterstützten die Arbeiter der Manaco durch schriftliche und mündliche Äußerungen. Die Arbeiter solidarisierten sich, indem sie eine mita* gaben. Und wir gingen als Kommission und brachten ihnen Lebensmittel. Es war ein großer Streik, weil noch andere Gruppen, besonders die Universitätsangehörigen und verschiedene Bauernverbände, dazustießen. Es gelang den Arbeitern der Manaco, verschiedene Ziele zu erreichen.

* Lohn eines Tages

In Siglo XX hatte sich auch einiges verändert. Der Gewerkschaftssekretär Bernal, zum Beispiel, mit dem das Komitee sehr gut zusammengearbeitet hatte, hatte der Gewerkschaft seinen Abschied eingereicht und es gab Neuwahlen. Im Januar dieses Jahres war eine Versammlung des Komitees der Hausfrauen gegenüber der Tür des firmeneigenen Ladens, um sich über die Preissteigerung einiger Artikel und auch über die schlechte Qualität der Säuglingsmilch zu beschweren.

Bei dieser Versammlung wurde ich wieder zur Generalsekretärin des Komitees gewählt und wurde auch ausgewählt, das Komitee bei dem Minenkongreß in Corocoro zu vertreten.

Die Bergleute hatten viele Probleme. Wir hatten eine Menge Fragen vorzubringen. Weil die Gesellschaft aber unsere »Basiskommissionen« nicht anerkennen will, hatte sie sich dafür ausgesprochen, die Fragen mit den Abgeordneten jeder Sektion einzeln zu diskutieren. Die von den Sektionen Werkstätten, Förderung, Weiterverarbeitung, gingen jeder für sich, um ihre Probleme vorzubringen. Die von der Gesellschaft versprachen ihnen verschiedene Sachen, dem einen mehr, dem anderen weniger, und am Schluß betrogen sie sie alle.

Also beschlossen wir, uns auf dem Kongreß in Corocoro zu versammeln, um unsere Probleme alle zusammen, aber dann auch richtig in allgemeiner Form darzulegen. Am Anfang widersetzte sich die Regierung der Durchführung des Kongresses. Sie beschuldigte uns, die Regierung stürzen zu wollen, in ein subversives Komplott verwickelt zu sein. Aber später sagten sie nichts mehr.

Am 1. Mai dieses Jahres wurde der Kongreß von Corocoro eröffnet, an dem Stellvertreter aller Minenarbeitergewerkschaften teilnahmen. Wir waren auch vier Vertreterinnen des Hausfrauenkomitees, zwei aus Siglo XX und zwei aus Catavi.

Bei diesem Kongreß wurden viele Fragen aufgeworfen. Zum Beispiel das Weiterbestehen der Gewerkschaften, die Abwehr der Maßnahmen, die die Regierung im November 74 ergriffen hatte, Solidarität mit den politischen Gefangenen und den Exilierten ... und so Sachen.

Aber das unmittelbare Ziel war die Erhöhung der Löhne und Gehälter im Verhältnis zu den Lebenshaltungskosten. Ein anderes Problem, das angeschnitten wurde, waren die Renten, die so niedrig sind, daß sie nicht zum Leben ausreichen und es gibt tausende Minenarbeiter, die an der Silikose leiden, und die heute von der Rente überleben müssen. Auch die Witwen haben ein schwerwiegendes Problem, und zwar erhalten sie eine Pension nur fünf Jahre lang nach dem Tod ihres Mannes. Und wenn sie wieder heiraten, wird ihnen diese Pension sofort entzogen. Und so wurden auch viele andere Probleme, die uns betreffen, auf dem Kongreß vorgebracht, eine Lösung gesucht. Es gab Kommissionen, die die einzelnen Probleme vortrugen. Wir, die Hausfrauen, beharrten besonders auf der wirtschaftlichen Frage. Im Hinblick darauf hatten wir unsere Situation in den letzten sechs Jahren, oder anders gesagt, seit der Zeit, wo Banzer an die Macht gekommen ist, untersucht.

»Die wirtschaftliche Situation im ganzen Land« sagten wir, »ist immer schwieriger geworden. Durch die Maßnahmen, die die Regierung ergriffen hat, durch die Geldentwertung und das Wirtschaftspaket, ist der Lebensstandard erschreckend gesunken. Wenn das noch alles wäre! Aber vor Jahren waren unsere Kinder kleiner, und deswegen waren unsere Bedürfnisse auch geringer, im Laufe der Jahre sind sie gewachsen, und es sind mehr geworden, und die Ausgaben für Bekleidung und Ernährung sind auch gestiegen.

Die Kräfte unserer Männer schwinden Tag für Tag mehr, und sie werden älter und älter, weil die Arbeit hart ist und der niedrige Lohn ihnen nicht erlaubt, all die verbrauchten Kräfte wieder zu ersetzen; und jeden Augenblick können wir Witwe werden, entweder weil die Minenkrankheit die Männer befällt oder durch irgendeinen Unfall, denn die Sicherheit der Arbeitsplätze ist miserabel. Es wird fast nichts getan, um die Sicherheit zu verbessern und das Leben unserer Männer zu schützen.

Das Schlimmste ist, daß wir noch nicht einmal ein eigenes Dach über dem Kopf haben, weil es uns der niedrige Lohn unserer Männer nicht erlaubt, ein kleines Häuschen zu kaufen. Noch nicht einmal durch die »Wohnungsbaugenossenschaft« können wir noch zu einem Häuschen kommen, denn sie haben uns in den letzten Jahren die Häuser zu einem Preis von bis zu 100000 Pesos angeboten. Und wann sollen wir das bezahlen können? Alle Leute wollen sich auf Kosten des Arbeiters bereichern. Unter vielen Gesichtspunkten ist die Lage des Kleinbauern noch beneidenswert im Vergleich mit der des Minenarbeiters. Man sagt: »Die Erde gehört dem, der sie bearbeitet«, und wenn der Bauer einen Hektar Land bearbeitet hat und seine Söhne ihn nach seinem Tode weiter bearbeiten, behalten sie weiterhin das Land. Im Gegensatz dazu die Mineros: obwohl sie Tonnen über Tonnen Erde bearbeitet und hin- und herbewegt und dem Land so viele Reichtümer erarbeitet haben, haben nur die »Räuber und Gendarmen« einen Profit davon, während die Frau des Bergarbeiters und seine Familienangehörigen im Falle seines Todes nur 90 Tage haben, um die kleine Wohnung zu räumen, die die Gesellschaft ihnen zu Lebzeiten des Vaters zur Verfügung gestellt hat. Die Witwe wird auf die Straße geworfen, ohne daß sie die Möglichkeit hat, Arbeit zu finden, weder sie noch ihre Kinder, und dies unter dem Vorwand, daß sie die kleine Rente genießen werden, die noch nicht einmal für die Miete einer Wohnung ausreicht. In manchen Fällen bekommen die Familienangehörigen noch nicht einmal diese kleine Rente, weil der Arbeiter gestorben ist, bevor er seine Beiträge für die Sozialversicherung bezahlt hat.
Da man sich nicht darum kümmert, neue Arbeitsplätze zu schaffen, haben unsere Kinder keine Möglichkeit, Arbeit zu finden, obwohl sie ihren Militärdienst schon abgeleistet haben.

Und was soll man erst von ihrer Erziehung sagen? Viele Arbeiter lassen ihre Söhne in den verschiedenen Ausbildungsstätten des Landes studieren, wo sie Unterkunft, Ernährung, Kleidung, Unterrichtsmaterial, Mietausgaben, Busgelder, und andere Dinge bezahlen müssen. Und zu Hause bleiben noch die anderen Kinder, die man anziehen, ernähren und erziehen muß. Und obwohl man sagt, daß die Schule in den Bergwerkssiedlungen umsonst ist, müssen wir immer Uniformen, Bücher, Knetgummi, verschiedene Arten Farben, Handarbeitsmaterial und andere Sachen, die man so braucht, kaufen. Das Schlimmste ist, wenn es den Regierenden einfällt die Schule einfach zu schließen, ohne zu bedenken, welchen Schaden sie unseren Kindern zufügen ...«
So machten wir unsere Analysen. Und wir brachten zum Ausdruck, daß wir deswegen die Forderung der Arbeiter nach einer Lohnerhöhung unterstützten.

Unsere Teilnahme in Corocoro war sehr gut. Bei unserem ersten Auftreten sagten wir den Arbeitern, wir fühlten uns glücklich, daß sie den Kongreß trotz all der Verbote zu einem Höhepunkt hatten machen können. Und daß die Männer bedenken müßten, daß sie in diesem Kampf nicht allein stünden, denn auch wir Frauen im Haushalt würden durch den Besitzer, die COMIBOL, ausgebeutet, weil die Arbeit, die wir im Haushalt machten, nicht anerkannt werde, und es sei ein Irrtum zu glauben, nur der Lohnarbeiter werde ausgebeutet. Und wir müßten auf diesem Kongreß ein gutes Dokument herausbringen, das der Arbeiterbewegung dienen könne. Unser Auftreten war im Radio übertragen worden, und dann lud man uns ein, während unseres Aufenthalts in Corocoro einen Diskussionsabend zu veranstalten. Und die Schüler hatten beschlossen, nach diesem Vortrag sollte ich mit ihren Müttern sprechen. Wir sagten zu, setzten Tag und Stunde fest, und als wir hinkamen, waren sie mit ihren Vätern und Müttern da. Es war ein sehr gutes Treffen, bei dem das Hausfrauenkomitee von Corocoro gegründet wurde. Und während des Treffens wurde das Komitee gewählt, und eine Cholita (Mestizin) wurde Präsidentin, die sehr gut darüber sprach, welches Interesse die Frauen daran haben, an der Seite der Arbeiter zu kämpfen. In dieser Zeitung las ich, daß sie doch angefangen haben zu arbeiten. Aber ich weiß nicht, was jetzt los ist, weil es schwere Unterdrückungsmaßnahmen in Corocoro gab; die Militärs drangen in die Bergwerke ein, viele Männer und Frauen wurden verhaftet, und wir verloren den Kontakt mit diesen Genossinnen.
Beim Kongreß forderten wir auch folgendes: die Hausfrauen müssen sich in allen Bergwerksrevieren organisieren, und es muß so schnell wie möglich ein Frauenkongreß einberufen werden, um sofort die Nationale Hausfrauengewerkschaft zu gründen, dem Gewerkschaftsdachverband Boliviens angeschlossen, so wie wir es im Augenblick in Siglo XX machen. Und diese Forderung wurde angenommen. Aber wegen der Ereignisse, die folgten, konnten wir diesen Plan natürlich nicht ausführen. Und jetzt habe ich erfahren, daß statt dessen die »Nationalistischen Frauen« oder, wenn man so will, diejenigen, die die jetzige

Regierung unterstützen, daran denken, einen Nationalen Kongreß in den Bergwerksrevieren zu veranstalten.
Trotz der Bemühungen der Geheimagenten der Regierung, die den Kongreß infiltriert hatten, siegte die Vorstellung der Vertreter der Arbeiter. Und es wurde ein Beschluß verabschiedet, die Erhöhung der Monatslöhne zu fordern. Vor der Diskussion und der Verabschiedung des Beschlusses zeigte man uns ein Schaubild, was ein General, was ein Coronel usw. verdient. Es waren Einkommen so von 20 bis 25 000 Pesos monatlich*, während ein Arbeiter hier nur bis zu 2000 Pesos verdient.
Es wurde auch eine Studie gemacht, wieviele Kalorien ein Arbeiter zum Leben braucht, wieviel Geld er braucht, um sich zu ernähren, daß er diese Kalorien zu sich nimmt, und wieviel er verdienen muß, um all seine persönlichen Bedürfnisse und die seiner Familie zu decken. Es wurden einige Grundbedürfnisse des Menschen festgehalten, wie zum Beispiel Kleidung, Schuhwerk, Unterhaltung — noch nicht einmal Unterhaltung — aber zum Beispiel eine Zeitung, um sich zu informieren. Es kam ein Durchschnitt von 170 Pesos täglich heraus, die der Arbeiter verdienen müßte, um normal zu leben. Nun gut, da wir aber billige Zuteilungen erhalten, wurden von diesem Durchschnitt 40 Pesos pro Tag abgezogen, und wir verringerten den Mindestlohn, den er verdienen müßte, auf 130 Pesos pro Tag. Die Minenarbeitergewerkschaft sagte nein, sie hätten 80 Pesos pro Tag verlangt, und es wäre besser, sich an diese Realität zu halten. Also stimmten wir dem zu. Wir verlangten auch, daß die Arbeitszeit im Innern der Mine wegen der Umstände, unter denen er arbeitet, auf sechs Stunden verkürzt werden müsse, damit er Zeit habe, sich zu erholen.
Die Schwierigkeit war, daß wir all das zur Sprache brachten und der Regierung 30 Tage Frist gaben, um zu antworten. Andernfalls würden die Arbeiter in den unbegrenzten Streik treten.
Die Regierung gab ihre Antwort vor dem festgesetzten Tag. Und dann ging sie erst einmal dazu über, die Mitglieder der Minenarbeitergewerkschaft festzunehmen, dann kam das Eingreifen der Armee in den Minen, die Beseitigung unserer Sender einschließlich des Senders Pius XII, die Erklärung der Bergwerke zu Militärgebiet, die Verhaftung und Verfolgung aller Leiter und anderer Arbeiter.
Am 9. Juni marschierte die Armee überraschend ein, als die Arbeiter in den Gruben waren, und es begann die Verfolgung, besonders derjenigen, die am Kongreß in Corocoro teilgenommen hatten. Die, die sie schnappten, verprügelten sie furchtbar in der Kaserne von Unica und brachten sie in die Zellen von La Paz. Und viele deportierten sie nach Chile und übergaben sie Pinochet.

* In Bolivien bezieht die hohe Militärhierarchie außer dem Gehalt noch andere Einkünfte von halbstaatlichen Organisationen oder der Verwaltung, in der die Militärs wichtige Posten innehaben. Diese werden durch Boni, Gratifikationen, Spesen, Lebensmittel, Essen, Uniformen, Artikel, die ohne Zoll importiert werden können, usw. noch ergänzt.

Sie verbreiteten einen Haufen Verleumdungen über uns. Unter anderem, wir hätten ein Komplott vorbereitet. Und sie machten sich eine Protestdemonstration zunutze, die die Minenarbeiter gegen den Mord an General Torres in Argentinien veranstaltet hatten, und weil die Regierung Banzer die Repatriierung der restlichen Exilierten nicht zugelassen hatte. An diesem Tag machten die Arbeiter nur eine Demonstration, weil sie ihre Kräfte für einen Streik sparen wollten, falls dieser notwendig sein sollte. Auch das machte sich die Armee zunutze, um unsere Sender zum Schweigen zu bringen, unsere Häuser zu durchsuchen und auf jede mögliche Weise Druck auf uns auszuüben und uns zu mißhandeln.

Es war Mittag. Wir aßen gerade, wie wir es immer tun. Als wir fertig waren, sagte mein Kleinster zu mir:

»Mama, bring mich zur Toilette.« Ich brachte ihn also ans Ufer des Flusses.*

Plötzlich bemerkte ich eine merkwürdige Stille in Llallagua, wie es für zwölf Uhr mittags nicht normal ist. Immer hört man Radios spielen, Musik, usw. Ich fragte mich, warum ist Llallagua so ruhig? Ich sehe rüber ... und ich merke, daß die Soldaten auf der Hauptstraße von Tür zur Tür vorrücken.

Ich lief also schreiend durch die Straßen:

»Die Armee! Die Armee marschiert ein!«

Ich rannte bis zum Radio, und dort traf ich zwei Genossen und sagte ihnen, daß die Armee komme. Aber gerade da an der Ecke erschienen die Soldaten. Also zog ich mich zurück.

Die Militärs besetzten die Sender, und wir fragten uns also: was machen wir? Was sollen wir machen?

Wie können wir die Arbeiter, die in der Mine sind, unterrichten? Denn diese hatten keine Ahnung.

Jemandem gelang es, die Genossen im Innern der Mine zu unterrichten, daß die Siedlung besetzt sei, daß man nun die Sender genommen habe. Dann versammelten sich die Arbeiter Schichtende am Grubenausgang und erklärten den unbefristeten Streik.

In dieser Nacht ließen sie uns rufen. Meinem Mann sagten sie: »Die Leiter müssen in die Mine kommen. Dort werden wir das Streikkomitee organisieren, und von innen her werden wir Widerstand leisten, weil wir da sicherer sind, in den Häusern gibt es keine Fluchtmöglichkeit.«

Doch in der Mine kann man sich verstecken, nun, weil sie wie eine Stadt ist. Sie hat einige achthundert Kilometer unterirdische Gänge und verschiedene Eingänge, und nur die, die sie sehr gut kennen, sind in der Lage, da rauszukommen, nicht wahr?

Wir gingen in die Grube, und dort organisierten wir das Streikkomitee. Und es wurden die ersten Anweisungen ausgegeben: wir müßten die Einheit der

---

* Domitila bezieht sich auf Cháqui Mayo, Quetschua = trockener Fluß, der Siglo XX von Llallagua trennt.

Arbeiter aufrechterhalten. Wir dürften nur den wirklichen Leitern vertrauen und nicht Anweisungen von anderen entgegennehmen, die die Gewerkschaft für andere Ziele als die der Arbeiterklasse mißbrauchen könnten. Wir müßten Lebensmittel sparen, um den Streik durchzuhalten. Wir müßten mit den Soldaten teilen, was wir hätten, weil wir verstehen müßten, daß sie unsere Söhne sind und gezwungen werden, sich gegen uns zu stellen. Daß die Hausfrauen sich organisieren müßten und, wenn der Laden geschlossen werden sollte, eine Protestdemonstration abhalten sollten. So, das waren die ersten Parolen.
Wir hielten die ganze Nacht abwechselnd Wache. Genauso am nächsten Tag. Ohne etwas zu essen. Nachmittags brachten uns einige Arbeiter dann etwas zu essen und sagten, in der vorigen Nacht hätte die Armee fast alle Wohnungen durchsucht und hätte viele Leute gefangengenommen.
Es kam so, daß sich einige Geheimagenten einschmuggelten und bei uns in der Mine waren. Als wir das entdeckten, gingen wir noch tiefer in den Stollen hinein.
Mich, meinen Mann und einen anderen Genossen brachten die Arbeiter an eine Stelle, die San Miguel heißt. Sie trieben für mich einen Teekarton auf und legten ihn auf den Boden, damit ich mich ausruhen konnte, denn ich war schon im 9. Monat schwanger. Diese Situation war für mich zuviel. Ich konnte den Gestank, der im Mineninnern wegen des Gases und des Mangels an Luft herrscht, nicht mehr aushalten. Ich hatte Hunger, ich hatte Durst, und ich war wahnsinnig müde. Dort verbrachten wir den ganzen Donnerstag. Im Morgengrauen, am Freitag, konnte ich es nicht mehr aushalten. Ich erstickte. Ich konnte nicht mehr atmen.
»Mir ist schlecht«, sagte ich zu menem Mann, »ich kann nicht mehr.«
»Was sollen wir machen?« fragte er mich.
»Gehen wir raus«, antwortete ich, »auch wenn sie uns schnappen, es ist egal. Ich kann es nicht mehr aushalten.«
»Sehen wir nach, ob wir durch den Minenausgang von Cancañiri raus können«, sagte er mir.
Er ging weg und sah, daß es möglich war.
Dann brachte er mich durch den Minenausgang Cancañiri raus. Dort half uns ein Genosse. Wir kamen bis zur Apotheke, und man gab mir Medikamente. So konnte ich es aushalten, bis zu meinem Haus zu gehen. Unterwegs trafen wir mit hunderten Soldaten zusammen.
»Halt, wohin geht ihr?« schrien sie uns an.
»Ich bringe meine Frau weg. Sie bekommt bald ihr Kind«, antwortete mein Mann.
»Sie können durch«, antworteten sie.
Und so, immer auf Schleichwegen, gelang es uns, nach Hause zu kommen. Ich zitterte vor Kälte, nun, es war sechs oder sieben Uhr morgens. Meine Schwester bot mir etwas Warmes zu trinken an, und ich ruhte mich einen Augenblick aus.

Aber sofort kamen einige Frauen ins Haus und sagen mir, daß die Armee die Läden besetze. Sie baten mich darum, mit den Soldaten zu reden, damit sie ihnen wenigstens noch für einen Tag Lebensmittel gäben.
Als wir zum Laden kamen, standen einige hohe Militärs herum, die uns unverschämt behandelten, in diesem krankhaften Haß, den sie gegen die Arbeiter hegen. Einer von ihnen schrie:
»Schnell, macht den Laden zu! Die Schlappschwänze, diese faulen Säue. Was, ihr hattet schon einen kleinen Streik vorbereitet, eh? Schlappschwänze, faule Schweine, wir werden sehen, ob ihr nicht doch arbeitet. Ihr werdet verhungern. Ihr Drecksäcke, ihr könnt eure Scheiße fressen! Heute nehmen wir euch den Laden weg und morgen stellen wir euch das Wasser ab, übermorgen stellen wir euch den Strom ab. Wir wollen mal sehen, wer gewinnt. Wenn ihr Prügel haben wollt, könnt ihr kriegen. Wenn ihr eine Kugel haben wollt, könnt ihr kriegen.«
Dem Chef des Ladens zitterten die Hände, und er konnte das Schloß nicht vorlegen. Ich drehte mich um, um mit den Genossinnen zu überlegen, was wir machen sollten, aber sie waren nicht mehr da. Sie waren vor Angst weggelaufen. Und es kam mein Sohn, nahm mich bei der Hand und sagte:
»Mami! Was machst du hier? Gleich kommen die Polizisten und schnappen dich.«
Mein Sohn hatte die Polizisten gesehen, wie sie dem Coronel mitteilten:
»Die Chungara ist mit einer Gruppe mit Stöcken und Steinen bewaffneter Frauen raufgegangen, um den Laden zu besetzen...«
Dann sagte der Kommandant ihnen:
»Habt ihr nicht gesagt, daß diese Frau schwanger ist? Und das macht sie?«
»Ja natürlich. Sie ist gerade raufgegangen.«
»Und worauf wartet ihr dann? Geht und nehmt sie fest. Bringt sie her, unter Fußtritten soll sie ihr Kind kriegen.«
Das hatte der Militär gesagt. Zum Glück hörte mein Sohn das und kam gelaufen, um es mir zu sagen. Um Minuten konnte ich mich retten. Die Straßen waren so voll mit denen von der Armee, daß es außerordentlich schwierig war zu fliehen. An jeder Häuserreihe standen vier Soldaten, die entlangschritten und sich kreuzten: zwei an jeder Ecke. Weil ich wußte, daß man mich festnehmen würde, sprach ich mit meiner Familie. Ich sagte ihnen, ich würde das Haus verlassen und nicht wieder zurückkommen. Und sie sollten mich nicht suchen, weil ich selber nicht wisse, wo ich hingehen werde.
Ich ging ohne festes Ziel weg. Nun gut, einfach so, aufs Geratewohl, klopfte ich an eine Tür und bat darum, mich für eine Nacht unterzubringen. Die Arbeiter zeigten sich sehr solidarisch.
»Natürlich, Señora, ruhen Sie sich aus.« Zehn Tage lang versteckte ich mich so, in einem Haus, dann in einem anderen Haus. In derselben Nacht kamen die Polizisten zu meinem Haus. Meine Kinder hatten sich gut eingeschlossen. Sie klopften an die Tür, aber meine Kinder machten nicht auf. Das geschah drei- oder viermal, bis die Polizisten über die Mauer des Hauses kletterten.

Streng und böse fragten sie meine Kinder:
»Wo ist eure Mutter?«
»Sie ist nicht hier«
»Wo ist sie?«
»Wissen wir nicht.« »Was? Ihr, ihre Kinder, sollt das nicht wissen? Wir werden euch beibringen, zu antworten. Verdammt, steht schon auf!«

Dann begann meine elfjährige Tochter zu lachen. Und sie sagte ihnen lachend: »Glauben Sie vielleicht, meine Mutter ist so blöd? Sie wußte, daß sie gesucht wird, und da soll sie uns sagen, wo sie ist? Nein, meine Mutter ist natürlich nicht so blöd und hat uns nicht gesagt, wo sie hingeht.«

Einer der Polizisten wurde sehr böse. Aber der andere sagte ihm: »Ja, ihre Mutter ist nicht so blöd, es ihnen zu sagen. Gehen wir. Und halten Sie sich zurück. Der Vogel ist eben ausgeflogen.«

Aber bevor sie gingen, untersuchten sie das ganze Haus, unter den Betten und überall. Und als sie sahen, daß meine Kinder nicht weinten, sagten sie:
»Die sind schon gut trainiert.«

Wie mir einige Familien erzählten durchsuchte die Armee Tag und Nacht Häuser, in denen sie mich finden zu können glaubte.

In diesen Tagen kam Präsident Banzer nach Catavi. Er kam überraschend, nachdem er in Uncia gelandet war. Aber er wollte nicht mit den wirklichen Arbeiterführern sprechen. Er lehnte es energisch ab. Im Gegenteil, er sagte, er würde andere Basiskoordinatoren bestimmen.

Und es begann die Unterdrückung durch die Agenten der DOP (Departamento de Orden Politico), ein anderes Unterdrückungswerkzeug, die Abteilung für politische Ordnung. Dann geschahen sehr traurige Dinge.

Sie packten sich zum Beispiel die Jungens auf der Straße, und unter Schlägen ließen sie ein Dokument unterschreiben, das die Leute der DOP aufgesetzt hatten. Dann zeigten sie diese unterschriebenen Dokumente den Eltern. Und sie zwangen die Eltern, um ihre Kinder zu befreien, ein Dokument zu unterschreiben, den Streik zu brechen und mit der Arbeit wieder anzufangen. Einige Eltern taten es unter Tränen, um ihre Kinder wiederzubekommen. Außerdem schnappten sich die Agenten die Jungens und ihre Eltern auf der Straße und sagten: »Ihr Sohn arbeitet im Untergrund. Wenn Sie also nicht wollen, daß wir ihn nach La Paz mitnehmen, müssen Sie 500, 800 Pesos bezahlen.« Ich kenne eine Frau, deren Söhne mit nichts zu tun hatten, die aber 2000 Pesos bezahlen mußte, um sie freizubekommen. Viele Eltern waren in dieser Lage, suchten Geld zusammen und verkauften ihre paar Sachen, um ihre Kinder zu befreien. Sie übten mit allen Mitteln Druck aus. Im Radio, das jetzt nicht mehr die Stimme des Minero, sondern vielmehr die Stimme des Militärs war, sagte man: »50, 80% der Arbeiter haben wieder zu arbeiten angefangen.«

Und sie trieben die anderen Streikenden dazu an, das gleiche zu tun. Natürlich war das alles gelogen, niemand hatte die Arbeit wieder aufgenommen. Sie übten ungeheuren Druck aus. Die letzten Basisdelegierten, sie verhafteten, schlugen sie sehr und zwangen sie, die Pistole im Genick, die Leiter zu beschuldigen, indem sie sagten: »Sie werden vom Ausland bezahlt, wir wollen uns von ihnen nicht länger betrügen lassen, und zum Wohle des Vaterlandes werden wir wieder arbeiten.«

In einigen Haushalten begannen sie schon zu hungern. Dann fingen also die Frauen an, die »Volkstöpfe« zu organisieren, damit niemand litt. In den Siedlungen der Bergarbeiter begann man, Lebensmittel zu sammeln. Nun, jeder gab halt, was er konnte: ein bißchen Mehl, Reis, Bohnen... Das wurde unter denen verteilt, die es am meisten brauchten.

Auch aus La Paz und Cochabamba schickten sie Lebensmittel und Kleider, aber sie blieben am Schlagbaum vom Playa Verde liegen. Die Armee ließ sie nicht durch.

Und es kam auch so, daß während der ganzen Zeit des Streiks, der sehr lange dauerte, die Arbeiter die Solidarität der anderen Gebiete des Landes spürten. Die Universitätsangehörigen, die Fabrikarbeiter, die Bauern und die Arbeiter der privaten Minen solidarisierten sich. Aber die Presse und die Radiostationen verbreiteten nichts davon, weil die Agenten des Staates alles gut in der Hand hatten.

Es kam eine Frau, die sagte, sie komme vom Roten Kreuz, und sie rief die Frauen in Catavi zusammen. Und als sie sie zusammen hatte, sagte sie zu ihnen: »Meine Töchter, sagt euren Männern, sie sollen wieder arbeiten. Oder wollt ihr vielleicht, daß es wieder ein Massaker in der Siedlung gibt? Man muß es erreichen, daß sie ihre Pflicht tun und den Streik brechen. Sie sollen nicht den Leuten helfen, die von Ausland bezahlt werden.«

So, sehr drastisch, tränenüberströmt, sprach sie zu ihnen. Dann sagte eine Frau ihr:

»Aber ich kann meinen Mann nicht darum bitten, wieder zu arbeiten, weil er im Gefängnis ist. Und das einzige, was er getan hat, ist, eine Lohnerhöhung zu fordern, weil wir von seinem Lohn nicht leben konnten. Ich selber habe meine Polleras, meinen Schmuck, sogar meine Trauringe verkauft, um etwas zu essen zu kaufen. Wer wird diese Lage ändern? Wofür arbeiten wir denn? Wofür bringen sich unsere Männer um?«

Und die Frau sagte:

»Mit einem Gespräch wird alles gelöst, Töchterchen.»

Da begannen sie, ihr zu mißtrauen, und eine sagte:

»Sie haben sich hier als Funktionärin des Roten Kreuzes vorgestellt. Dann zeigen Sie uns doch bitte ihre Beglaubigung.«

Die andere antwortete, daß sie kein Funktionärin des Roten Kreuzes sei, sei sei von der Leitung der Nationalistischen Frauen.

Und die Frauen regten sich auf und fragten sie:
»Wie können Sie sagen, Sie lieben uns, und unsere Leiter behandeln Sie so.« Und so, wie mir eine Freundin erzählt hat, sprach eine andere Frau: »Unsere Genossin Domitila de Chungara, die ein Kind erwartet, haben sie so hart verfolgt...«
»Ay!... Von dieser Frau wollen wir garnicht sprechen! Diese Frau wird vom Ausland, von Kuba, von Rußland, von China bezahlt.« (Sie weiß noch nicht einmal, daß es einen Streit zwischen Rußland und China gibt, nicht wahr?) Und jetzt gibt sie davon den Arbeitern 30 Pesos täglich, damit sie weiter streiken.« Man sagt, daß die Genossinnen sich noch mehr aufgeregt haben und die Frau den Raum verlassen mußte. Nun gut, da sie den Streik nicht brechen konnten, auch nicht, indem sie den Leuten sagten: »Ab morgen seid ihr entlassen...«, weil niemand zur Arbeit kam, schlossen sie uns den Laden. Einfach so, schlossen sie uns den Laden, eine Woche lang. Dann änderten sie ihre Taktik: »Laßt uns ihnen den Laden wieder öffnen, weil sie dann durch ihre Einkäufe Schulden machen und wieder zu arbeiten anfangen müssen. Und es kam so, daß am frühen Morgen die Frauen der örtlichen Polizisten kamen, um Lebensmittel zu kaufen. Aber die anderen Frauen sagten: »Wenn sie uns schon die Lebensmittel sperren, sollen sie sie auch weiter sperren.«
Sie schlossen den Laden und bewarfen die anderen mit Steinen. Die Polizei griff ein, warf Tränengas und verhaftete sogar einige. Als es ihnen nicht gelang, den Streik weder mit Drohungen noch mit Strafen zu brechen, begannen die Geheimpolizisten Arbeitslose zu sammeln, die anfangen sollten zu arbeiten. Sie fuhren sogar aufs Land und verteilten Lebensmittel an die Kleinbauern und sagten ihnen, sie würden ihnen ihr Auskommen in den Minen geben.
Den eigenen Soldaten gaben sie Zivilkleider, damit sie zu arbeiten anfingen. Die Kleinbauern nahmen die Lebensmittel an, aber kamen nicht. Denn sie wissen, daß sie davon leben, daß wir ihnen ihre Produkte abkaufen, und außerdem stammen die Minenarbeiter zum größten Teil vom Land. Ich hatte selber die Gelegenheit, mit einigen Bauern zu sprechen. Und sie sagten: »Wie können wir dort anfangen zu arbeiten, wo doch unsere Kinder, unsere Patenkinder in der Mine arbeiten? Außerdem können wir nicht in der Grube arbeiten, wir haben Angst vor dem Dynamit.«
Also klappte die Sache nicht, weil sehr wenige Leute kamen. Einige von den Arbeitslosen, die sich von den Agenten hatten überreden lassen, die Arbeit in der Grube aufzunehmen, kamen bei Unfällen oder durch andere Ursachen um. Die Agenten verbreiteten durch unsere Radios die Nachricht, daß 55% der Leute angefangen hätten zu arbeiten. Und in den Zeitungen wurden die arbeitenden Leute gezeigt. Aber in Wirklichkeit waren es nicht die Arbeiter der Gesellschaft, es waren diese Arbeitslosen, die geschickt worden waren, den Streik zu brechen.
Die Frauen organisierten sich in Stroßgruppen, gegen die, die die Arbeit aufnahmen. Eines Tages, so gegen sechs Uhr morgens bewarfen einige Frauen

verschiedene Fahrzeuge im Lager Salvadora mit Steinen, weil in diesen Fahrzeugen diese Streikbrecher transportiert wurden.
Weil die Männer nichts mehr machen konnten, weil man sie festnahm und verhaftete, organisierten sich die Frauen spontan zusammen mit ihren Kindern und stellten sich den Arbeitsstellen gegenüber auf. Sehr früh morgens waren sie an den Grubeneingängen. Sie setzten die Kinder auf die Schienen, damit der Konvoi nicht einfahren konnte. Und sie sagten, wenn der Zug weiterfahren wolle, müsse er über die Kinder fahren. Und die, die die Arbeit aufnehmen wollten, wurden von den Frauen sehr hart angegriffen: »Feiglinge! Wir haben sieben oder acht Kinder und halten den Streik durch; wie könnt ihr da kommen und anfangen zu arbeiten?« Sie bewarfen sie mit Steinen und vertrieben sie. Daraufhin schickten sie die Armee, die die Frauen vertreiben sollte. Als sie die Soldaten kamen und sahen, daß nur Frauen und Kinder da waren, wagten sie nicht, irgendwas zu unternehmen. Die Befehlshaber wollten die Soldaten zwingen und schrien sie an:
»Das sind die Kommunistinnen, macht sie fertig! Für euch gibt es keine Frauen und Kinder, überhaupt nicht!« Und sie ließen einen Marsch singen und vorrücken. Aber die Frauen begannen, gemeinsam mit den Kindern, »Viva mia Patria Bolivia«* zu singen. Und dieses Schauspiel war so beeindruckend, erzählte man mir, daß die Armee nicht in der Lage war, etwas zu unternehmen. Und als die Kommandanten sahen, daß diese Sache danebenging, riefen sie die Polizisten, die Gas spritzten und alle auseinandertrieben. Nun gut, da es zwischen der Armee und den Frauen und Kindern keine Auseinandersetzungen mehr geben konnte, ließen sie Polizistinnen aus La Paz rufen. Am nächsten Tag, am frühen Morgen, standen diese am Minenausgang. Es sind starke Frauen, alle haben Karate trainiert. Und als unsere Frauen hörten, daß die Polizistinnen gekommen waren, gingen sie nicht mehr zum Minenausgang. So daß diese »recht dumm dastanden«.
Aber sie begannen, ihren Auftrag zu erfüllen, den sie bekommen hatten: Häuser zu durchsuchen und die Familien der Männer, die verhaftet worden waren, zu vertreiben. Diesen Familien setzten sie ein Ultimatum — wie 65 — daß sie ihre Wohnungen innerhalb von 24 Stunden zu verlassen hatten. Aber, wie kann einer aufstehen und in 24 Stunden gehen, vor allen Dingen, wenn er nichts hat, wohin. So daß die Frauen sich nicht um das Ultimatum kümmerten. Dann schickten der Kommandant der Armee und das Direktorium der Gesellschaft die Polizistinnen, um diese Familien auf einen Lastwagen zu verladen. Man hat mir erzählt, daß die Polizistinnen sehr früh, ungefähr um 7 Uhr morgens, zur Wohnung des Genossen Severo Torres kamen, der verhaftet und ins Exil geschickt worden war. Seine Frau ist sehr kränklich und sie haben acht Kinder wie die Orgelpfeifen.

* »Es lebe mein Vaterland Bolivien«; Bolivianische Nationalhymne

Die erschütterndste Szene war, als die Polizistinnen die Frau und die Kinder zwangen, aus dem Bett aufzustehen, und begannen, alle ihre Sachen zum Lastwagen zu bringen, und die Kinder zwangen, auf den Lastwagen zu steigen. Ein Kind kommt aus dem Haus und hält seine Flasche in der Hand mit Tee, denn man trinkt sehr wenig Milch im Bergwerksrevier. Ein anderes Kind kommt auch raus, sein Fläschchen enthält nur Wasser mit Zucker. Ein anderes kommt mit einem Stück Brot in der Hand, ganz kahl geschoren, vor Kälte zitternd. So kamen sie einer nach dem anderen aus dem Haus.
Eine der Polizistinnen konnte es nicht mehr aushalten. Sie ging hinters Haus und begann zu weinen. Sie war in einem furchtbaren Nervenzustand und weinte und schrie.
Ein Arbeiter sah sie und sagte:
»Warum weinen Sie? Warum? Wissen Sie, wer der Vater dieser Kinder ist? Es ist ein Arbeiter, der hingegangen ist und auf dem Kongreß der Minenarbeiter die Forderung gestellt hatte, daß die Löhne erhöht werden, damit er ein Stück Brot mehr nach Hause bringen kann, damit er Milch kaufen und diese Flaschen, die, wie Sie sehen, nur Wasser oder Tee enthalten, füllen kann. Das ist das Verbrechen, das der Vater dieser Kinder begangen hat. Und deswegen schickt man Sie jetzt, um seine ganze Familie zu vertreiben.«
Die Polizistin weinte und sagte, sie verstehe nicht, man habe ihnen in La Paz etwas ganz anderes erzählt, als was sie hier im Revier gesehen habe. Und sie weinte.
»Warum sollten Sie sich das Leben schwer machen? Wir werden Ihre Arbeit fertig machen.«
Und die Kinder stiegen auf den Lastwagen. Die ganze Familie wurde nach La Paz gebracht. Wir wissen bis heute nicht, was später aus ihnen geworden ist. Wir wissen auch nicht genau, wieviele im Gefängnis sitzen, wieviele geflohen sind und wie viele ins Exil geschickt wurden. Nun gut, allein in Siglo XX hat die Zahl der Familien, die sich in dieser Lage befinden, mehr als 70 erreicht. Aber das gleiche ist in mehreren Teilen des Landes geschehen. Und viele, sehr viele wurden von der Bergwerksgesellschaft entlassen.
Man hat mir erzählt, daß es einen Plan der Regierung gibt, diese vertriebenen Familien nach San Julián zu bringen. Einige Frauen dachten, San Julián sei ein anderes Minenrevier. Aber nein. Es ist ein tropischer Ort, im Departement Santa Cruz. Nun gut, ich weiß, daß der menschliche Organismus die Fähigkeit hat, sich anzupassen und Schutzmechanismen zu entwickeln. Wir sind zum Beispiel an die kühlen Gegenden des Altiplano gewöhnt und haben unsere Reserven, um uns gegen die Kälte zu schützen. Aber mit der Hitze ist es nicht das gleiche. Da fast alle Arbeiter an der Silikose leiden, ist das tropische Klima natürlich verhängnisvoll und beschleunigt ihren Tod. Außerdem sind diese Gebiete sehr neu in unserem Land und noch nicht kultiviert.*

* Domitila bezieht sich auf die kaum erschlossenen Urwaldgebiete

Man muß mit allem anfangen, vom Roden bis zum Töten des Ungeziefers. Die Minenarbeiter, die dahin kommen, haben nicht das notwendige Werkzeug, haben nicht die Mittel, um dort anzufangen, also enden sie schließlich als Knechte der anderen, die mit dem Geld und besseren Voraussetzungen dahin kommen, nicht wahr?
Am 22. Juni — wir streikten schon seit 13 Tagen — merkte ich, daß ich bald mein Kind kriegen würde. Also ließ ich meinen Mann rufen und bat ihn darum, mit dem Roten Kreuz zu sprechen und um Garantien zu bitten, damit ich im Krankenhaus nicht belästigt würde.
Meine Ankunft im Hospital war eine Überraschung, weil man im Radio schon verbreitet hatte, ich hätte Zwillinge geboren und ich hätte sie im Innern der Mine bekommen, und ich könnte rauskommen, es gebe für mich weitreichende Garantien. Ein anderes Gerücht lautete, daß Banzers Frau gekommen sei und erschüttert gewesen sei, als sie meinen Zustand gesehen habe und sie habe mich weinend, zusammen mit meinen Kindern, nach La Paz gebracht, und man würde mich gut in einem Krankenhaus versorgen. Sie sagten den Leuten, sie sollten sich um mich keine Sorgen mehr machen, die Regierung sei wohlwollend mir gegenüber gewesen, und die Frau des Präsidenten persönlich habe es übernommen, mich zu betreuen.
Ich weiß nicht, warum sie so viele falsche Nachrichten verbreiten. Vielleicht ein Trick, damit ich auftauchte in dem Zustand, in dem ich war, und sie mich schnappen konnten? Oder vielleicht, damit die Genossen und Genossinnen glauben sollten, ich hätte mich an die Regierung verkauft. Ich weiß nicht. Aber es war doch eine Überraschung für die Leute, als sie mich im Krankenwagen kommen sahen. Da erfuhr ich all die Sachen, die man über mich gesagt hatte.

Im Krankenhaus betreuten mich alle sehr gut, sowohl der Direktor wie die Hebamme und die Krankenschwestern, und ich gebar meine zwei Kinder. Mein Töchterchen Paola kam gesund zur Welt. Aber das andere Kind, ein Jüngelchen, war erstickt, sagte mir der Arzt, und es hatte schon begonnen, sich in meinem Innern zu zersetzen. Auch die Plazenta war schon in Fäulnis übergegangen. Deshalb hatte ich dieses Mal so Schwierigkeiten, mich zu erholen. Ich blieb bis zum 6. August im Krankenhaus.
Sobald mein Mann den Krankenwagen der Gesellschaft geholt und mich ins Krankenhaus hatte bringen lassen, rannte er zum Roten Kreuz. Es kamen die Leute vom Roten Kreuz und sagten, sie seien sehr besorgt um mich gewesen, es habe viele Gerüchte gegeben, und sie hätten sich wegen meines Zustandes bei der Regierung für mich eingesetzt. Von diesem Augenblick an stehe ich unter dem Schutz des Roten Kreuzes, ich brauchte keine Angst zu haben und sollte mich ausruhen, so wie es eine Mutter zukomme. Sie übertrugen der Leitung des Krankenhauses die Sorge dafür, daß ich nicht belästigt wurde.
Ich war in dem Saal, der für uns Arbeiterfrauen bestimmt ist. Dann ließ mich der Direktor in den Saal für die Angestellten bringen, der kleiner und sicherer

ist. Im Krankenhaus bekam ich Nachrichten über die Ereignisse durch die Leute, die mich besuchen kamen. Dort war das einzige, bei dem ich mitmachte, der eintägige Hungerstreik, in den alle traten, die im Krankenhaus lagen.
Eine schwerverwundete Genossin kam ins Krankenhaus, die einen schweren Bluterguß hatte; die Polizisten hatten sie sehr geschlagen und sie mußte operiert werden.
Einige Frauen kamen und sagten uns: »Wie können wir es annehmen, hier gut versorgt zu werden, während unsere Genossen so leiden?«
An diesem Tag aßen wir nichts.
Ich wurde kein einziges Mal von den Geheimagenten der Regierung belästigt. Nicht bevor und nicht nachdem ich meine Kinderchen bekommen hatte. Zuerst, weil ich mich vor der Geburt versteckt gehalten hatte, und nachher, weil ich unter dem Schutz des Roten Kreuzes stand. Aber sie suchten mich doch hartnäckig, und einige Familien hatten auch meinetwegen zu leiden, weil sie ihre Häuser durchsuchten, um mich zu finden. Die Agenten hatten sogar, einen Tag bevor ich ins Krankenhaus kam, das Krankenhaus Bett für Bett, sogar die Entbindungsstation, durchsucht. Einige blieben im Krankenhaus über Nacht, weil sie wußten, daß ich mein Kind bekommen müßte, und sie sicher sein wollten, mich zu ergreifen.
Außerdem gaben die Nationalistischen Frauen Dokumente im Namen des Hausfrauenkomitees heraus und ließen sie im Radio verlesen. Alles, um die Leute durcheinanderzubringen, nicht wahr?
Also erarbeiteten wir ein Manifest, in dem wir die wirkliche Position unseres Komitees darlegten. In diesem Manifest warfen wir erneut die Fragen des Kongresses von Corocoro auf und zeigten an, was wir in diesen Tagen in den Minen erlebten. Und wir fragten:
»Wann haben wir, die Arbeiter, die Häuser der Militärs so durchsucht, wie sie es mit den unseren machen? Wissen Sie vielleicht, was es heißt, in den Minen zu arbeiten?
Wissen Sie vielleicht etwas von den Mühen und dem Elend der Arbeiterklasse? Nein, meine Herren, Sie verstehen es nur, das Volk zu ermorden, und nicht, etwas zur Wirtschaft des Vaterlandes beizutragen. Während Sie so gute Dinge wie Autos, Häuser und Diener haben, haben die Arbeiter ihr Elend, ihre Unterernährung, ihre von der Silikose durchlöcherten Lungen, und jetzt auch noch die entsicherten Gewehre im Rücken. Sie wissen nicht, was es heißt, gesund mit der Arbeit anzufangen und nach kurzer Zeit tot rauszukommen, zerfetzt, die Familie im absoluten Elend zurücklassend.«
Wir sagten weiter:
»Die Regierenden vergessen, daß wir nicht mehr in der Zeit der spanischen Kolonie leben und daß wir nicht mit einem Gewehr im Rücken arbeiten können. Wir sind Arbeiter und keine Sklaven, und wir werden es nicht zulassen, daß die Söldner ihre Missetaten begehen, während wir nicht einmal den Mund aufmachen dürfen ... Wenn die Regierung in ihrer Handlungsweise fortfährt,

sehen wir uns gezwungen, in andere Länder auszuwandern, in denen man uns wie menschliche Wesen behandelt, und wir versprechen zu arbeiten, und diese Länder, die uns ihre Tore öffnen, größer zu machen. Dann können ja die Militärs in den Minen arbeiten.«

Am Schluß erklärten wir unsere Unterstützung für alles, was die Gewerkschaften beschlossen hatten.

Es war wichtig, unseren Standpunkt klarzumachen, nicht wahr?

Weil sich hier ein anderes »Hausfrauenkomitee« organisiert hatte.

Eine Frau war aus La Paz gekommen, um neue Leiterinnen auszuwählen und siebzehn Studienstipendien anzubieten. Nun gut, es hat nicht an Frauen gefehlt, die sich verkauft haben. Sie haben sich mit einigen Arbeiterinnen der »Lamas« zusammengetan, und in La Paz sagten sie, sie seien die Frauen der Bergleute und ihre Vertreter. Sogar einige der Sekretärinnen unsers Komitees haben, so wie ich gelesen und gehört habe, mit dieser Gruppe zusammengearbeitet. Es gibt jetzt keine Sicherheiten mehr, daß wir weiterarbeiten können.

Als wir zum Beispiel nach dem Streik beim Direktorium der Gesellschaft einige Fragen aufwerfen wollten, antwortete man uns dort: »Das Hausfrauenkomitee wird nicht mehr anerkannt. Es gibt keine Hausfrauen mehr.«

Ich glaube, auch für die Gewerkschaft, die hier die höchste Autorität der Arbeiterklasse ist, gibt es keine Sicherheit mehr, daß sie weiterarbeiten kann, und unser Komitee, das gegründet worden ist, um an der Seite der Gewerkschaften zu sein, wird auch nicht mehr funktionieren können, nicht wahr? Aus unserem Komitee eine nationalistische Organisation zu machen hieße, die Ideale der Arbeiterklasse zu verraten. Deswegen finde ich, daß wir uns auch außerhalb des Gesetzes befinden, und daß wir nicht mit dieser Regierung zusammenarbeiten können.

Ich glaube nicht, daß die Mehrheit der Basisgruppen durch die Schaffung dieses neuen Komitees verwirrt worden ist. Als ich aus dem Krankenhaus kam, kamen mehrere Frauen zu mir und sagten:

»Ruhen Sie sich erstmal aus, kümmern Sie sich um Ihre Gesundheit, denn im Augenblick können wir nichts tun.«

Ich denke, es werden die Basisgruppen sein, die im gegebenen Augenblick unser Handeln beurteilen werden. Es sind so viele Dinge geschehen, daß man nicht weiß, wo man anfangen soll. Angesichts der Tatsache, zum Beispiel, daß einige Leiter im Gefängnis sitzen, andere geflohen sind und wieder andere sich an die Regierung verkauft haben, und die Arbeiter zu diesem Augenblick eher ruhig sind, gibt es Personen, die sagen, wir Leiter würden die Massen nur manipulieren, aber es stecke keine wirkliche Kraft in der Arbeiterklasse.

Aber ich erinnere mich doch daran, daß es in der Vergangenheit auch Zeiten gab, in denen wir Schwierigkeiten hatten, und Leiter verhaftet und sogar getötet wurden. Und zweifellos kamen andere nach. Deshalb glaube ich, daß wir uns jetzt wieder in einer Ruheperiode befinden. Es sind nur noch wenige Monate, die wir so leben.

Ich hoffe, daß diese Lage nur vorübergehend ist und daß wir so fortfahren werden, wie wir es sonst gemacht haben. Denn, wenn es nicht so wäre, hätte die Regierung die Leiter in aller Ruhe beseitigen können und fertig, sie hätte schon vor einer Weile mit der Arbeiterklasse in Bolivien Schluß gemacht, nicht wahr? Natürlich, die Schwierigkeiten, die wir im Augenblick haben, sind ziemlich groß. Denn die Arbeiter sind am 4. August, nach neunundzwanzig-tägigem Streik, auf ihre Arbeitsplätze zurückgekehrt, ohne das erreicht zu haben, was sie gefordert hatten. Jetzt leben wir in einem Militärgebiet, fast in der Sklaverei. Die Regierung hat es zwar akzeptiert, die Löhne etwas zu erhöhen, aber diese Erhöhung wird durch andere Sachen wieder wettgemacht.
Die Regierung hat, zum Beispiel, die Überstunden abgeschafft. Außerdem, wenn der Arbeiter einen Tag fehlt, ziehen sie je einen Tageslohn ab, wie schon früher, aber zusätzlich nehmen sie ihm auch noch die Hälfte seiner Lebensmittelzuteilung weg. Meine Familie hat zum Beispiel pro Tag im Durchschnitt das Recht auf zwei Kilo Fleisch und dreißig Brötchen für die neun Personen, die wir sind.
Mein Mann hat einen Tag bei der Arbeit gefehlt, und man hat uns nur ein Kilo Fleisch und fünfzehn Brötchen gegeben. So.
In Bezug auf die Lohnerhöhung, die wir von der Regierung erhalten haben, hat man am Anfang gesagt, sie werde 35% betragen. Aber es ergab sich, daß auch das eine Täuschung war. Man hat jedem Arbeiter nur 5 Pesos täglich mehr gegeben. Mein Mann hat letztes Jahr 17 Pesos täglich verdient; als er als Lamero anfing, hat man seinen Lohn auf 23 Pesos erhöht, und jetzt, nach dem Streik, erhält er 28 Pesos pro Tag, oder, wenn man so will, noch nicht mal anderthalb US-Dollar, obwohl er schwerer arbeitet als vorher. So daß sich noch nicht einmal in bezug auf den Lohn unsere Lage verbessert hat.
Ich will auch etwas über unsere politischen Parteien sagen.
Ich sehe, daß viele von denen, die in ruhigen Zeiten schön reden können, in schwierigen Zeiten, wie zum Beispiel jetzt, nicht zu uns stehen.
Ich kann feststellen, daß viele von ihnen ihr Leben »für ihre Partei«, aber nicht »für ihr Volk« geben. Und ich glaube, daß sie sich deswegen mehr und mehr spalten. Ich sehe auch, daß sie Theorien haben, aber wenig wirklich die Massen erreichen. Bei diesem letzten Streik war es auch so.
Ich sehe es als dringende Notwendigkeit an, daß wir uns besser verstehen und auf andere Weise organisieren, um uns in Übereinstimmung mit unserer Wirklichkeit zu verteidigen. Denn wir haben eine sehr starke Kampftradition. Wie viele haben schon ihr Leben für unsere Sache gegeben! Aber die Maßnahmen, die wir ergreifen, reichen nicht mehr aus, um unseren Unterdrückern die Stirn zu bieten, die gut bewaffnet sind, und uns jedes Mal an die Wand drücken. Daran müssen wir denken, und einen angemessenen Weg finden, um diese Lage zu lösen. Vorübergehende Lösungen interessieren uns nicht mehr. Wir haben schon Regierungen jeden Zuschnitts gehabt. »Nationalisten«, »Revolutionäre«, »Christen«, so mit jedem Vorzeichen.

Seit 1952, seit die MNR begonnen hat, die Revolution, die das Volk gemacht hatte, zu verraten ... sind so viele Regierungen gekommen und gegangen, und keiner hat es geschafft, die Hoffnungen des Volkes zu erfüllen. Keiner hat wirklich das getan, was das Volk will. Die jetzige Regierung zum Beispiel tut nichts für uns, sondern die Nutznießer sind an erster Stelle die Ausländer, die weiterhin unsere Reichtümer forttragen; dann die privaten Firmeneigner, die staatlichen Gesellschaften, die Militärs, aber weder die Arbeiter noch der Bauer, wir werden jeden Tag ärmer. Und das wird so weitergehen, so lange wir in einem kapitalistischen System leben. Ich sehe nach allem, was ich erlebt und gelesen habe, daß der Sozialismus das Richtige für uns ist. Denn nur unter einem sozialistischen System wird es mehr Gerechtigkeit geben, und die Reichtümer, die heute in den Händen von wenigen sind, werden allen zugute kommen.

Und seht, auf den Weg, den wir heute gehen, haben uns dieselben Regierungen gestoßen, die uns mißhandeln. In mir haben sie zum Beispiel, als sie mich in den Zellen der DIC schlugen, weil ich »Kommunistin, Extremistin«, und alles mögliche war, eine große Neugierde geweckt. »Was ist Kommunismus? Was ist Sozialismus?« Weil sie mich Tag für Tag damit geprügelt haben. Und ich begann mich zu fragen: »Was ist ein sozialistisches Land? Wie werden da die Schwierigkeiten gelöst? Wie leben da die Leute? Werden die Minenarbeiter dort niedergemetzelt?« Und dann begann ich mich zu fragen: »Was habe ich getan? Was will ich? Was denke ich? Warum bin ich hier? Was habe ich gesagt? Ich habe nur Gerechtigkeit für das Volk verlangt, ich habe nur verlangt, daß alle zu essen haben, ich habe verlangt, daß die Erziehung besser wird, ich habe verlangt, daß es keine so furchtbaren Gemetzel wie das der Johannisnacht mehr geben soll. Soll das Sozialismus sein? Soll das Kommunismus sein?« Andererseits wissen wir aus Büchern, die ich gelesen habe, und von vielen Menschen, mit denen ich habe sprechen können, daß die Einwohner in dem und dem sozialistischen Land bessere Lebens-, Gesundheits-, Wohn- und Erziehungsbedingungen erreicht haben. Die Arbeiter werden besser behandelt. Die Bauern stehen nicht im Abseits. Die Frau hat die Möglichkeit, eine produktive Arbeit aufzunehmen, weil neue Arbeitsplätze gefunden werden, damit das Volk gemeinsam Fortschritte machen kann.

Die Frau braucht nur weil sie Frau ist nicht mehr so zu leiden wie wir, die wir unseren Körper durch so viel Arbeit ruinieren, wir ruinieren unsere Nerven, weil wir uns solche Sorgen um die Zukunft unserer Kinder machen, um die Gesundheit unserer arbeitenden Männer, von denen wir schon im voraus wissen, daß sie an der Minenkrankheit zugrunde gehen werden. Und so viele andere Sachen, die uns fertigmachen.
Wir wissen, daß sich das unter einer sozialistischen Regierung ändern wird, weil es für alle Möglichkeiten geben muß, weil es Arbeitsplätze für die Frauen geben wird, und weil es Kindergärten geben wird, damit ihre Kinder versorgt

werden, während sie arbeiten. Und die Regierung selbst muß sich um die Alten, die Witwen, kümmern, all das.
Das sind also Hoffnungen, die wir hegen, wir wünschen uns, daß das mit uns geschieht, nicht wahr? Außerdem muß in einem sozialistischen System, so wie ich es verstehe, das Volk daran mitarbeiten, daß es nicht wieder unter die Ausbeutung des Menschen durch den Menschen fällt. Nicht wahr?
Ich weiß, daß es in allen Ländern, die den Sozialismus erreicht haben, noch viel zu überwinden gibt. Aber ich bin mir im klaren darüber, daß sie schon vieles von dem erreicht haben, was uns vorschwebt. Deshalb glaube ich, daß wir, die Bolivianer, die Erfahrungen dieser Völker aufmerksam beobachten müssen, ihre Irrtümer und ihre Siege, um uns zusammenzuschließen und eine Lösung zu finden, die für unser Land, unser Volk und unsere Lage geeignet ist.
Wir dürfen nicht die Zeit damit verschwenden, untereinander zu streiten, zu fragen, was sagt Rußland, China oder Kuba, und uns dadurch ablenken zu lassen, daß wir den einen mehr als den anderen verteidigen. Der Marxismus, so wie ich ihn verstehe, muß sich auf die Realität in jedem Land beziehen.
Mein Volk kämpft nicht für einen kleinen Sieg, für ein bißchen Lohnerhöhung hier, für einen Notbehelf da. Nein. Mein Volk bereitet sich darauf vor, den Kapitalismus und seine nationalen und ausländischen Helfershelfer für immer aus dem Land zu entfernen. Mein Land kämpft darum, zum Sozialismus zu gelangen.
Das sage ich, und es ist nicht meine Erfindung. Das hat auf einem Kongreß der Gewerkschaftsdachverband Boliviens (COB) verkündet:
»Bolivien wird erst dann frei sein, wenn es ein sozialistisches Land ist.«
Und jeder, der daran zweifelt, sollte irgendwann einmal nach Bolivien kommen, um sich dann an Ort und Stelle selbst davon zu überzeugen zu können, daß es das ist, was mein Volk will.

Brief von Domitila an die Verlage, die ihr Buch herausgegeben haben

Die außergewöhnliche Verbreitung, die dieses Buch seit seinem Erscheinen erfahren hat, hat auch die Reaktion einiger Gruppen hervorgerufen, die versucht haben, den Sinn und den Inhalt des Buches zu verzerren. Domitila Barrios de Chungara hat an den Verlag geschrieben und darum gebeten, ein letztes Gespräch, daß sie im März 1978 mit der Autorin des Buches, Moema Viezzer, geführt hat, hinzuzufügen.

»So wie das Buch ist, stellt es mein wirkliches gegenwärtiges Denken dar und so, wie ich es ausdrücken will. Ich habe es gelesen und bin sowohl mit dem Inhalt, als auch mit der Arbeitsweise, die wir angewandt haben, einverstanden. Ich will sagen, daß ich vollkommen damit einverstanden bin, daß das Buch, so wie es ist, weiter publiziert wird und daß dieser Beitrag, den wir haben leisten wollen, wirklich nützt.

Domitila Barrios de Chungara

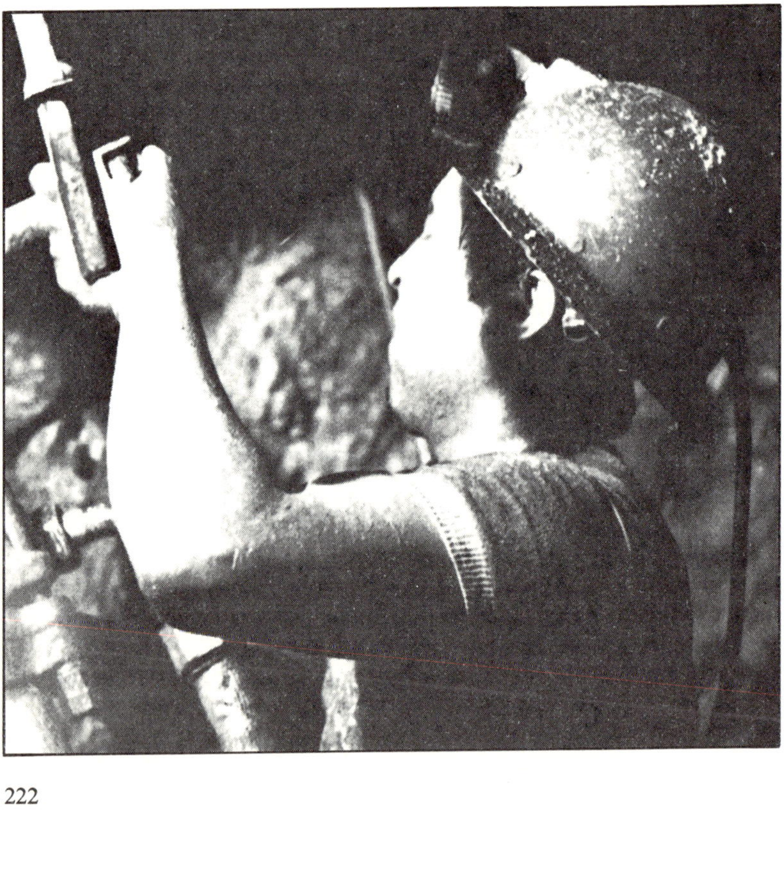

Ergebnisse der Gespräche, die zwischen Domitilia und Moema im März 1978 geführt wurden

Moema. — Domitila, du hast den Wunsch geäußert, einige Sachen in Zusammenhang mit bestimmten Auslegungen deines Zeugnisses klarzustellen. Was möchtest du sagen?

Domitila. — Nun, erstens glaube ich, daß das Buch eine Erzählung ist und daß man es in einer globalen Form lesen sollte. Nicht einen einzelnen Abschnitt herausgreifen und ihn mit seinem Denken oder seiner Art zu sein in Einklang bringen, sondern daß das ganze Buch in einem Zusammenhang steht und daß man die Arbeit von Anfang bis Ende lesen und verstehen sollte. Ich glaube auch, daß diese Arbeit ein Text zur Analyse und Kritik sein kann, aber man sollte in ihm keine eigentliche theoretische Linie an sich suchen. Es ist eine Erzählung meiner Erfahrung. Zum Beispiel, was die Partei betrifft, so habe ich mich in meinem Zeugnis zwar mehr auf die Partei bezogen, glaube aber doch, daß den Kampf für die Befreiung des Volkes eine Partei leiten muß, die wirklich eine Partei der Unterdrückten und Ausgebeuteten, der Arbeiter, ist. Das heißt, daß wir unsere eigene Partei haben und sie in Marsch setzen müssen, nicht wahr? Nun, mit dem bißchen Übersicht, das ich habe, nicht etwa, weil ich sie nicht haben möchte, sondern weil mir keine Mittel zur Verfügung stehen, glaube ich, daß wir die Intellektuellen bei uns einbeziehen müssen. Weil wir unseren Kampf nicht isoliert führen wollen, nur die Arbeiter und Bauern, nein, die Intellektuellen müssen auch dabei sein. Aber sie müssen sich immer an unsere Wirklichkeit anpassen und die marxistisch-leninistische Theorie korrekt auf die Realität unseres Landes anwenden. Und in der Partei muß die Arbeiter- und Bauernklasse vorherrschen. Und die anderen Teile des Volkes müssen auch teilnehmen. Man hat mich darauf aufmerksam gemacht, daß ich zum Beispiel die Elendsviertel nicht erwähne. Es stimmt, daß ich vieles der Wirklichkeit unseres Landes nicht kenne. Ich stelle mir manchmal vor, wie die Lage der Elendsviertel sein müßte, aber ich habe nicht wirklich mit ihnen zusammengewohnt. Ich weiß, daß ihre Lage viel schlimmer als unsere ist, die der Mineros und deshalb glaube ich, wenn die Mineros schon einen so niedrigen Lebensstan-

dard haben ... wie mag da erst die Lage der Campesinos, der Elendsviertelbewohner und all der Leute sein, die ich nicht kennengelernt habe? Aber ich will nicht rein theoretisch von meinem Volk sprechen. Deshalb habe ich eben einige Gruppen nicht erwähnt, weil ich sie nicht kenne. Was könnte ich schon von diesem Elendsviertel, von jener Genossin Bäuerin sagen, wenn ich sie nicht kenne? Ich will nicht nur theoretisch sprechen. Ich will sie kennenlernen.
Moema.— Einige Leute sagen, man könnte dich so verstehen, als ob mit dem Sozialismus alle Probleme der Befreiung der Frau gelöst würden.
Domitila. — Nein, ich glaube, daß es im Augenblick viel wichtiger ist, zusammen mit dem Mann für die Befreiung unsere Volkes zu kämpfen. Nicht etwa, daß ich den Männlichkeitskult akzeptiere, nein. Vielmehr denke ich, daß der Männlichkeitskult auch eine Waffe des Imperialismus ist, genauso wie der Feminismus. Deshalb glaube ich, daß der Hauptkampf kein Kampf der Geschlechter gegeneinander ist, es ist ein Kampf der Paare. Und wenn wir vom Paar sprechen, spreche ich auch von den Kindern, den Enkeln, die sich von ihrer klassenbedingten Lage her in den Kampf integrieren müssen. Ich glaube, daß das im Moment das Wichtigste ist.
Moema. — Willst du etwas über die Methode sagen, die wir bei der Ausarbeitung und bei der Anwendung von: »Wenn man mir erlaubt zu sprechen«, benutzt haben?
Domitila. — Ja. Ich will das besonders betonen, nicht wahr? Ich bin von Hunderten Journalisten, von Historikern, von vielen Leuten, die aus allen Teilen der Welt gekommen sind, interviewt worden. Und ich weiß, daß genauso Anthropologen, Soziologen und Ökonomen kommen, um den Rest des Landes zu studieren. Aber von all diesen Materialien, die sie mitnehmen sind nur sehr wenige zum Volk zurückgekehrt, zur Klasse, nicht wahr? Deshalb möchte ich all diese Leute, die an sich daran denken, daß sie mit uns zusammenarbeiten wollen, darum bitten, all das Material, das sie mitgenommen haben, zu uns zurückkommen zu lassen, so wie du das mit der Methodologie, die du benutzt, gemacht hast, nicht wahr? Damit es zum Studium unserer eigenen Realität nutzt. »Wenn man mir erlaubt zu sprechen« wird dem Volk dienen, weil es zum Volk zurückkehrt. Ich glaube, daß die Filme, Dokumente und Studien, die von der bolivianischen Wirklichkeit gemacht werden zum Volk zurückkehren müssen, um analysiert und kritisiert zu werden. Wenn nämlich nicht, machen wir genauso weiter und es gibt keine Unterstützung, die uns dabei hilft, unsere Realität besser zu verstehen und unsere Probleme zu lösen. Es gibt nur sehr wenige Arbeiten, man kann sie an ein paar Fingern abzählen, die dazu gedient haben.
Deshalb will ich ausdrücken, daß ich mit der Arbeitsmethode, die wir angewandt haben, einverstanden bin. Ich glaube, daß es richtig ist, wie Moema es verstanden und es nicht geändert hat, was ich habe sagen und interpretieren wollen. Hoffentlich benutzt man in Bolivien und in anderen Ländern die Erfahrungen des Volkes nicht nur dazu Theorien auf intellektueller Ebene aus-

zuarbeiten, um fremde Theorien aufzustellen, sondern sie dienen dazu, wie der Titel besagt, den du dem Buch gegeben hast, daß man zum Volk sprechen kann. Und ich will mich bei der Arbeitsweise, die wir angewandt haben, besonders auf folgendes beziehen: daß, nachdem die Tonbandaufzeichnungen niedergeschrieben und geordnet worden sind, dieses Zeugnis jetzt zur Arbeiterklasse zurückkehrt, damit wir, Arbeiter, Bauern, Hausfrauen, alle einschließlich der Jugend und der Intellektuellen, die zu uns gehören wollen, die Erfahrungen machen, sie analysieren und auch die Fehler notieren, die wir in der Vergangenheit begangen haben, damit wir diese Fehler korrigierend in der Zukunft bessere Arbeit leisten können, uns eine bessere Orientierung geben, uns besser auf den Weg machen können, die Realität unseres Landes zu sehen und wir selber die Instrumente schaffen können, um uns endgültig vom Imperialismus zu befreien und den Sozialismus in Bolivien einführen zu können. Ich glaube, daß ist der Hauptgegenstand eines Buches wie dieses.

Domitila Barrios de Chungara

Moema Viezzer

TRIBUNAL RUSSELL II – Zusammenfassung der Anklage im Fall Bolivien, Brüssel, Januar 1975 (aus SAGO 10)

1. Im Namen des unterdrückten und ausgebeuteten bolivianischen Volkes beteiligen wir uns an diesem Tribunal, um die internationale Öffentlichkeit auf den wirtschaftlichen, politischen und militärischen Einfluß des Auslands aufmerksam zu machen, der unserem Land seit dem 16. Jahrhundert, durch die spanische Besetzung, bis zum Aufbau des neokolonialen Systems unserer Tage, durch die USA, ununterbrochen Unterdrückung, Ausbeutung, Ausplünderung und soziale Ungerechtigkeit aufgezwungen hat.

2. Eng verbunden mit diesem Prozeß entwickelte und entwickelt sich der gigantische Kampf um die politische und soziale Befreiung, der mit den Aufständen der Eingeborenen unter Tupac Katari begann und durch den Widerstand der Arbeiter, Bauern und verarmten Mittelschichten bis heute andauert.

3. Wir wollen im Rahmen des Themas dieses Tribunals die gegenwärtige Strategie des nordamerikanischen Imperialismus in Bolivien aufzeigen ausgehend von der globalen imperialistischen Strategie auf Weltebene und in Lateinamerika.

Wenn wir hier den Imperialismus denunzieren, so beziehen wir uns dabei speziell auf die organische Einheit zwischen den multinationalen Konzernen und dem gigantischen politischen und militärischen Apparat der USA.

Wir klagen den nordamerikanischen Imperialismus an, aus Bolivien einen neokolonialen Staat gemacht zu haben, der den ökonomischen und militärischen Interessen des Imperialismus völlig unterworfen ist. Dieser Staat stützt sich auf ein Söldnerheer das zu diesem Zweck von den nordamerikanischen Imperialisten organisiert und ausgebildet wurde.

Obwohl die wirtschaftlichen Interessen der multinationalen Konzerne in Bolivien verglichen mit der generellen Rückständigkeit des Landes bedeutend sind, entscheidend ist momentan der politische Charakter der imperialistischen Strategie in Bolivien. Bolivien ist ein neuralgischer Punkt, wo durch eine »spezielle Politik« der Status quo gebrochen werden könnte, was für den Imperialismus nicht ohne negative Folgen bleiben würde.

Umgeben von fünf Nachbarstaaten, macht die geografische Lage Bolivien zum Durchgangsland und Verbindungspunkt für die gesamte Andenregion. Der ebenfalls geografische Umstand, daß Bolivien die längste gemeinsame Grenze mit Brasilien hat, erlangt besondere Bedeutung innerhalb der imperialistischen Strategie, die Brasilien zur Speerspitze der US-Interessen und zum Ausgangspunkt bedeutender expansionistischer Unternehmungen der multinationalen Konzerne in Lateinamerika zu machen gedenkt. Bolivien ist für den brasilianischen Imperialismus nicht nur ein Markt und eine wichtige Rohstoffquelle, sondern gleichzeitig natürliche Pufferzone und Brückenkopf zum Pazifik und den restlichen Märkten der Andenregion.

Für die optimale Entwicklung der brasilianischen und chilenischen Modelle im Sinne des Imperialismus ist die ebenfalls optimale Entwicklung von Regimen wie das von Banzer im Herzen von Südamerika erforderlich.

In diesem Zusammenhang ist es notwendig, auf einige geschichtliche Vorgänge einzugehen:

4. Im 20. Jhdt. beginnt der US-Imperialismus sich über die multinationalen Konzerne direkter für die bolivianischen Rohstoffe zu interessieren. Das geschieht in erster Linie über Simon Patiño, weltweit als »König des Zinns« bekannt. Unter Ausnutzung der Gesetze des Staates von Delaware (USA) organisiert Patiño, angeblich aus sozialen Gründen aber unter nordamerikanischem Namen, die Firma »Patiño Mines Enterprises Consolidated«. 1968 erklärt der Sohn Patiños, daß der durch die Arbeit und den Schweiß des bolivianischen Volkes erworbene Besitz der Familie 3 Mrd. Dollar beträgt. Das bolivianische Nationalprodukt erreicht im selben Jahr nicht einmal den dritten Teil dieser Summe.

5. 1922 beginnt die Gruppe Hochschild durch die »Compañia Unificada del Cerro de Potosi« in Zusammenarbeit mit der englischen Firma »Central Mining« und dem französischen Unternehmen »Société Alsacienne et Lorraine de Recherches Minières«. Zur selben Zeit gründet die Firma Aramayo die »Cia. Aramayo de Minas de Bolivia« mit Sitz in Brüssel. In derselben Epoche werden die ersten Konzessionen zur Erdölgewinnung an die »Standard Oil of New Jersey« vergeben. Die Kontrolle des nationalen Finanzsektors erlangen die »Mission Kemerer« und das Verleihhaus »Dillon und Nicolaus«.
Während des 2. Weltkrieges ist Bolivien gezwungen, die Alliierten durch den Zinnverkauf zu kontrollierten Preisen zu unterstützen. Dies bedeutet einen Einkommensverlust von 670,5 Mill. Dollar im Vergleich zu den Preisen des »Freien Marktes«.

6. 1952 war ein Jahr revolutionärer Stürme in Bolivien. Am 9. April beseitigt ein Volksaufstand die regierende Militärjunta. Das bewaffnete Volk, — 70000 Arbeiter- und Bauernmilizsoldaten — lösen die alte Berufsarmee auf. Folgende revolutionäre Maßnahmen werden eingeleitet: Verstaatlichung der Bergwerke, Agrarreform, Erziehungsreform, allgemeines Wahlrecht.
Erst sieben Jahre später übertrifft die kubanische Revolution die bolivianische an Gründlichkeit und Perspektive.

7. Selbstverständlich zögerte der nordamerikanische Imperialismus nicht, unter Ausnutzung der widersprüchlichen Entwicklung des revolutionären Prozesses in Bolivien, die Offensive wieder an sich zu reißen. Mit wirtschaftlichen, politischen und militärischen Mitteln beginnt er, den revolutionären Prozeß zu untergraben. Die Massenbewegung wird von ihm zunächst neutralisiert und später brutal unterdrückt.
Das gegenwärtige Regime des General Banzer ist nichts anderes als das Ergebnis und der perfekte Ausdruck dieser imperialistischen Strategie.

8. Um die 1952 in Frage gestellte Zugehörigkeit Boliviens zur »Freien Welt« zu garantieren, verfolgt der Imperialismus folgende Strategie:
— Unterstützung sämtlicher konterrevolutionärer Kräfte in der Führung und im Mittelbau der regierenden Partei (MNR) sowie der traditionalistisch reaktionären Fraktion der Streitkräfte.
— Kontrolle der nationalen Wirtschaft durch die regierende Mittelklasse, um über die Agrarreform auf dem Lande an Einfluß zu gewinnen.
— Wiederaufbau der Streitkräfte durch den Militärsektor der regierenden Partei (MNR) unter neokolonialer und söldnerischer Ausrichtung.
— Vergabe von »Entwicklungshilfe« zum Nutzen einer neuen abhängigen Bourgeoisie.

9. Bereits 1954 entwirft die Regierungspartei MNR einen Wirtschaftsplan, der erst nach der Zustimmung durch die Botschaft der USA in Kraft treten kann. Durch »Entwicklungshilfe« in Form von Lebensmitteln, wird die sich entwickelnde Mehlproduktion stark beeinträchtigt. Den großen multinationalen Erdölgesellschaften öffnen sich über den »Davenport Code« die Türen in Bolivien. Der »Standard Oil« werden 113174,88 km^2

Land zur Ölsuche überlassen, d.h. zweimal soviel wie der staatlichen Ölgesellschaft YPFB.
Im August 1961 wird der »Plan Triangular« verabschiedet, der Führung, Verwaltung und Kontrolle der großen verstaatlichten Bergwerke in ausländische Hände legt. Dieser Vertrag wird unterzeichnet von den Regierungen Boliviens, der USA, der BRD und der internationalen Entwicklungsbank.
1963 verpflichtet sich Bolivien, sämtliche Einfuhrgüter in den USA zu kaufen. Der Zinnpreis wird vom Internationalen Zinnrat festgelegt, unter Kontrolle der US General Service Administration und in Verbindung mit der mächtigen US Steel Corp. der Morgan, Rockefeller, Dupont etc.
Im Juli 1965 muß die staatliche Bergwerksgesellschaft COMIBOL auf eine Beteiligung an den Zinkvorkommen der Mine Matilde verzichten. Ein Jahr später erhalten die nordamerikanischen »Mineral & Chemical Philips Corp« und die »United Steel« die Abbaurechte. Die Abraumhalden von Catavi, gehen an die »International Metal Processing Comp.«

10. Im November 1964 befand sich der Prozeß der nationalen Revolution bereits völlig in den Händen der internen Konterrevolution und des Imperialismus.
Es beginnt die Epoche des Generals Barrientos. Das neue Söldnerheer erfüllte bereits die Bedingungen,um die ihm zugedachte Rolle im neuen neokolonialen Staat zu übernehmen. Der bolivianische Schriftsteller Sergio Almaraz sagte dazu: »Die bolivianische Armee, genauso wie andere Armeen in Lateinamerika, ist die Partei, die vom Volk gegen seine Interessen bewaffnet und bezahlt wird.«
Die Kontinuität der Regime von Barrientos und Banzer, im Sinne der imperialistischen Strategie, wurde lediglich einige Jahre durch die Regierung Ovando und Torres unterbrochen. Vor allem letzterer war das Ergebnis der Kämpfe von Arbeitern und Bauern sowie Teilen der Armee, die sich gegen die Rolle als Söldner im eigenen Land auflehnten.

11. Das Regime des General Hugo Banzer zeigte von Beginn an seinen proimperialistischen, neokolonialen und reaktionären Charakter. Das läßt sich an seinen wichtigsten Maßnahmen zeigen:

— Der Jahresbericht 1973 der staatlichen Erdölgesellschaft YPFB weist eine bezahlte Entschädigungssumme von 17,7 Mill. US Dollar an die 1969 verstaatlichte Gulf Oil auf. Für 1974 ist darin die Zahlung von weiteren 22,8 Mill. US Dollar vorgesehen.
— Im Oktober 1974 erklärt der Bevollmächtigte der »Union Oil Co.«, Mr. Mathies, das bolivianische Gesetz zur Förderung von Erdöl und Erdgas hätte günstige Investitionsbedingungen geschaffen und bei einigen Unternehmen zur Verfünffachung der Investitionen geführt. Sollte sich diese Entwicklung fortsetzen, würde Bolivien 1980 täglich Erdöl im Wert von 3 Mill. Dollar produzieren. Von dieser Summe erhielte das Land jedoch nur 11%.
— Die Banzerregierung hat von März 1973 bis August 1974 14 Mill. ha., — das entspricht einem Dreiviertel der gesamtfläche Boliviens —, zur Erdölsuche an große ausländische Ölkonzerne vergeben.
— Für die unter der Torres-Regierung verstaatlichte Mine Matilde errechneten die Techniker der Regierung zum damaligen Zeitpunkt eine Entschädigungssumme von 8 Mill. US Dollar, die betroffenen »Minerals and Chemical Philips Corp.« und die »United States Steel« verlangten dagegen 12 Mill. US Dollar. Nach der Machtergreifung durch Banzer forderten die beiden Firmen plötzlich 25 Mill. US Dollar. Die Banzer-Regierung zahlte schließlich 13,8 Mill. US Dollar, d.h. mehr als die ursprünglich von den Firmen geforderte Summe. Um bar zahlen zu können, mußte die Regierung Kredite

von der First National City Bank und der Bank of Amerika aufnehmen, so daß der bolivianische Staat schließlich, die Zinsen mit einberechnet, 18,5 Mill. US Dollar zahlen mußte.

Dieser Vorgang verdeutlichte, wie die multinationalen Konzerne mit einem Regime umspringen, dem sie selbst zur Macht verhalfen.

— In völliger Übereinstimmung mit dem gegenwärtigen neokolonialen Regime sieht sich das ausländische Kapital als Motor einer möglichen ökonomischen Entwicklung des Landes. Die Regierung Banzer verabschiedete deshalb ein Investitionsgesetz, das für Auslandsinvestitionen Zollfreiheit vorsieht und sie praktisch mit keinerlei direkten Abgaben zugunsten des bolivianischen Staates belastet. Außerdem ist dieses Gesetz die Grundlage zur Reprivatisierung von staatlichen Unternehmen, durch deren Umformung in gemischte Gesellschaften.

— Einer der Sektoren, die durch dieses Gesetz am meisten profitierten, war der fälschlicherweise so genannte »Mittlere Bergbau«, der inzwischen in Wirklichkeit zum »Großen privaten Bergbau« avancierte. Die 27 »Mittleren« produzieren bereits mehr als die 1400 »Kleinen«. »Emusa« produziert mehr Antimon als die verbleibenden Firmen zusammen. »Grace« kontrolliert 60% der Wolframproduktion. Der »Große mittlere Bergbau« besteht aus Firmen, die zu 90% mit dem Auslandskapital in direkter Verbindung stehen, »Ambo Ltda« gehört zur »General Exploration« und zur »Smelting Ltda«, die wiederum mit der »American Smelting« und der »International Mining« verbunden sind. »Grace und Cia« und die »Empresa Minera Chisum S.A.« stehen in Verbindung zu »Grace Company«, »South American Placer« und »United Steel«, etc.

Auf diese Weise kontrollierten die multinationalen Konzerne 70% des Wolframs, 100% des Antimons, 65% des Kupfers, 40% des Silbers und 40% des Bleis aus der bolivianischen Produktion.

— Ein anderer Sektor, der speziell der aus Brasilien kommenden ausländischen Penetration als Speerspitze dient und der ebenfalls von den internen Krediten profitiert, ist die agrar-industrielle Bourgeoisie von Santa Cruz. Diese Bourgeoisie trug vom Beginn ihrer Entstehung an reaktionäre und proimperialistische Merkmale. Es handelt sich um eine Bourgeoisie, die historisch gesehen zur »Unzeit« entstand und strukturell zur Abhängigkeit vom Imperialismus verurteilt war. Sie ist die stärkste interne Basis, auf die der Faschismus zählen kann. Sie ist das wichtigste Instrument für die brasilianischen Interessen, mit deren Plan sie sich in zunehmendem Maße identifiziert. Die Banco do Brasil tätigte 55,2% ihrer Investitionen seit der Machtergreifung durch Banzer in Santa Cruz.

— Die inflationäre Wirtschaftspolitik der Regierung Banzer ist ebenfalls darauf gerichtet, die Gewinne der Auslandsinvestoren und die der verschiedenen Sektoren der abhängigen nationalen Bourgeoisie zu erhöhen. Zweifellos hatten die hohen Auslandsverschuldungen, die enormen Kreditaufnahmen und das steuerliche Defizit ihre direkte Konsequenz in der Zunahme der zirkulierenden Geldmenge. In den drei Jahren der Banzer-Diktatur vermehrte sich die zirkulierende Geldmenge unter den Liquiditätsforderungen des ausländischen Kapitals und der im Wachstum begriffenen nationalen Bourgeoisie um 68%.

12. In unserer Anklage, über die dieses Tribunal zu urteilen hat, möchten wir die spezielle Aufmerksamkeit auf die zunehmende ökonomische und politische Penetration Bra-

siliens lenken, durch die die Integrität und Einheit sowie die politische und ökonomische Unabhängigkeit Boliviens wie nie gefährdet sind.
Wenn wir von Brasilien sprechen, meinen wir dabei nicht nur die expansionistischen Bestrebungen brasilianischer Bourgeoisie und Streitkräfte, sondern vor allem die multinationalen Konzerne, die hinter diesem Expansionismus stecken und die Brasilien zu ihrem Sprungbrett machten, von dem sie den gesamten Kontinent durchdringen wollen.

— Die Banco do Brasil hat in den letzten drei Jahren die größten Gewinne auf dem Finanzsektor in Bolivien erzielt und dabei selbst die US-Banken übertroffen. Ihre Anwesenheit diente der massiven Zunahme ausländischen Kapitals in sämtlichen Sektoren der nationalen Wirtschaft.
— Der optimalen Realisierung brasilianischer Interessen diente der Kooperationsvertrag bezüglich der Eisenverhüttung und der Gewinnung von Erdöl und Erdgas, unterzeichnet im November 1973. Dieses politische Instrument garantiert den im Staat Sao Paulo ansässigen multinationalen Firmen über 20 Jahre die Lieferung von 6,5 Mio m^3 Erdgas jährlich und damit deren Energieversorgung. Der Vertrag betrifft ebenfalls die gemeinsame Ausbeutung der Eisenerzlage von Mutún, die zu den größten Vorkommen der Welt zählen und nur wenige Kilometer von der brasilianischen Grenze entfernt liegen.
— Dieses Abkommen provozierte die Ablehnung durch die gesamte Nation, auch die Katholische Kirche schloß sich an. In einem von der Sozialkommission der Katholischen Kirche publizierten Dokument heißt es dazu: »In das allgemeine Bild von Unfähigkeit und Korruption, fügt sich die auswärtige Politik der Abhängigkeit und Unterwerfung unter die Achse Washington — Brasilien ein, wodurch die Bedingungen für ein nationales Desaster heraufbeschworen werden. Brasilien versucht einen Keil in das Zentrum Südamerikas zu treiben, um dieses potentiell reiche Gebiet in eine Produktionszone zu transformieren, in der Firmen dominieren, die von ausländischem Kapital beherrscht werden.«

13. Soweit die Entwicklung einer langen Geschichte, die heute die spezifische Situation unseres gepeinigten Landes ausmacht. Bevor wir diese Anklage abschließen, in der Hoffnung, daß sie dem Tribunal genügend Einblick für seine Beurteilung gebracht hat, möchten wir nochmals die fundamentalen Linien des ökonomischen und politischen Modells aufzeigen, auf dem das diktatorische Banzer-Regime basiert.

— Ideologisch präsentiert sich das Modell im Schleier ultraliberaler Phrasen von einer »Freien sozialen Marktwirtschaft«, für die die automatische Selbstregulierung des kapitalistischen Systems charakteristisch sein soll, deren konkrete Konsequenz jedoch eine Wirtschaft ist, die direkt von den Zentren des Kapitalismus abhängig ist.
— Mit der brasilianischen Erfahrung wird versucht, das neue Modell in Bolivien mechanisch zu wiederholen. Die Einkommen aus dem Export sollen der Motor der Entwicklung werden. Dabei ist es das wichtigste, den ausländischen Investoren (man lese multinationale Konzerne) die attraktivsten Spielregeln anzubieten, ausgehend von der Annahme, daß nur das Auslandskapital kurzfristig Mittel und Technologie zur Ausweitung des Exports bereitstellen kann.
— Der Prozeß der Reprivatisierung und Entnationalisierung der Rohstoffe des Landes und der öffentlichen Unternehmen, wird als Politik der Dezentralisierung gerechtfertigt, die den Staat von übermäßigen Verwaltungsaufgaben befreien soll und zur größeren Produktivität beiträgt. Im Namen größerer Effektivität der Privatinitiative, gehen die Aufgaben des Staates in private Hände über. Der Staat behält sich lediglich

die Rolle des Koordinators vor, des zentralen Motors zur Erhaltung und Entwicklung des Systems, wobei die Aufwendungen für repressive Maßnahmen und »Verteidigung« ständig erhöht werden.

— Tatsächlich bedingt die Funktionsweise des Modells das tragische Elend der arbeitenden Bevölkerung Boliviens, die unkontrollierte Inflation, Geldabwertung, permanente Preissteigerung und nahezu totale Stagnation von Löhnen und Gehältern. Die erwartete nationale Entwicklung bedeutet die Übergabe des Landes in die Hände des ausländischen Kapitals.

— Wenn die am 9. November 74 getroffenen Maßnahmen nicht gar eine tiefgreifende inhaltliche Veränderung des Regimes bedeuten, so zeigen sie zumindest eine wichtige Anpassung und stärkere Radikalisierung desselben.

— Das Söldnerheer betont dadurch erneut seinen alleinigen Anspruch auf politische Rechte und Staatskontrolle. Es erscheint als einzige Partei, die dazu noch bewaffnet ist. Betont wird die Repression gegen oppositionelle politische Organisationen, vor allem gegen solche mit revolutionären Zielen.

— Der obligatorische Zivildienst wird eingeführt, der es den Streitkräften erlaubt, zur Erfüllung ihrer Ziele über jeden Staatsbürger ab 21 Jahren zu verfügen. Bei Nichtbefolgung dieser Verordnung droht eine 2-jährige Gefängnisstrafe, bzw. die Ausweisung.

— Die wenigen Gewerkschaften, denen es gelang zu überleben, wurden als illegal erklärt. Die Streitkräfte ernannten Koordinatoren der Arbeit, die die Beziehung zwischen Arbeitern, Unternehmern und Staat zu regeln haben. Ähnlich wurde mit beruflichen, zivilen und studentischen Organisationen verfahren. Das Streikrecht wurde aufgehoben.

— Das Staatssicherheitsgesetz erhielt mehr Bedeutung als je zuvor. Den Sicherheitsorganen ist erlaubt, sämtliche vorstellbaren repressiven Mittel anzuwenden (verhaften, foltern, töten, exilieren) ohne jegliche Garantie für den Bürger.

— Die großartig angekündigten Wahlen wurden auf unbestimmte Zeit verschoben und die Streitkräfte betonten ihren Willen, das Land bis 1980 zu regieren.

14. Wir haben gesehen, daß der Ausgangspunkt für das gegenwärtige Banzer-Regime die Machtergreifung der Streitkräfte 1964 war, mit General Barrientos an der Spitze. Es sind dieselben Streitkräfte, unterstützt durch US-Gelder, indoktriniert durch US-Spezialeinheiten, durch Berater des Pentagons in psychologischer Kriegsführung und Spitzeldienst, die heute die Politiker des Landes produzieren: Präsidentengeneräle, Ministergeneräle, Botschaftergeneräle und Leutnants, Militärs in Staatsbetrieben wie COMIBOL, CBF, ENAF, SIDERSA, etc. Und wo es keine Militärs sind, sind es deren Verwandte, Freunde, Techniker oder Politiker ihres Vertrauens, der extremen Rechten, des Imperialismus. Eines ihrer Hauptziele ist die Unterdrückung jeglicher Art von Massenbewegung, die Repression mit den ausgefallendsten Techniken und größter Brutalität. Erschreckende Beispiele sind die Massaker von Arbeitern unter Barrientos und die Massaker von Bauern und Studenten unter Banzer. Es ist, als formiere sich eine neue militärisch-politische Kaste, deren einzige Berechtigung in der Unterdrückung der Bewegung besteht und die es sich zur Aufgabe gemacht hat, eine nationale abhängige Bourgeoisie zu entwickeln, um die Anwesenheit des Imperialismus zu gewährleisten.

— Auf kontinentaler Ebene ist Bolivien ein Land, welches ökonomisch, politisch und militärisch von Brasilien gelenkt, dessen Entwicklung zum Gendarmen der Region ermöglichen soll, um damit nicht zuletzt die Grundlage für die Expansion der multinationalen Konzerne zu liefern. Auf der Ebene globaler, imperialistischer Diplomatie dient das neokoloniale militärische Regime zur Unterstützung der reaktionärsten Ziele der USA, wie z. B. der Verhinderung des Eintritts der Volksrepublik China in die Vereinten Nationen, der Unterstützung des portugiesischen Kolonialismus in Afrika oder wie gegenwärtig, der Verteidigung des zionistischen Expansionismus und der Aufrechterhaltung der Sanktionen gegen Kuba.

— Das bolivianische Volk weiß nun, daß es einem Faschismus neokolonialen Typs unterworfen ist. Faschistisch aufgrund der repressiven Methoden, die das Regime kennzeichnen, neokolonial aufgrund der Ziele, die es verfolgt, der Interessen, denen es dient, der »Götter«, denen es gehorcht und der Herkunft des Geldes, das es aufrecht erhält.

Russell Tribunal II — Brüssel, Januar 1975

Jaime Paz Zamora
im Auftrag der bolivianischen Vertretung

Tomado de *Cuadernos Tercer Mundo*

Text oben: fliehender Arbeiter – Brot, Arbeit, Freiheit! Panzer – Extremisten raus aus Bolivien

Text unten: Willkommen, Rhodesische Kolonisten (Weiße, selbstverständlich)

Bolivien – ein Volk kämpft um seine Freiheit

Bolivien hat 1098000 qkm (ursprüngliches Staatsgebiet: 2070000 qkm, Verluste durch Kriege und Annexionen), ist also viermal so groß wie die Bundesrepublik Deutschland. Die Bevölkerungszahl beträgt etwas mehr als 5 Millionen Einwohner; ca. 1 Million Bolivianer leben aus wirtschaftlichen Gründen im Ausland — meist Argentinien. Ca. 60% sind reine Indios, die Ketschua oder Aymara sprechen; 30% sind Mestizen, und die übrigen sind Weiße. Ca. 42% der Bevölkerung sind unter 15 Jahre alt, ca. 43% zwischen 15 und 45 Jahren. 65% der arbeitsfähigen Bevölkerung sind direkt oder indirekt in der Landwirtschaft tätig, deren Beitrag zum Bruttoinlandsprodukt nur 15% (1976) beträgt. Das Proletariat macht nur etwas mehr als 5% der arbeitenden Bevölkerung aus (Bergbau, verarbeitende Industrie, Erdölgewinnung, Bausektor etc.), deren Beitrag zum Bruttoinlandsprodukt ca.30% (1976) ausmacht. Fast 20% arbeitsfähigen Bevölkerung ist arbeitslos.

Die wichtigsten Exportprodukte Boliviens sind: Zinn 52% (1978), Wolfram, Zink, Silber, Erdgas, Baumwolle, Zucker, Rindfleisch und Edelhölzer.

Die wichtigsten Einfuhrgüter sind: Fertigprodukte, Maschinen, Ersatzteile, Weizen, Arzneimittel, Autos, Haushaltsgeräte und Luxusgegenstände aller Art.

Das durchschnittliche Pro-Kopf-Einkommen im Jahr beträgt 140 US-Dollar. 65% der bolivianischen Bevölkerung sind Analphabeten. Die Säuglingssterblichkeit beträgt 50%, die durchschnittliche Lebenserwartung beläuft sich auf 42 Jahre; in den Bergbauzentren im Hochland erreicht sie knapp 35 Jahre, da die Arbeits- und Lebensbedingungen hier besonders hart sind.

Bolivien ist also das, was man ein »unterentwickeltes Land« zu nennen pflegt. Was sich hinter diesem Euphemismus versteckt, ist die Wirklichkeit eines seit vier Jahrhunderten ausgeplünderten Kontinents. Bis auf einige spezifische Besonderheiten teilt Bolivien die Geschichte und die Situation der anderen lateinamerikanischen Länder.

Vor etwas mehr als 150 Jahren — am 6. August 1825 — erlangte die spanische Kolonie Alto-Perú nach einem 15jährigen Befreiungskrieg die Unabhängigkeit vom Königreich Spanien. Bolivien ist also seit anderthalb Jahrhunderten, zumindest formell eine unabhängige, souveräne Republik. Doch dieser Umstand — wie bei fast allen anderen lateinamerikanischen Ländern — verschleierte die neue Abhängigkeit. Denn die Souveränität stand bestenfalls nur auf dem Papier. Die kleine Oberschicht von Weißen und Mestizen, die die Macht in den jungen Republiken usurpiert hatte, spielte nur die Rolle des Verwalters eines Landes, dessen Wirtschaft durch Krieg und den fast vollständigen Abbau des Silbers durch die Spanier ruiniert war. Britische Wirtschaftsinteressen waren es die im Jahre 1879 den Salpeterkrieg zwischen Chile, Perú und Bolivien anzettelten, und in dem diese drei Länder mehr als 25000 Menschenleben opferten. Chile gewann zwar den Krieg, aber die Salpeterminen wurden von den Engländern ausgebeutet. Für Bolivien hatte dieser Krieg katastrophale Folgen. Es verlor nicht nur die Salpeter- und Kupfervorkommen im Norden des heutigen Chile, sondern auch seinen Zugang zum Meer.

Großbritannien mußte jedoch spätestens gegen Ende des vorigen Jahrhunderts seine Vormachtstellung in Lateinamerika an eine neue Macht abtreten: die USA, die sich mit Hilfe der »Monroe-Doktrin« die umstrittene Legitimation für ihre Machtansprüche über den ganzen Kontinent verschafften. Von da an wurden die Länder Lateinamerikas zum Tummelplatz für die politischen und wirtschaftlichen Interessen des neuen Imperiums. So stifteten 1932 die miteinander konkurrierenden Firmen Standard Oil Company und Royal Dutch den Chaco Krieg zwischen Bolivien und Paraguay an. Dabei opferten beide Länder 100000 Menschenleben, und auch beide verloren den Krieg.

Der bolivianische Schriftsteller und Politiker Carlos Montenegro schreibt in seinem Buch **Nacionalismo y Coloniaje,** daß die Geschichte Boliviens gekennzeichnet sei durch den ständigen Kampf **zwischen jenen Kräften, die die Nation verkörpern** und **jenen privilegierten Minderheiten, die die Interessen des Kolonialismus und Imperialismus vertreten.** Dieser Kampf spitzte sich vor allem erst nach dem Chaco-Krieg, in der zweiten Hälfte der 30er Jahre zu.

Der Krieg und seine Folgen führten zu einer tiefgreifenden politischen Bewußtseinsbildung bei vielen Bolivianern, vor allem Intellektuellen, jungen Offizieren und nicht zuletzt bei den Arbeitern. Denn seit Ende des vorigen Jahrhunderts war in den Zinnminen Boliviens ein modernes Proletariat herangewachsen, das äußerst kämpferisch und klassenbewußt war und ist. Doch damals verfügte die bolivianische Arbeiterklasse noch nicht über das politische Instrument, das imstande gewesen wäre, ihre Interessen zu artikulieren, geschweige denn die Macht zu übernehmen. So waren es junge Offiziere aus dem Mittelstand, die den Chaco-Krieg mitgemacht hatten, die sich an die Spitze einer neuen nationalistischen und antiimperialistischen Bewegung stellten. Von 1936 an bis Ende der vierziger Jahre lösten sich mehrmals nationalistische und proimperialistische Regierungen an der Macht ab, die in der Regel nur von kurzer Dauer waren.

In dieser Zeit entstanden die wichtigsten politischen Parteien des Landes, so zum Beispiel die MNR — Movimiento Nacionalista Revolucionario (Nationalistische Revolutionäre Bewegung), die trotzkistisch orientierte POR (Revolutionäre Arbeiterpartei), die Partei der Revolutionäre Linken (PIR), aus der später die Kommunistische Partei Boliviens hervorgehen sollte, und schließlich die bolivianische Falange-Partei*, die nicht nur den Namen sondern auch den Geist der spanischen Falange übernahm. In diesen Jahren bildeten sich auch die ersten Arbeiterorganisationen Boliviens, die bis heute einen gewichtigen politischen Machtfaktor darstellen.

Erst im Jahre 1952, am 9. April, trat eine entscheidende politische Veränderung ein: Nationalistische Revolutionäre Bewegung (Movimiento Nacionalista Revolucionario — MNR), die von vielen Intellektuellen und Angehörigen des aufkommenden Mittelstandes getragen wurde, war inzwischen zu einer großen Partei geworden, die das Vertrauen und die Sympathien der Arbeiter und Bauern hatte. Nach langen und blutigen Kämpfen wurde nach einem Wahlbetrug die bolivianische Armee von den bewaffneten Volksmassen (die zum großen Teil auch die Kampferfahrung aus dem Chaco-Krieg hatten) zerschlagen. Die siegreiche Revolution löste die Streitkräfte auf und bildete Volksmilizen. Das allgemeine Stimmrecht wurde eingeführt, wonach alle volljährigen Bolivianer, auch die Analphabeten, wahlberechtigt waren. Die Gewerkschaften wurden reorganisiert, und bald darauf schlossen sie sich zu dem großen bolivianischen Gewerkschaftsbund Central Obrera Boliviana (COB) zusammen. Die großen Minen der Zinnbarone, Patiño, Hochschild und Aramayo, wurden enteignet und verstaatlicht (1952). Schließlich wurde eine Bodenreform in Angriff genommen (1953), die jedoch nicht konsequent durchgeführt wurde. Das Ergebnis dieser Bodenverteilung war, daß vielerorts Minifundien entstanden anstelle der bis dahin herrschenden Latifundien. Im Osten des Landes, besonders im Departamento Santa Cruz, wurde eine moderne kapitalistische Agrarwirtschaft vorangetrieben (Zuckerrohr, Baumwolle, Reis, Sojabohnen, Viehzucht, usw.).
Mit der Zeit entfernte sich die kleinbürgerliche Führung der MNR-Partei immer mehr von den Massen, die ihr zur Macht verholfen hatten. Am 24. 7. 1953 nach dem Sieg der Revolution beging die Regierungspartei den größten und nicht wiedergutzumachenden Fehler ihrer politischen Laufbahn: dem Druck des amerikanischen State Department folgend restrukturiert sie die alten Streitkräfte, mit einigen Offizieren und Unteroffizieren von früher, diesmal jedoch nach amerikanischen Vorbild und unter Anleitung von nordamerikanischen Militärberatern. Eben diese Armee sollte einige Jahre später die Regierung der MNR stürzen. Zwölf Jahre nach ihrer Machtübernahme hatte diese Partei völlig abgewirtschaftet; sie war rettungslos zersplittert und ihre bürgerlichen Führer hatten sich von der Macht korrumpieren lassen. Sie hatten nur noch die Unterstützung einer städtischen Kleinbourgeoise und Funktionärsschicht, die die MNR selbst gezüchtet hatte. Aber ihre Sympathien bei den Massen, besonders bei den Arbeitern, hatte sie längst verspielt. Der 1964 von General Barrientos erfolgreich durchgeführte Militärputsch gab ihr nur noch den fälligen Gnadenstoß am 4. November 1964 wurde Präsident Victor Paz Estenssoro von seinem Vize-Präsidenten, General der Luftwaffe René Barrientos, durch einen Putsch gestürzt, bei dem es heftige Kämpfe in Cochabamba und La Paz gab; Paz Estennssoro und viele seiner Mitarbeiter flohen nach Peru.
Von da an herrschte wieder das Militär über das Land. Denn seitdem sind die Streitkräfte wieder die stärkste politische Partei Boliviens. Die erste Maßnahme der Regierung Barrientos war es, die Löhne der Bergarbeiter um 40% zu kür-

zen, um — wie es hieß — die Wirtschaft des Landes zu sanieren. Die Gewerkschaften wurden verboten; der Gewerkschaftsbund COB für subversiv und illegal erklärt. Die von den USA in Panamá ausgebildeten Spezialeinheiten der »Rangers« und »Green Barets« wurden von der Regierung in die Bergwerkszentren geschickt, »um hier für Ruhe und Ordnung zu sorgen«. Zurecht schrieb damals der Essayist und Historiker Sergio Almaraz: »Die bolivianische Politik wird wieder einmal in der nordamerikanischen Botschaft in La Paz gemacht.«
Die Guerilla-Bewegung unter Führung Ché Guevaras und Inti Peredos in den Wäldern des bolivianischen Südostens erlitt zwar eine militärische Niederlage (März bis November 1967), doch politisch bewirkte sie einen qualitativen Sprung bei den Massen, vor allem bei den Arbeitern und Studenten. Die Militär-Diktatur mußte in der Johannisnacht, am 24. Juni 1967, ein Massaker in den Minen anordnen, um zu verhindern, daß die Bergarbeiter den kämpfenden Guerrilleros ihre politische und materielle Unterstützung gaben. Was die Machthaber jedoch nicht verhindern konnten, war die fortschreitende politische Radikalisierung breiter Schichten der bolivianischen Bevölkerung. Der Oberbefehlshaber der Streitkräfte, General Alfredo Ovando, erkannte die Zeichen der Zeit und entschloß sich, die Militärinstitution durch eine Wendung nach links historisch zu rehabilitieren. Im September 1969 putschte Ovando und bildete eine nationalistische Regierung mit einigen linken Kabinettsmitgliedern. Die nordamerikanische Firma Bolivian Gulf Oil Company wurde verstaatlicht; die Gewerkschaften und die linken Parteien hatten wieder freien Spielraum; die Truppen wurden aus den Minen abgezogen. Ein Jahr später, im Oktober 1970, versuchten rechtsgerichtete Offiziere die Regierung zu stürzen. Ovando zögerte und trat schließlich zurück. Der Gewerkschaftsbund COB und der bolivianische Studentenverband CUB (Confederación Universitaria Boliviana) riefen zum Generalstreik auf. Und wieder einmal war es ein Offizier, der sich an die Spitze der Volksbewegung stellte: General Juan José Torres, der schon seit langem als ein gemäßigter Linker galt. Die zehn Monate, die Torres an der Macht war, bedeutete für Bolivien eine Periode von noch nie gekannter Freiheit des politischen Lebens und die Löhne der Bergarbeiter wurden wieder angehoben. Allerdings genossen diese Freiheit auch die Rechten, und sie verstanden es besser, sie auszunutzen, um sich zum entscheidenden Gegenschlag vorzubereiten. Obwohl die Massenmobilisierung sehr stark war, konnten sich die linken Parteien und Organisationen in dieser kurzen Zeit nicht auf eine gemeinsame Strategie einigen. Zwar gelang es ihnen, die Volksversammlung — die Asamblea Popular — ins Leben zu rufen, aber sie blieben zersplittert und waren nicht imstande, aus diesem »ersten Sowjet auf dem amerikanischen Kontinent« ein politisches Machtinstrument des Volkes zu machen.
Erst durch den faschistischen Putsch des Oberst Banzer am 19. August 1971 erkannten die linken Kräfte die Notwendigkeit, sich zu vereinen. Doch es war viel zu spät, um den Sieg der Reaktion zu verhindern. Die nicht organisierten und schlecht bewaffneten Massen standen im ungleichen Kampf gegen eine

Übermacht der Luftwaffe und der Panzerdivisionen. Am 21. 6. 1971 wurde in den Städten Santa Cruz, Cochabamba, Oruro und La Paz gekämpft. Am 23. August schließlich, nach dem Großangriff gegen die Universität von La Paz, wo sich einige Hundert Studenten verbarrikadiert hatten, war der Kampf endgültig zugunsten der Putschisten entschieden.
Was danach kam, ist die grausamste Diktatur in der ohnehin gewalttätigen Geschichte unseres Landes. Die Gewerkschaften wurden verboten und die Arbeiterführer verhaftet, soweit sie sich der Verfolgung nicht entziehen konnten. Sämtliche Universitäten des Landes wurden geschlossen und erst anderthalb Jahre später, nach einer gründlichen Säuberung, wieder geöffnet. Gefängnisse und Konzentrationslager füllten sich mit politischen Häftlingen. Allein in der ersten Woche nach dem blutigen Putsch wurden mehr als 600 Menschen von den Schergen der Militärdiktatur erschossen. In den Monaten danach erlebten Hunderte von politischen Gefangenen dasselbe Schicksal; immer wieder lautete die offizielle Version, sie seien »auf der Flucht« erschossen worden. Unzählige Frauen — darunter auch werdende Mütter, alte Frauen und auch Nonnen — sind in den Kerkern und Folterkammern des Regimes auf bestialische Weise mißhandelt und vergewaltigt worden. Bei der Anwendung moderner Foltermethoden erhielt die Banzer-Diktatur die bewährte »Entwicklungshilfe« von nordamerikanischen und brasilianischen Experten.
Mehr als Zehntausend Bolivianer mußten in der Folgezeit im Exil leben; es sind Arbeiter, Gewerkschaftsführer, Intellektuelle, Bauernführer, Studenten, Priester und Nonnen, Offiziere und Soldaten, Künstler, Journalisten, Lehrer, usw.
Alle politischen Parteien des Landes wurden verboten, und Ende 1974 verkündete Banzer, daß die Streitkräfte beabsichtigen, mindestens bis 1980 an der Macht zu bleiben, um die sogenannte »Neue Ordnung« zu konsolidieren.
Als im Januar 1974 mehr als 20000 Bauern im Tal von Cochabamba gegen die willkürliche Preispolitik der Regierung protestierten schickte Banzer die Luftwaffe und die Panzerdivisionen der Armee. Mehr als 200 Bauern fielen dem Massaker in Epizana, Tolata und Sacaba (Cochabamba) zum Opfer. Wieder einmal hatte die bolivianische Armee einen großen Sieg errungen — freilich gegen das eigene unbewaffnete Volk.
Im Januar 1975 besetzten Militärtruppen die Minenzentren; sie überfielen, plünderten und zerstörten die Pfarreien und Rundfunksender von Llallagua und Siglo Veinte. Mehrere Priester und Bergarbeiter wurden dabei verhaftet.
Die wachsende Unzufriedenheit in der Bevölkerung manifestierte sich zunehmend in Streiks und Unruhen, die selbst unter den harten Bedingungen der Repression eine Reorganisierung der Gewerkschaftsbewegung einleiteten.
Darüber hinaus mußte die Diktatur Banzers schwere Rückschläge hinnehmen: das völlige Scheitern der Verhandlungen mit Chile über einen Zugang zum pazifischen Ozean, eine Frage, die unter der bolivianischen Bevölkerung immer große Emotionen ausgelöst hat; das Bekanntwerden der Pläne zur Aufnahme von 150000 weißen Siedlern aus dem südlichen Afrika, obwohl etwa 1 Mio.

Bolivianer aus wirtschaftlichen Gründen im Ausland leben müssen; die starke politische und wirtschaftliche Bindung an Brasilien, in dem viele Bolivianer wegen seiner expansiven Tendenzen eine Gefahr für die nationale Integrität sehen. Der Schuldenberg ist seit 1971 um über 600% auf mehr als 3 Milliarden Dollar (die höchste Pro-Kopfverschuldung Lateinamerikas) angestiegen. Allein 1978 muß Bolivien 200 Mio. Dollar zur Amortisation seiner Schulden bezahlen, ein Drittel seiner jährlichen Deviseneinnahmen. Kapital wurde fast ausschließlich in den modernen exportorientierten Sektor der Wirtschaft investiert, was zur weiteren Deformation der bolivianischen Wirtschaft und zur Zerstörung oder zu Einkommensverlusten der nationalen Industrie führte.
Diese inneren Faktoren und der von der Carter-Regierung ausgehende Druck um die Menschenrechtsfrage und in Richtung einer Redemokratisierung Lateinamerikas, waren die Hauptgründe, die ursprünglich für 1980 vorgesehenen Wahlen auf 1978 vorzuverlegen.
Dieser Prozeß wurde durch die »historische Rede« die Banzer am 9. 11. 1977 an die Nation richtete, eingeleitet. Darin gab Banzer seinen Entschluß bekannt, die mehrfach versprochene (und verschobene) Demokratisierung des Landes bis Mitte 1978 durchzuführen. Er kündigte an, daß am 9. Juli 1978 allgemeine Parlaments- und Präsidentschaftswahlen stattfinden würden und daß die Armee am 6. August 1978 die Macht an den Sieger dieser Wahlen abgeben würde, betonte jedoch, daß die Armee ihre Wächter- und Schiedsrichter-Rolle nicht aufgeben würde. Die Armee sollte weiterhin Garant der inneren Ordnung im Lande bleiben. Weiterhin gab er seine Pläne bekannt, eine »begrenzte Amnestie« zu erlassen, die jedoch »die Feinde der Ordnung und des Vaterlandes ausschließen sollte«. Damit waren die linken Parteien und ihre Mitglieder gemeint, die ihm seit seiner Machtergreifung am 21. 8. 1971 Widerstand geleistet hatten.
Daß Banzer seine eigene Stärke überschätzt und die der Opposition unterschätzt hat, zeigen die Ereignisse des Jahres 1978 und begann überraschend damit, daß Banzer Anfang Dezember 1977 bekanntgab, er würde nicht für den Präsidentenposten kandidieren. Dieser Entschluß kam unter dem Druck der »Generacionales« (einer Gruppe junger Offiziere, die 1975 einen Putschversuch gegen Banzer unternommen hatte) und einiger ehemals Banzer-treuer Generäle zustande. Innerhalb der Armee war es zu großen Unstimmigkeiten über die Rolle gekommen, welche die Armee in den letzten 14 Jahren gespielt hatte, den daraus resultierenden Verschleiß ihrer Institution und den Verlust des Ansehens ihrer Mitglieder. Dabei spielten die Verhandlungen, die Banzer eigenhändig und zum Nachteil der bolivianischen Position mit Pinochet über den Zugang zum Meer aufgenommen hatte, die wichtigste Rolle. Die Mehrheit der Offiziere machte sich die Position der Bevölkerung zu eigen, welche einen territorialen Austausch mit Chile nicht dulden wollte. Die Lösung des Problems eines Zugangs zum Meer, die die Krönung der Banzer-Regierung sein sollte, wurde zum Stolperstein für den Diktator. Banzer durfte nicht kandidieren und sollte nach dem 6. August 1978 von der politischen Bühne abtreten.

In aller Eile wurde ein geeigneter Kronprinz für Banzer ausgesucht, und die Wahl fiel auf den bis dahin sehr ergebenen und loyalen Helfer General Juan Pereda Asbun, der seit 1974 Banzers Innenminister war. Gleichzeitig wurden alle möglichen Anstrengungen unternommen, eine große Sammelbewegung der Rechten zu gründen, die diese Kandidatur unterstützen sollte. Die schon im November und Dezember unternommenen Versuche, eine Partei der Rechten — das »Neue Bolivien« — zu gründen (November: Partido de Union Nacionalista, PUN; Dezember: Comite de Unificacion Nacionalista, CUN) waren fehlgeschlagen. So einigte man sich auf die Gründung einer Sammelbewegung mit der Bezeichnung Union Nacionalista del Pueblo, UNP (Nationalistische Volkseinheit). Zu ihr gehörten das CUN, ferner eine Abspaltung von MNR, eine Abspaltung von der FSB, die Barrientistas, der PIR und eine Fülle von mehreren kleinen Gruppierungen, die eigens für diesen Zweck gegründet wurden.

Noch vor Jahresende verkündete Banzer die »begrenzte Amnestie«, welche 348 Personen ausschloß. Unter diesen 348 »politischen Delinquenten« befanden sich ein Expräsident (H. Siles Zuazo, MNRI), zwei Ex-Vizepräsidenten (J. Lechin vom PRIN, N. Chavez von der MNRI), die Führer fast aller linken politischen Parteien, die Führer der Bergarbeiter, die Führer der COB, der Bauernbewegung, der Studentenbewegung und viele Kader der verschiedenen linken Parteien. Daraufhin verfaßten einige Parteien der Opposition (MNRI, MIR, PCB, PRA, DC, PRIN) im Inland ein Manifest, in dem diese »Amnestie« angeprangert und die totale Amnestie verlangt wurde. Dies war der erste bedeutsame Versuch, eine geschlossene Front gegen Banzer und seinen Kronprinzen aufzustellen.

Am 28. 12. 77 begannen vier mutige Bergarbeiterfrauen einen unbefristeten Hungerstreik für die totale Amnestie, welcher nach 22 Tagen und nachdem sich über 1200 Personen ihm angeschlossen hatten, siegreich beendet wurde. Mit dieser anfänglich spontanen, später konzentrierten Aktion der vier Frauen, der linken Parteien, der Gewerkschaft der Bergarbeiter und der Studentenbewegung wurde der Banzer-Diktatur ihre erste bedeutende Niederlage beigebracht. Unmittelbar nach dem erfolgreichen Hungerstreik wurden die »Coordinadores laborales«, »Coordinadores mineros« und »Coordinadores fabriles« (von Banzer ernannte Gewerkschafts-»Führer«) von den zurückgekehrten Arbeiterführern aus den Büros der Fabrik- und der Bergarbeitergewerkschaft hinausgeworfen. Innerhalb von drei Monaten wurden demokratische Wahlen in fast allen Gewerkschaften abgehalten, bei denen die Linke fast ausnahmslos gewann. Die nationalen Wahlen für die COB wurden auf einen späteren Zeitpunkt festgelegt.

Die Arbeiter erzwangen gleichzeitig die Wiedereinstellung aller während der Diktatur aus politischen oder gewerkschaftlichen Gründen entlassenen Arbeiter und verlangten die Aburteilung der »Coordinadores« wegen Unterschlagung und Korruption.

Währenddessen lief die Kampagne von Pereda auf vollen Touren, mit Unterstützung der meisten Fraktionen der Bourgeoisie und mit finanziellen Mitteln der Regierung. So hielt Pereda, begleitet von Banzer, schon im Dezember die ersten Wahlkundgebungen in Santa Cruz, Cochabamba und La Paz ab. In den nächsten Wochen besuchte er mit Flugzeugen und Hubschraubern der Luftwaffe (deren Chef er im Dezember für zwei Wochen geworden war) fast alle Dörfer Boliviens. Pereda blieb aber nicht der einzige Kandidat der Rechten, da sich in den ersten vier Monaten des Jahres drei andere Kandidaten aufstellen ließen. Der erste war General René Bernal Escalante, ein ehemaliger Minister und Vertrauter Banzers, der sich jetzt von seinem Chef brüskiert fühlte und mit Pereda nicht einverstanden war. General Bernal ließ sich von den Christdemokraten (DC) als Kandidat aufstellen. Ihm folgte noch ein Militär, Oberst Patiño Ayoroa, der sich als Kandidat der korrupten und zersplitterten Falange Socialista Boliviana (FSB Gutierrez) aufstellen ließ. Der dritte Kandidat war jedoch der gefährlichste für Pereda, nämlich Victor Paz Estenssoro, Expräsident (1952—56; 60—64) und langjähriger Führer der Movimiento Nacionalista Revolucionario (MNR-Historico). Paz Estenssoro konnte nicht nur auf die Stimmen großer Teile des Kleinbürgertums rechnen, sondern auch auf die Bourgeoisie, und dank seiner populistischen Politik auch auf Teile der Bauernschaft und sogar der städtischen Arbeiter.
Die linken Parteien des Landes versuchten, während dieser Zeit eine starke Linksfront aufzubauen. Die ersten Weichen dafür wurden durch den »Pacto de Caracas« gestellt, der zwischen dem MNRI und dem MIR geschlossen wurde. Darin einigten sich Hernan Siles Zuazo, ehemaliger Präsident Boliviens (1956—60) und Führer des Movimiento Nacionalista Revolucionario de Izquierda, und Antonio Arañibar, Führer des MIR, auf die Bildung einer Oppositionellen Front, der alle Parteien der Linken angehören sollten und die den endgültigen Bruch zwischen Siles Zuazo und Victor Paz Estenssoro besiegeln sollte. Nach langen Verhandlungen wurde diese Front schließlich im April unter Beteiligung von MNRI, MIR, PCB, MIN, OID, PS (Aponte), MPLN, MRTK, ALIN und 5 weiteren kleineren Gruppierungen gegründet, unter dem Namen Frente de Unidad Democratica y Popular UDP. Die restlichen linken Parteien bildeten daraufhin unter Führung der PCBML die Frente Revolucionario de Izquierda (FRI). Zu ihr gehörten noch die Partido Revolucionario de Izquierda Nacionalista, PRIN, unter Führung von Juan Lechin O. (Vizepräsident von Victor Paz 1960—64), die Partido Revolucionario de los Trabajadores, PRTB, und die POR-Vanguardia. Die kleine Sozialistische Partei PS-1 unter Führung von Marcelo Quiroga schloß sich keiner Front an und stellte sich allein zur Wahl.

Die bolivianische Linke, die anfänglich auf gewerkschaftlicher Ebene gemeinsam gegen die »Coordinadores« vorgegangen war, sah sich jetzt in zwei Fronten gespalten. Diese Spaltung drang jedoch nicht zur Basis durch, so daß die

Arbeiter auf dem 17. Bergarbeiter-Kongreß im April geschlossen gegen die Diktatur auftraten und die Einheit der Arbeiterbewegung erhalten blieb.
Sämtliche Vorbereitungen für die Wahlen wurden unter dem Vorzeichen des Banzer-Plans einer »kontrollierten Demokratisierung« getroffen. Die Oberste Wahlkommission, welche die Aufgabe hat, die Wahl und die Stimmenzählung zu kontrollieren und gegebenenfalls die Wahl zu anullieren, wurde von der Regierung ausschließlich mit Banzer-Anhängern besetzt. Die Aufstellung neuer Wählerlisten wurde von der Polizei vorgenommen, wobei die Zahl der Phantom-Wähler in die Höhe stieg. Auf dem Lande wurden die meisten Wahlveranstaltungen der Opposition von Soldaten und Polizisten in Zivil gesprengt; dabei kam es manchmal zu Schießereien, bei denen die Opposition immer Verluste zu beklagen hatte. In den Städten sah die Lage für den offiziellen Kandidaten nicht so günstig aus. Einige Parteien der Linken hatten mit einer massiven Kampagne gegen die Korruption und die Mißwirtschaft der Regierung die öffentliche Meinung auf die Gefahren des »Continuismo« (Fortführung) der Banzer-Pereda-Regierung aufmerksam gemacht. Die Frage des Zugangs zum Meer durchkreuzte erneut die Pläne von Banzer, und er sah sich gezwungen, im März die Beziehungen zu Chile abzubrechen, obwohl Pereda noch am Tag davor für die Fortführung der Beziehungen mit Chile plädiert hatte. Die ersten Anzeichen eines Bruches zwischen Banzer und Pereda wurden bemerkbar.
Unmittelbar vor dem Wahltag verstärkte die Regierung ihre Wahlbetrugs-Maßnahmen: Angesichts der katastrophalen Situation, die sich für sie schon abzeichnete, griff sie zu sehr plumpen Methoden, um die Stimmenzählung zu manipulieren. So wurden einen Tag vor der Wahl über 300 neue Wahlbezirke bekanntgegeben, von deren Existenz die Opposition nicht informiert war.
Schon am ersten Tag nach der Wahl zeichnete sich bei der Stimmen-Auszählung die Niederlage des offiziellen Kandidaten und somit die Niederlage Banzers ab. Trotz aller diesbezüglichen Versuche konnte die Regierung der Bevölkerung den Sieg ihres Kandidaten nicht glaubhaft machen. Unter dem Druck der Öffentlichkeit, der oppositionellen Parteien, in erster Linie aber Banzers und der Armee sah sich Pereda gezwungen, zehn Tage nach der Wahl bei der Wahlkommission die Anullierung der Wahlen zu beantragen.
Damit glaubte Banzer seine Position gefestigt zu haben. Er gab seine Absicht bekannt, am 6. August die Macht an eine Militär-Junta abzugeben und die Neu-Wahlen für Mitte Oktober festzulegen. Dadurch hatte er die Möglichkeit, sich als Kandidat der Rechten aufstellen zu lassen. General Juan Pereda und die Vertreter seiner Linie innerhalb der Armee waren aber damit nicht einverstanden, und am 21. Juli putschte der Kronprinz gegen seinen Mentor. »Um die Einheit der Streitkräfte nicht zu gefährden« gab Banzer nach und mußte nach fast 7-jähriger Diktatur die Macht abgeben. Die Gefahr eines Konterputsches von Banzer und seinen Anhängern wurde vorübergehend dadurch abgewendet, daß er als Botschafter nach Buenos Aires abgeschoben wurde. Um der

Gefahr einer Verschärfung der inneren Widersprüche zu begegnen, stellte Pereda verschiedene Liberalisierungsmaßnahmen in Aussicht: Er versprach die Aufhebung der Dienstverpflichtungs- und der Staatssicherheitsgesetzte (unerfüllte Forderungen des Hungerstreiks), kündigte die Pressefreiheit an und erklärte, die Lohnforderungen der Bergarbeiter seien gerechtfertigt. Während die USA mit ihrer Anerkennung der neuen Regierung bis zu diesen Erklärungen Peredas warteten, erkannte die Sowjetunion aufgrund ihrer wirtschaftlichen Interessen in Bolivien das neue Regime sofort an.

Auf allen Seiten sah sich Pereda einer wachsenden Opposition gegenüber. Im September begann eine Streikwelle, die das ganze Land erfaßte. Die Bergarbeiter in den südlichen Minen streikten für höhere Löhne, ebenso traten die Druckergewerkschaften in den Streik, gefolgt von den Arbeitern der Wasser- und Elektrizitätswerke in La Paz, der Weberei in Cochabamba und den Streikdrohungen der Handelsangestellten. Mit einem dreitägigen Streik solidarisierten sich die Textilarbeiter mit den Journalisten des Senders von Riberalta, der vom Militär wegen seiner oppositionellen Sendungen zerstört worden war.

Die Opposition verlangte von Pereda, einen Wahltermin innerhalb der nächsten 6 Monate festzulegen. Pereda aber versuchte, mit Hilfe von Verzögerungsmanövern weiter an der Macht zu beleiben. Als er dann doch bekannt gab, daß die Wahlen erst 1980 stattfinden würden, organisierte die UDP für den 24. November in La Paz eine Protestdemonstration, mit der die Regierung unter Druck gesetzt werden sollte, die Wahlen in den ersten Monaten von 1979 stattfinden zu lassen. Die Pereda-Regierung verbot diese Demonstration, aber die UDP wollte nicht nachgeben und traf alle Vorbereitungen für ihre Durchführung.

Innerhalb der Armee war es in der Zwischenzeit zu großen Unstimmigkeiten gekommen; die Generäle machten sich vor allem Sorgen über den Autoritäts-Verfall der Regierung Pereda. »Um diesen zu verhindern, mußten rasche Maßnahmen getroffen werden«, wie General David Padilla A. — damals Oberbefehlshaber der Armee — später erklärte. Als die Banzer-freundlichen Generäle um Padilla am Abend des 23. 11. 78 den Putsch gegen Pereda durchführten, wurden ihre Pläne durch die »Generacionales« durchkreuzt, welche inzwischen wichtige Kommandoposten übernommen hatten. Diese verlangten für ihre Unterstützung des Putsches die Vergabe von 4 Ministerien an ihre Vertreter. Oberst Gary Prado wurde Minister für Planung und Koordination, Oberst Leyton Innenminister, Oberst Saravia Minister für Bauern-Angelegenheiten und Oberst Ramirez Arbeitsminister.

Am 24. 11. stürzte die Regierung Pereda, nachdem sie erst 125 Tage an der Macht gewesen war. Diese Zeit hatte immerhin ausgereicht, um die Streitigkeiten innerhalb der Union Nacionalista del Pueblo so weit voranzutreiben, daß sie sich zehn Tage vor dem Putsch selbst auflöste. Die Demonstration der UDP, die für den 24. 11. angesetzt war, wurde durchgeführt, um die Forderung für die Abhaltung der Wahlen im ersten Halbjahr 1979 Nachdruck zu verleihen.

General Padilla hatte bei seiner Amtsübernahme versprochen, dem Land bis August 1979 eine Verfassung zu geben und die Wahlen am 1. Juli durchzuführen. Dies wurde von den 50000 Teilnehmern der Demonstration begrüßt und man versprach der Regierung Unterstützung bei ihren Demokratisierungs-Bemühungen.
Ende 1978 verlangten die politischen Parteien von der Regierung Padilla die Anullierung des Militär-Bauern-Paktes, den Rückzug der Armee aus den Bergbau-Gebieten und die Außerkraftsetzung eines Erlasses der Regierung Banzer, der eigens für den Wahlbetrug erlassen worden war. Padilla und die Armee waren mit dem dritten Punkt einverstanden, wollten aber die Armee nicht aus den Bergbau-Gebieten zurückziehen und überließen den Bauern die Entscheidung, ob der Militär-Bauern-Pakt aufgelöst werden sollte. Gleichzeitig unternahmen die Rechten einen Vorstoß innerhalb der Regierung und erreichten, daß Oberst Saravia und Oberst Ramirez aus der Regierung austraten. Ramirez hatte versucht, die ehemaligen »Coordinadores« wegen Unterschlagung von Regierungsgeldern gerichtlich zu verfolgen; Saravia hatte versucht, eine von der Regierung unabhängige Bauernbewegung unter Teilnahme aller Bauernbewegungen des Landes aufzubauen.
Auf der politischen Ebene waren die letzten Wochen des Jahres 1978 dadurch gekennzeichnet, daß sich angesichts der kommenden Wahlen neue Bündniskonstellationen formierten. Im Laufe der ersten Monate des Jahres 1979 wurde eine breite Front der Bourgeoisie unter Führung von Paz Estensoro gegründet. Gerade die Nicht-Einigung der Rechten (Paz Estensoro und Banzer) macht diese Sammlungsbewegung gefährlich, weil ein möglicher Sieg der Linken (UDP) entweder zu einem Putsch innerhalb der Streitkräfte oder einen Putsch von seiten Banzers auslösen könnte. Paramilitärische Gruppen, die Banzer nahestehen, haben in den letzten Wochen verschiedentlich durch Attentate und Provokationen versucht, ein Klima von Unsicherheit und Angst zu erzeugen, um damit einen Putsch zu rechtfertigen. Bei den Wahlen am 1. Juli 1979 werden sich die meisten Stimmen auf die drei großen Fronten verteilen: die UDP mit Hernan Siles Suazo, die Alianza-MNR mit Victor Paz Estensoro und die ADN um Hugo Banzer Suarez. Angesichts der prozentualen Verteilung der Parlamentssitze wird es unwahrscheinlich sein, daß eine Front die absolute Mehrheit erringt, was dann zu schwierigen Koalitionsverhandlungen führen wird. Für die fortschrittlichen Kräfte Boliviens stehen harte und auf jeden Fall bewegte Zeiten bevor.
Denn nach ihrer Niederlage in Südostasien und in anderen Teilen der Welt sind die USA nicht bereit, auch noch ihren sogenannten »Hinterhof« Lateinamerika zu verlieren. Sie werden die Macht der hier herrschenden Klassen mit allen Mitteln verteidigen. Es war keine verbale Panne und auch keine reuevolle Einsicht, daß der Ex-Präsident Ford und sein Außenminister Kissinger öffentlich zugaben, den Putsch gegen die Regierung Allende finanziert und vorbereitet zu haben. Ihr zynisches Bekenntnis, die USA hätten mindestens 11 Millionen Dol-

lar aufgewendet, um die Regierung der Unidad Popular in Chile zu »destabilisieren«, ist eher als eine gezielte Warnung zu verstehen — gerichtet an alle Lateinamerikaner die sich für die Freiheit, die Unabhängigkeit und die Souveränität dieser Länder einsetzen. Aber die Geschichte hat gezeigt, daß das bolivianische Volk sich immer wieder gegen seine Unterdrücker und Ausbeuter erhoben hat; und dieses Volk kämpft heute weiter gegen den Imperialismus und seine Handlanger. Dieser Kampf wird lang und schwierig sein, und er kann nur dann zum Erfolg führen, wenn ihm die entschlossene Einheit aller revolutionären und demokratischen Organisationen, zugrunde liegt. Bolivien bleibt nach wie vor ein schwaches Glied in der immer kürzer werdenden Kette des Imperialismus. Früher oder später wird auch dieses Glied zerreißen.

H. Heymann/P. Schütt/H. Schmidt

Unter Verwendung von: Bolivia libre; Latin American Economical Report; Mir Boliviano; Lateinamerikajahrbuch 3, Verlag Olle und Wolter; Lateinamerikanachrichten; Presencia; SAGO

Zur ausführlichen Berichterstattung über das Ergebnis der Wahlen und die weitere politische Entwicklung Boliviens: SAGO Informationsblatt (s. Anzeige)

Bolivien wird frei sein,
Wahlkampf 1978

Wahlbündnisse und politische Parteien in Bolivien (aus: SAGO 9)

UDP

Movimiento Nacionalista Revolucionario de Izquierda (MNR-I) = Linke Nationalistische Revolutionäre Bewegung

Movimiento de la Izquierda Revolucionaria (MIR) = Bewegung der Revolutionären Linken

Partido Comunista de Bolivia (PCB) = Kommunistische Partei Boliviens — Moskau-Linie

Alianza de Liberacion Nacional (ALIN) = Allianz der Nationalen Befreiung; kl. Gruppe, die Ex-Präsident General J. J. Torres gründete

Centro de Estudios de Recursos Naturales (CERNA) = Gruppe von Intellektuellen

Movimiento de la Izquierda Nacional (MIN) = Bewegung der Nationalen Linken

ODEUR = kl. Gruppe von Intellektuellen

Movimiento Revolucionario Espartaco (MR-E) = Revolutionäre Bewegung Spartakus; kl. Gruppe von linken Intellektuellen

Partido Obrero Revolucionario Posadista (POR-P) = Revolutionäre Arbeiterpartei Posada; trotzkistische Prägung

Partido Revolucionario de la Izquierda Nacional (PRINM) = Revolutionäre Partei der nationalen Linken, Abspaltung

Movimiento Popular de Liberacion Nacional (MPLN) = Volksbewegung zur Nationalen Befreiung; ehemalige Mitglieder der Nationalen Befreiungsarmee

Partido Socialista (PSBTA) = Sozialistische Partei; eine der drei Abspaltungen

Movimiento Revolucionario Tupac Katari (MRTK) = Nationalistische Bewegung Tupac Katari

Präsidentschaftskandidat: Hernan Siles Zuazo (MNR-I)

Vice-Präsidentschaftskandidat: Jaime Paz Zamora (MIR)

ALIANZA-MNR

MNRH, Movimiento Nacionalista Revolucionario Historico; geführt von Victor Paz Estensoro; 1940 gegründet; Regierungspartei zwischen 1952 und 1964; 1971—1974 Regierungsbeteiligung unter Banzer

Partido Revolucionario Auténtico (PRA) = Authentische Revolutionäre Partei

Partido Demócrata Cristiano (PDC) = Christdemokratische Partei

Partido Comunista Marxista Leninista (PC-ML) = Kommunistische Partei Marxisten-Leninisten, pro Peking/Linie Hua Kuo Feng, die vorher die tragende Kraft im Linksbündnis FRI war

Movimiento Revolucionario Tupak Katari (MRTK) = Revolutionäre Bewegung Tupac Katari; Bauernbewegung
Präsidentschaftskandidat: Victor Paz Estenssoro (MNR-H)
Vice-Präsidentschaftskandidat: Luis Ossio (PDC)

ADN
General Hugo Banzer Suarez
Falange Socialista Boliviana-Sector Moreira (FSB) = Sozialistische Falange Boliviens — Flügel Moreira
Abspaltung von Partido Revolucionario Auténtico (PRAR)
Barrientista-Gruppen
Präsidentschaftskandidat: Gral. Hugo Banzer Suarez
Vize-Präsidentschaftskandidat: Mario Rolon Anaya

APIN
Unión Demócrata y Cristiana (UDC) = Christdemokratische Union; ist nicht den internationalen Christdemokraten angeschlossen
Falange Socialista Boliviana — Sector Gutierrez (FSB) = Sozialistische Falange Boliviens — Flügel Gutierrez
Präsidentschaftskandidat: Gral. René Bernal Escalante (UDC)
Vice-Präsidentschaftskandidat: Mario Gutierrez G. (FSB)

CUN, Comite de Unidad Nacionalista; gescheiterter Versuch der Banzer-Anhänger, eine große Partei ins Leben zu rufen; beteiligte sich an der Regierung Pereda
FSB, Falange Socialista Boliviana; faschistische Partei; 1937 gegründet

Entwicklung der Unterentwicklung – Beispiel Bolivien

Die Unterwerfung:
Wir Europäer sind es gewohnt, die Entdeckung Amerikas durch C. Kolumbus 1492 als geschichtliches Ereignis, als Pioniertat zu feiern. Was sich so in den Mantel des Forscher- und Entdeckergeistes entschuldigend einhüllt, ist die brutale Tatsache, daß Amerika gebraucht und gesucht wurde, um unterworfen und ausgelaugt zu werden, denn die königlichen Kassen der Isabella von Kastilien waren so leer, daß sie alles wagte, um zu Gold, Silber und Gewürzen zu kommen.
»Bereits drei Jahre nach der Entdeckung führte Christoph Kolumbus persönlich den Feldzug gegen die Eingeborenen Santo Domingos an. Eine Handvoll Ritter, zweihundert Fußsoldaten und ein paar eigens für den Angriff dressierte Hunde dezimierten die Indianer. Mehr als 500 von ihnen wurden nach Spanien verfrachtet, in Sevilla als Sklaven verkauft und gingen elend zugrunde.«
Zwar wurde der Sklavenhandel mit Indianern Anfang des 16. Jahrhunderts formell verboten, in Wirklichkeit aber wurde er jedoch gesegnet:
»Vor jeder Kampfaktion hatten die Befehlshaber der Eroberungskampagne den Indianern, ohne Dolmetscher, aber in Anwesenheit eines öffentlichen Notars, einen ausgedehnten rhetorischen Aufruf zu verlesen, in dem sie dazu angehalten wurden, zum heiligen katholischen Glauben überzutreten: »Wenn ihr es nicht tun solltet, oder es bösartig verzögert, bestätige ich euch, daß ich mit Gottes Hilfe machtvoll bei euch einziehen und Krieg gegen euch führen werde, wo immer und wie immer ich könnte, und daß ich euch dem Joch und der Gehorsamkeit zur Kirche und Seiner Majestät unterwerfen, eure Frauen und Kinder nehmen und sie zu Sklaven machen und als solche verkaufen und über sie verfügen werde, wie Seine Majestät es befehlen, und daß ich eure Güter nehmen und euch alle Übel und Schäden zufügen werde, die ich könnte ...«
Dieser Fluch sollte Wirklichkeit werden, denn es ging darum, daß die Spanier nach Amerika gekommen waren, »um Gott und Seiner Majestät zu dienen und auch, weil dort Reichtümer vorhanden waren«.
So jedenfalls beschrieb Bernal Diaz del Castillo, ein Gefährte von Hernán Cortés, seinen Auftrag. Es ging also um Gold und Silber. 1536 eroberten die Spanier das heutige Bolivien von Peru aus; ihre Suche galt dem sagenhaften Eldorado, dem Reich des Goldkönigs. 1545 entdeckten die Spanier Potosi, den Hügel, aus dem Silber floß; dies war der Reichtum, der die Armut Boliviens einleiten sollte. Schon vorher hatten die Inkas diesen Berg mit seinen Schätzen entdeckt, die sie jedoch nicht zum Handel, sondern zur Verehrung der Sonne zu Kultgegenständen verarbeiteten. Die Spanier entrissen den Inkas nicht nur diese Kunstschätze, sondern sie suchten weiter nach Bodenschätzen. Entdeckung und die Folge der Entdeckung Potosis beschreibt Eduardo Galeano in folgendem Text:
»1545 verfolgte der Indianer Hualpa die Spuren eines Irrlichts und sah sich gezwungen, die Nacht auf dem Berge zu verbringen. Um nicht zu erfrieren, entzündete er ein Feuer. Die Flammen beleuchteten eine weißglänzende Strähne. Es war reines Silber. Die Lawine der Spanier brach los.« Der Reichtum floß in Strömen. Kaiser Karl V. erteilte bald als Zeichen der Dankbarkeit Potosí den Titel einer Kaiserstadt und ein Wappen folgender

Inschrift: »Ich bin das reiche Potosí, Schatzkammer der Welt, König der Berge; den Königen diene ich zum Neide.« Schwärme von Schatzsuchern ließen sich auf dem ungastlichen Gebiet nieder. Der Berg, fast 5000 Meter hoch gelegen, war der denkbar stärkste Magnet, aber das Leben zu seinen Füßen war hart und erbarmungslos: Man nahm die Kälte wie eine Steuer in Kauf, und im Handumdrehen quoll in Potosí eine reiche und regellose Gesellschaft zusammen mit dem Silber hervor. Aufstieg und Turbulenz des Metalles: Potosí wurde zum »Hauptnerv des Königreiches«, gemäß der Prägung des Vizekönigs Hurtado de Mendoza. Zu Beginn des 17. Jahrhunderts zählte die Stadt bereits 36 prachtvoll geschmückte Kirchen, 36 Spielhäuser und 14 Tanzschulen. Die Salons, Theater und Festbühnen waren mit kostbaren Wandteppichen, Vorhängen, Wappenschildern und Schmiedearbeiten versehen: Auf den Balkonen der Häuser hingen farbenprächtige Damaste und gold- und silberbestickte Stoffe. Die Seide und die Gewebe kamen aus Granada, Flandern und Kalabrien, die Hüte aus Paris und London, die Diamanten aus Ceylon und die Edelsteine aus Indien, die Perlen aus Panama, die Strümpfe aus Neapel, die Glaswaren aus Venedig und die Teppiche aus Persien, die Parfüms aus Arabien, das Porzellan aus China. Die Damen waren von glitzernden Edelsteinen, Diamanten, Rubinen und Perlen übersät, und die Herren trugen die besten bestickten Tücher aus Holland. Den Stierkämpfen folgten Ringelstechen, und niemals fehlten die Duelle in mittelalterlichem Stil, Liebes- und Ehrenkämpfe, mit smaragdbesetzten und mit prächtigem Federwerk geschmückten Stahlhelmen, goldumwobenem Sattelwerk und Steigbügeln, Schwertern aus Toledo und mit allem Prunk aufgezäumten chilenischen Streitrossen.
Im Jahre 1579 beklagte sich der Justizverwalter Matienzo: »Niemals fehlen«, sagte er, »Neuigkeiten, Schamlosigkeiten und Dreistigkeiten«. Zu dieser Zeit gab es in Potosí bereits 800 berufsmäßige Falschspieler und 120 berühmte Kokotten, in deren glänzenden Salons sich die reichen Minenbesitzer einfanden.
1603 beging Potosí die Festlichkeiten des Heiligen Sakraments mit sechs Tage währenden Theatervorführungen, sechs Nächte dauernden Maskentänzen, achttägigen Stierkämpfen, dreitägigen »Saraos«, zwei Tage währenden Turnieren und anderen Festen.

Spanien besaß die Kuh, aber andere tranken die Milch

Zwischen 1545 und 1558 wurden die ergiebigen Silberminen von Potosí im heutigen Bolivien und die von Zacateca und Guanajato in Mexiko entdeckt; der Legierungsprozeß mit Quecksilber, der die Nutzung minderwertigen Silbers ermöglichte, wurde in dieser Epoche zum erstenmal angewandt. Die Silberkonjunktur verdrängte schnell die Goldförderung. Um die Mitte des 17. Jahrhunderts umfaßte das Silber mehr als 99 Prozent der Mineralausfuhren des hispanischen Amerikas.
Amerika war damals ein gewaltiger Schachteingang, der hauptsächlich auf Potosí konzentriert war. Einige bolivianische Schriftsteller behaupten, von übertriebener Begeisterung entflammt, Spanien habe in drei Jahren aus Potosí genügend Metall bezogen, um eine silberne Brücke vom Gipfel des »Cerro« bis zum Tor des königlichen Palastes jenseits des Ozeans spannen zu können. Das Bild ist zweifellos ein Werk der Phantasie, spiegelt aber das wirkliche Ausmaß der spanischen Bereicherung. Der Silberstrom nahm gigantische Dimensionen an. Die umfangreiche heimliche Silberausfuhr aus Amerika, die auf dem Schmuggelwege auf die Philippinen, nach China und nach Spanien selbst gelangte, ist in den Berechnungen Earl J. Hamiltons nicht enthalten, der aber auch so aufgrund der in der »Casa de Contratación« (Handelsamt) von Sevilia erhaltenen Daten in seinem bekannten Werk über das Thema erstaunliche Ziffern bekanntgibt. Zwischen

1503 und 1660 gelangten 185000 kg Gold und 16 Millionen kg Silber in den Hafen von San Lúcar de Barrameda. Das in etwas mehr als anderthalb Jahrhunderten nach Spanien gebrachte Silber übertraf dreimal die gesamten Reserven Europas. Dabei ist zu beachten, daß diese offiziellen Ziffern unvollständig sind.
Die den neuen Kolonialgebieten entrissenen Metalle förderten die wirtschaftliche Entwicklung Europas, und man kann sogar sagen, daß sie sie ermöglicht haben. Nicht einmal der umwälzende Einfluß der Eroberung der persischen Schätze, die Alexander der Große über die hellenische Welt ergoß, könnte im Umfang mit diesem gewaltigen Beitrag Amerikas zum fremden Fortschritt verglichen werden. Gewiß nicht zum Fortschritt Spaniens, obwohl die Quellen des amerikanischen Silbers Spanien gehörten. Denn, wie man im 17. Jahrhundert zu sagen pflegte, »Spanien gleicht dem Munde, der die Nahrung empfängt, sie zerkaut und zermahlt, um sie sofort an die übrigen Organe weiterzuleiten, der aber seinerseits von ihnen nicht mehr als einen flüchtigen Geschmack oder die Teilchen behält, die durch Zufall an seinen Zähnen hängenbleiben.« Die Spanier hatten die Kuh, aber andere waren es, die die Milch tranken.
Die Krone war mit Hypotheken belastet. Sie übertrug im voraus fast alle Silberladungen an die deutschen, genovesischen, flämischen und spanischen Bankiers. Auch die in Spanien selbst erhobenen Steuern erfuhren zum großen Teil dasselbe Schicksal: 1543 wurden 65% der gesamten königlichen Einnahmen zur Zahlung der in diesem Jahre fälligen Schuldenlasten verwendet. Nur in ganz geringem Maße kam das amerikanische Silber der spanischen Wirtschaft zugute; wenn es auch formell in Sevilla registriert wurde, fiel es zuletzt den Fuggern, den mächtigen Bankiers, die dem Papst die zur Beendigung der Peterskirche nötigen Beiträge vorgeschossen hatten, oder anderen großen Geldverleihern dieser Epoche wie den Welsern, den Shetz oder den Grimaldis in die Hände. Das Silber wurde auch zur Bezahlung der Exporte nichtspanischer Waren in die Neue Welt verwendet.«

Auf der Strecke dieses gigantischen Geschäftes blieben die Indianer:
»Diese ungestüme Flut der Habgier, des Schreckens und der Wildheit konnte sich über diese Gebiete nur auf Kosten des Völkermordes an den Eingeborenen verbreiten. Azteken, Inkas und Mayas machten insgesamt eine Bevölkerung von siebzig bis neunzig Millionen aus, als die ausländischen Konquisitadoren am Horizont auftauchten; anderthalb Jahrhunderte später waren sie auf nur dreieinhalb Millionen zusammengeschmolzen. Nach Angaben des Marquis von Barinas waren zwischen Lima und Paita, wo mehr als zwei Millionen Indianer gelebt hatten, 1685 nur noch viertausend Familien vorhanden. Der Erzbischof Linán y Cisneros leugnete die Vernichtung der Indianer ab: »Was vorliegt, ist, daß sie sich verstecken«, sagte er, »um keine Steuern zu bezahlen, unter Mißbrauch der Freiheit, die sie genießen und die sie zur Zeit der Inkas nicht hatten.«
Das Metall strömte unaufhörlich aus den amerikanischen Erzadern, und vom spanischen Königshof kamen — ebenfalls unaufhörlich — Verordnungen, die den Indianern, deren bis zur Erschöpfung getriebene Ausbeutung das Fundament des Königreiches bildete, auf dem Papier Schutz gewährten und auf Tintenstrichen ruhende Würde zusicherten. Eine Fiktion der Legalität beschützte den Indianer; die in Wirklichkeit stattfindende Ausbeutung sog ihm das letzte Blut aus den Adern. Von der Sklaverei bis zur Dienstverdingung, von dieser bis zur Abgabepflicht und zum Lohnsystem hatten alle Abstufungen des Rechtsverhältnisses, dem die Eingeborenen unterlagen, nur eine oberflächliche Änderung der tatsächlichen Lage zur Folge. Die Krone erachtete die unmenschliche Ausbeutung der eingeborenen Arbeitskraft in solchem Grade für notwendig, daß 1601 Philipp III. Ver-

ordnungen erließ, durch die die Zwangsarbeit in den Minen verboten wurde, jedoch gleichzeitig geheime Instruktionen ergehen ließ, in denen angeordnet wurde, mit ihr fortzufahren, »sofern durch jene Maßnahme die Produktion ins Wanken geriete«. Zwischen 1616 und 1619 nahm ferner der Kronbeauftragte und Gouverneur Juan de Solórzano eine Untersuchung über die Arbeitsbedingungen in den Quecksilberminen von Huancavélica vor: »... das Gift fraß sich bis ins Mark ein und schwächte alle Glieder; es rief ein ständiges Zittern hervor, und die Arbeiter starben in der Regel im Verlaufe von vier Jahren«, stand in seinem Bericht an den »Indien-Rat« und an den Herrscher. Aber 1631 ordnete Philipp IV. an, mit demselben System fortzufahren, und sein Nachfolger, Karl II., setzte das Dekret neu in Kraft.

Diese Quecksilberminen wurden direkt von der Krone betrieben, im Gegensatz zu den Silberminen, die sich in Händen privater Unternehmer befanden.

In drei Jahrhunderten verschlang der »Cerro Rico« von Potosí, wie Josiah Conder berichtet, acht Millionen Menschenleben. Die Indianer wurden aus ihren Dorfgemeinden losgerissen und mit ihren Frauen und Kindern zum Cerro getrieben. Von je zehn, die in die hochgelegene, eiskalte Öde mußten, kehrten sieben niemals zurück. Luis Capoche, der Eigentümer von Minen und Fabriken war, schrieb, daß »die Wege so voll waren, als ob das Reich übersiedelte«. Die Spanier durchkämmten Hunderte von Meilen in der Runde auf der Suche nach Arbeitskräften. Viele Indianer starben, ehe sie nach Potosí gelangten. Aber es waren die furchtbaren Arbeitsbedingungen in der Mine, die die meisten Opfer forderten. Der Dominikanermönch Domingo de Santo Toás erhob vor dem »Indien-Rat« 1550 kurz nach Inbetriebnahme der Mine die Anklage, daß Potosí ein »Eingang zur Hölle« sei, der jährlich Tausende und aber Tausende von Indianern verschlänge, und daß die raubsüchtigen Minenbesitzer die Eingeborenen wie »herrenloses Vieh« behandelten. Und Bruder Rodrigo de Loasya sollte später sagen: »Diese armen Indianer gleichen Sardinen im Meer. So wie die anderen Fische die Sardinen verfolgen, um sie zu erbeuten und zu verschlingen, so verfolgen alle in diesen Ländern die elenden Indianer ...« Die Gemeindevorsteher waren verpflichtet, die »Mitayos« (Fronarbeiter), die starben, durch neue Männer zwischen 18 und 50 Jahren zu ersetzen.

In der Sammlung der »Indien-Gesetze« fehlt es nicht an Dekreten aus jener Epoche, in denen die Gleichberechtigung der Indianer und der Spanier zur Ausbeutung der Minen festgelegt und jede Verletzung der Rechte der Eingeborenen ausdrücklich verboten wird. Die formelle Geschichtsschreibung — leere Worte, mit denen in unserer Zeit die leeren Worte vergangener Zeiten aufgelesen werden — hätte keinen Grund zur Klage; aber während man in endlosen Aktenstücken über die Gesetzgebung für die Eingeborenenarbeit diskutierte und sich das Talent der spanischen Rechtsgelehrten in Tintenströmen ergoß, wurde in Amerika »das Gesetz anerkannt, aber nicht erfüllt«. In Wirklichkeit war, wie Capoche es ausdrückt, »der Indianer eine Münze, mit der man alles, was man nötig hat, wie mit Gold und Silber, nur noch viel besser, erlangt«.

Gegen Ende des 18. Jahrhunderts fiel Concolorcorvo, in dessen Adern Eingeborenenblut floß, so von den Seinen ab: »Wir leugnen nicht, daß die Minen eine beachtliche Anzahl von Indianern verzehren, aber das ist nicht auf die Arbeit, die sie in den Silber- und Quecksilberminen leisten, sondern auf ihr zügelloses Leben zurückzuführen.« Das Zeugnis Capoches, in dessen Diensten zahlreicher Indianer standen, ist hierzu besonders erhellend. Die eisigen Temperaturen, denen sie auf der Hochfläche ungeschützt ausgesetzt waren, wechselten mit der höllischen Hitze unten im Berge ab. Die Indianer gingen in die Tiefe, »und oft holte man sie tot oder mit Schädel- und Beinbrüchen heraus, und in den Fabriken verletzten sie sich täglich«. Die »Mitayos« brachen das Erz mit Stangenstößen

los und schafften es nachher auf dem Rücken über mit Kerzenlicht beleuchteten Leitern an die Oberfläche; außerhalb des Schachtes bewegten sie die langen hölzernen Achsen in den Fabriken oder schmolzen das Silber am Feuer, nachdem sie es zermahlen und gewaschen hatten.
Die »Mita« kam einer Maschine zur Zermalmung von Indianern gleich. Die Anwendung des Quecksilbers zur Silbergewinnung mittels Amalgamierung hatte eine ebensolche oder noch stärker vergiftende Wirkung als die unterirdischen Giftgase. Sie verursachte Haar- und Zahnausfall und rief unwiderstehliches Zittern hervor. Die »Verquecksilberten« schleppten sich, um Almosen bittend, durch die Straßen. Sechstausendfünfhundert Flackerfeuer brannten nachts an den Abhängen des »Cerro Rico«, und an ihnen wurde unter Ausnutzung des Windes, den der »glorreiche heilige Augustin« vom Himmel sandte, das Silber bearbeitet. Infolge des Rauches der Schmelzöfen gediehen in einem Umkreis von sechs Meilen um Potosí kein Gras und keine Saat, und die Gase waren für den menschlichen Körper nicht minder verhängnisvoll. Es fehlte auch nicht an ideologischen Rechtfertigungen. Das Schröpfen der Neuen Welt wurde zu einem Akt der Barmherzigkeit oder einem Glaubensgrundsatz. Man machte die Indianer zu Lasttieren, da sie ein größeres Gewicht als der schwache Rücken des Lamas ertrugen. Der Vizekönig von Mexiko war der Ansicht, daß es für die »natürliche Schlechtigkeit« der Eingeborenen kein besseres Heilmittel gäbe als die Arbeit in den Minen. Der Graf von Buffon erklärte, daß bei den Indianern, die kalte und schwache Tiere seien, »keinerlei Anzeichen von Seele festzustellen seien«. Der Abbé De Paw erfand ein Amerika, in dem die degenerierten Indianer mit Hunden, die nicht bellen konnten, ungenießbaren Kühen und impotenten Kamelen verkehrten. Das Amerika Voltaires, von faulen und dummen Indianern bewohnt, wies Schweine mit dem Nabel am Rücken und glatzköpfige und feige Löwen auf. Bacon, De Maistre, Montesquieu, Hume, Bodin weigerten sich, die »degradierten Menschen« der Neuen Welt als ihre Nächsten anzuerkennen. Hegel sprach von der körperlichen und geistigen Impotenz Amerikas und sagte, daß die Eingeborenen dem Hauche Europas erlegen wären. Im 17. Jahrhundert vertrat Pater Gregorio García die Ansicht, daß die Indianer jüdischen Ursprungs seien, da sie, gleich den Juden, »faul seien, nicht an die Wunder Jesu Christi glaubten und den Spaniern nicht für all das Wohl, das diese ihnen erwiesen hätten, dankbar seien«. Aber wenigstens bestritt dieser Priester nicht, daß die Indianer von Adam und Eva abstammten. Eine große Anzahl von Theologen und Denkern hatte sich von der 1537 erlassenen päpstlichen Bulle Pauls III. nicht überzeugen lassen, in der die Indianer zu »wirklichen Menschen« erklärt wurden. Pater Bartolomé de las Casas versetzte den spanischen Hof mit seinen zündenden Anklagen gegen die Grausamkeit der Konquistadoren in Amerika in Aufregung: 1557 erwiderte ihm ein Mitglied des Königlichen Rates, die Indianer befänden sich auf einer so tiefen Stufe der menschlichen Entwicklung, daß sie unfähig seien, der Gnade des Glaubens teilhaftig zu werden.
Den Konquistadoren und den Kolonisatoren wurden Eingeborene zur Katechisierung »anvertraut«. Aber da die Indianer dem »Encomendero« persönliche Dienstleistungen und Abgaben schuldig waren, blieb nicht viel Zeit übrig, um sie auf den christlichen Pfad des Seelenheils zu führen. Als Belohnung für seine Dienste hatte Hernán Cortés 23000 Lehnsleute zugewiesen bekommen; man verteilte die Indianer gleichzeitig mit den durch königliche Gunst erteilten Ländereien, oder man verschaffte sich diese durch unmittelbaren Raub. Von 1536 an wurden die Indianer im »Encomienda«-Verhältnis (d. h. als »Anvertraute«) zusammen mit ihrer Nachkommenschaft für die Dauer von zwei Lebensaltern, nämlich dem des »Encomendero« und dem seines unmittelbaren Erben, zugeteilt;

von 1629 an wurde das System auf drei und von 1704 an auf vier Lebensalter ausgedehnt. Im 18. Jahrhundert sicherten die Indianer bereits, soweit sie am Leben blieben, ein bequemes Leben für viele zukünftige Generationen.
Längst vergangene Zeiten? Vierhundertzwanzig Jahre nach dem Erlaß der Bulle Papst Pauls III. ließ der Oberste Gerichtshof von Paraguay im September 1957 allen Richtern des Landes ein Rundschreiben zugehen, in dem erklärt wurde, daß die Indianer genauso als menschliche Wesen zu betrachten seien,wie alle anderen Einwohner des Landes. Und das Anthropologische Studienzentrum der Katholischen Universität von Asunción ermittelte wenig später durch eine Umfrage in der Hauptstadt und im Innern des Landes, daß von zehn Paraguayern acht glauben, daß »die Indios wie Tiere« seien. In Caaguazú, im Alto Paraná und im Chacogebiet werden die Indios tatsächlich wie Tiere gejagt, um später zu billigen Preisen verkauft und als Sklaven ausgebeutet zu werden. Und trotzdem haben fast alle Paraguayer Indioblut in den Adern, und ganz Paraguay wird es nicht müde, Gedichte, Lieder und Reden zu Ehren der »Guaraní-Seele« zu verfassen.
Die Vertreibung der Indianer aus ihren Dörfern und von ihren Feldern hatte noch eine andere, schwerwiegende Folge: es werden keine Nahrungsmittel im Lande erzeugt. Die ganz auf die Ausbeutung der Bodenschätze gerichtete Kolonialgesellschaft bezog ihre Nahrungsmittel vor allem aus den Gebieten des heutigen Chile, die Konsum- und Luxusgüter aus Europa. Die wirksamen und gemeinschaftlich bewirtschafteten landwirtschaftlichen Anbausysteme der Indianer fielen der Gier der Kolonialherren nach Gold und Silber zum Opfer.
»Die Indianer wurden in die Schächte geführt, der Knechtschaft unterworfen und gezwungen, die Ländereien, die sie notgedrungen verließen oder vernachlässigten, für nichts herzugeben. An der Pazifikküste zerstörten die Spanier die riesigen Anbauflächen von Mais, Jukka, Schmink- und Speckbohnen, Erdnüssen, Süßkartoffeln, oder ließen ihren Verfall zu; die Wüste verschlang schnell bedeutende Landflächen, denen das Bewässerungsnetz der Inkas Leben eingehaucht hatte. Ein nordamerikanischer Sachverständiger stellte 1936 die Schätzung auf, daß, wenn in jenem Jahre die Errichtung der Inkaterrassen mit modernen Methoden vorgenommen worden wäre, die Kosten etwa 30000 Dollar pro Morgen Land betragen hätten.«
Im gleichen Maße, wie die Spanier die Ländereien der Inkas zerstörten, förderten sie den Absatz der Droge Koka. Vierhundert spanische Händler lebten in Cuzco vom Kokavertrieb; in die Silberminen Potosís gelangten jährlich 100000 Körbe mit einer Million Kilo Kokablätter. Die Kirche erhob Steuern für die Droge. Mit den kärglichen Münzen, die die Indianer für ihre Arbeit erhielten, kauften sie Kokablätter anstatt Nahrung; wenn sie diese kauten, konnten sie, wenn auch zum Preise der Verkürzung ihres eigenen Lebens, die ihnen auferlegte tödliche Fronarbeit besser ertragen.
Halten wir fest: Der Geldgier der Spanier wurden die Indianer geopfert; ihre Felder wurden zerstört, das Land wurde abhängig von der Nahrungsmitteleinfuhr; im gleichen Zeitraum führte der nach Europa exportierte Silberreichtum zu einer Kapitalanhäufung sondergleichen. Dieses Kapital war eine der Voraussetzungen für den Aufbau der europäischen Industrien, es verlieh der industriellen Revolution einen gewaltigen Auftrieb. Auf diese Weise konnte die Ausblutung der Kolonien gleichzeitig den industriellen Vorsprung Europas sichern. Unterentwicklung in den Kolonien führte zur Industrialisierung Europas!
Im 18. Jahrhundert zeichnete sich das Ende der Silberwirtschaft ab. Heute ist Potosí »die Stadt, die der Welt am meisten gegeben hat und am wenigsten besitzt!« Während die Silberminen von Potosí versiegten, brach in Brasilien ein genauso tödlicher Goldrausch

auf Grund der Funde in Ouroo Preto aus. Hier waren die Portugiesen die Kolonialherren. Nach dem Gold- und Silberboom folgten der Zuckerzyklus, Kakao- und Kaffeeboom, die die Völker Lateinamerikas verarmten und Europas entwickelten.
An die Stelle der versklavten und verschlissenen Indios traten die Negersklaven aus Afrika als billige Arbeitskräfte auf Latifundien (Großgrundbesitzen) der Kolonialherren. Auf den Zuckerzyklus folgten Baumwolle, Kautschuk und Kaffee. In allen Zyklen gilt: »Je begehrter ein Produkt auf dem Weltmarkt ist, um so größer ist das Unglück des lateinamerikanischen Volkes, das sich opfern muß, es zu erzeugen.« Es sollte bis 1825 dauern, bis die besitzlosen Massen unter Simon Bolivar die Unabhängigkeit Boliviens erreichten. Seine Agrarreformen blieben jedoch wirkungslos. Um so stärker die Abhängigkeit von Exportrohstoffen, die der Weltmarkt begehrte.
Dieser neue Exportstoff war Salpeter, der ab ca. 1850 in Europa zum wichtigsten Düngemittel aufstieg. Dank dem Salpeter werden die ausgelaugten Weizenfelder Europas wieder ertragreicher, das Gespenst des Hungers in Europa war gebannt.
Die Ausbeutung des Salpeters dehnte sich sehr rasch auf die bolivianische Provinz Antofagasta aus. Als die bolivianische Regierung beabsichtigte, eine Steuer für die Salpetergruben zu erheben, die auf bolivianischem Gebiet betrieben wurden, besetzten chilenische Heeresverbände die Provinz, um sie nie wieder zu verlassen. Bis zu diesem Zeitpunkt hatte dieses verlassene Gebiet als Pufferzone für die latenten Konflikte zwischen Chile, Peru und Bolivien gedient. Der Salpeter entfesselte den offenen Kampf. Der Pazifikkrieg brach 1879 aus und dauerte bis 1883 an. Die chilenischen Streitkräfte, die schon im Jahre 1879 auch die peruanischen Häfen in der Salpeterzone — Patillos, Iquique und Junín — besetzt hatten, zogen schließlich siegreich in Lima ein, und am folgenden Tage ergab sich die Festung El Callao.
Bolivien ahnte nicht, was es neben dem Salpeter an Chile verloren hatte: Die derzeit wichtigste Kupfermine der Welt, die von Chuquicamata, befindet sich in der heutigen chilenischen Provinz Antofagasta.
Etwa gleichzeitig mit dem Verlust der Salpeter- und Kupferlagerstätten an Chile entdeckte Simon Patiño auf der Hochebene des Altiplano in Bolivien eine der wichtigsten Zinnlagerstätten der Welt. Noch heute, 1978, bringt das Zinn 52% aller Devisen Boliviens ein. Es bedeutet Reichtum für wenige und Silikose für die Bergarbeiter. 1952 verstaatlichte Bolivien diese Minen. Dennoch zog es nur wenig Gewinn aus dieser Maßnahme, weil das Zinn erst nach seiner Verhüttung »wertvoll« wird, die Verhütung jedoch in Großbritannien, den USA und der Bundesrepublik erfolgt.
Waren Silber und Salpeter »vermarktbare« Rohstoffe, so ist der Rohstoff Zinn erst nach seiner Verarbeitung (Schmelze und Veredelung) im Hüttenwerk »vermarktbar«.
Erst 1971 — nach Intrigen, Verrat und Sabotage — erhielt Bolivien seine erste Zinnhütte von der deutschen Firma Klöckner, die damit gegen die Interessen amerikanischer und britischer Konzerne verstieß. Am Beispiel Bolivien bewahrheitet sich die Tatsache der jahrhundertelangen Ausbeutung durch das System der internationalen Arbeitsteilung: Die Menschen des Landes litten und leiden darunter, daß sie, zu Rohstofflieferanten degradiert, die Lasten des Fortschritts der westlichen Industrieländer voll ertragen müssen — die Gewinne aus ihrer Arbeit kommen ihnen jedoch nicht zugute. Bolivien war und ist ein Land der offenen Adern.

Aus: terre des hommes Mitteilungen

DOMITILA AUS DEM »20. JAHRHUNDERT«

Dokumentarischer Spielfilm über eine Frau aus den Minen Boliviens

Von: Michael Gregor und Fernande Kauffmann, Klaus Schütt, Christian Völker
85 Minuten – 16 mm – Farbe

Als wir in den Minenort Siglo XX (20. Jahrhundert) kamen, um einen Film über Domitila de Chungara zu drehen, kannten wir das Protokoll ihres Lebens »Wenn man mir erlaubt zu sprechen«. Wir wußten von ihrem beeindruckenden Auftritt bei der UNO-Frauenkonferenz 1975 in Mexico City, vom Hungerstreik in ganz Bolivien Anfang 1978, den Domitila mit anführte und der den Diktator Banzer zur Generalamnestie für alle politisch Verfolgten zwang.

Wir hatten uns so ein ungefähres Bild von dieser berühmten Frau gemacht, das wir mit den Attributen und Gewohnheiten von Personen ausstatteten, die durch ihre Rolle notgedrungen aus ihrer Umgebung hervorgehoben werden. Dieses »Vor«-Bild stellte sich als falsch heraus. Bei unserer Ankunft in Siglo XX war Domitila auf einer Rundreise in anderen Minengebieten. Sie wird mit einer Delegation ein Kundgebungsprogramm absolvieren, dachten wir uns. Nach zwei Wochen kam Domitila zurück, alleine. So wie sie in Bussen und Lastern zu Minen gefahren war, die manchmal höher als 5000 Meter und völlig isoliert lagen. Kleine Minen, in denen sich für die Minenarbeiterfamilien fast nichts seit der spanischen Kolonialzeit geändert hat.

Dort hatte Domitila mit den Frauen der Minenarbeiter gesprochen, ihnen von den Hausfrauenkomitees erzählt, die überall in den großen Minenorten entstanden sind und vorgeschlagen, auch in diesen kleinen Minen solche Hausfrauenkomitees zu gründen.

Als wir Domitila kennenlernten, war sie im 7. Monat schwanger. Ihr Haus unterscheidet sich nur durch die Sammlung der verschiedenen Ausgaben ihres Buches von denen ihrer Nachbarn. Ihr Mann arbeitet immer noch in der Mine, sie verkauft morgens selbstgebackene Pasteten vor dem Lebensmittelladen von Siglo XX.

Domitila unterstützt uns bei den Dreharbeiten, mit dem selben Vorbehalt wie bei ihrem Buch über ihr Leben: »Meine Person und meine Erlebnisse dürfen nicht als ein besonderes Schicksal erscheinen, ich bin eine typische Minenarbeiterfrau!« Wir lernten viele andere Frauen in Siglo XX kennen, die dieselbe unkorrumpierbare Bestimmtheit wie Domitila haben. Eine Stärke, die in der Brutalität des Minenlebens entstanden ist, die aber die Zärtlichkeit für das Leben nicht verdrängt hat.

Unser Film versucht, das Leben und Arbeiten in Siglo XX zu schildern und das im Kampf für ein besseres Leben aller entstehende Bewußtsein der Minenarbeiterfrauen, die sprechen, auch ohne vorher um Erlaubnis zu bitten. Domitila aus dem »20. Jahrhundert« steht als Beispiel für sie alle zusammen.